STOPP!

**Dies ist die letzte Seite des Buches!
Du willst dir doch nicht den Spaß verderben
und das Ende zuerst lesen, oder?**

Um die Geschichte unverfälscht und originalgetreu mitverfolgen zu können, musst du es wie die Japaner machen und von rechts nach links lesen. Deshalb schnell das Buch umdrehen und losle

AF723296

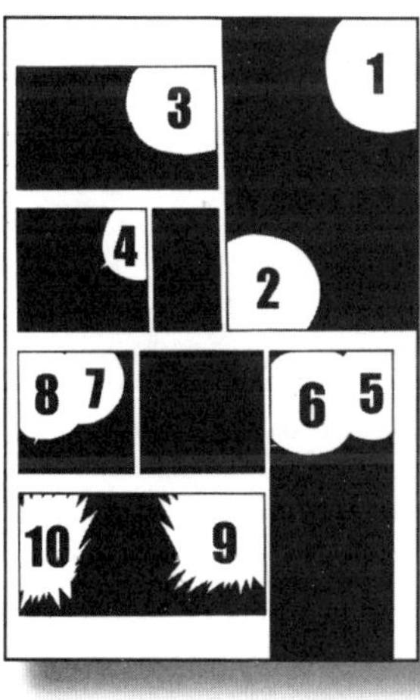

So geht's:

Wenn dies das erste Mal sein sollte, dass du einen Manga in den Händen hältst, kann dir die Grafik helfen, dich zurechtzufinden: Fang einfach oben rechts an zu lesen und arbeite dich nach unten links vor.
Viel Spaß dabei wünscht dir TOKYOPOP®!

ROMANTICA CLOCK

Yoko Maki

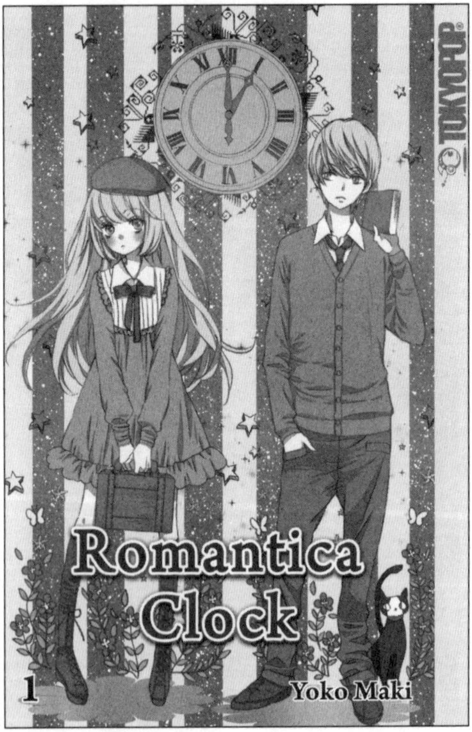

Jetzt schlägt's ... Liebe!

Die Zwillinge Akane und Aoi haben außer ihren Anfangsbuchstaben nichts gemeinsam! Aoi ist superintelligent, Akane sportlich, hat dafür aber miserable Noten. Ständig miteinander verglichen zu werden, hat die Geschwister entzweit. Doch als Aoi auf Akanes Schule kommt, bricht der alte Rivalitätskampf wieder los, dabei braucht Akane doch Aois Hilfe, um ihren Schwarm rumzukriegen ...

DEM HIMMEL ENTGEGEN

Shiki Kawabata

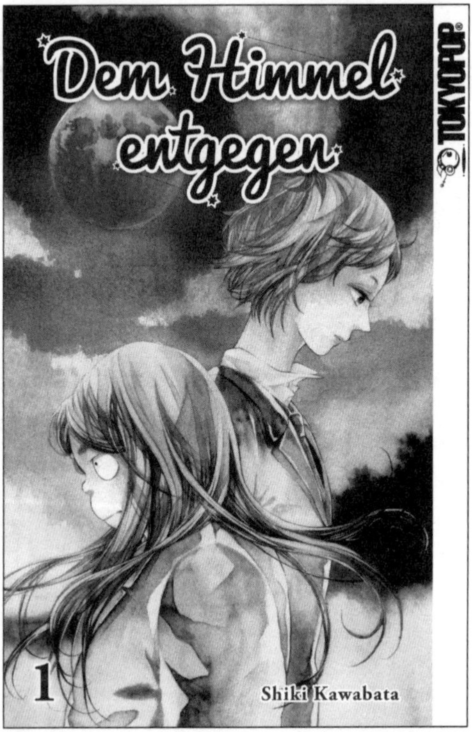

Ich will mein Leben zurück!

Die hübsche Ayumi ist endlich mit ihrem Schwarm Shiro zusammen. Doch ihr Glück wird auf eine harte Probe gestellt: Als sie sieht, wie sich ihre Klassenkameradin Zenko vom Schulgebäude stürzt, verliert sie das Bewusstsein und wacht im unansehnlichen Körper der vermeintlich toten Mitschülerin auf. Hat ihre Liebe zu Shiro trotz ihres veränderten Äußeren eine Chance ...?

TOKYOPOP®

www.tokyopop.de

THE END OF THE WORLD

Aoi Makino

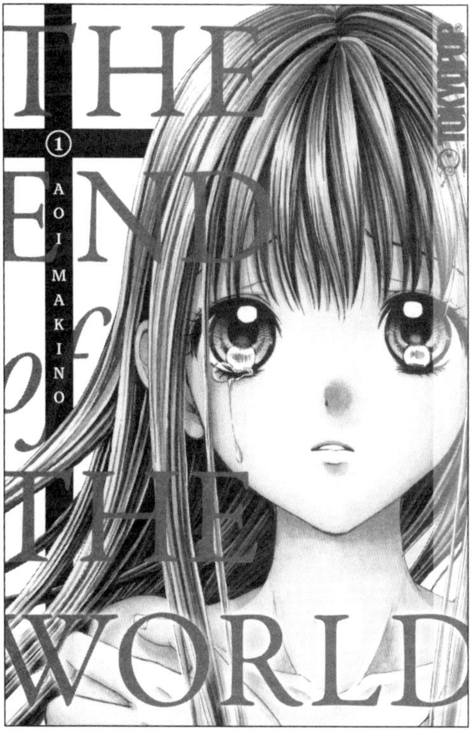

Sei stark für deine Liebe!

Nach dem Umzug in eine neue Stadt hofft Azusa, nicht mehr gemobbt zu werden. Doch auch in ihrer neuen Klasse ist Mobbing an der Tagesordnung. Darunter leidet vor allem Ryu, der sich aber nicht unterkriegen lässt! Aus lauter Furcht, erneut Opfer zu werden, wird Azusa die Freundin von Schulliebling Teppei, obwohl sie sich eigentlich von Ryus Charakterstärke angezogen fühlt. Als Azusa dank Ryu allmählich an innerer Stärke gewinnt, kommt es zur Katastrophe ...

TOKYOPOP®

www.tokyopop.de

THE FINAL LOOP

Aoi Makino

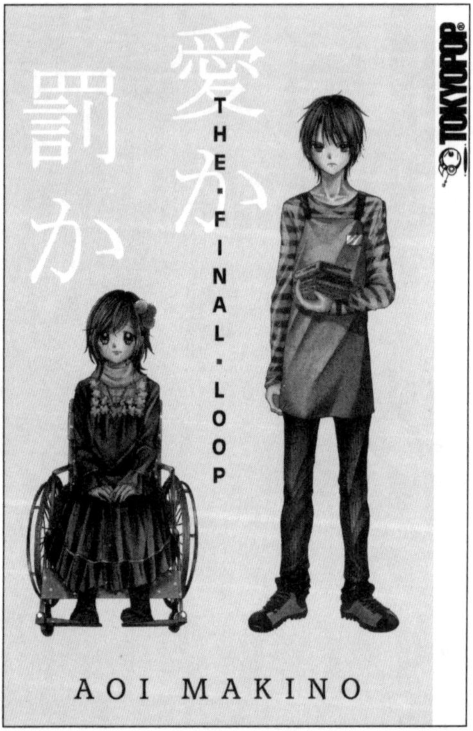

The Final Loop und drei weitere Kurzgeschichten der _HAL_-Autorin Aoi Makino!

Im Auftrag ihrer Schwester Tamako soll sich Miki an dem 16-jährigen Riku rächen, denn Tamako macht ihn für einen schrecklichen Vorfall verantwortlich. Also erschleicht sich Miki im Rollstuhl sitzend sein Vertrauen. Sie merkt jedoch schnell, dass Riku nicht mehr der ist, der er einst war. Wird sie sich am Ende auf das perfide Spiel einlassen oder dem Weg ihres Herzens folgen ...?

TOKYOPOP®

www.tokyopop.de

HAL

Aoi Makino

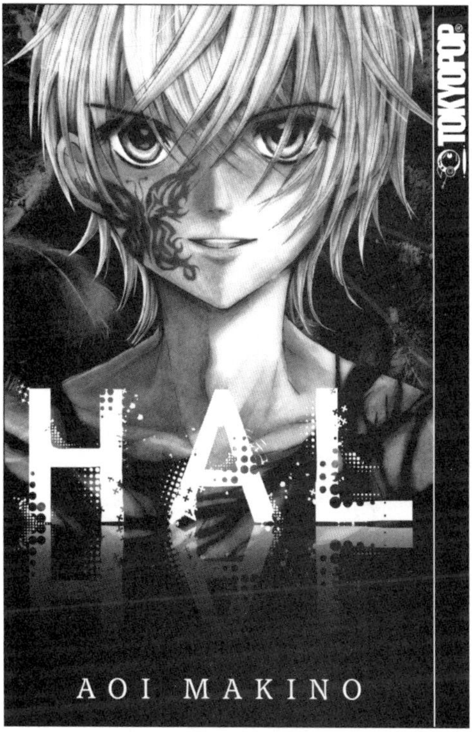

HAL und drei weitere Kurzgeschichten aus der Feder der Neuentdeckung Aoi Makino!

Shizuku ist hübsch, beliebt und die Klassenbeste. Doch dann taucht eines Tages eine neue Mitschülerin namens Yuki auf, die ihr den Rang abzulaufen droht. Zunächst ist Shizuku noch entspannt, als Yuki sie jedoch auch beim Wettlauf schlägt, ist Shizuku völlig frustriert. Kein Wunder also, dass sie Todesgott Hal, der in ihrem Leben aufgetaucht ist, darum bittet, Yukis Existenz auszulöschen ...

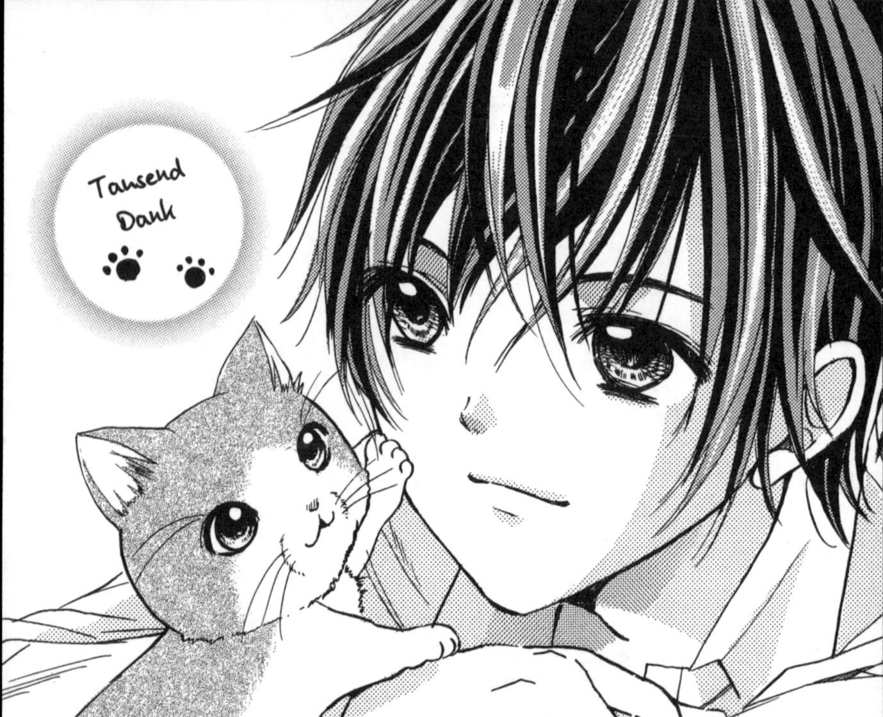

Eure Post schickt ihr bitte an folgende Adresse:

Shueisha Ribon Editorial
Ms Aoi Makino
119-0161 Tokyo
Japan

Nori,
Takano, Kato,
Redakteur M. sowie
Redaktion Ribon

Den Menschen, die an diesem Band mitgearbeitet haben.

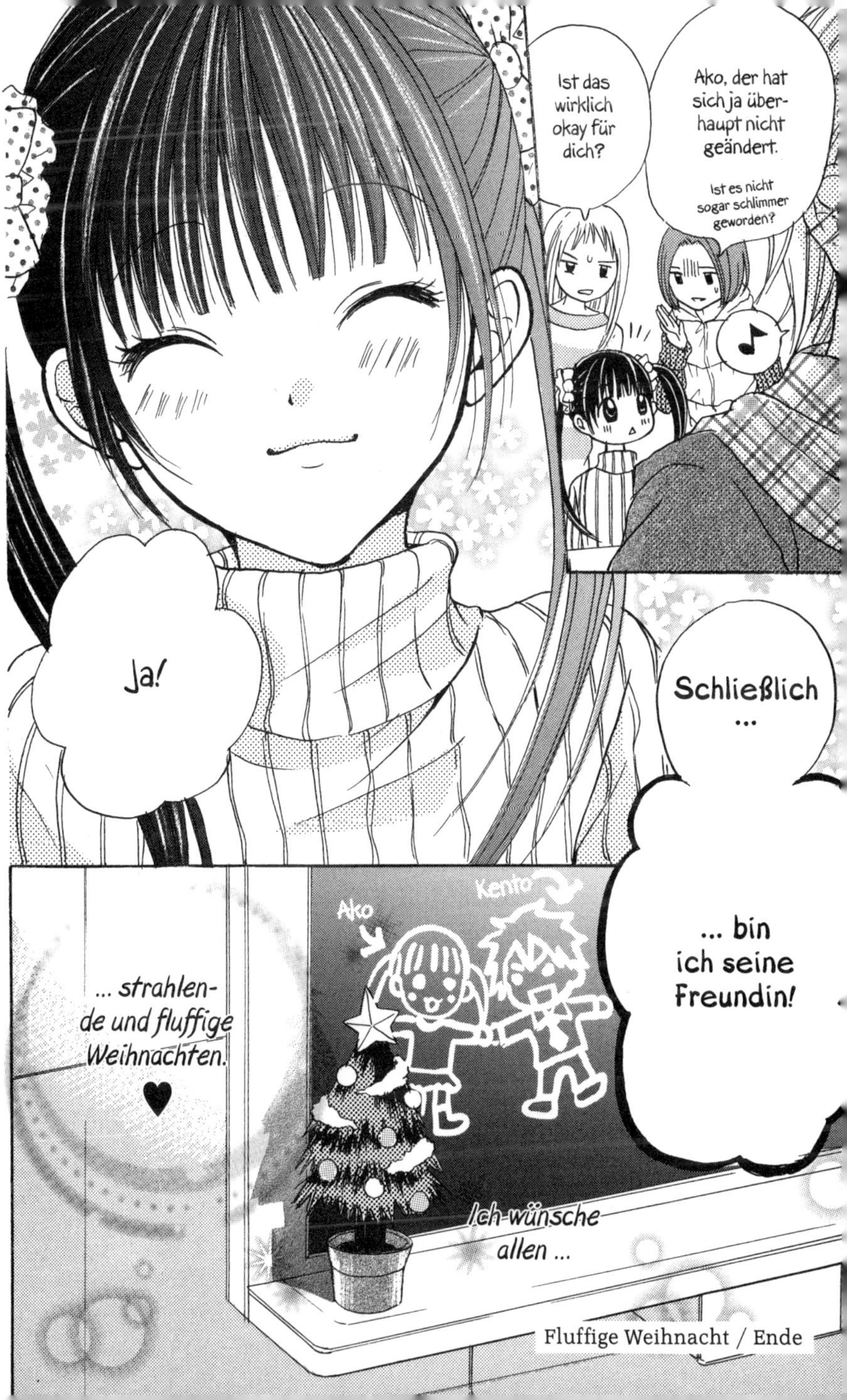

Fluffige Weihnacht / Ende

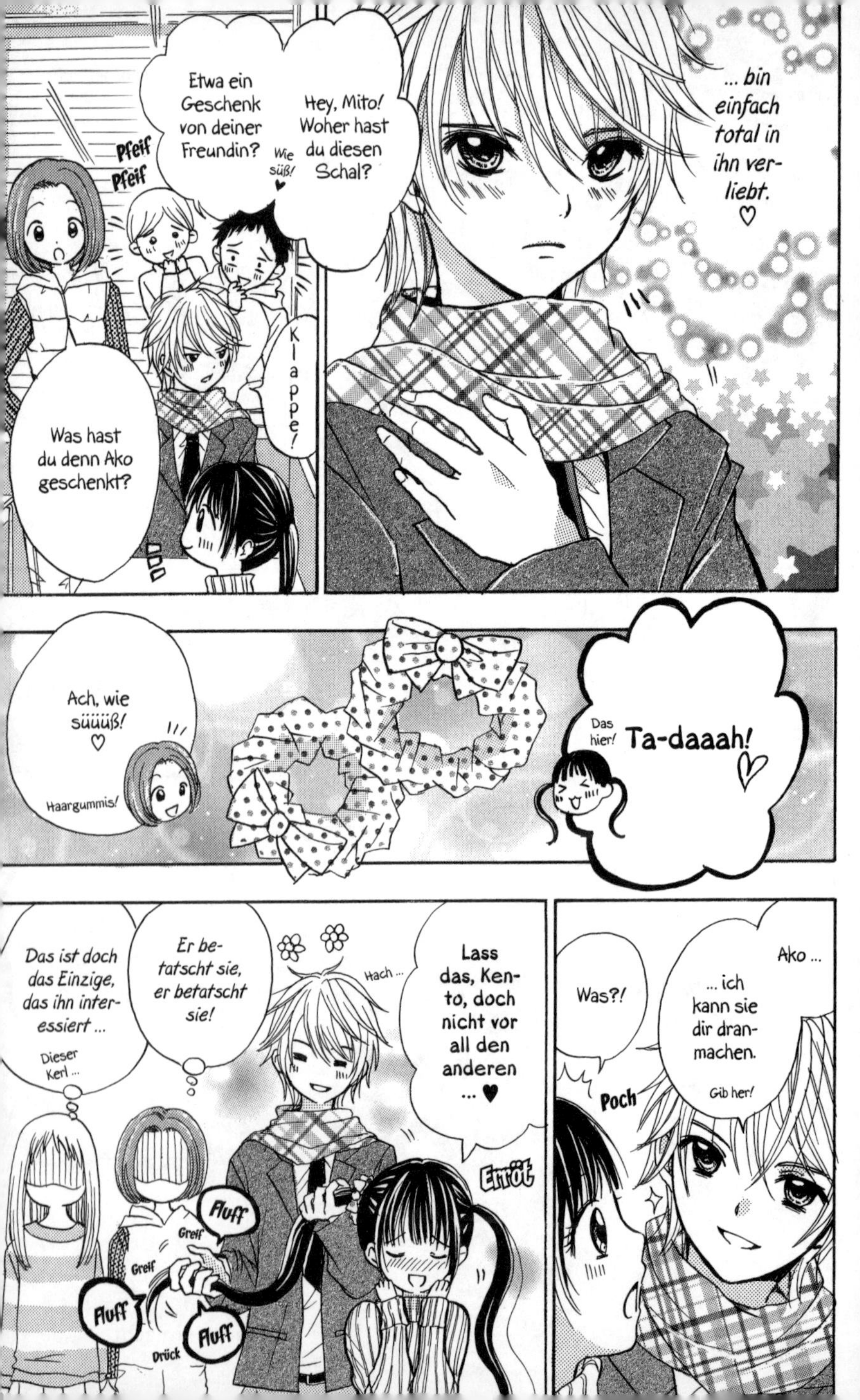
... bin einfach total in ihn verliebt. ♡
Hey, Mito! Woher hast du diesen Schal?
Wie süß! ♥
Etwa ein Geschenk von deiner Freundin?
Pfeif
Pfeif
Klappe!
Was hast du denn Ako geschenkt?
Das hier!
Ta-daaah! ♡
Ach, wie süüüüß! ♡
Haargummis!
Ako ...
... ich kann sie dir dranmachen.
Gib her!
Was?!
Poch
Lass das, Kento, doch nicht vor all den anderen ... ♥
Hach ...
Erröt
Er betatscht sie, er betatscht sie!
Das ist doch das Einzige, das ihn interessiert ...
Dieser Kerl ...
Fluff
Greif
Greif
Fluff
Fluff
Drück

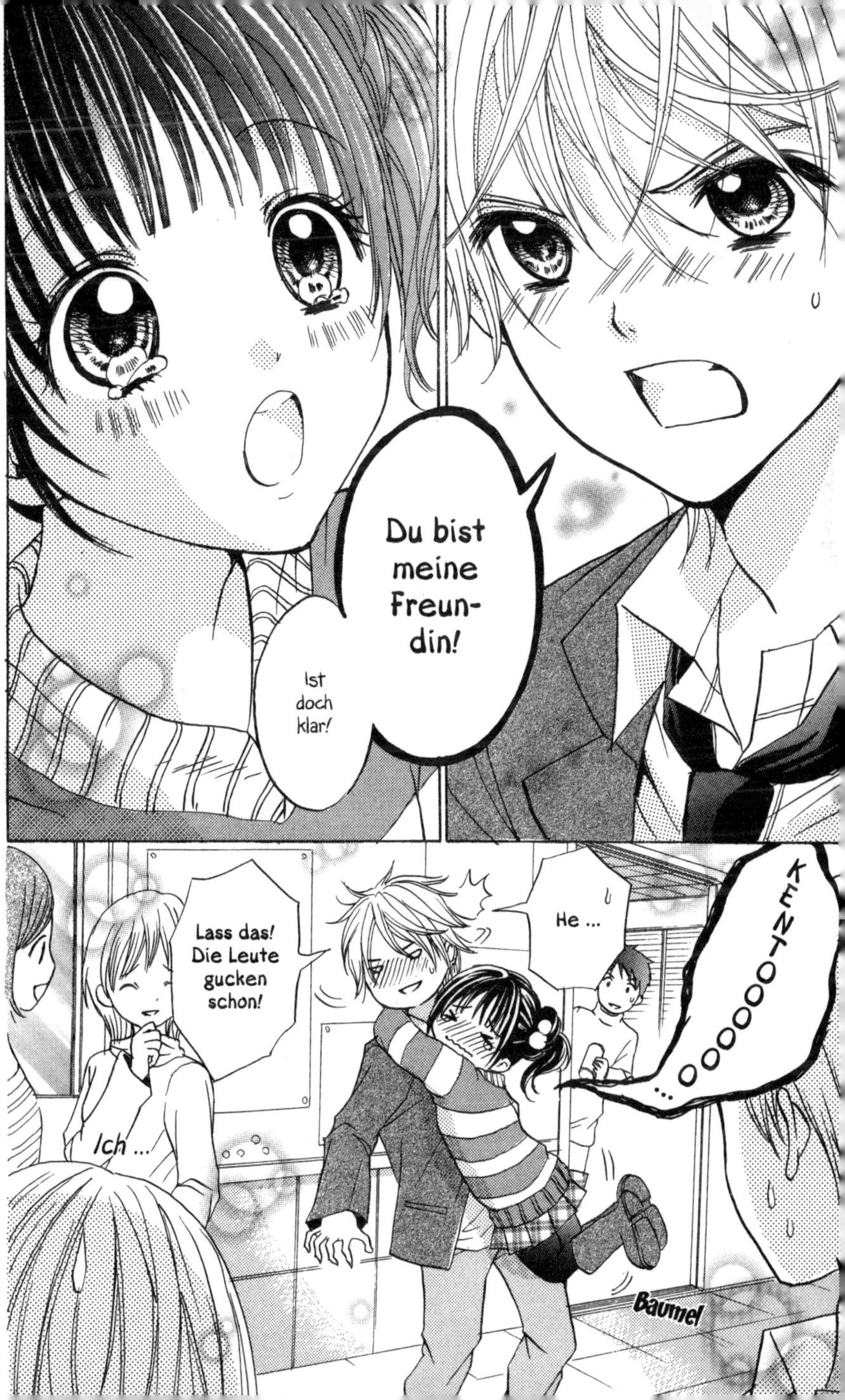
Du bist meine Freundin!
Ist doch klar!
KENTOOOOOO...
He ...
Lass das! Die Leute gucken schon!
Ich ...
Baumel

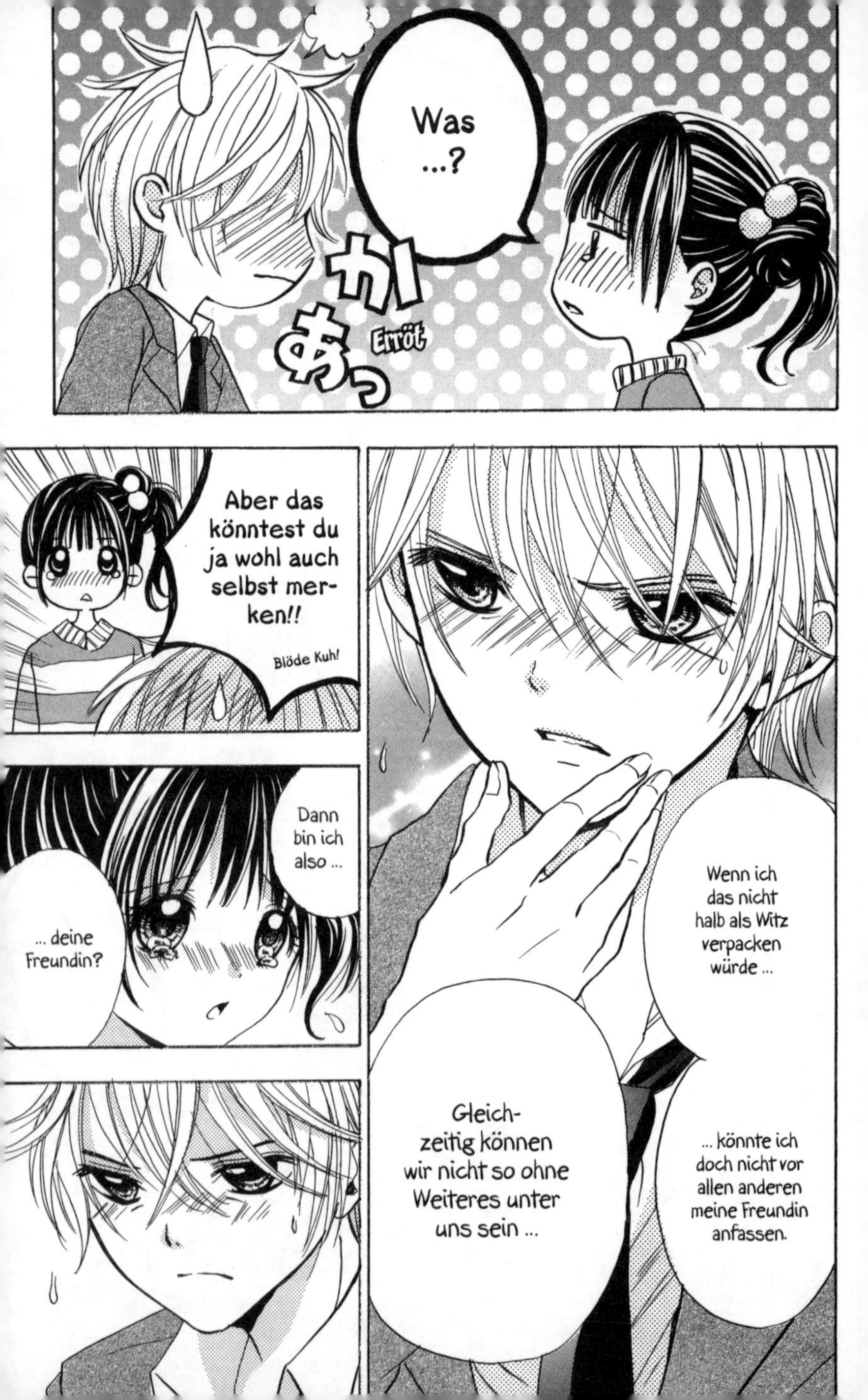
Was ...?
かぁっ
Erröt
Aber das könntest du ja wohl auch selbst merken!!
Blöde Kuh!
Dann bin ich also ...
... deine Freundin?
Wenn ich das nicht halb als Witz verpacken würde ...
... könnte ich doch nicht vor allen anderen meine Freundin anfassen.
Gleichzeitig können wir nicht so ohne Weiteres unter uns sein ...

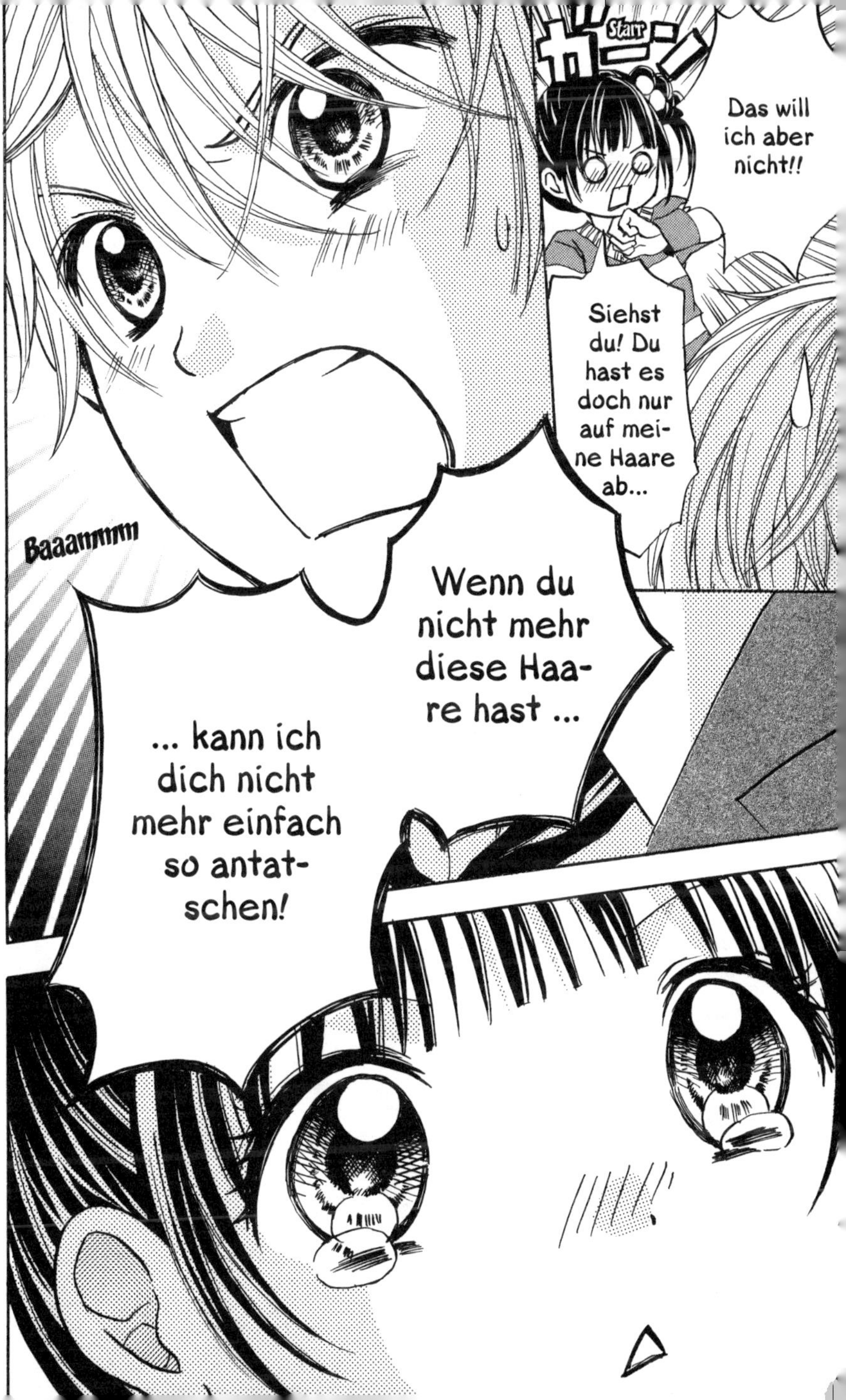
Starr
Das will ich aber nicht!!
Siehst du! Du hast es doch nur auf meine Haare ab...
Baaammm
Wenn du nicht mehr diese Haare hast ...
... kann ich dich nicht mehr einfach so antatschen!

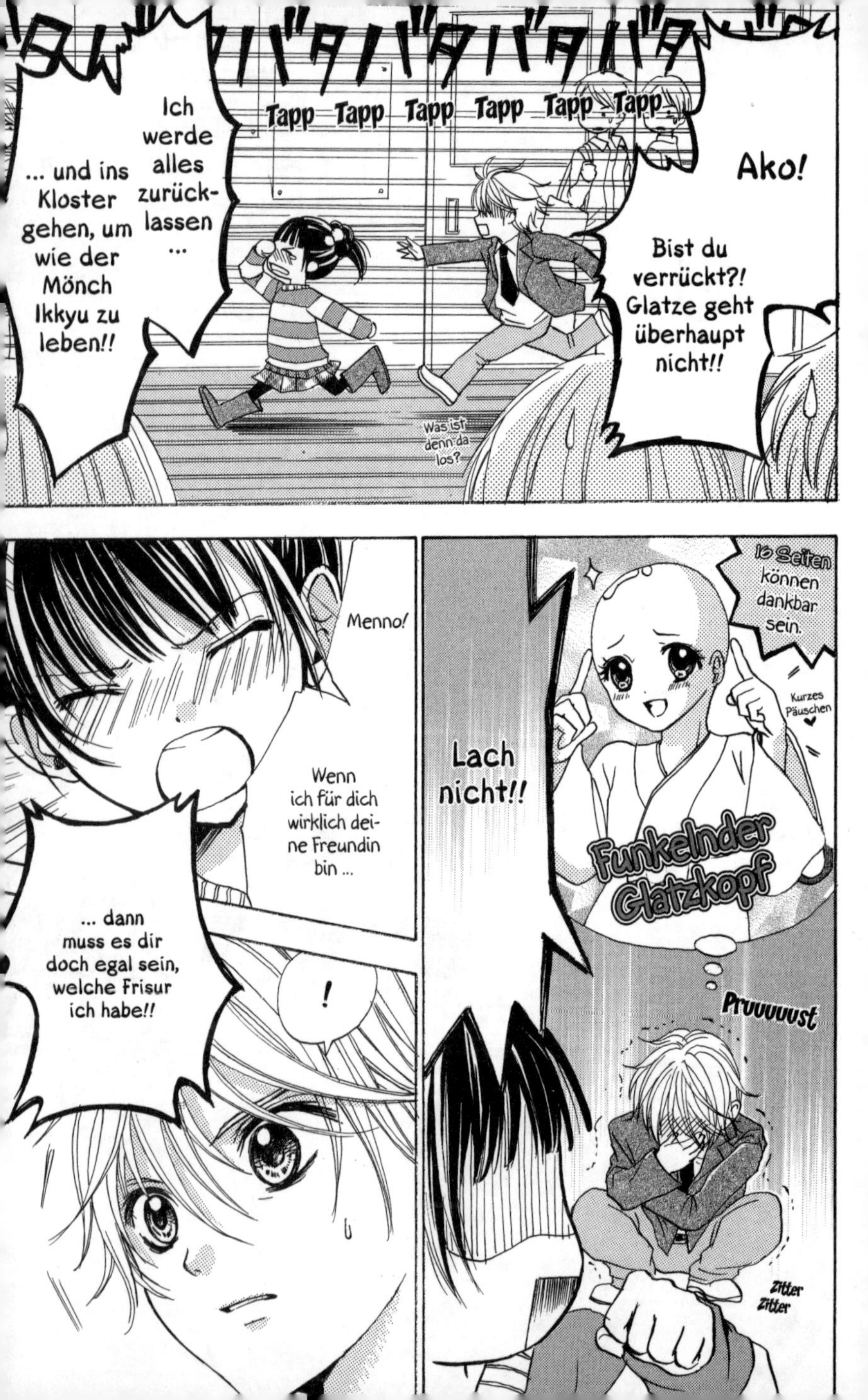
バタバタバタバタ
Tapp Tapp Tapp Tapp Tapp Tapp
Ako!
Bist du verrückt?! Glatze geht überhaupt nicht!!
Ich werde alles zurücklassen ...
... und ins Kloster gehen, um wie der Mönch Ikkyu zu leben!!
Was ist denn da los?
16 Seiten können dankbar sein.
Kurzes Päuschen ♥
Funkelnder Glatzkopf
Lach nicht!!
Pruuuuust
Zitter Zitter
Menno!
Wenn ich für dich wirklich deine Freundin bin ...
... dann muss es dir doch egal sein, welche Frisur ich habe!!
!

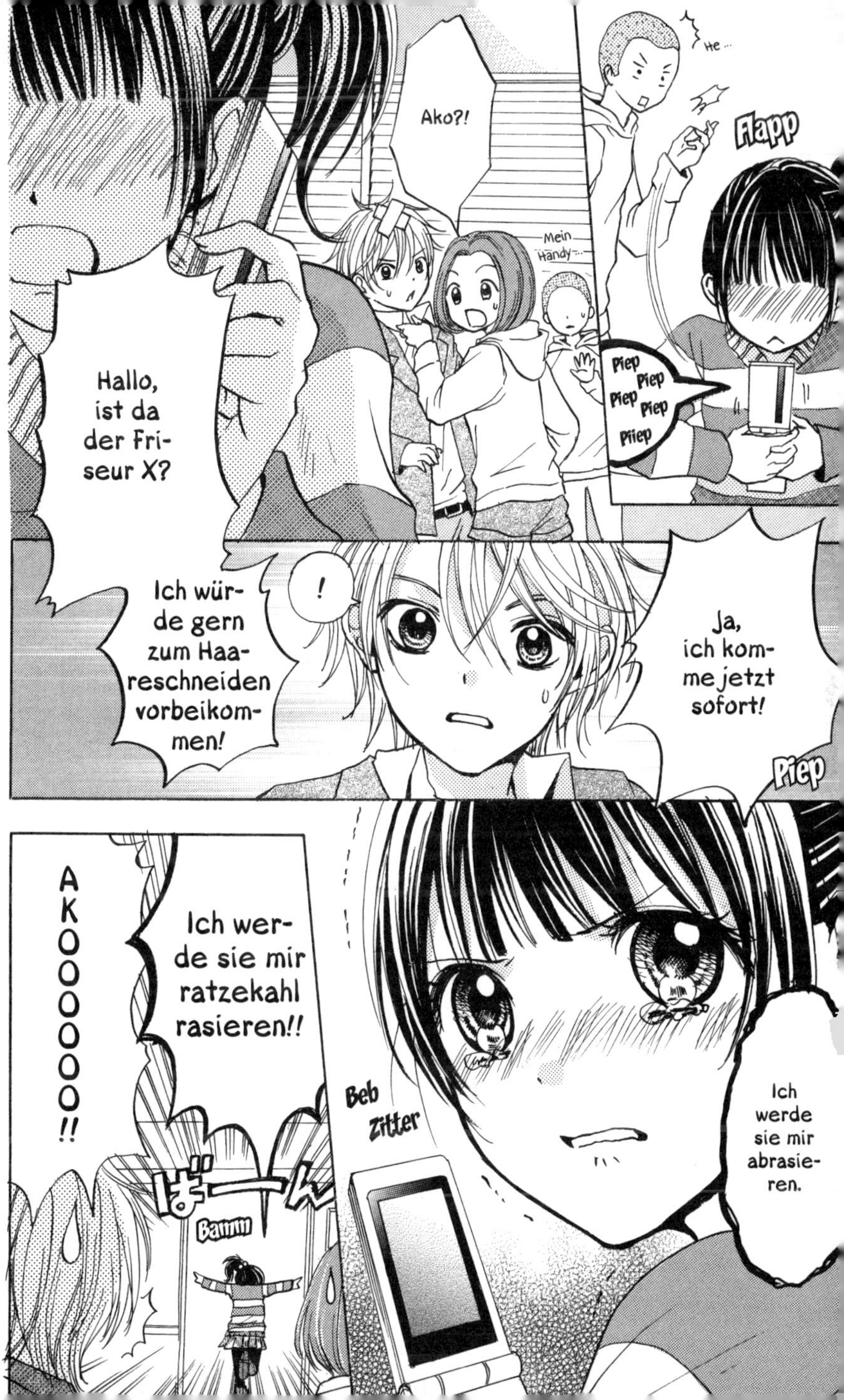

He…
Flapp
Ako?!
Mein Handy…
Piep Piep Piep Piep Piiep
Hallo, ist da der Friseur X?
Ich würde gern zum Haareschneiden vorbeikommen!
!
Ja, ich komme jetzt sofort!
Piep
Ich werde sie mir abrasieren.
Beb
Zitter
Ich werde sie mir ratzekahl rasieren!!
AKOOOOOOO!!
ばーん
Bamm

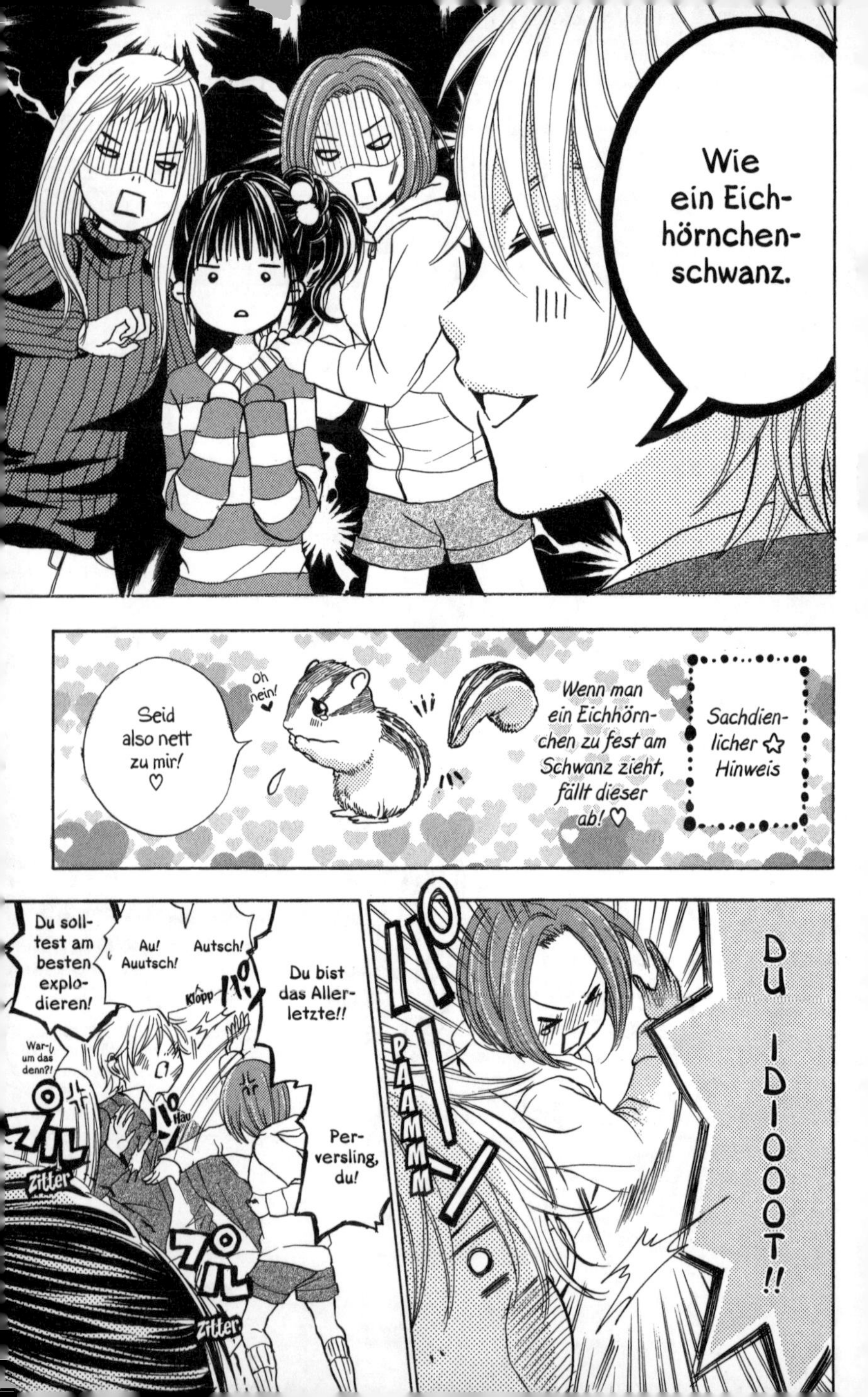
Wie ein Eich-hörnchen-schwanz.
Sachdien-licher ☆ Hinweis
Wenn man ein Eichhörn-chen zu fest am Schwanz zieht, fällt dieser ab! ♡
Oh nein! ♥
Seid also nett zu mir! ♡
DU IDIOOOT!!
PAAMMM
Du bist das Aller-letzte!!
Per-versling, du!
Autsch!
Au! Auutsch!
Klopp
Du soll-test am besten explo-dieren!
War-um das denn?!
Hau
zitter
zitter

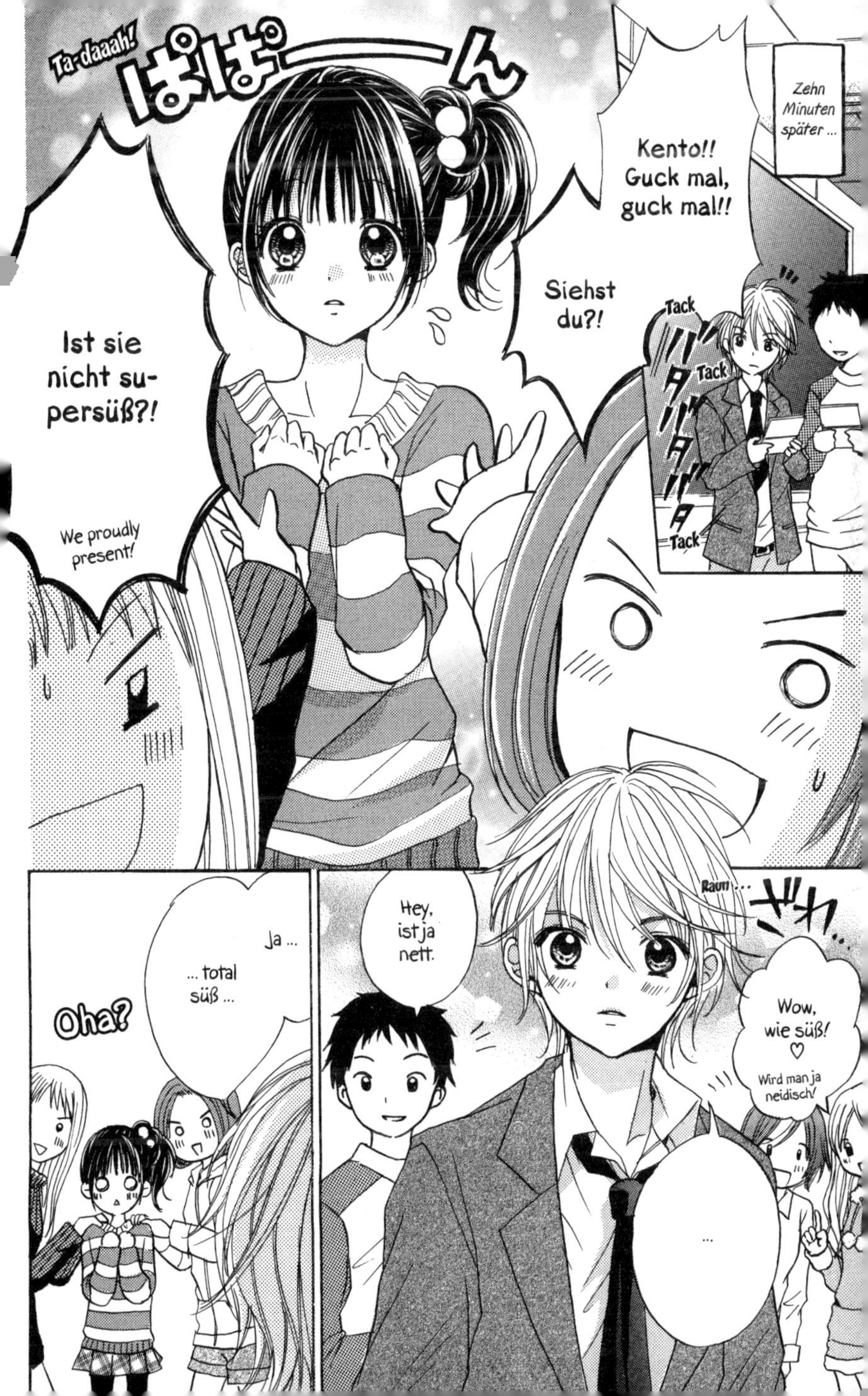
Zehn Minuten später ...
Tack
Tack
Tack
Kento!! Guck mal, guck mal!!
Siehst du?!
Ta-daaah!
ぱぱーーん
Ist sie nicht supersüß?!
We proudly present!
Raun ...
ザワ…
Wow, wie süß! ♡
Wird man ja neidisch!
Hey, ist ja nett.
...
ja ...
... total süß ...
Oha?

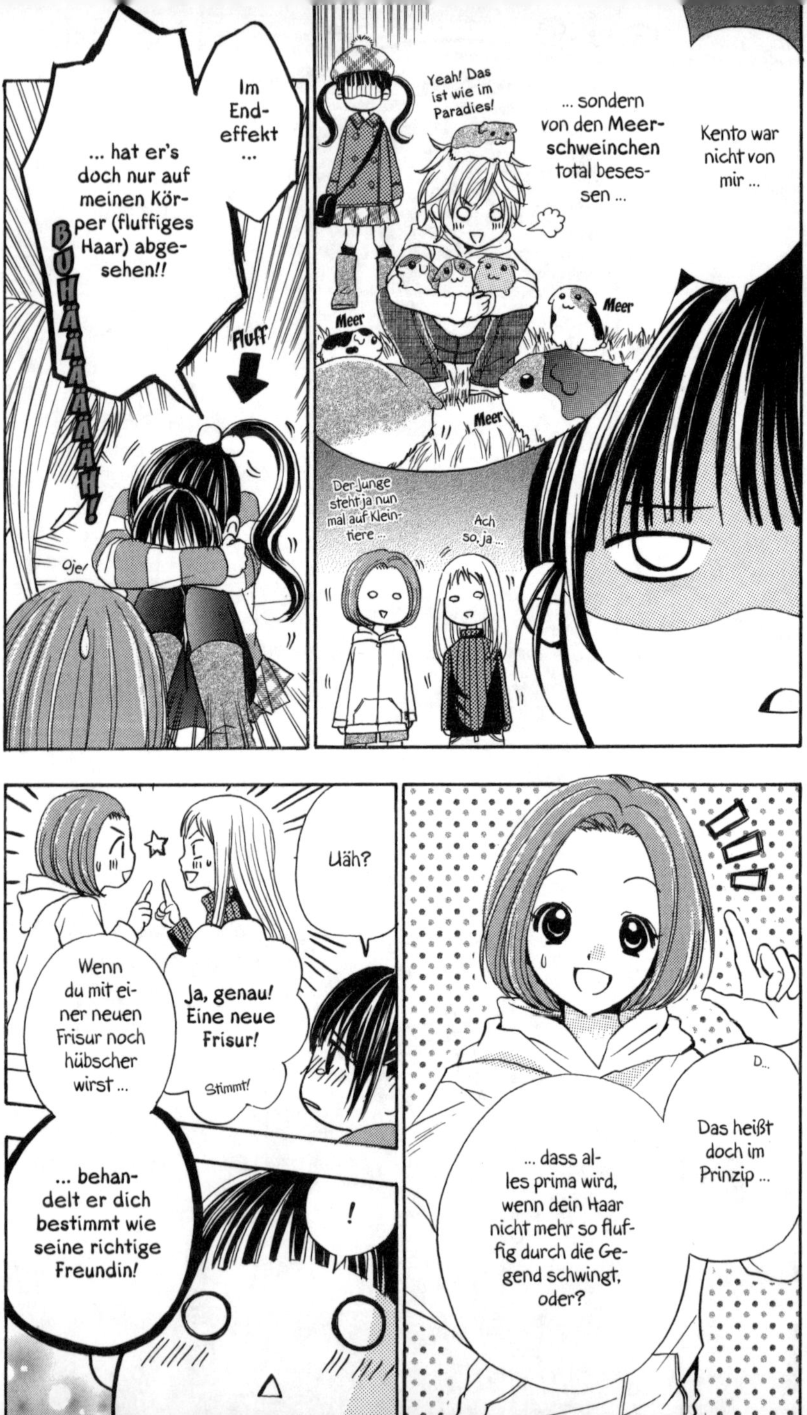
Kento war nicht von mir ...
... sondern von den Meerschweinchen total besessen ...
Yeah! Das ist wie im Paradies!
Meer
Meer
Meer
Der Junge steht ja nun mal auf Kleintiere ...
Ach so, ja ...
Im Endeffekt ...
... hat er's doch nur auf meinen Körper (fluffiges Haar) abgesehen!!
BUHÄÄÄÄÄÄH!
Fluff
Oje!
D...
Das heißt doch im Prinzip ...
... dass alles prima wird, wenn dein Haar nicht mehr so fluffig durch die Gegend schwingt, oder?
Uäh?
Ja, genau! Eine neue Frisur!
Stimmt!
Wenn du mit einer neuen Frisur noch hübscher wirst ...
... behandelt er dich bestimmt wie seine richtige Freundin!
!

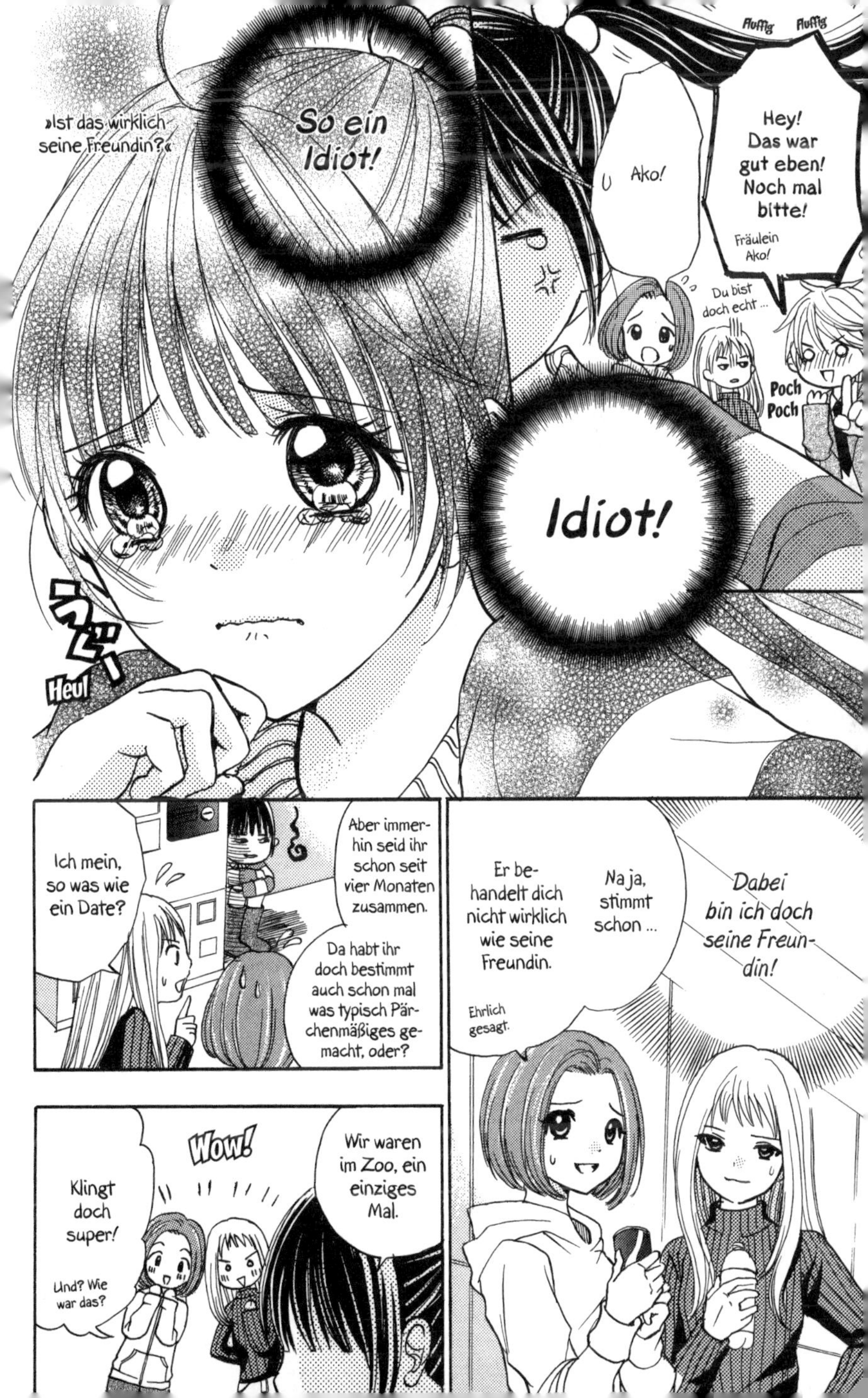
Fluffig Fluffig
Hey! Das war gut eben! Noch mal bitte!
Fräulein Ako!
Ako!
Du bist doch echt ...
Poch Poch
Idiot!
So ein Idiot!
»Ist das wirklich seine Freundin?«
Heul
Dabei bin ich doch seine Freundin!
Na ja, stimmt schon ...
Er behandelt dich nicht wirklich wie seine Freundin.
Ehrlich gesagt.
Aber immerhin seid ihr schon seit vier Monaten zusammen.
Da habt ihr doch bestimmt auch schon mal was typisch Pärchenmäßiges gemacht, oder?
Ich mein, so was wie ein Date?
Wir waren im Zoo, ein einziges Mal.
Wow!
Klingt doch super!
Und? Wie war das?

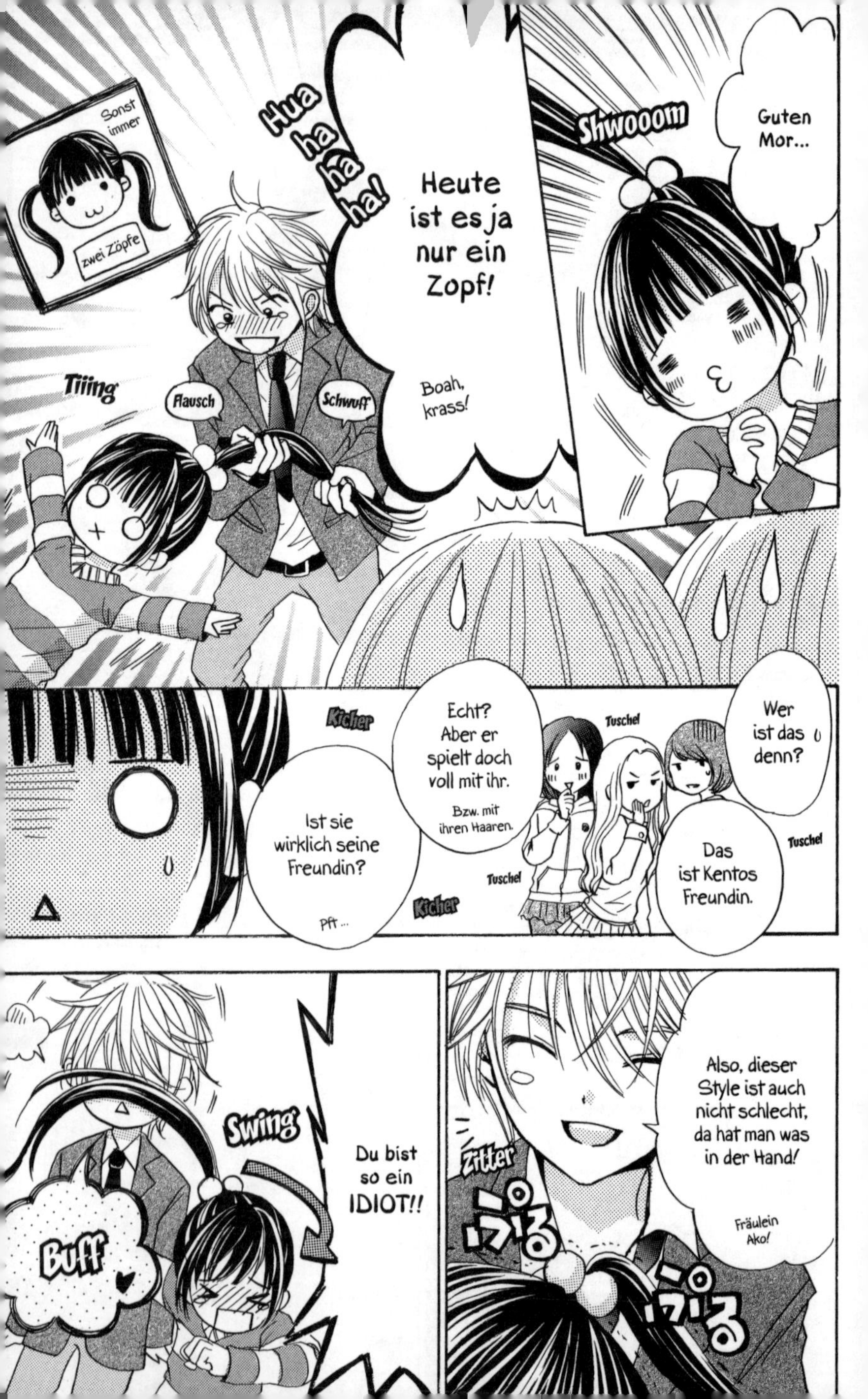
Guten Mor...
Shwooom
Hua ha ha ha ha!
Heute ist es ja nur ein Zopf!
Boah, krass!
Sonst immer
zwei Zöpfe
Schwuff
Flausch
Tiiing
Wer ist das denn?
Das ist Kentos Freundin.
Tuschel
Tuschel
Echt? Aber er spielt doch voll mit ihr.
Bzw. mit ihren Haaren.
Kicher
Ist sie wirklich seine Freundin?
Pft...
Tuschel
Kicher
Also, dieser Style ist auch nicht schlecht, da hat man was in der Hand!
Fräulein Ako!
Zitter
ぷる
ぷる
Du bist so ein IDIOT!!
Swing
Buff

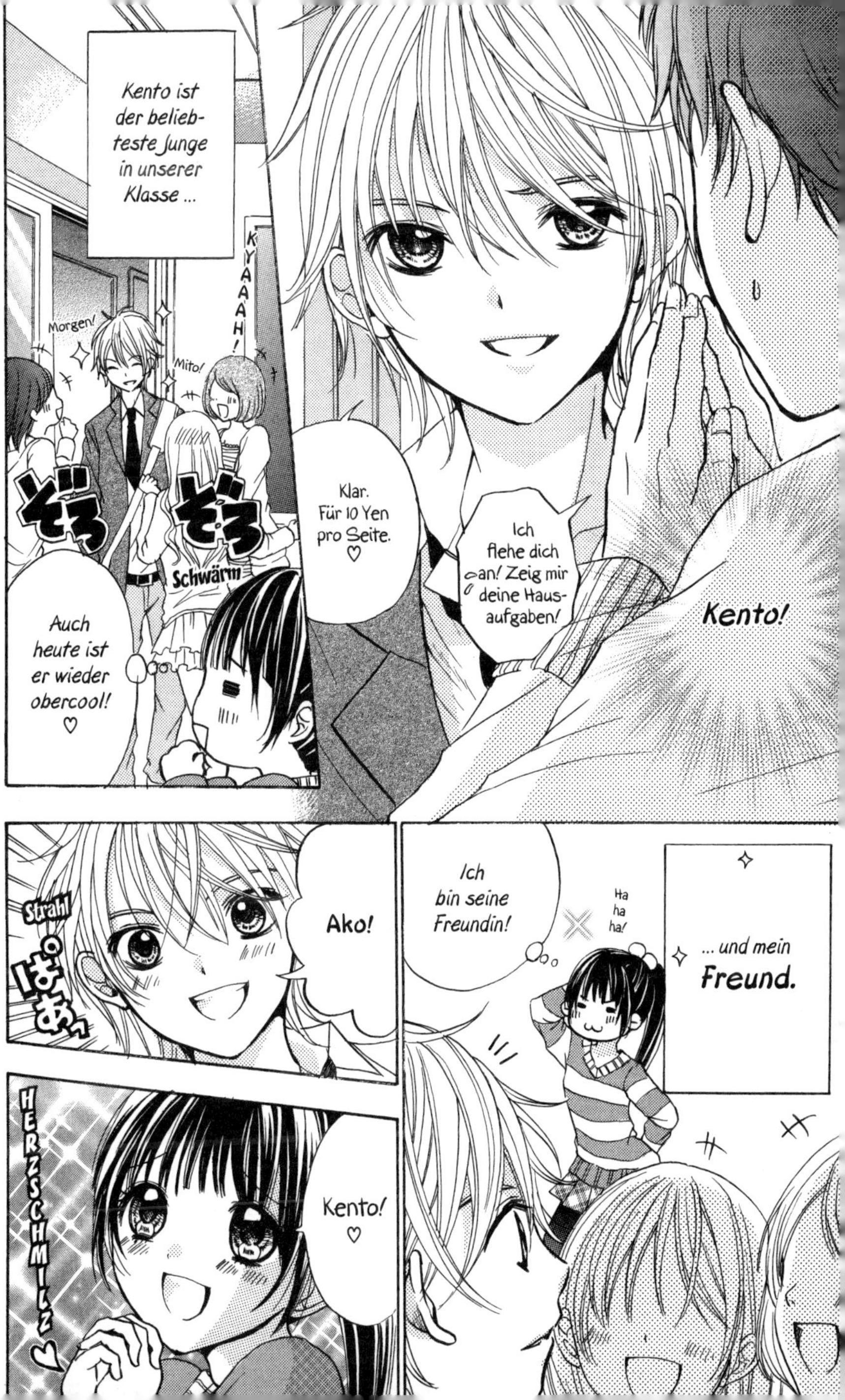
Kento!
Ich flehe dich an! Zeig mir deine Hausaufgaben!
Klar. Für 10 Yen pro Seite. ♡
Kento ist der beliebteste Junge in unserer Klasse ...
KYAAAAH!
Morgen!
Mito!
ぞろ ぞろ
Schwärm
Auch heute ist er wieder obercool! ♡
... und mein Freund.
Ich bin seine Freundin!
Ha ha ha!
Ako!
Strahl
ぱあっ
Kento! ♡
HERZSCHMILZ ♡

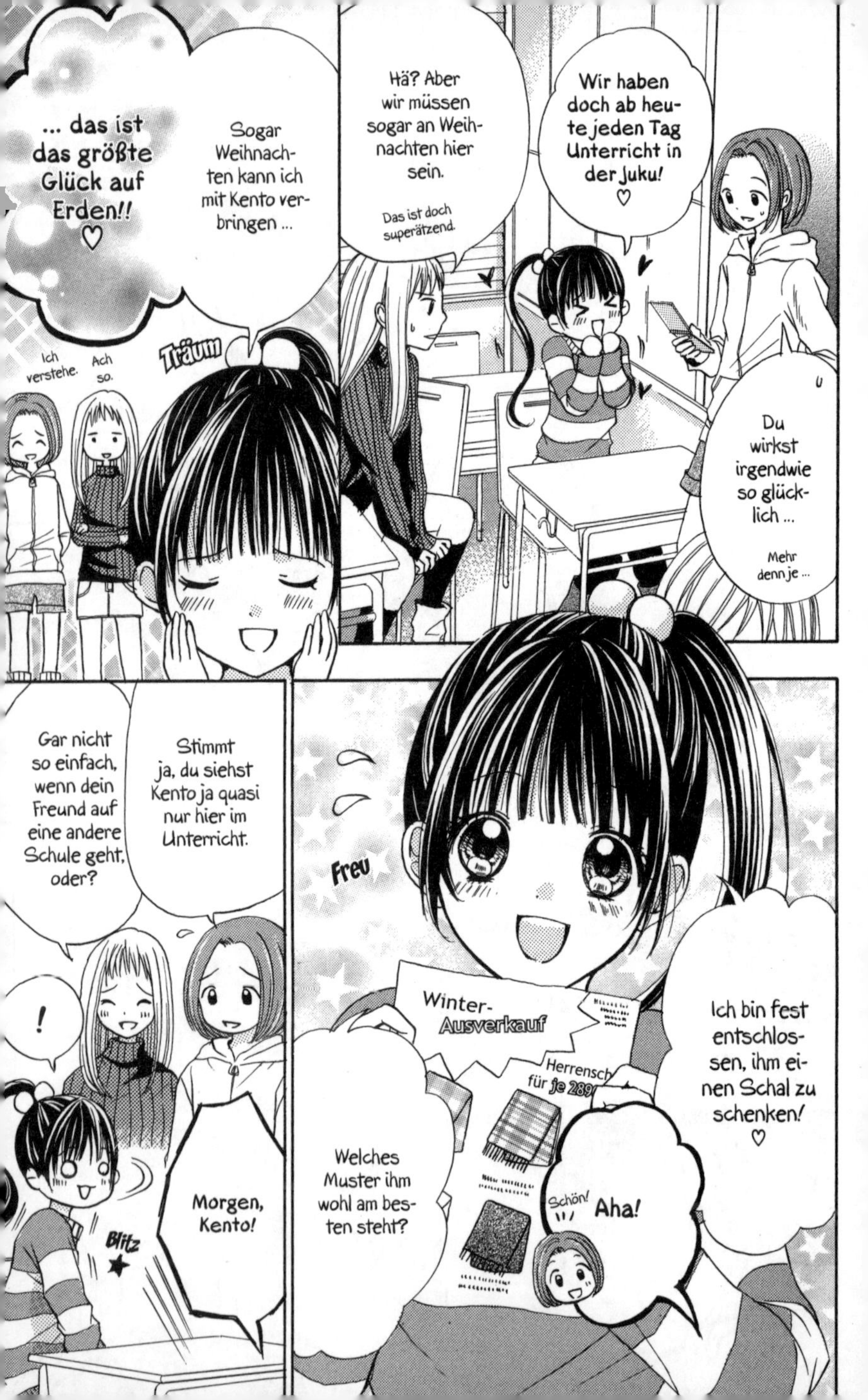
Wir haben doch ab heute jeden Tag Unterricht in der Juku! ♡
Hä? Aber wir müssen sogar an Weihnachten hier sein.
Das ist doch superätzend.
Du wirkst irgendwie so glücklich ...
Mehr denn je ...
Sogar Weihnachten kann ich mit Kento verbringen ...
... das ist das größte Glück auf Erden!! ♡
Träum
Ach so.
Ich verstehe.
Ich bin fest entschlossen, ihm einen Schal zu schenken! ♡
Freu
Winter-Ausverkauf
Herrensch
für je 289
Aha!
Schön!
Welches Muster ihm wohl am besten steht?
Stimmt ja, du siehst Kento ja quasi nur hier im Unterricht.
Gar nicht so einfach, wenn dein Freund auf eine andere Schule geht, oder?
!
Morgen, Kento!
Blitz

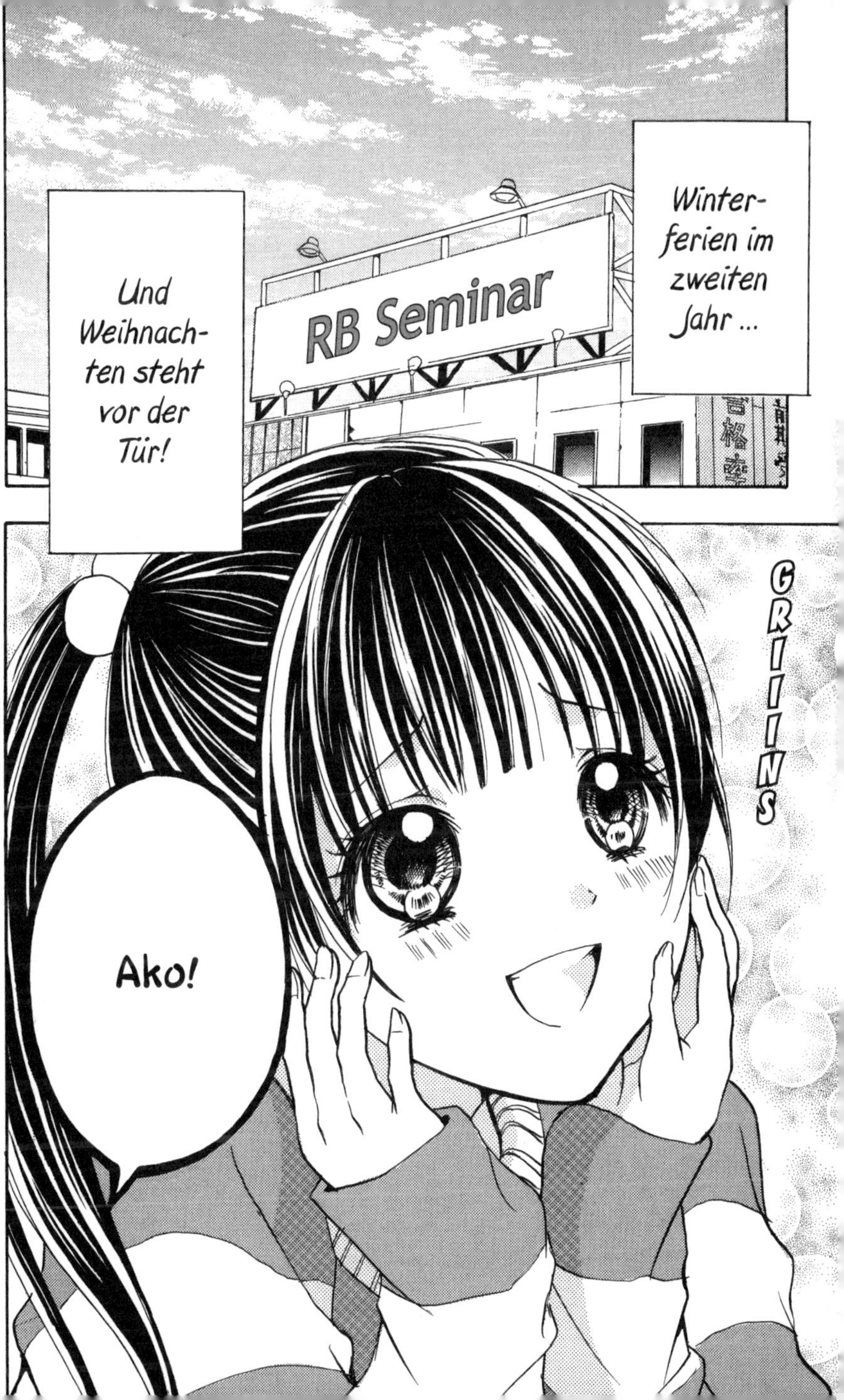
Winter-
ferien im
zweiten
Jahr ...
RB Seminar
Und
Weihnach-
ten steht
vor der
Tür!
GRIIIINS
Ako!

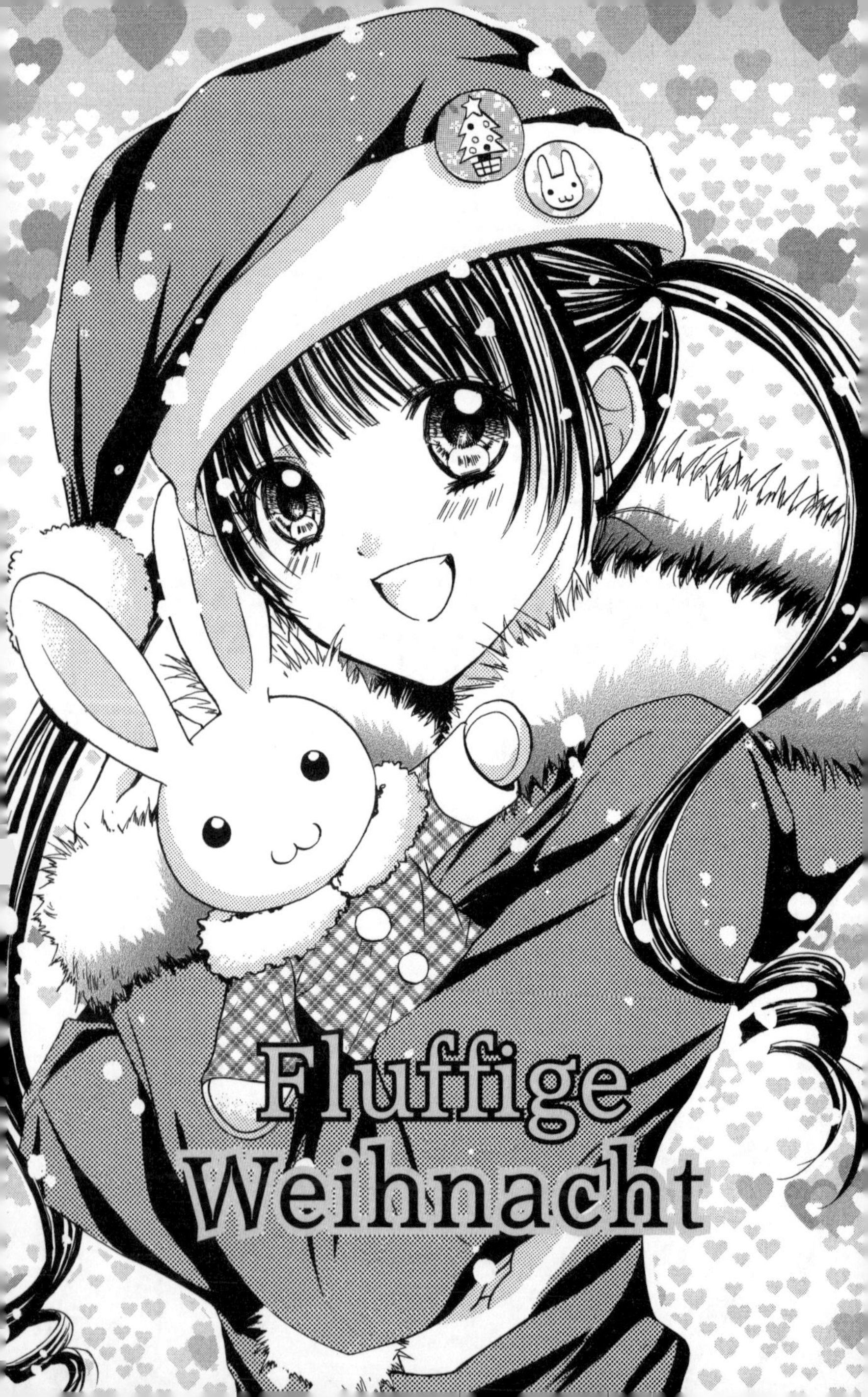
Fluffige
Weihnacht

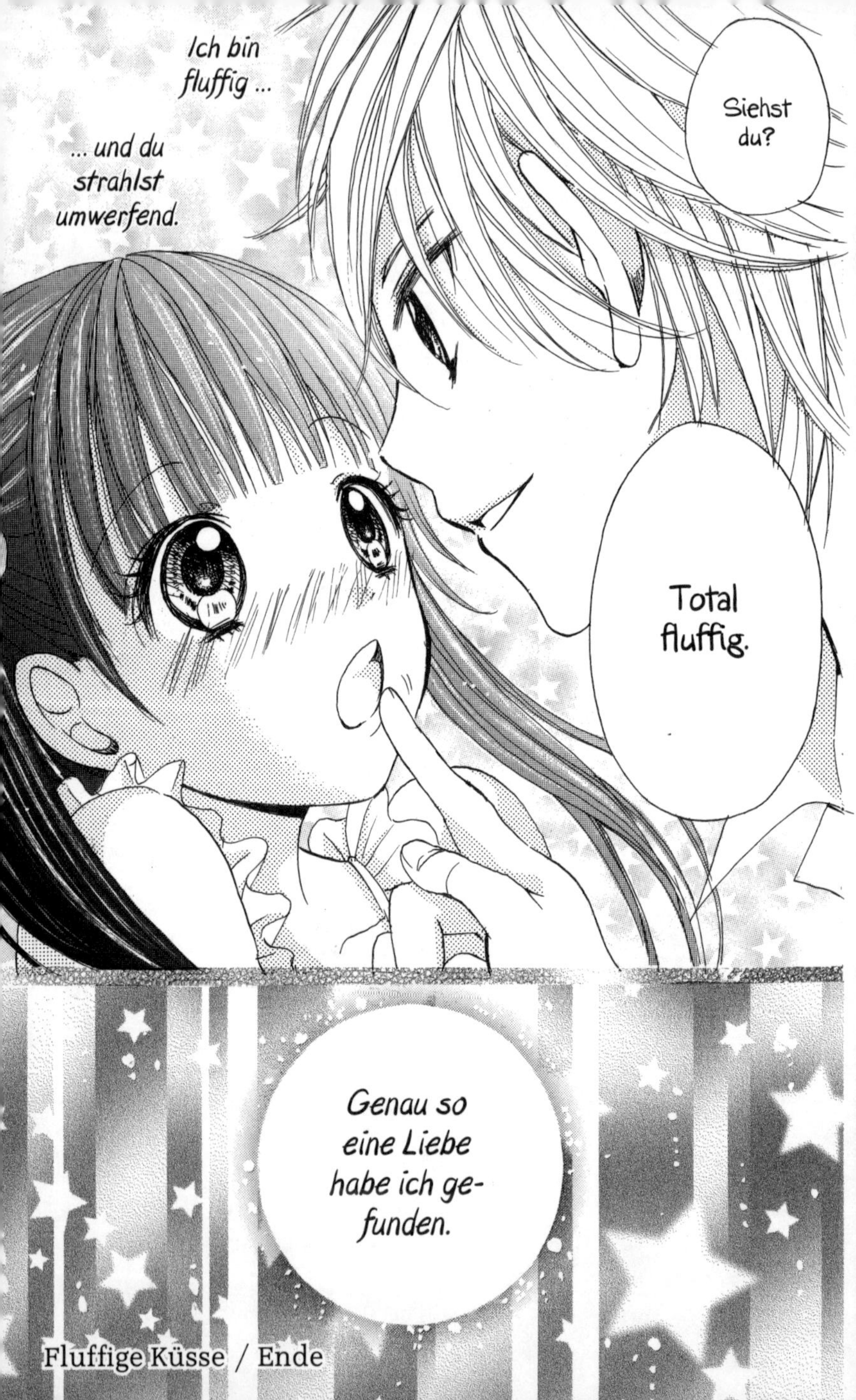
Siehst du?
Total fluffig.
Ich bin fluffig ...
... und du strahlst umwerfend.
Genau so eine Liebe habe ich gefunden.
Fluffige Küsse / Ende

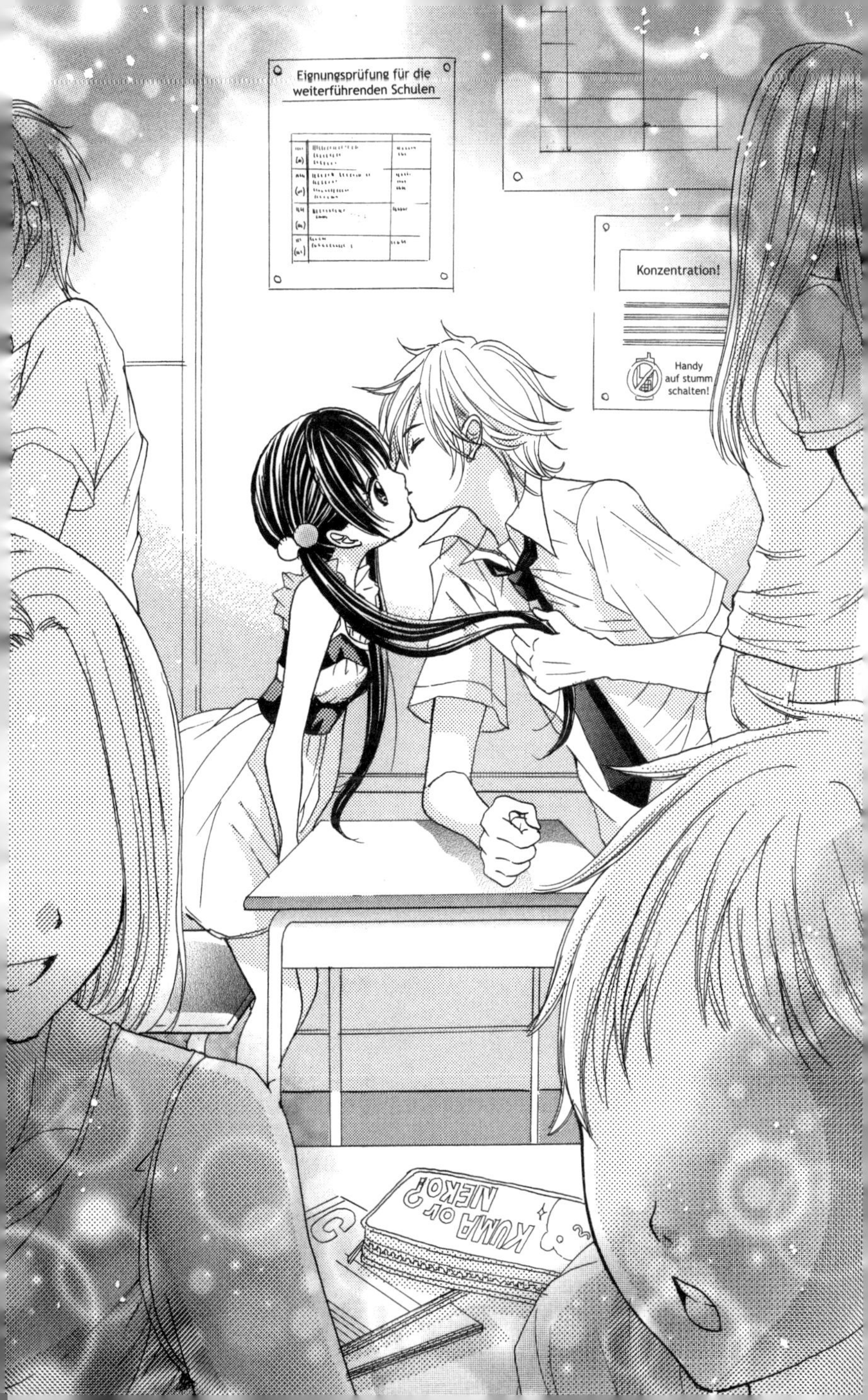
Eignungsprüfung für die weiterführenden Schulen
Konzentration!
Handy auf stumm schalten!
KUMA or NEKO?

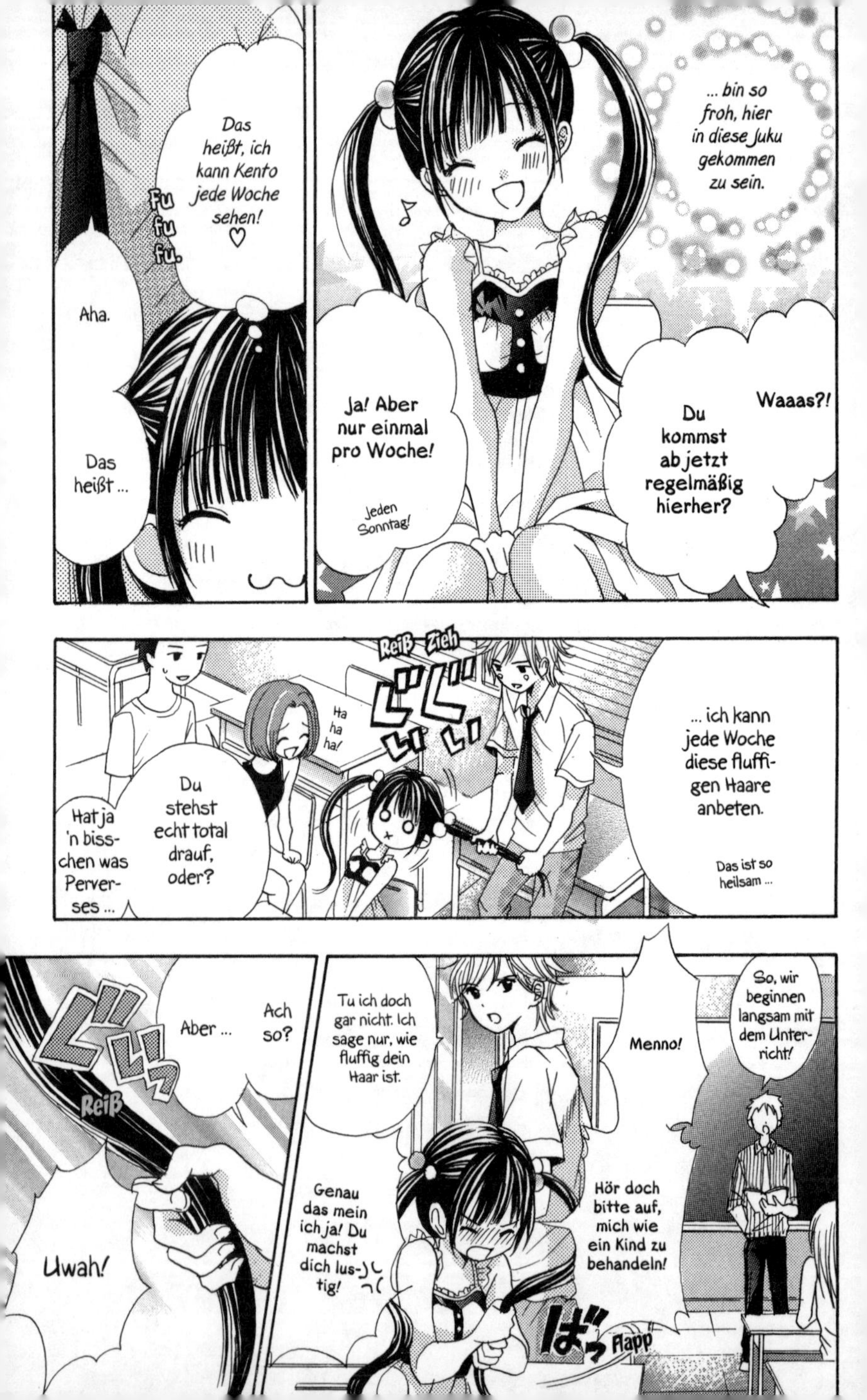
... bin so froh, hier in diese Juku gekommen zu sein.
Waaas?!
Du kommst ab jetzt regelmäßig hierher?
Ja! Aber nur einmal pro Woche!
Jeden Sonntag!
Das heißt, ich kann Kento jede Woche sehen! ♡
Fu fu fu.
Aha.
Das heißt ...
... ich kann jede Woche diese fluffigen Haare anbeten.
Das ist so heilsam ...
Reiß Zieh
Ha ha ha!
Du stehst echt total drauf, oder?
Hat ja 'n bisschen was Perverses ...
So, wir beginnen langsam mit dem Unterricht!
Menno!
Hör doch bitte auf, mich wie ein Kind zu behandeln!
Tu ich doch gar nicht. Ich sage nur, wie fluffig dein Haar ist.
Genau das mein ich ja! Du machst dich lustig!
Flapp
Ach so?
Aber ...
Reiß
Uwah!

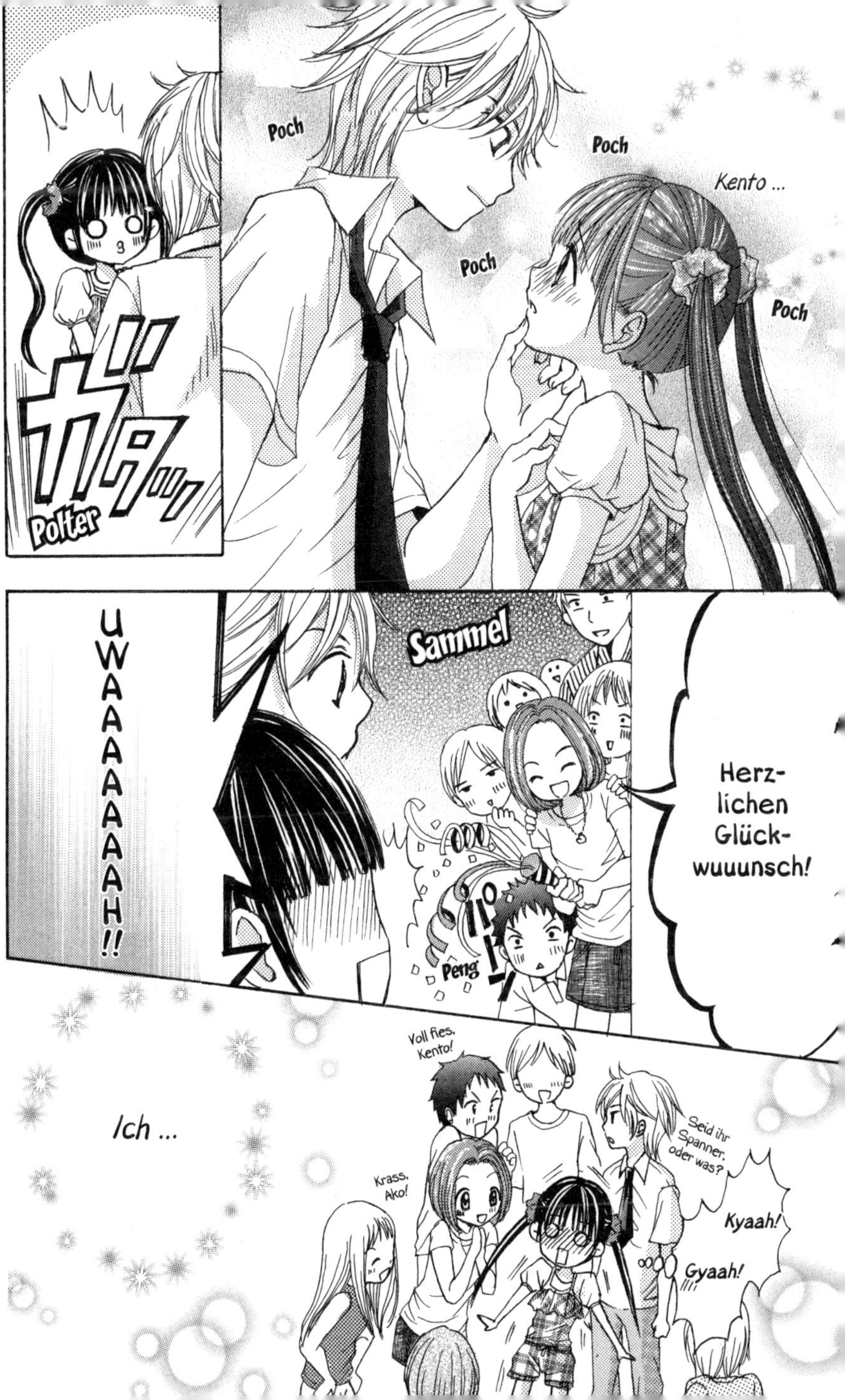
Poch
Poch
Kento ...
Poch
Poch
Polter
Herz-
lichen
Glück-
wuuunsch!
Sammel
Peng
UWAAAAAAAAAAAH!!
Seid ihr Spanner, oder was?
Kyaah!
Gyaah!
Voll fies, Kento!
Krass, Ako!
Ich ...

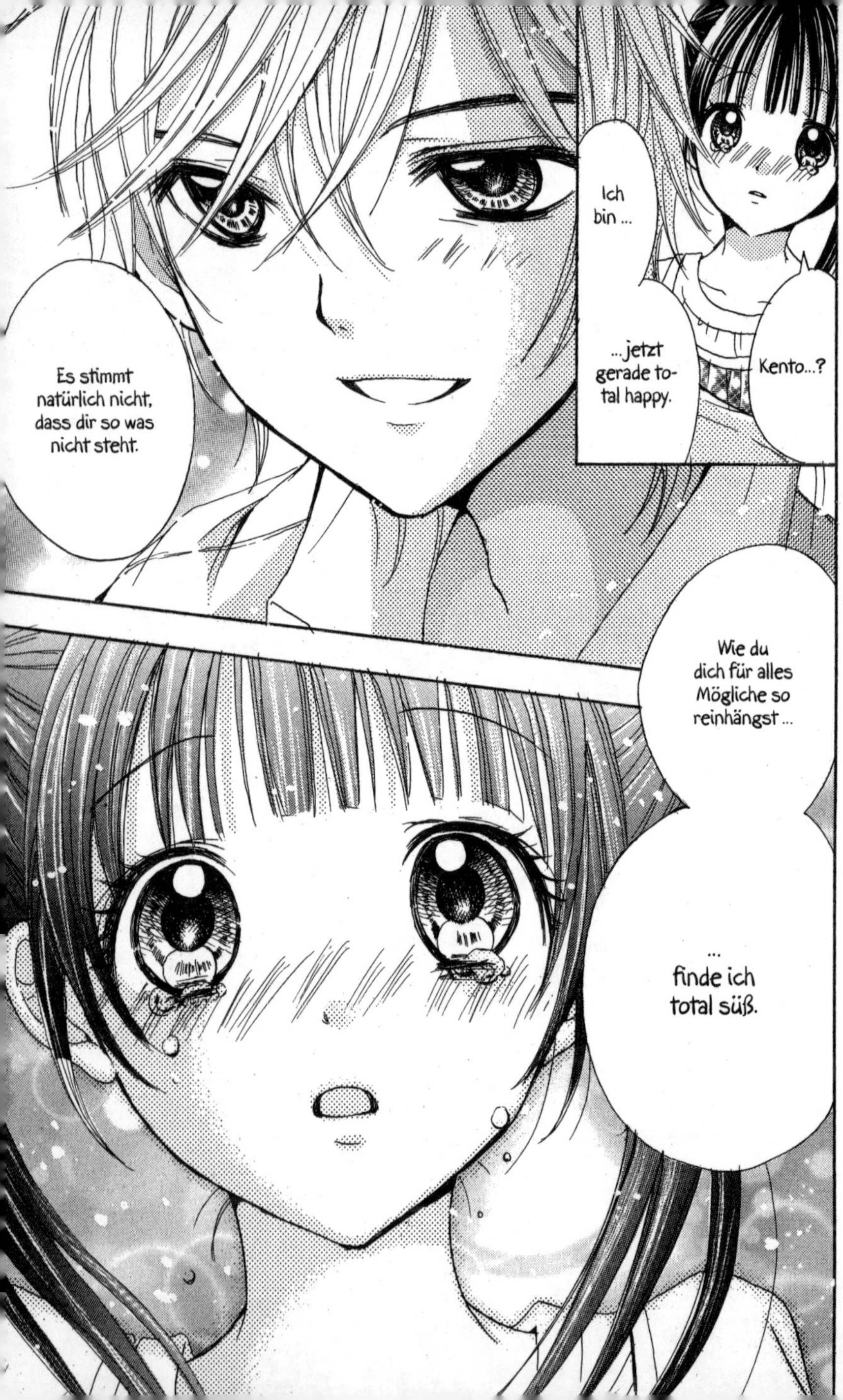
Kento...?
Ich bin ...
...jetzt gerade total happy.
Es stimmt natürlich nicht, dass dir so was nicht steht.
Wie du dich für alles Mögliche so reinhängst ...
... finde ich total süß.

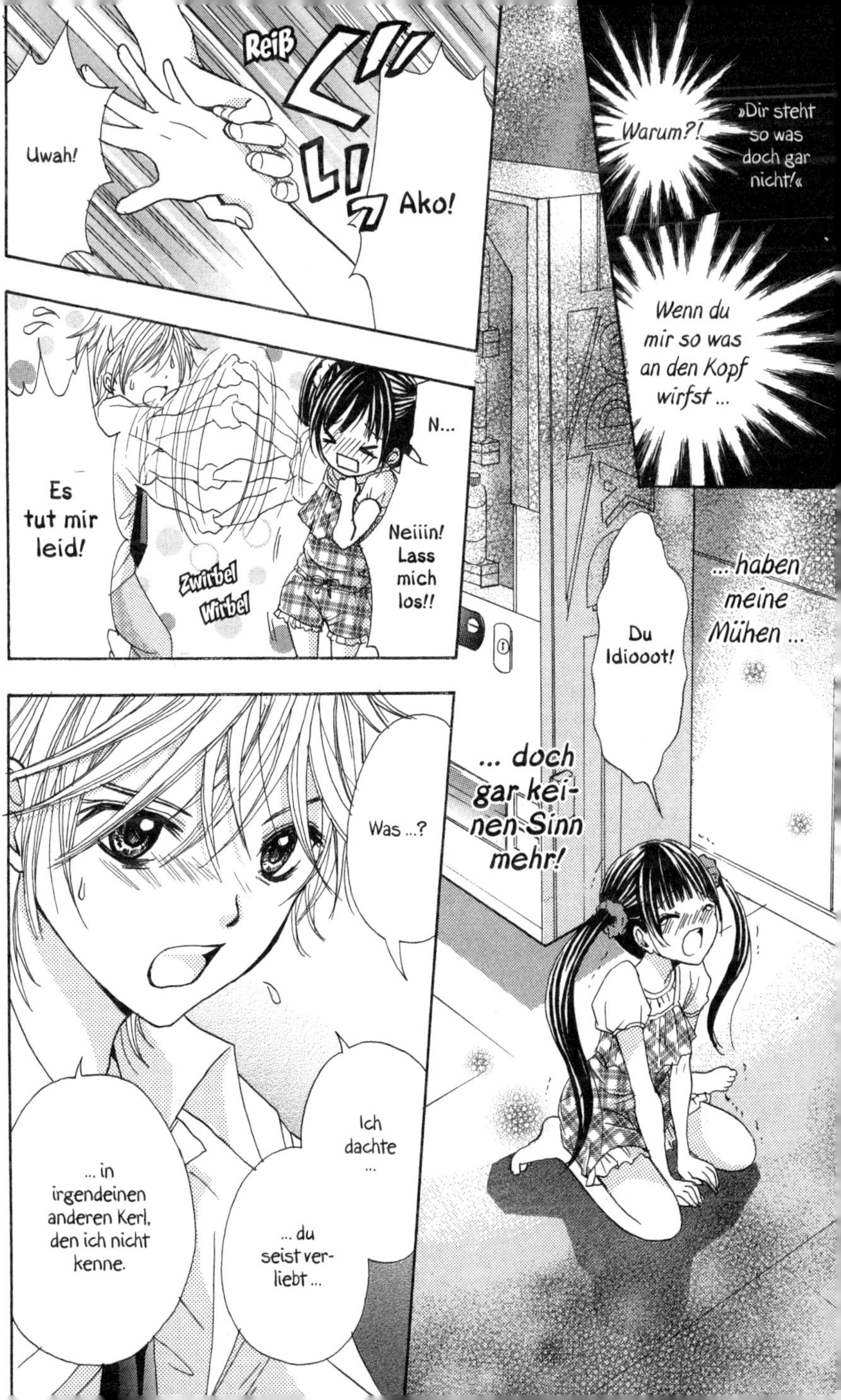
Warum?!
»Dir steht so was doch gar nicht!«
Wenn du mir so was an den Kopf wirfst ...
... haben meine Mühen ...
... doch gar keinen Sinn mehr!
Du Idiooot!
Reiß
Ako!
Uwah!
N...
Neiiin! Lass mich los!!
Es tut mir leid!
Zwirbel
Wirbel
Was ...?
Ich dachte ...
... du seist verliebt ...
... in irgendeinen anderen Kerl, den ich nicht kenne.

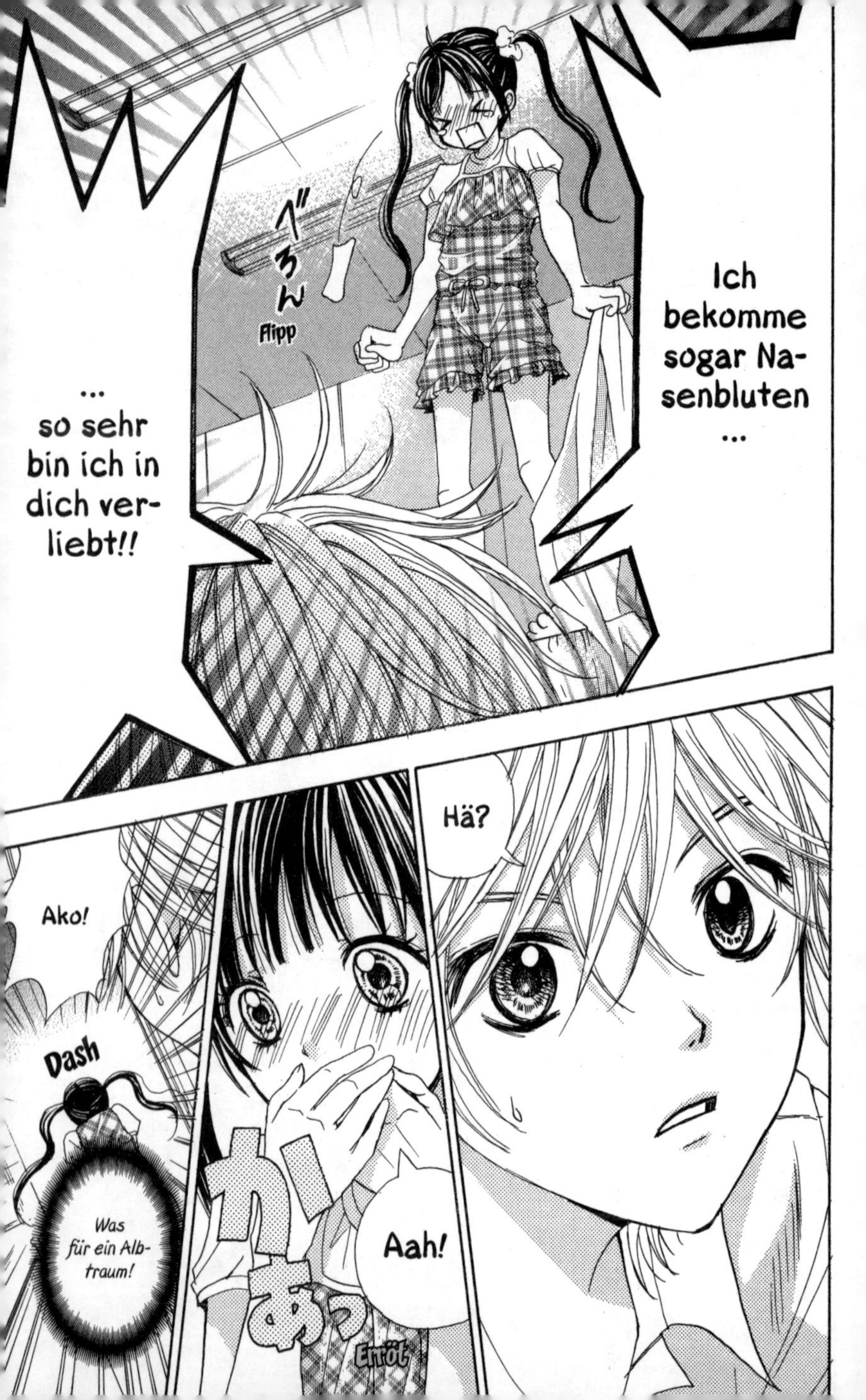
Ich bekomme sogar Nasenbluten ...
べろん
Flipp
... so sehr bin ich in dich verliebt!!
Hä?
Aah!
わぁっ
Erröt
Ako!
Dash
Was für ein Albtraum!

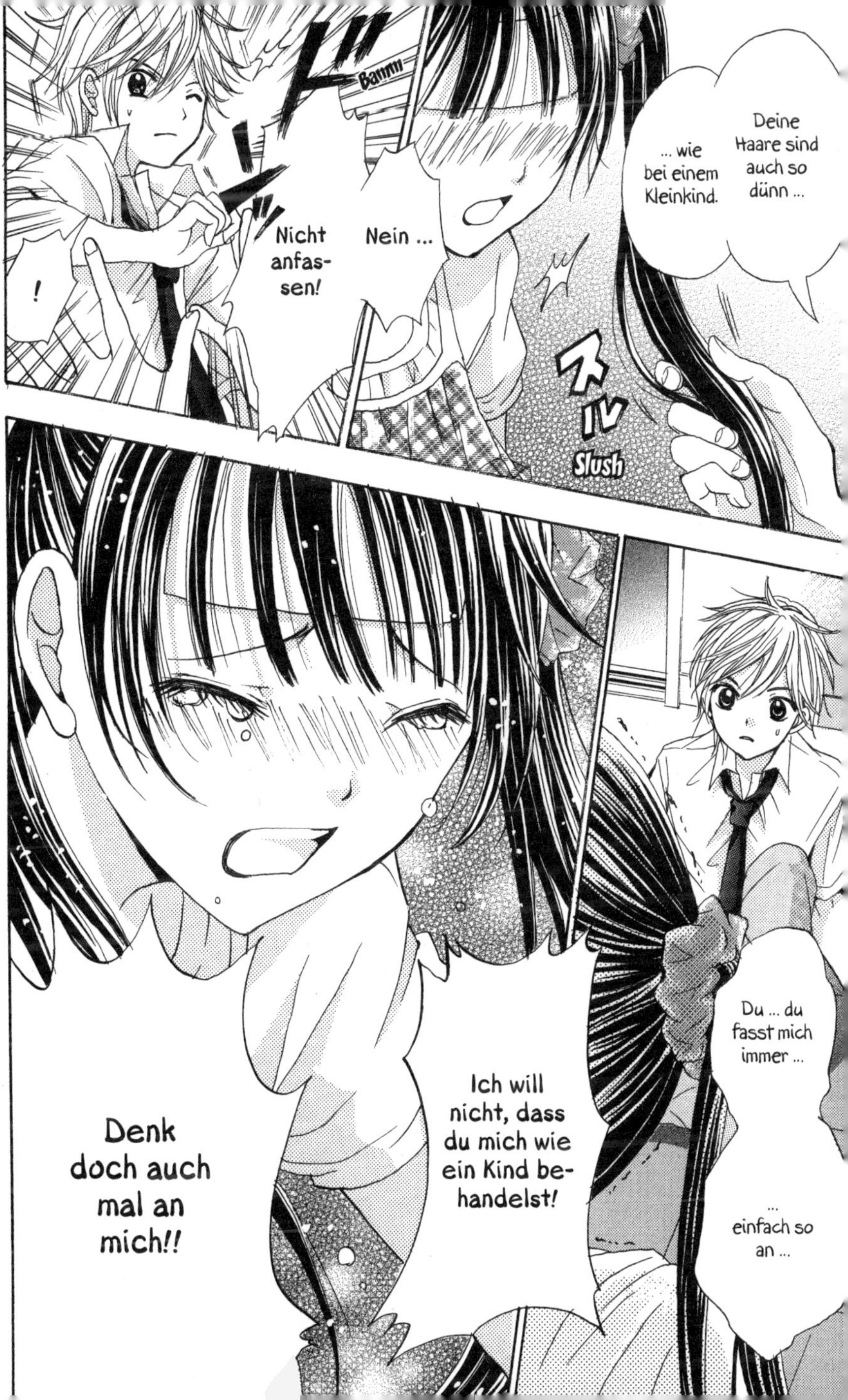

Deine Haare sind auch so dünn ...
... wie bei einem Kleinkind.
Slush
Nein ...
Nicht anfassen!
Bannn
!
Du ... du fasst mich immer ...
... einfach so an ...
Ich will nicht, dass du mich wie ein Kind behandelst!
Denk doch auch mal an mich!!

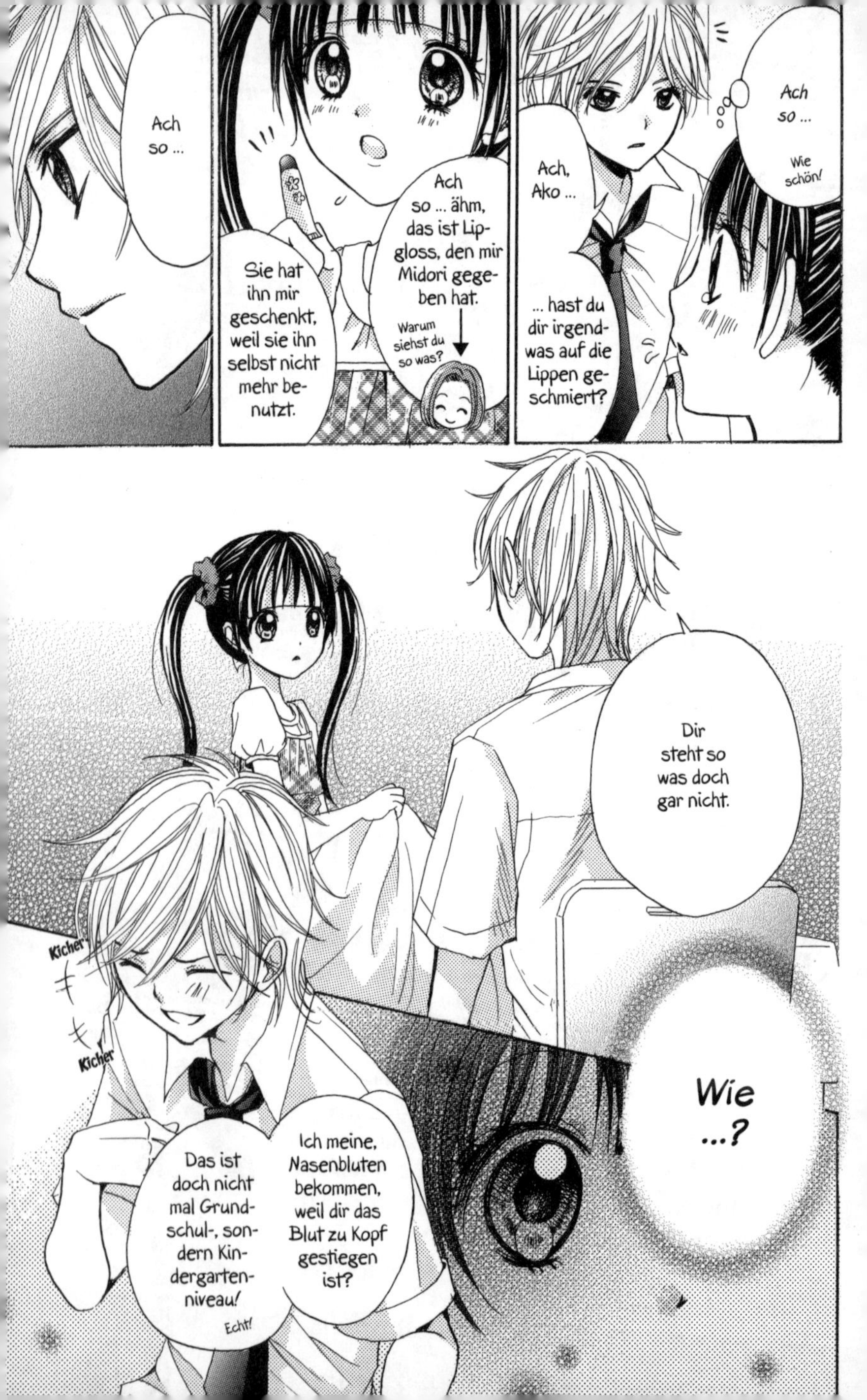
Ach so ...
Wie schön!
Ach, Ako ...
... hast du dir irgendwas auf die Lippen geschmiert?
Ach so ... ähm, das ist Lipgloss, den mir Midori gegeben hat.
Warum siehst du so was?
Sie hat ihn mir geschenkt, weil sie ihn selbst nicht mehr benutzt.
Ach so ...
Dir steht so was doch gar nicht.
Wie ...?
Kicher
Kicher
Ich meine, Nasenbluten bekommen, weil dir das Blut zu Kopf gestiegen ist?
Das ist doch nicht mal Grundschul-, sondern Kindergartenniveau!
Echt!

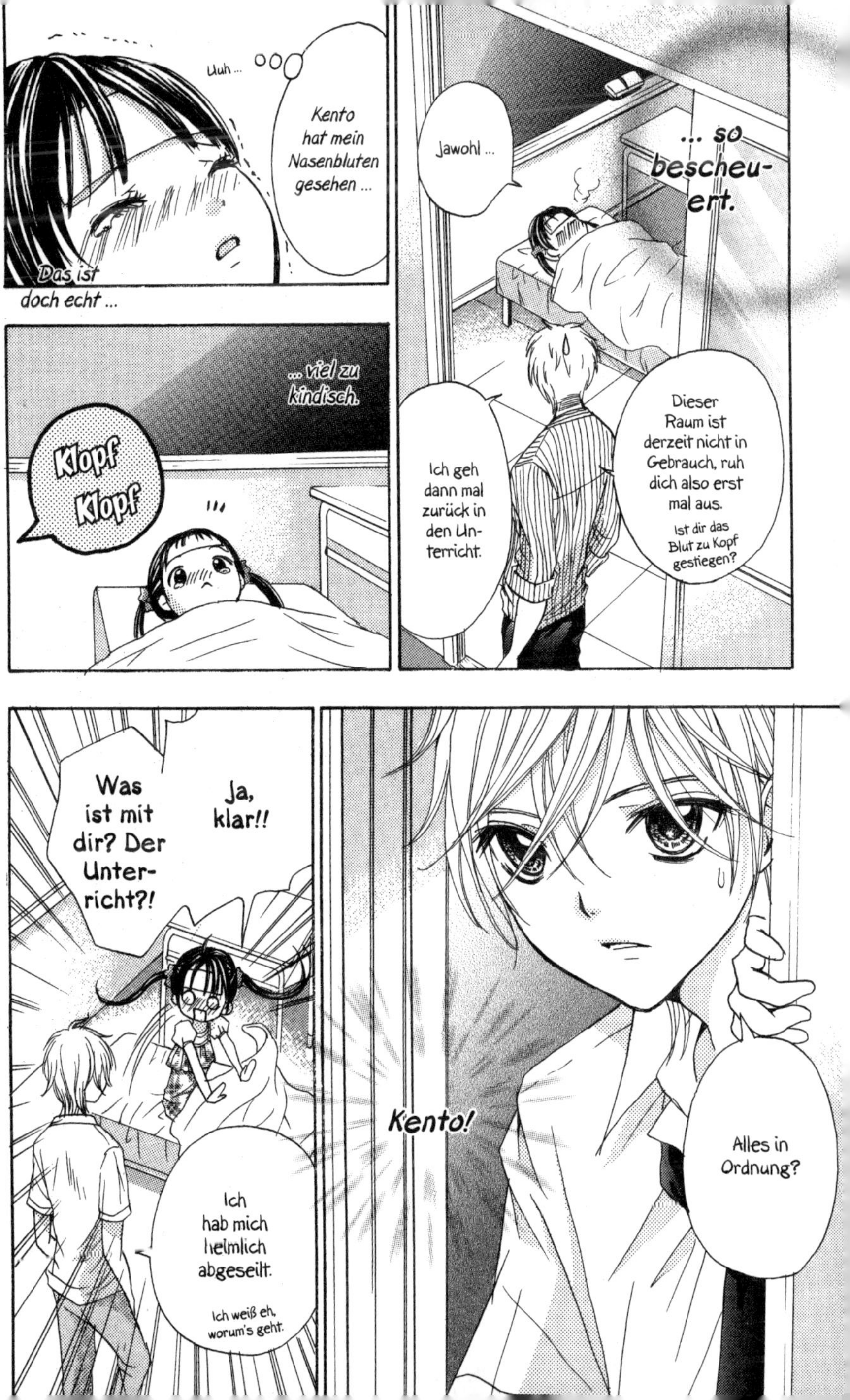
Uuh ...
Kento hat mein Nasenbluten gesehen ...
Das ist doch echt ...
Jawohl ...
... so bescheu-ert.
Dieser Raum ist derzeit nicht in Gebrauch, ruh dich also erst mal aus.
Ist dir das Blut zu Kopf gestiegen?
Ich geh dann mal zurück in den Unterricht.
... viel zu kindisch.
Klopf Klopf
Kento!
Alles in Ordnung?
Was ist mit dir? Der Unterricht?!
Ja, klar!!
Ich hab mich heimlich abgeseilt.
Ich weiß eh, worum's geht.

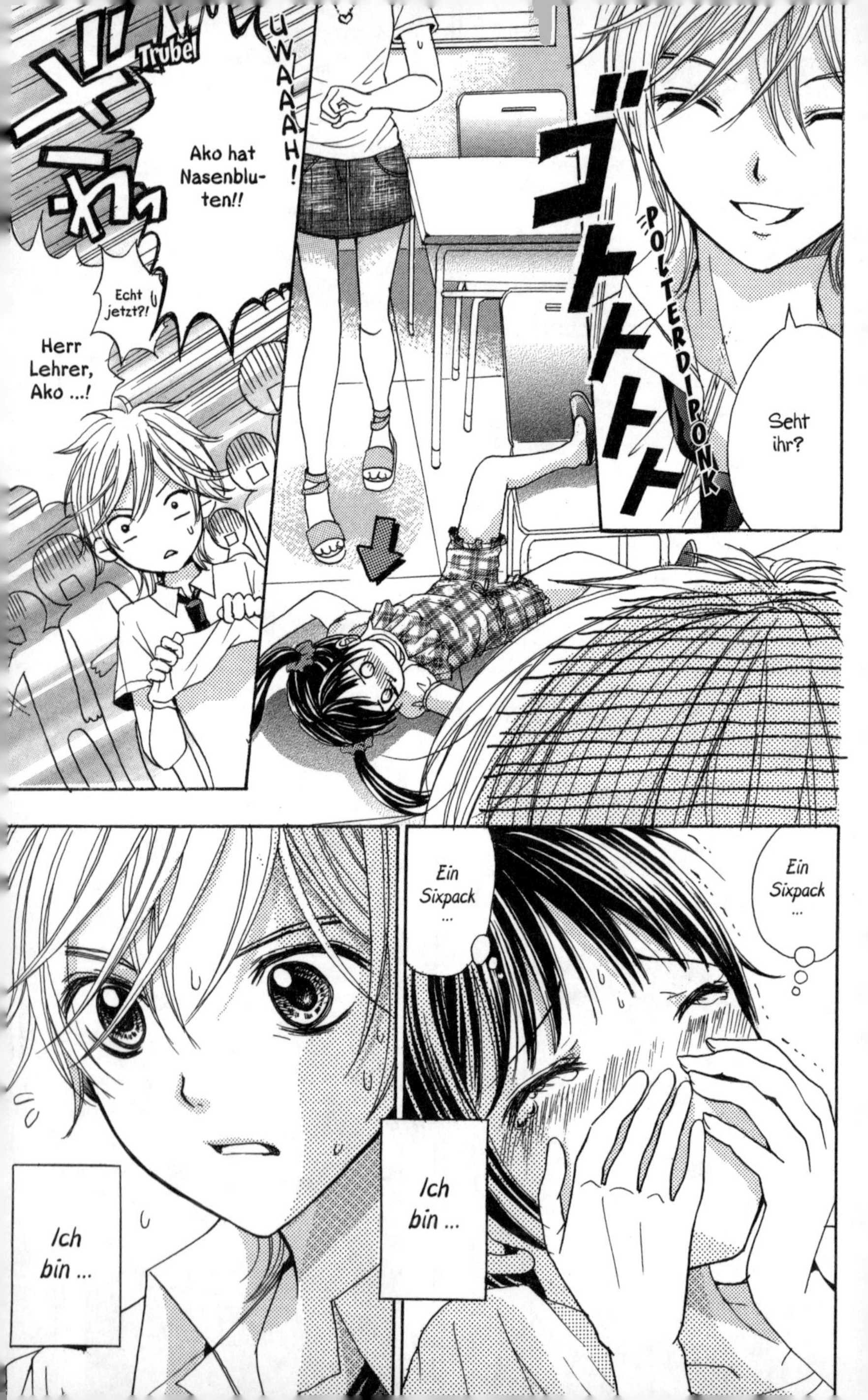
Seht ihr?
POLTERDIPONK
ÜWAAAAH!
Trubel
Ako hat Nasenbluten!!
Echt jetzt?!
Herr Lehrer, Ako ...!
Ein Sixpack ...
Ein Sixpack ...
Ich bin ...
Ich bin ...

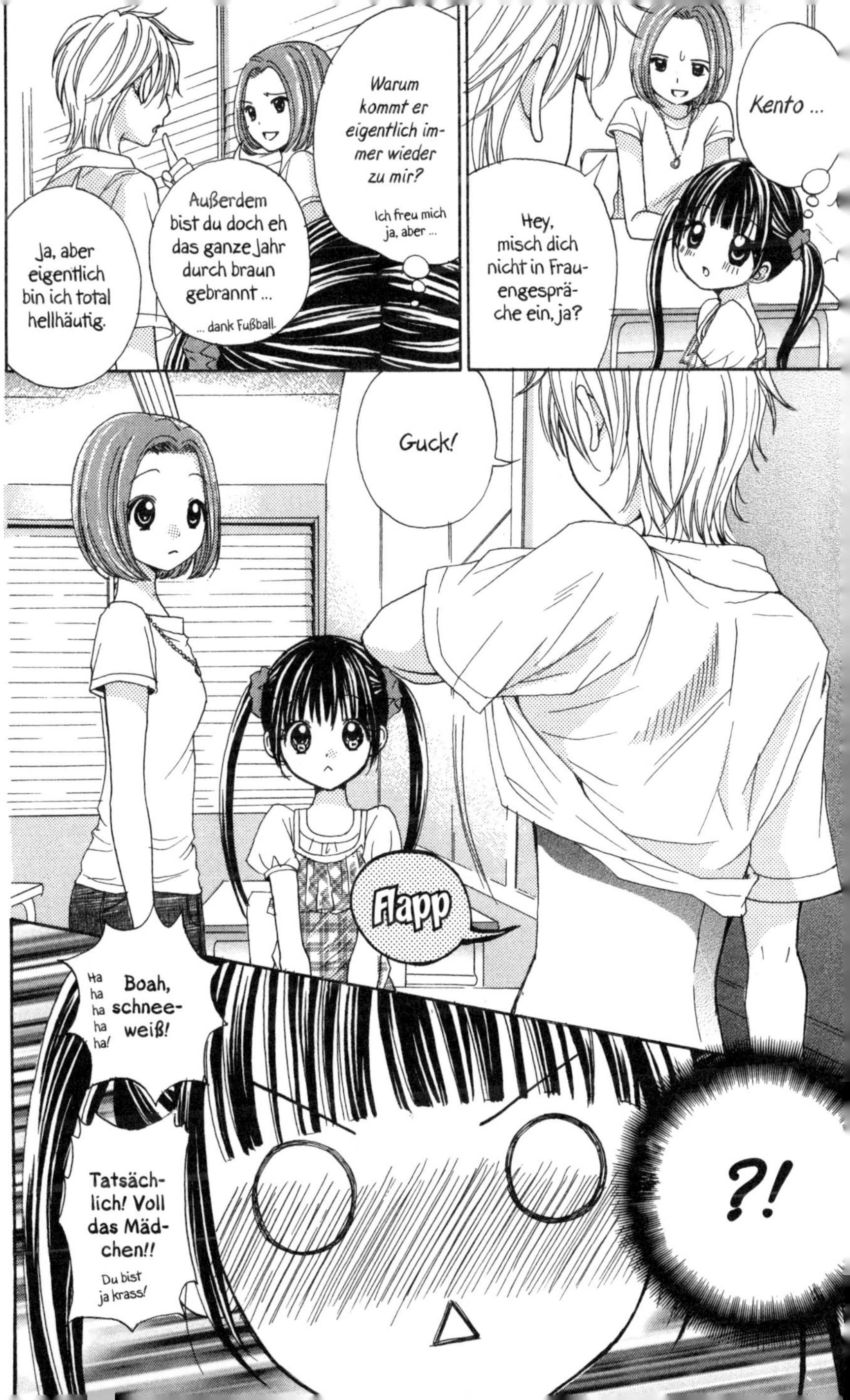
Kento ...
Hey, misch dich nicht in Frauengespräche ein, ja?
Warum kommt er eigentlich immer wieder zu mir?
Ich freu mich ja, aber ...
Außerdem bist du doch eh das ganze Jahr durch braun gebrannt ...
... dank Fußball.
Ja, aber eigentlich bin ich total hellhäutig.
Guck!
Flapp
?!
Boah, schneeweiß!
Ha ha ha ha ha!
Tatsächlich! Voll das Mädchen!!
Du bist ja krass!

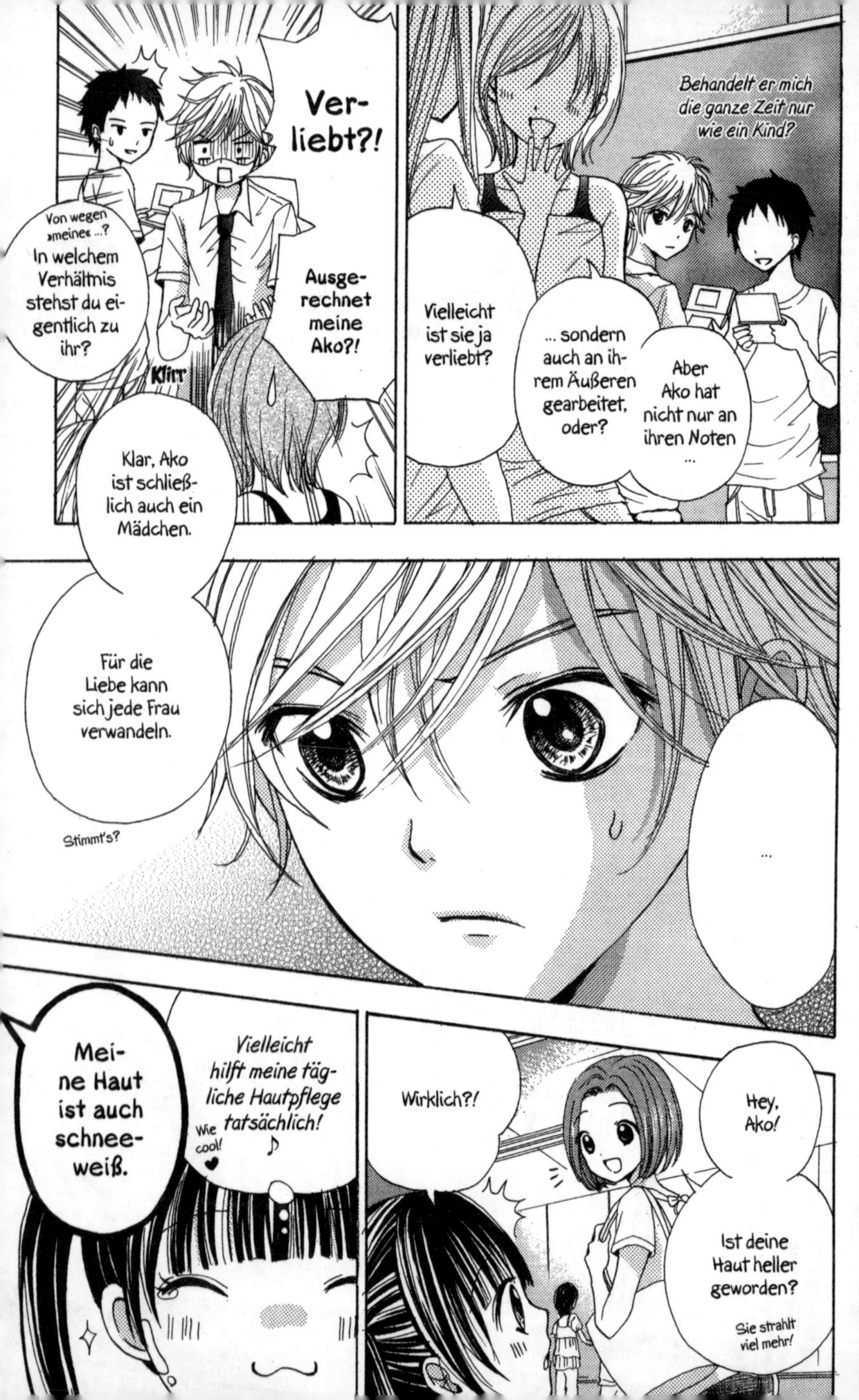

Behandelt er mich die ganze Zeit nur wie ein Kind?
Aber Ako hat nicht nur an ihren Noten ...
... sondern auch an ihrem Äußeren gearbeitet, oder?
Vielleicht ist sie ja verliebt?
Verliebt?!
Ausgerechnet meine Ako?!
Klirr
Von wegen »meine« ...? In welchem Verhältnis stehst du eigentlich zu ihr?
Klar, Ako ist schließlich auch ein Mädchen.
Für die Liebe kann sich jede Frau verwandeln.
Stimmt's?
...
Hey, Ako!
Ist deine Haut heller geworden?
Sie strahlt viel mehr!
Wirklich?!
Vielleicht hilft meine tägliche Hautpflege tatsächlich! ♪
Wie cool!
Meine Haut ist auch schneeweiß.

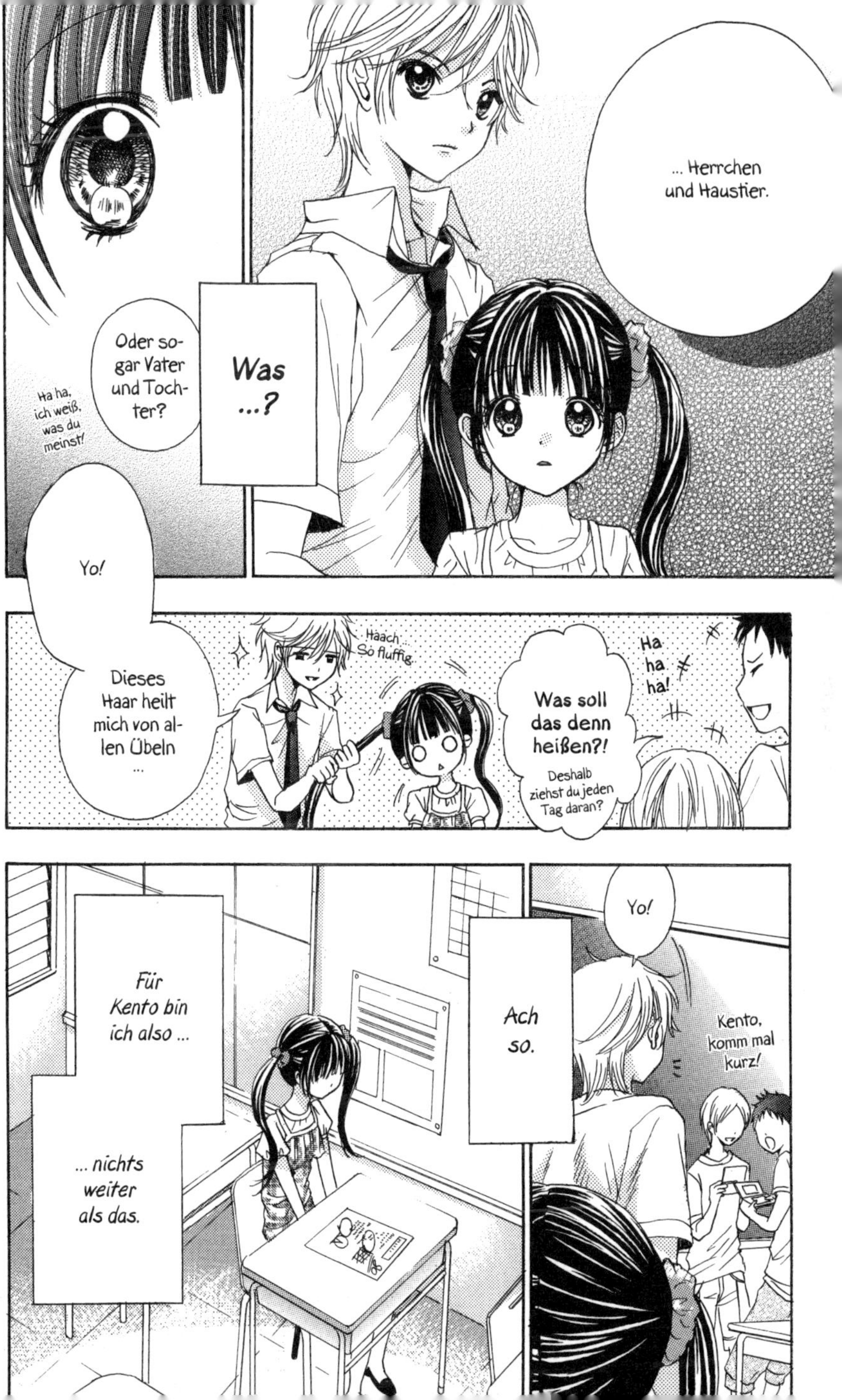
... Herrchen und Haustier.
Was ...?
Oder sogar Vater und Tochter?
Ha ha, ich weiß, was du meinst!
Ha ha ha!
Was soll das denn heißen?!
Deshalb ziehst du jeden Tag daran?
Haach ... So fluffig.
Yo!
Dieses Haar heilt mich von allen Übeln ...
Yo!
Kento, komm mal kurz!
Ach so.
Für Kento bin ich also ...
... nichts weiter als das.

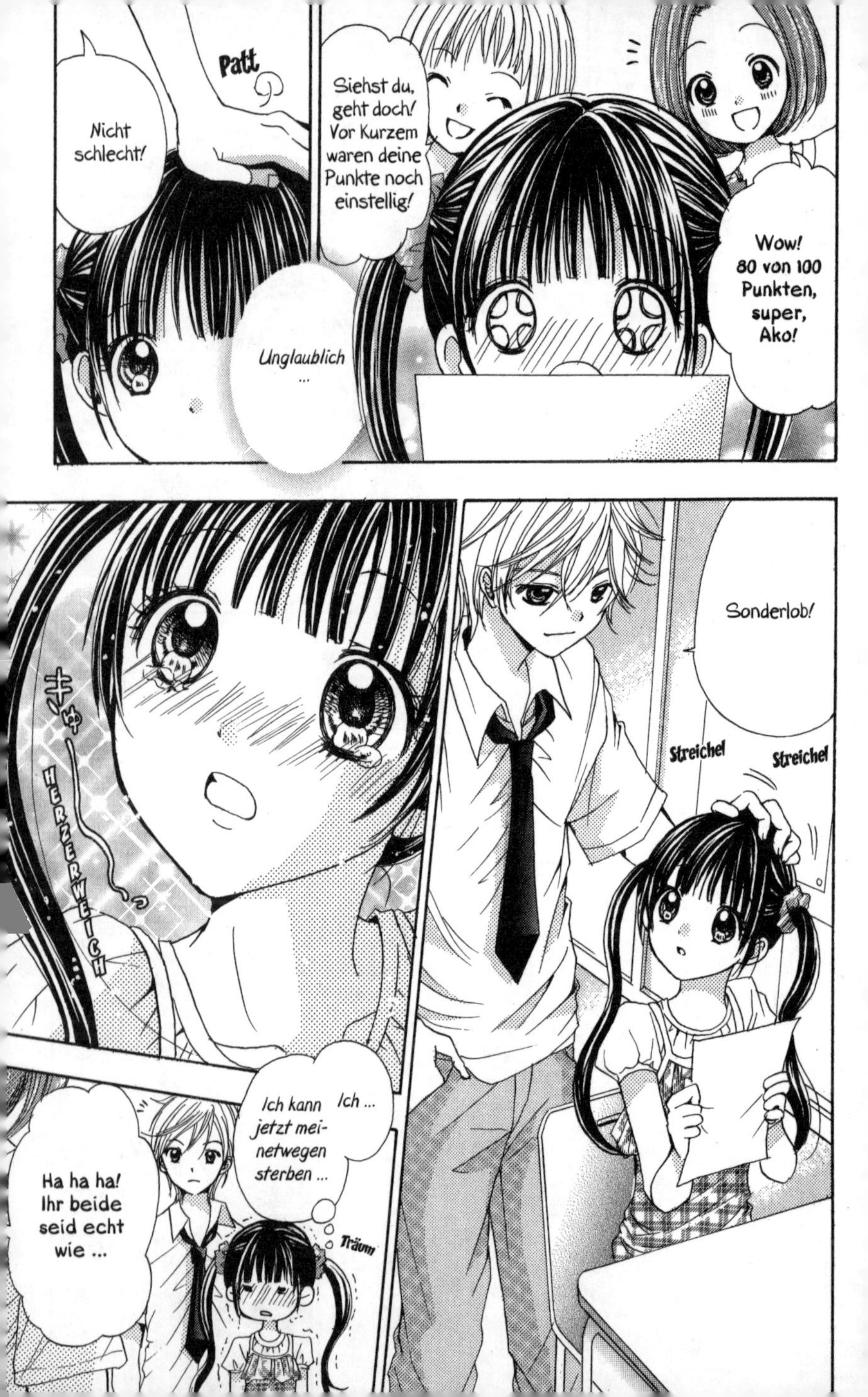

Wow! 80 von 100 Punkten, super, Ako!
Siehst du, geht doch! Vor Kurzem waren deine Punkte noch einstellig!
Patt
Nicht schlecht!
Unglaublich ...
Sonderlob!
Streichel
Streichel
HERZERWEICH
Ich ...
Ich kann jetzt meinetwegen sterben ...
Träum
Ha ha ha! Ihr beide seid echt wie ...

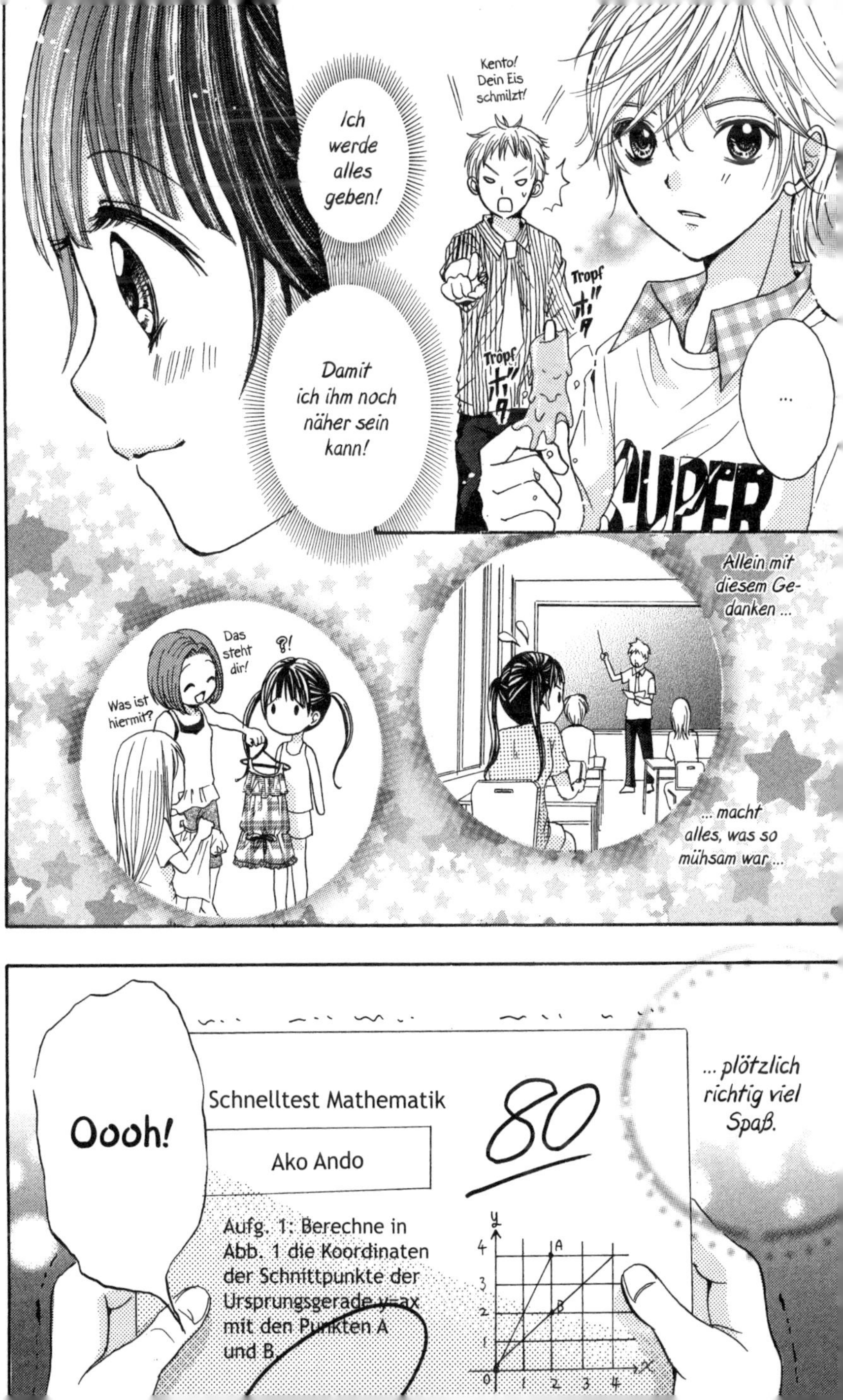
Kento! Dein Eis schmilzt!
Tropf
Tropf
...
Ich werde alles geben!
Damit ich ihm noch näher sein kann!
Allein mit diesem Gedanken ...
Das steht dir!
?!
Was ist hiermit?
... macht alles, was so mühsam war ...
... plötzlich richtig viel Spaß.
80
Schnelltest Mathematik
Ako Ando
Aufg. 1: Berechne in Abb. 1 die Koordinaten der Schnittpunkte der Ursprungsgerade y=ax mit den Punkten A und B.
Oooh!

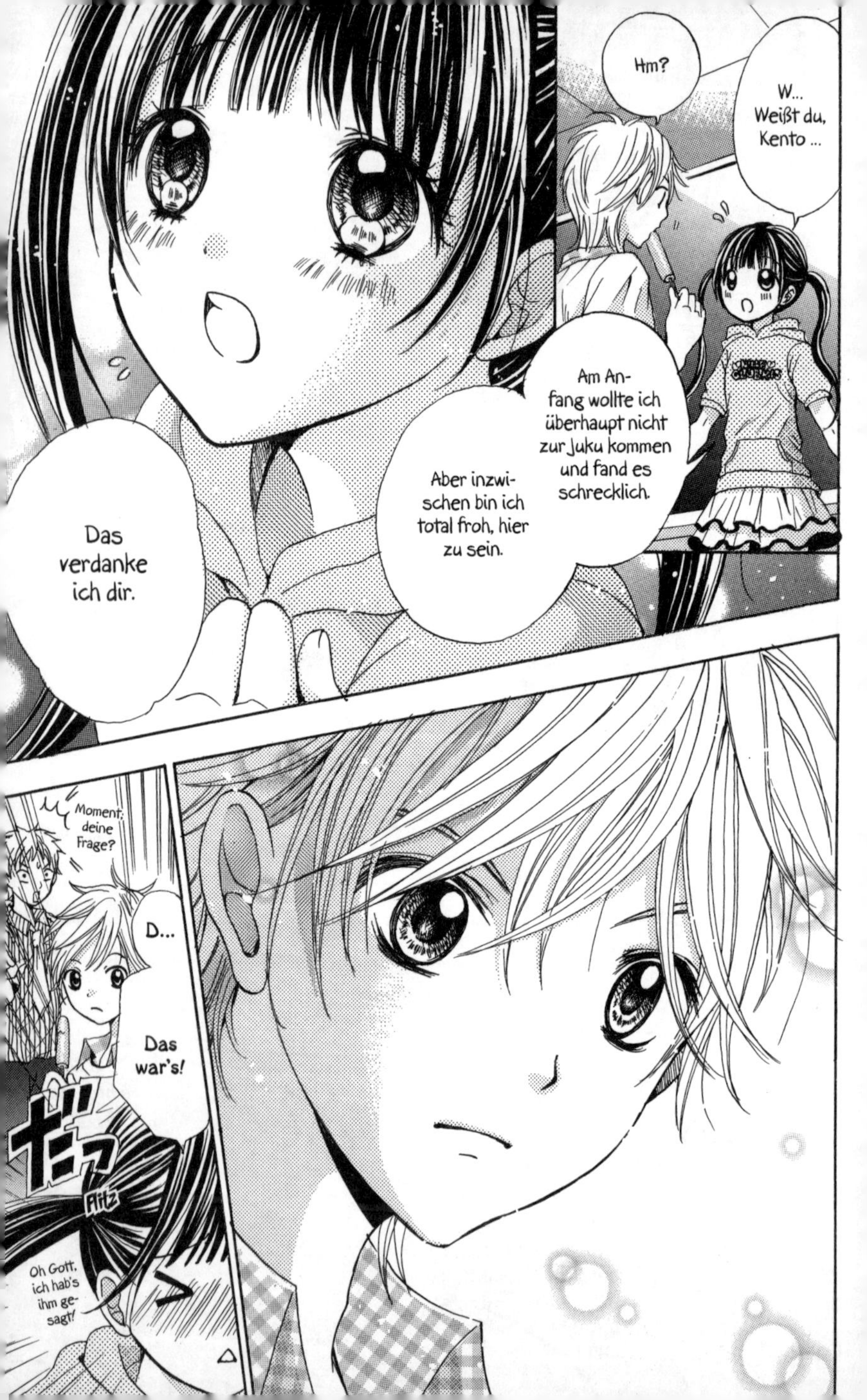
W... Weißt du, Kento ...
Hm?
Am Anfang wollte ich überhaupt nicht zur Juku kommen und fand es schrecklich.
Aber inzwischen bin ich total froh, hier zu sein.
Das verdanke ich dir.
D...
Das war's!
Flitz
Moment, deine Frage?
Oh Gott, ich hab's ihm gesagt!

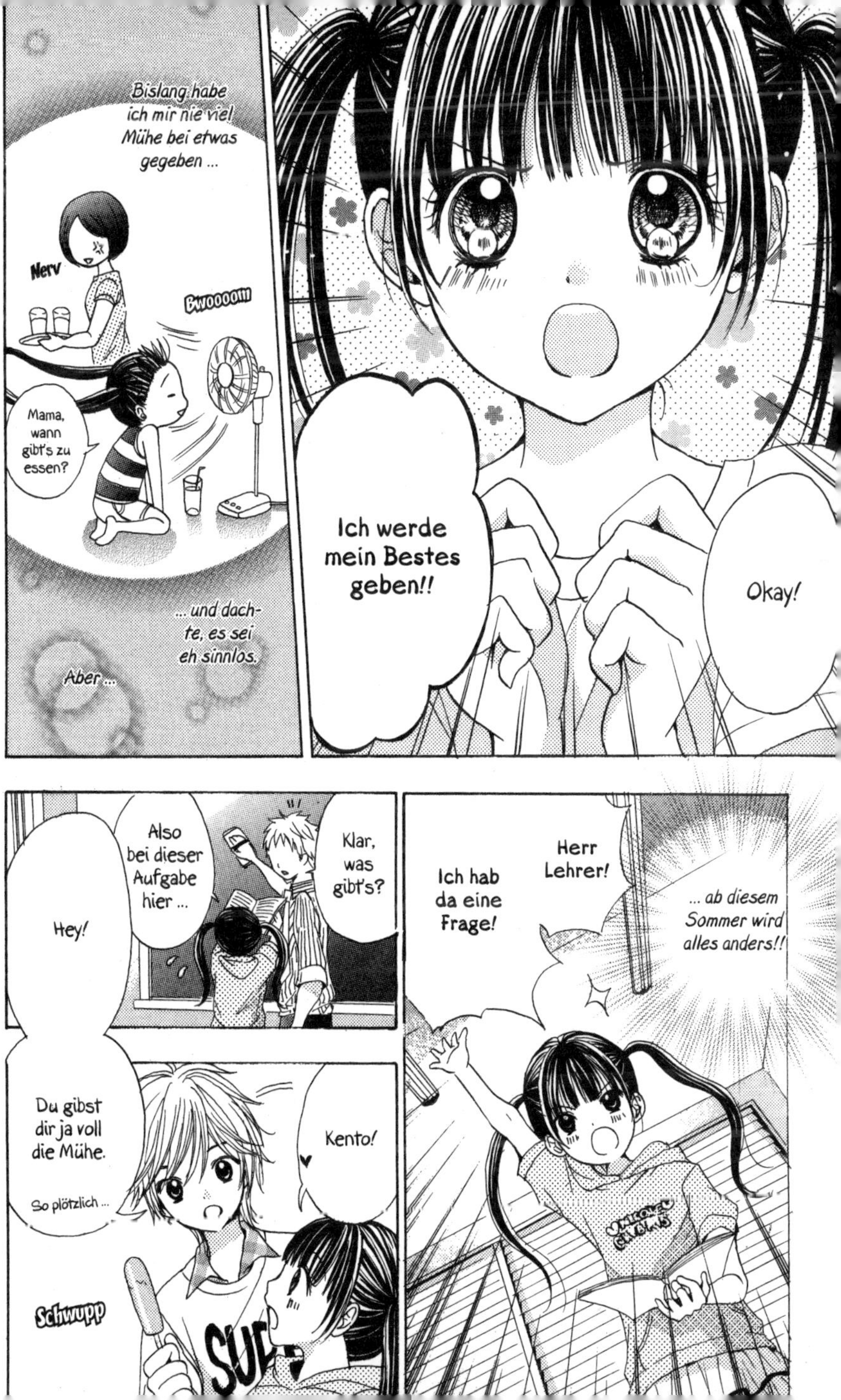
Okay!
Ich werde mein Bestes geben!!
Bislang habe ich mir nie viel Mühe bei etwas gegeben ...
Nerv
Bwoooom
Mama, wann gibt's zu essen?
... und dachte, es sei eh sinnlos.
Aber ...
... ab diesem Sommer wird alles anders!!
Herr Lehrer!
Ich hab da eine Frage!
Klar, was gibt's?
Also bei dieser Aufgabe hier ...
Hey!
Kento!
Du gibst dir ja voll die Mühe.
So plötzlich ...
Schwupp

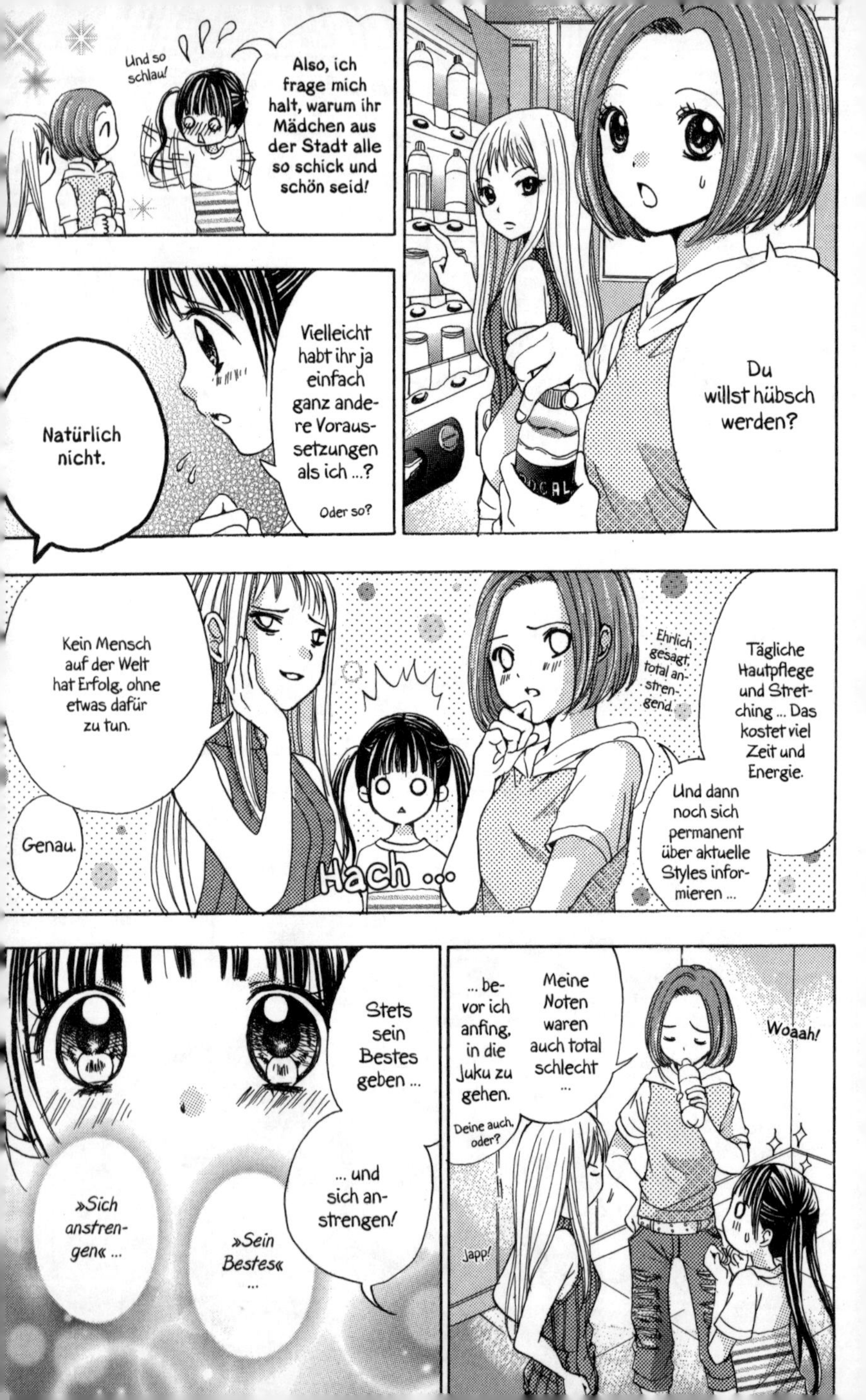
Du willst hübsch werden?
Also, ich frage mich halt, warum ihr Mädchen aus der Stadt alle so schick und schön seid!
Und so schlau!
Vielleicht habt ihr ja einfach ganz andere Voraussetzungen als ich ...?
Oder so?
Natürlich nicht.
Tägliche Hautpflege und Stretching ... Das kostet viel Zeit und Energie.
Ehrlich gesagt, total anstrengend.
Und dann noch sich permanent über aktuelle Styles informieren ...
Hach ...
Kein Mensch auf der Welt hat Erfolg, ohne etwas dafür zu tun.
Genau.
Woaah!
Meine Noten waren auch total schlecht ...
... bevor ich anfing, in die Juku zu gehen.
Deine auch, oder?
Japp!
Stets sein Bestes geben ...
... und sich anstrengen!
»Sein Bestes« ...
»Sich anstrengen« ...

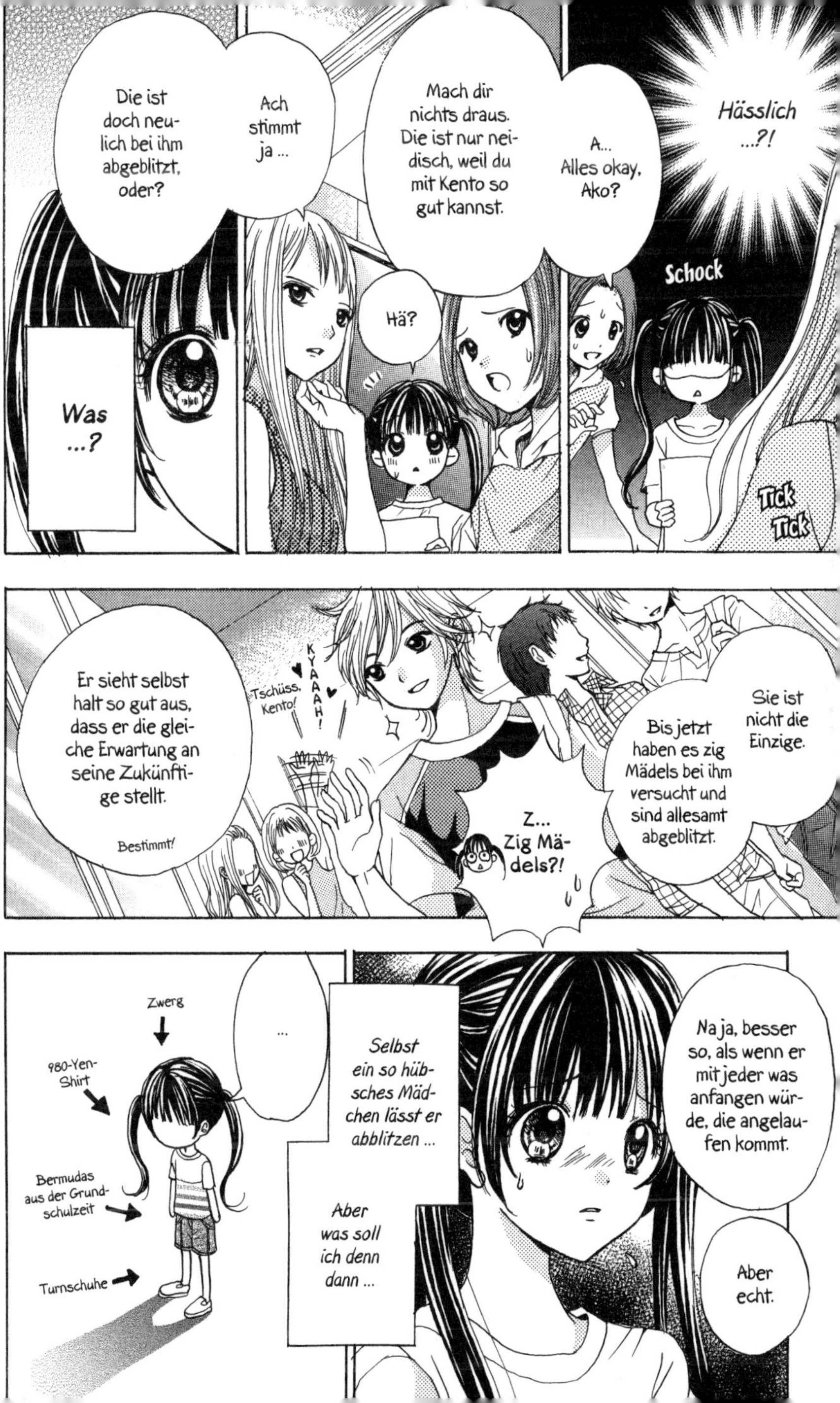

Hässlich ...?!
Schock
Tick Tick
A... Alles okay, Ako?
Mach dir nichts draus. Die ist nur neidisch, weil du mit Kento so gut kannst.
Ach stimmt ja ...
Die ist doch neulich bei ihm abgeblitzt, oder?
Hä?
Was ...?
Sie ist nicht die Einzige.
Bis jetzt haben es zig Mädels bei ihm versucht und sind allesamt abgeblitzt.
Z... Zig Mädels?!
KYAAAH!
Tschüss, Kento!
Er sieht selbst halt so gut aus, dass er die gleiche Erwartung an seine Zukünftige stellt.
Bestimmt!
Na ja, besser so, als wenn er mit jeder was anfangen würde, die angelaufen kommt.
Aber echt.
Selbst ein so hübsches Mädchen lässt er abblitzen ...
Aber was soll ich denn dann ...
...
Zwerg
980-Yen-Shirt
Bermudas aus der Grundschulzeit
Turnschuhe

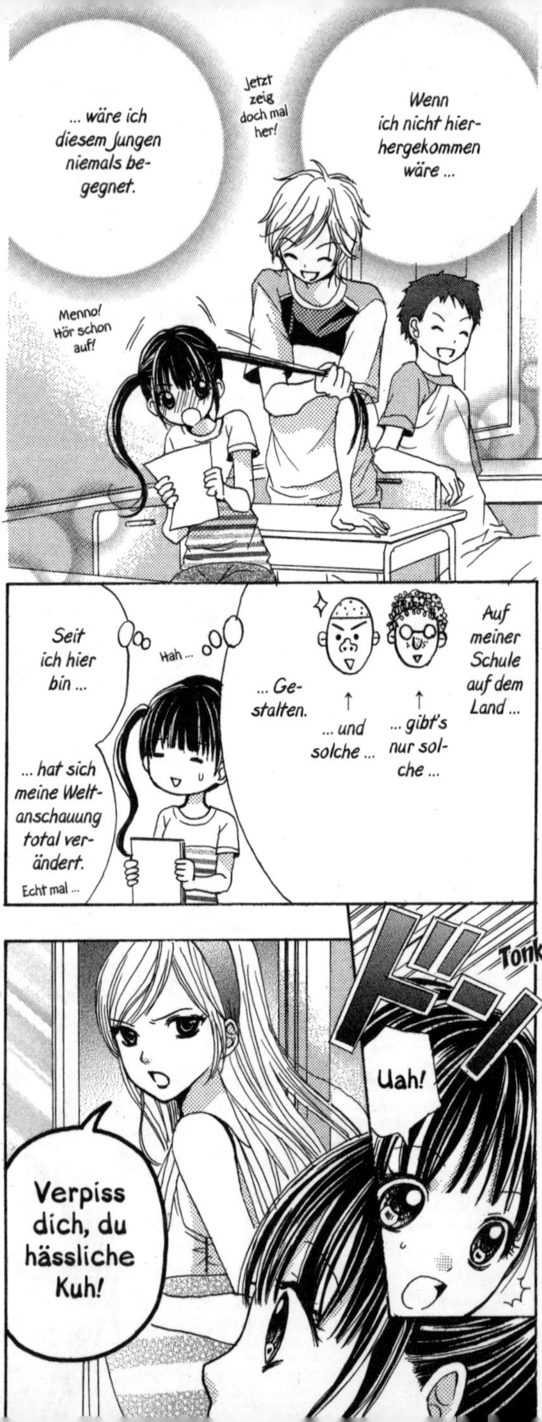
Wenn ich nicht hierhergekommen wäre ...
Jetzt zeig doch mal her!
... wäre ich diesem Jungen niemals begegnet.
Menno! Hör schon auf!
Auf meiner Schule auf dem Land ...
... gibt's nur solche ...
... und solche ...
... Gestalten.
Hah ...
Seit ich hier bin ...
... hat sich meine Weltanschauung total verändert.
Echt mal ...
Tonk
Uah!
Verpiss dich, du hässliche Kuh!

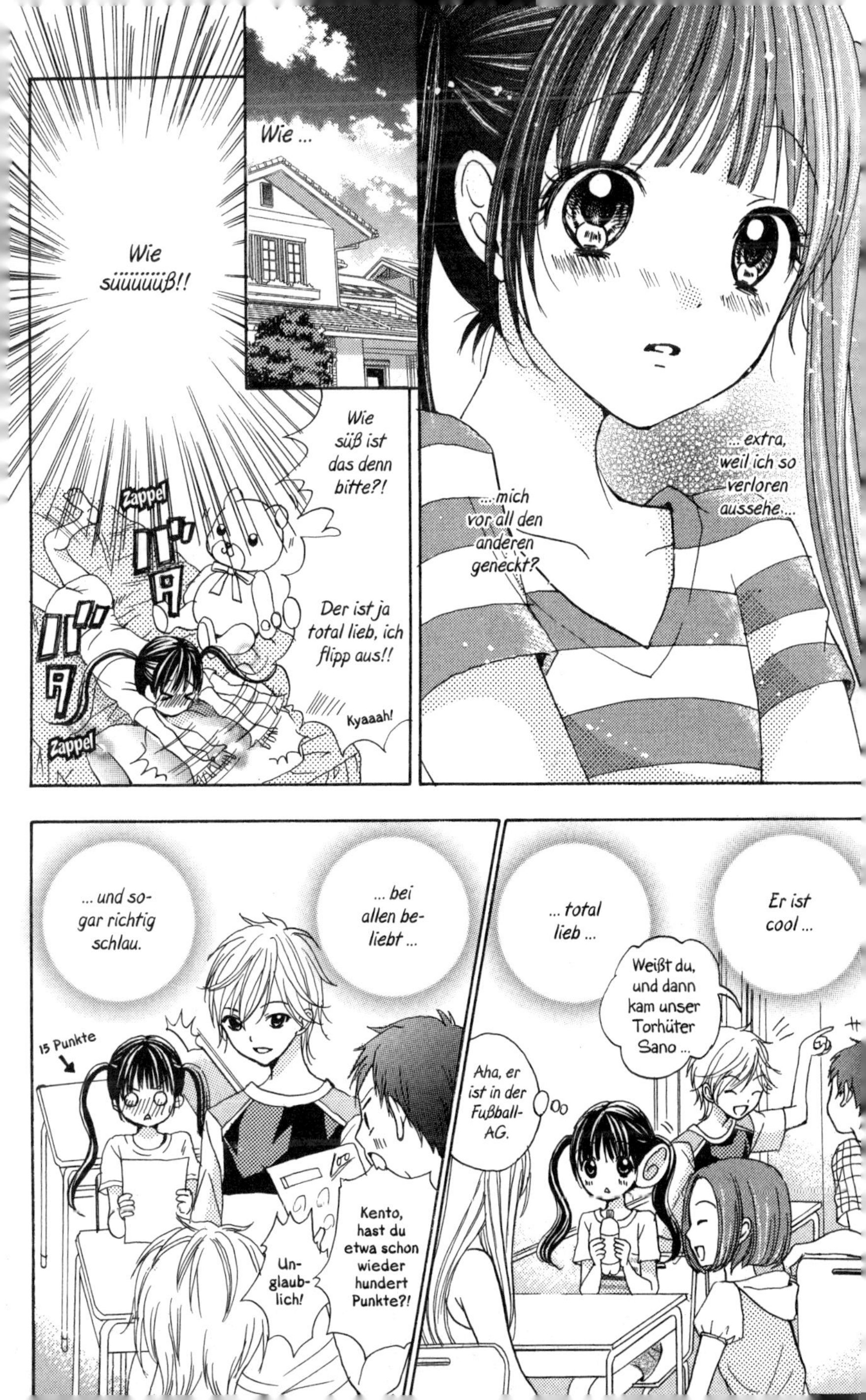
... extra, weil ich so verloren aussehe ...
... mich vor all den anderen geneckt?
Wie ...
Wie süüüüüß!!
Wie süß ist das denn bitte?!
Der ist ja total lieb, ich flipp aus!!
Zappel
Kyaaah!
Zappel
Er ist cool ...
... total lieb ...
Weißt du, und dann kam unser Torhüter Sano ...
Aha, er ist in der Fußball-AG.
... bei allen beliebt ...
... und sogar richtig schlau.
Kento, hast du etwa schon wieder hundert Punkte?!
Unglaublich!
15 Punkte

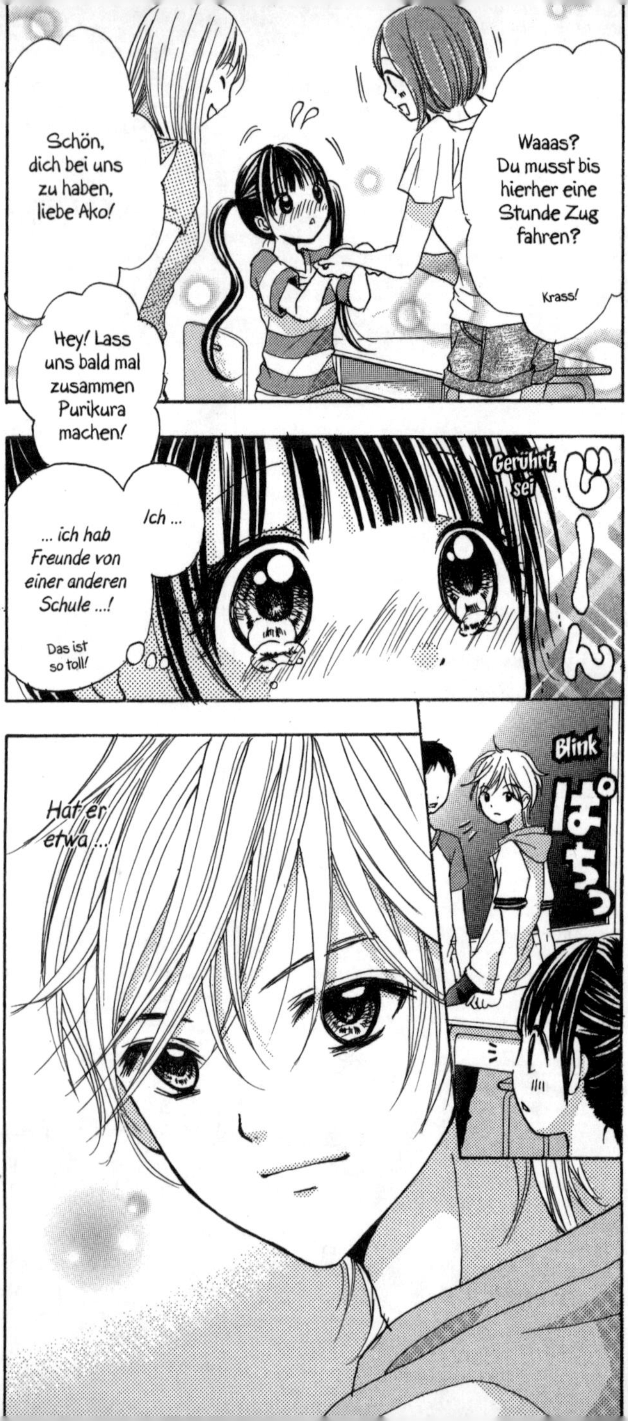
Waaas? Du musst bis hierher eine Stunde Zug fahren?
Krass!
Schön, dich bei uns zu haben, liebe Ako!
Hey! Lass uns bald mal zusammen Purikura machen!
Gerührt sei
びーん
Ich ...
... ich hab Freunde von einer anderen Schule ...!
Das ist so toll!
Blink
ぱちっ
Hat er etwa ...

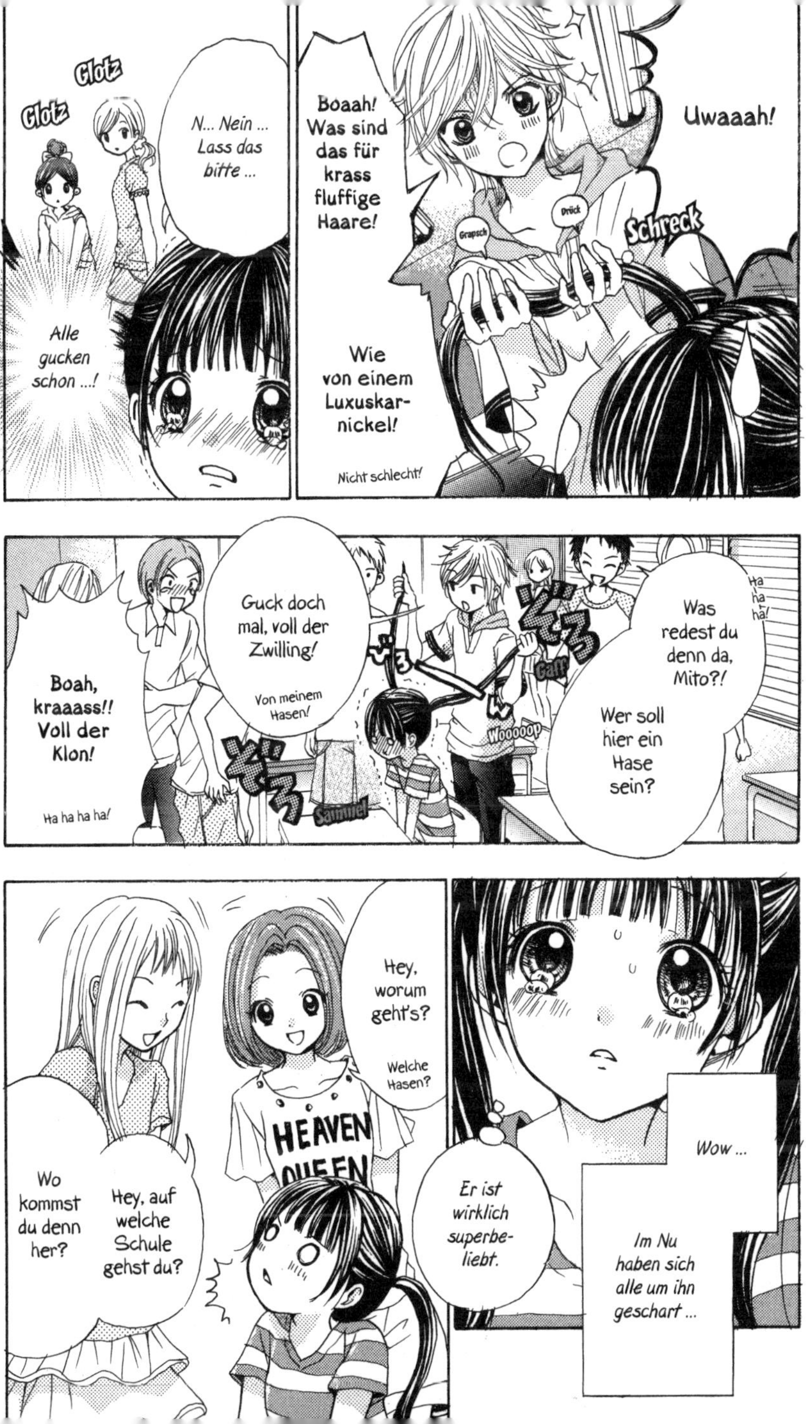

Uwaaah!
Schreck
Boaah! Was sind das für krass fluffige Haare!
Drück
Grapsch
Wie von einem Luxuskar-nickel!
Nicht schlecht!
N... Nein ... Lass das bitte ...
Glotz
Glotz
Alle gucken schon ...!
Ha ha ha!
Was redest du denn da, Mito?!
Wer soll hier ein Hase sein?
Gaff
Wooooop
Guck doch mal, voll der Zwilling!
Von meinem Hasen!
Boah, kraaass!! Voll der Klon!
Ha ha ha ha!
Sammel
Wow ...
Im Nu haben sich alle um ihn geschart ...
Er ist wirklich superbe-liebt.
Hey, worum geht's?
Welche Hasen?
HEAVEN QUEEN
Hey, auf welche Schule gehst du?
Wo kommst du denn her?

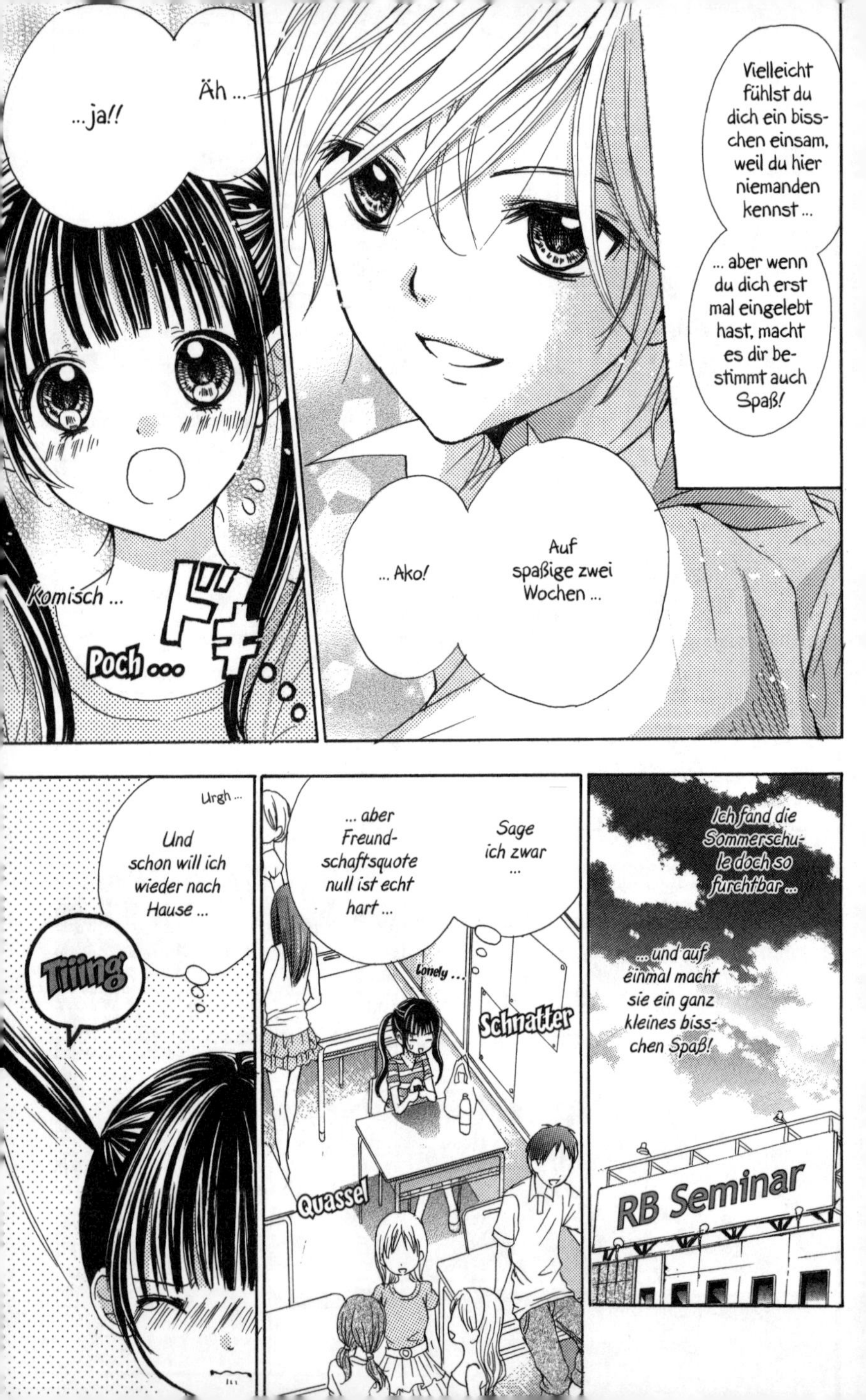
Vielleicht fühlst du dich ein bisschen einsam, weil du hier niemanden kennst ...
... aber wenn du dich erst mal eingelebt hast, macht es dir bestimmt auch Spaß!
Auf spaßige zwei Wochen ...
... Ako!
Äh ...
... ja!!
Komisch ...
ドキ
Poch ...
Ich fand die Sommerschule doch so furchtbar ...
... und auf einmal macht sie ein ganz kleines bisschen Spaß!
RB Seminar
Sage ich zwar ...
... aber Freundschaftsquote null ist echt hart ...
Lonely ...
Schnatter
Quassel
Urgh ...
Und schon will ich wieder nach Hause ...
Tiiing

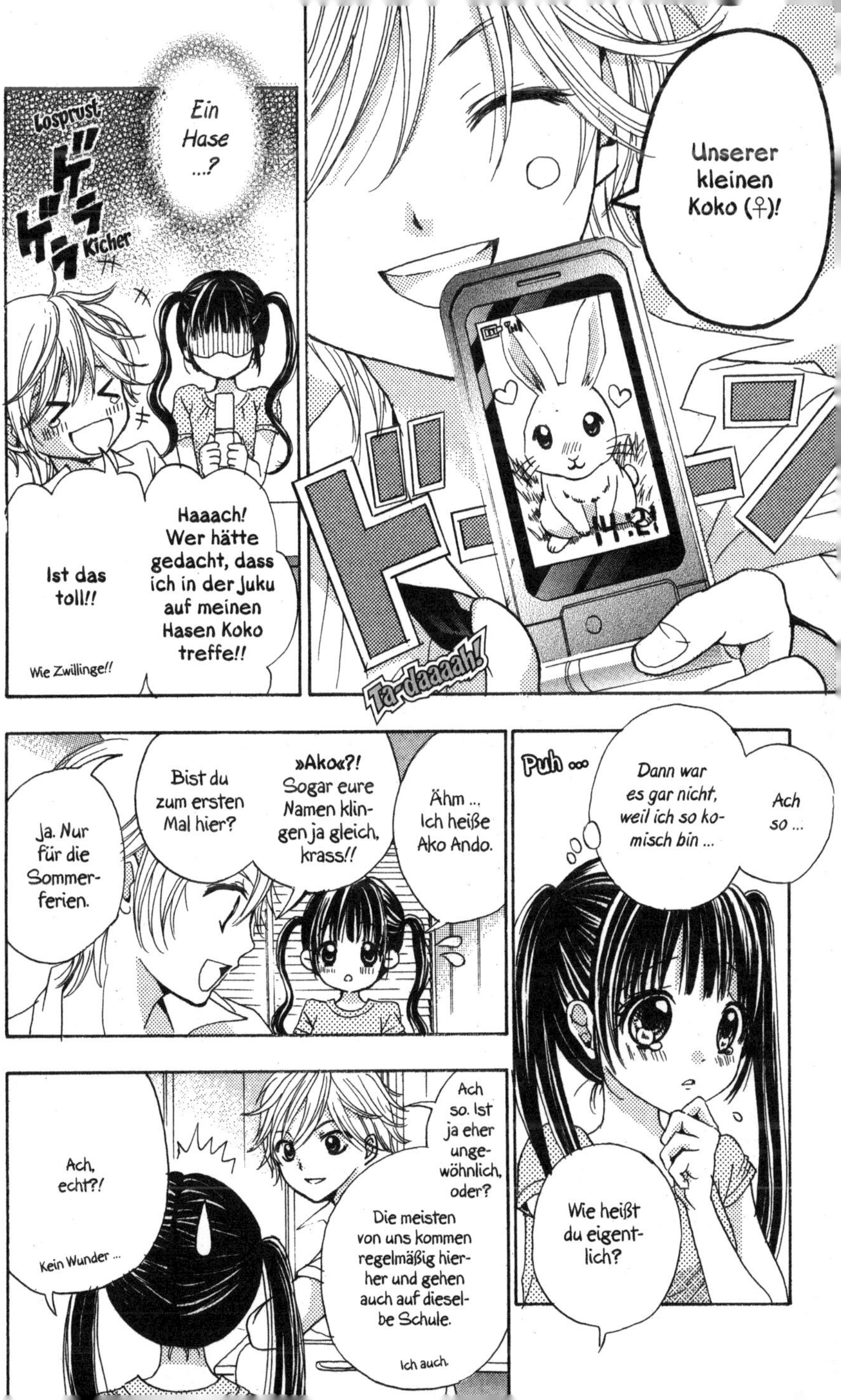
Unserer kleinen Koko (♀)!
Ta-daaaah!
Ein Hase ...?
Losprust
Kicher
Haaach! Wer hätte gedacht, dass ich in der Juku auf meinen Hasen Koko treffe!!
Ist das toll!!
Wie Zwillinge!!
Puh ...
Dann war es gar nicht, weil ich so komisch bin ...
Ach so ...
Wie heißt du eigentlich?
Ähm ... Ich heiße Ako Ando.
»Ako«?! Sogar eure Namen klingen ja gleich, krass!!
Bist du zum ersten Mal hier?
Ja. Nur für die Sommerferien.
Ach so. Ist ja eher ungewöhnlich, oder?
Die meisten von uns kommen regelmäßig hierher und gehen auch auf dieselbe Schule.
Ich auch.
Ach, echt?!
Kein Wunder ...

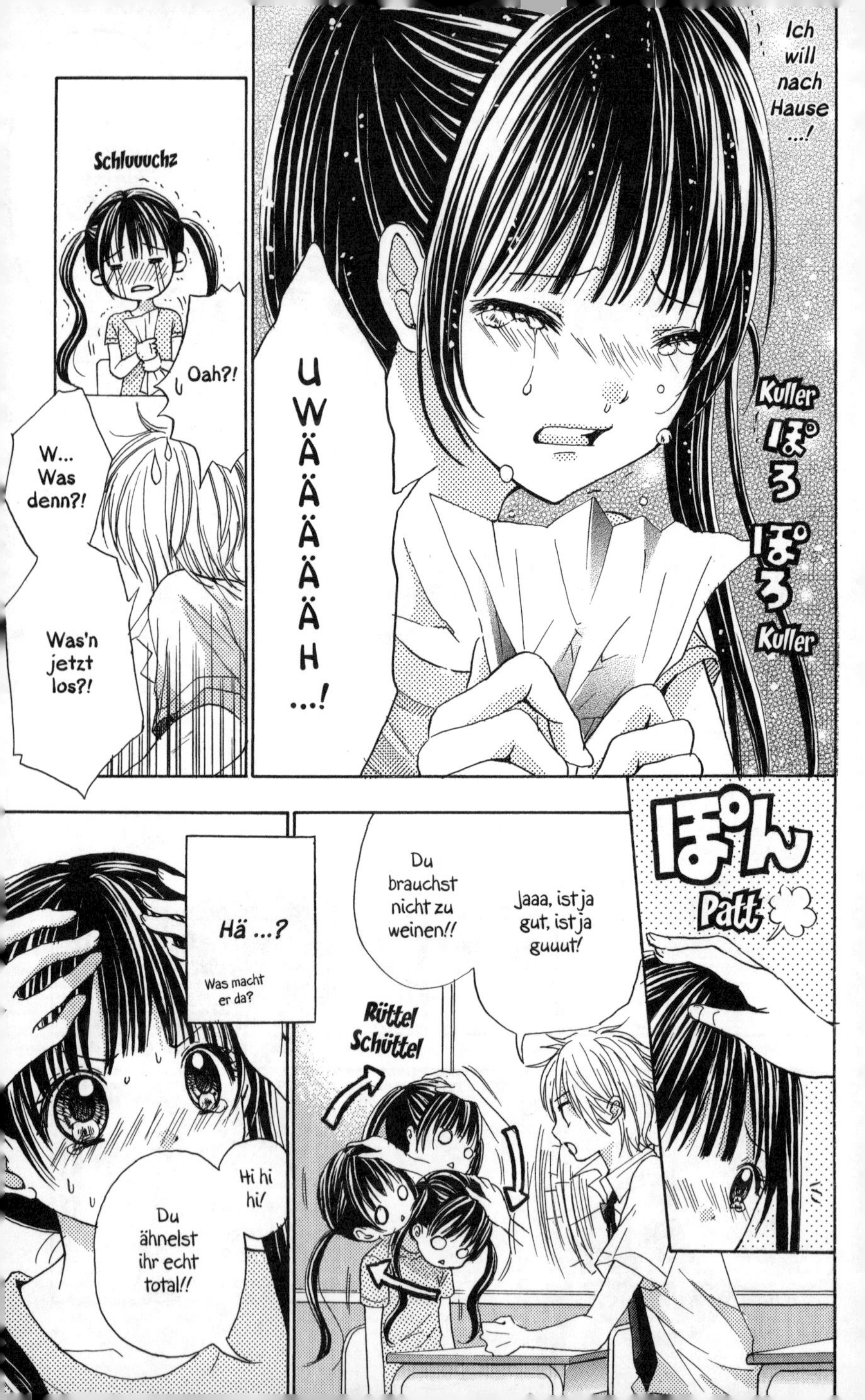
Ich will nach Hause ...!
Kuller
ぽろ
ぽろ
Kuller
UWÄÄÄÄÄH ...!
Schluuuchz
Oah?!
W... Was denn?!
Was'n jetzt los?!
ぽん
Patt
Jaaa, ist ja gut, ist ja guuut!
Du brauchst nicht zu weinen!!
Rüttel Schüttel
Hä ...?
Was macht er da?
Hi hi hi!
Du ähnelst ihr echt total!!

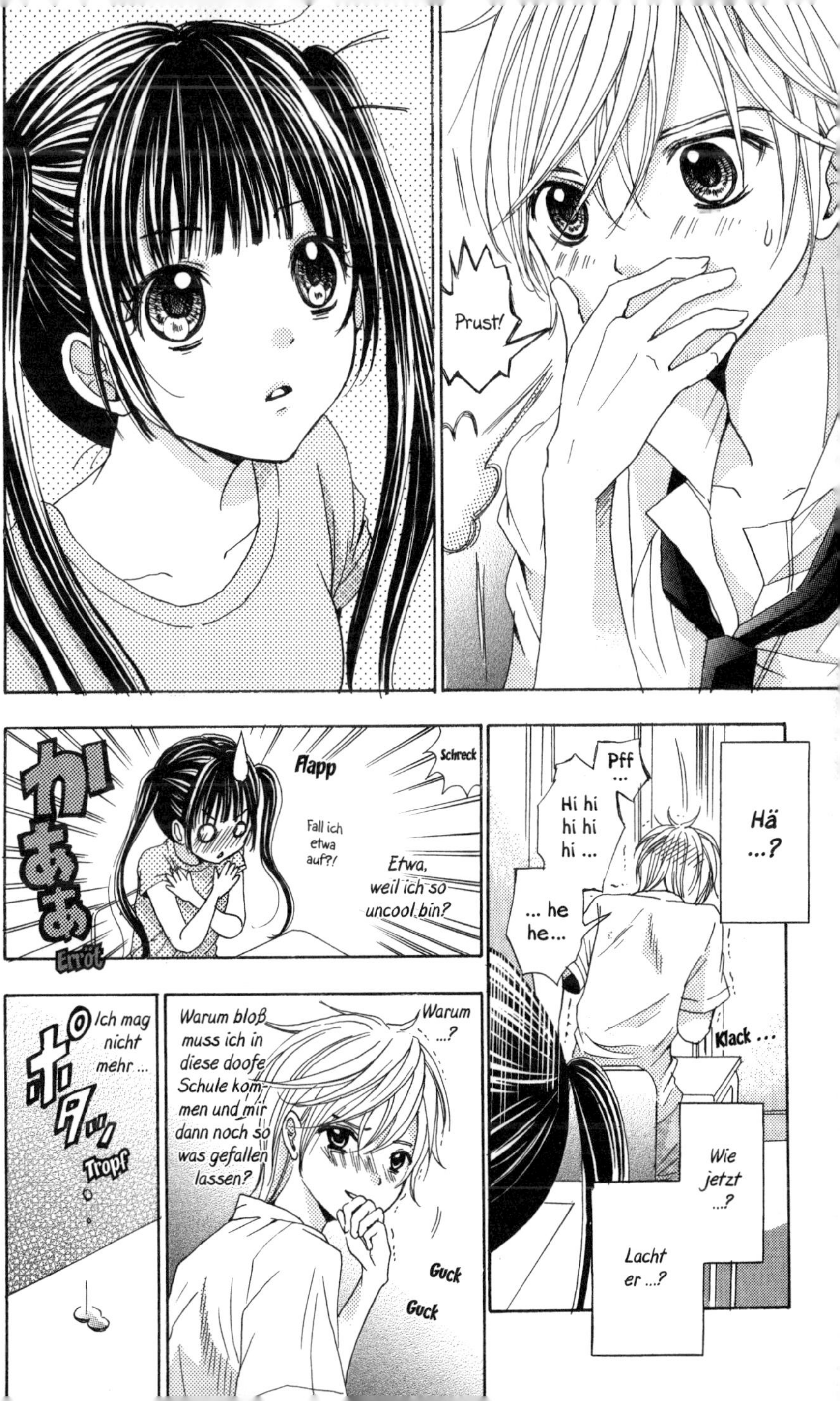
Prust!
Hä ...?
Pff ...
Hi hi hi hi hi ...
... he he...
Klack ...
Schreck
Flapp
Etwa, weil ich so uncool bin?
Fall ich etwa auf?!
Erröt
Wie jetzt ...?
Lacht er ...?
Warum ...?
Warum bloß muss ich in diese doofe Schule kommen und mir dann noch so was gefallen lassen?
Guck
Guck
Ich mag nicht mehr ...
Tropf

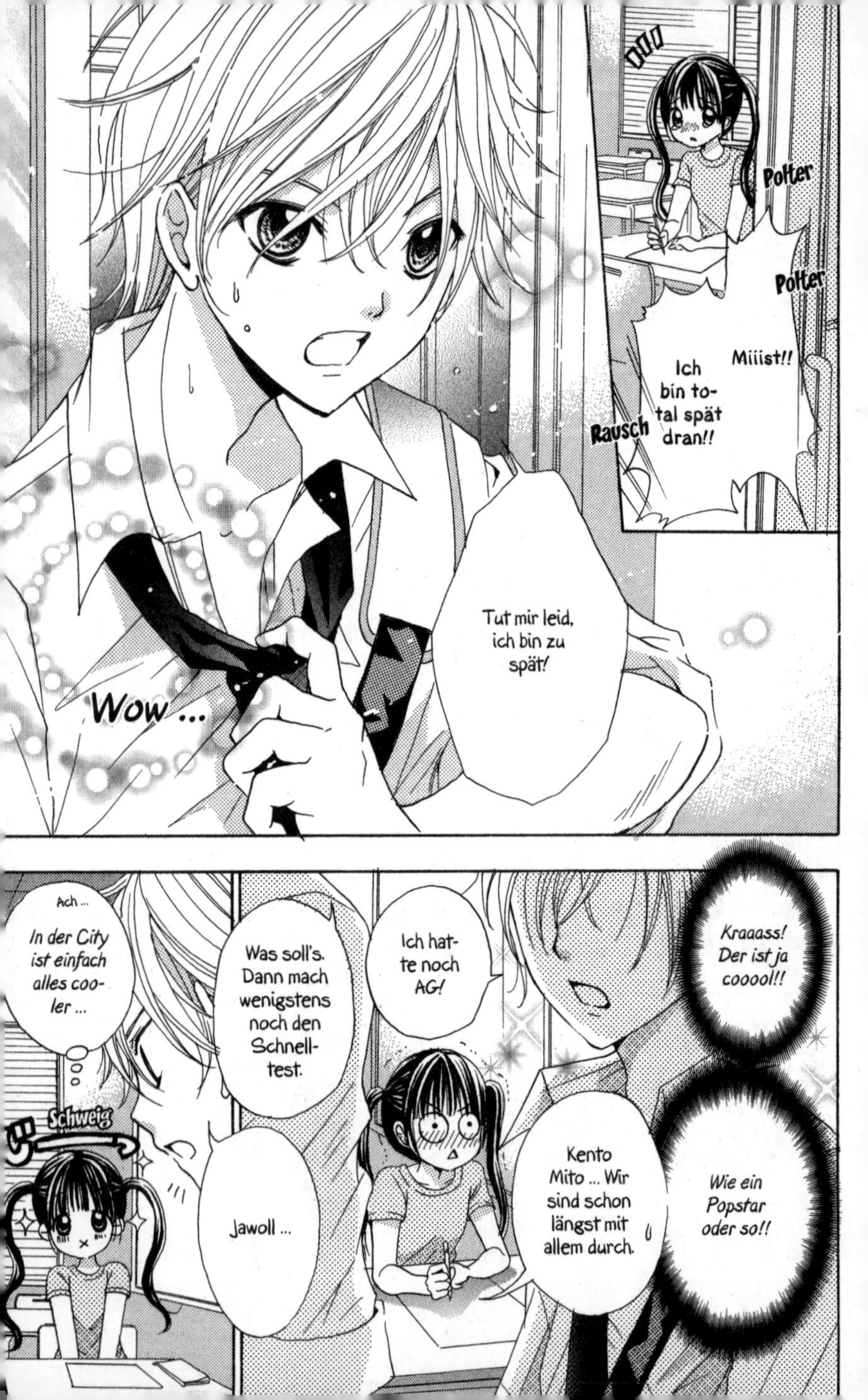
Polter
Polter
Miiist!!
Ich bin total spät dran!!
Rausch
Tut mir leid, ich bin zu spät!
Wow ...
Kraaass! Der ist ja cooool!!
Wie ein Popstar oder so!!
Ich hatte noch AG!
Kento Mito ... Wir sind schon längst mit allem durch.
Was soll's. Dann mach wenigstens noch den Schnelltest.
Jawoll ...
Ach ... In der City ist einfach alles cooler ...
Schweig

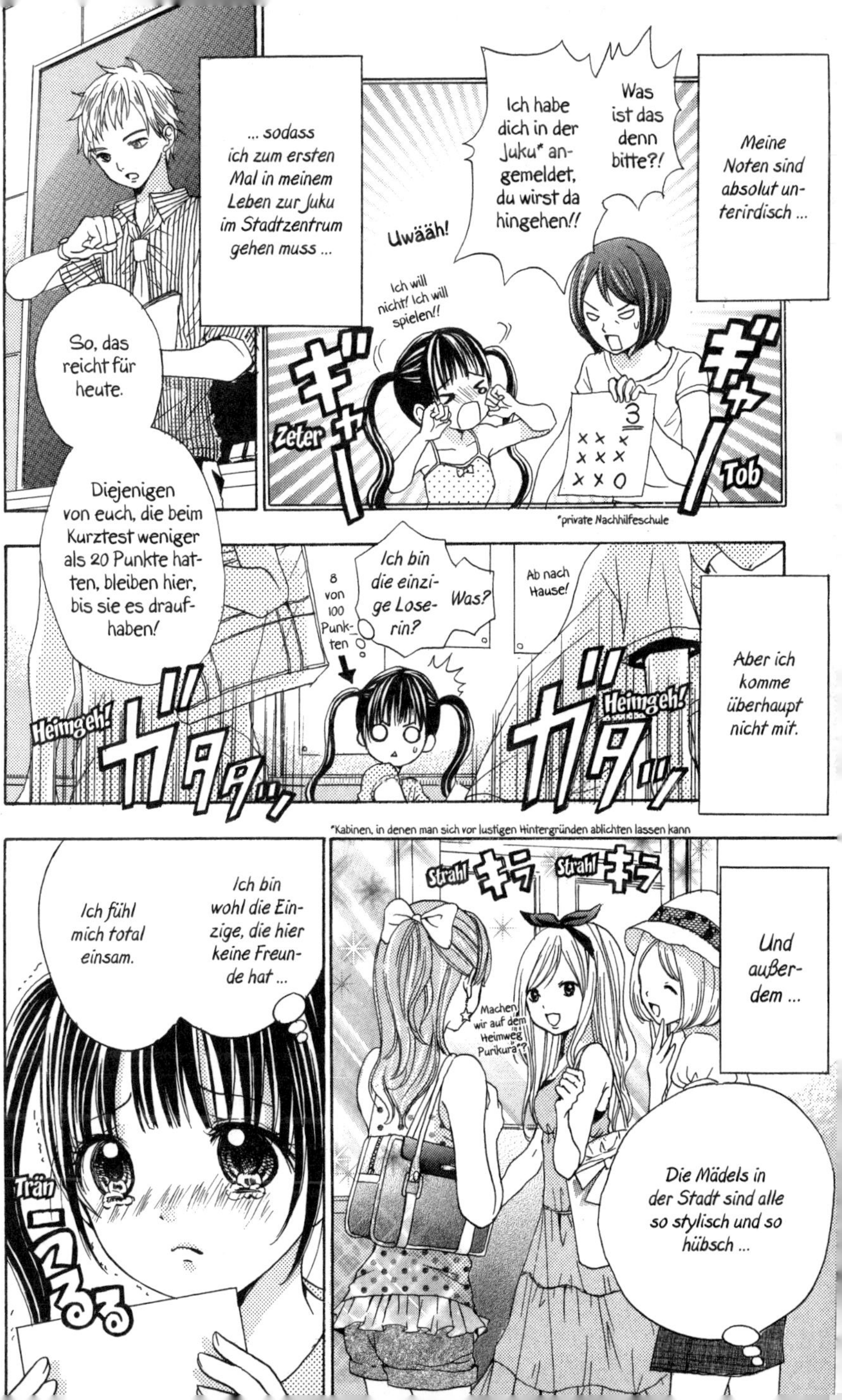

*private Nachhilfeschule

*Kabinen, in denen man sich vor lustigen Hintergründen ablichten lassen kann

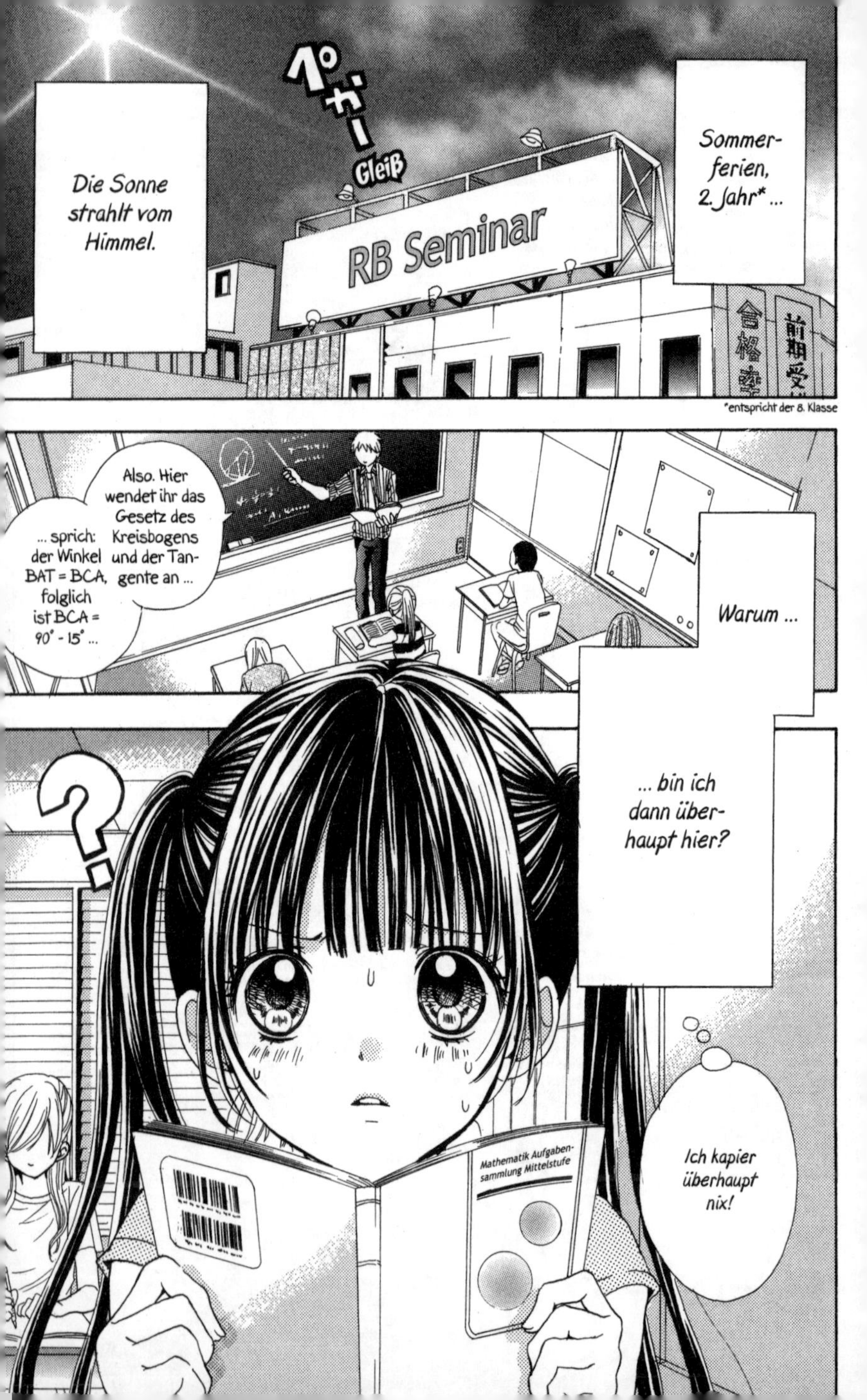

*entspricht der 8. Klasse

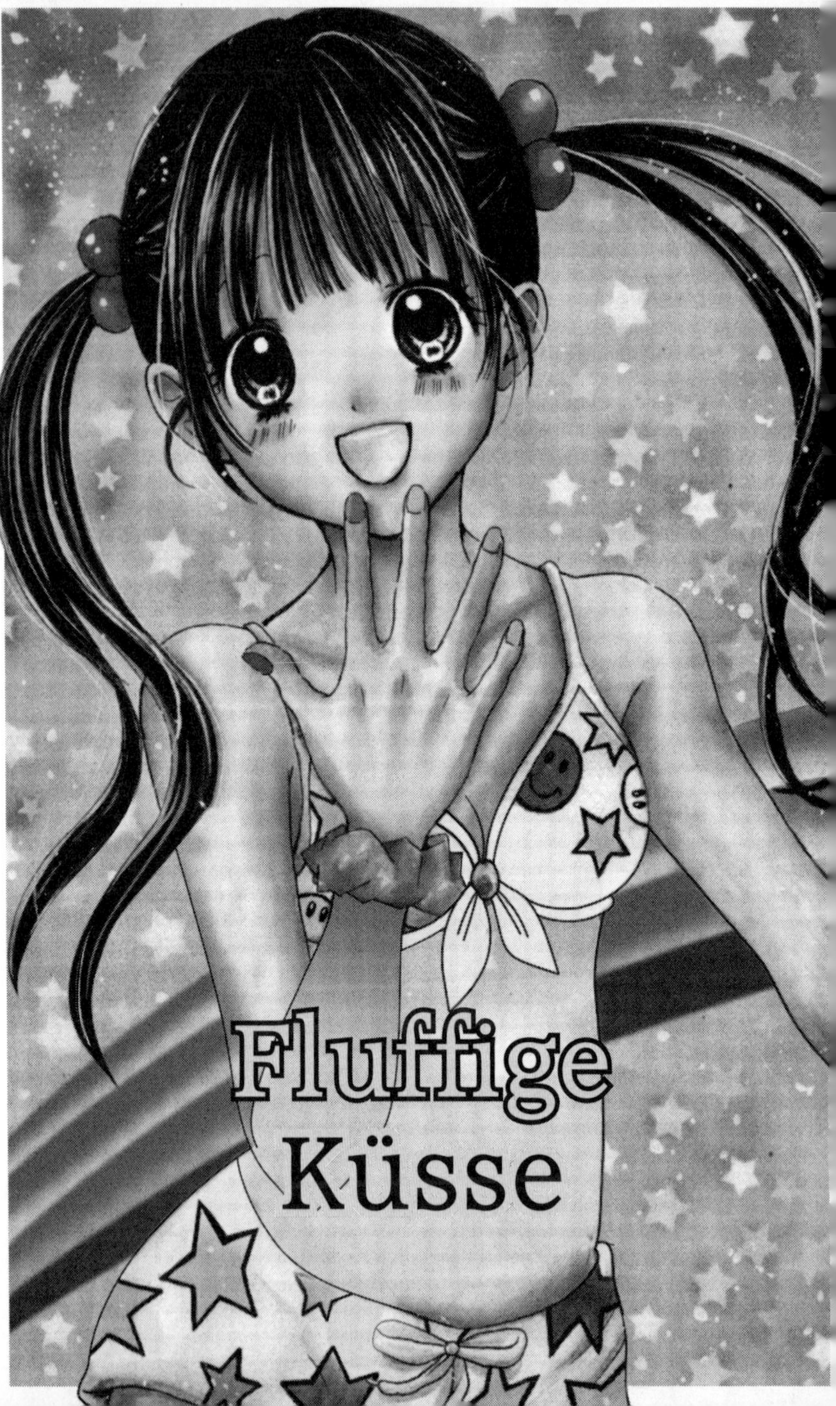
Fluffige
Küsse

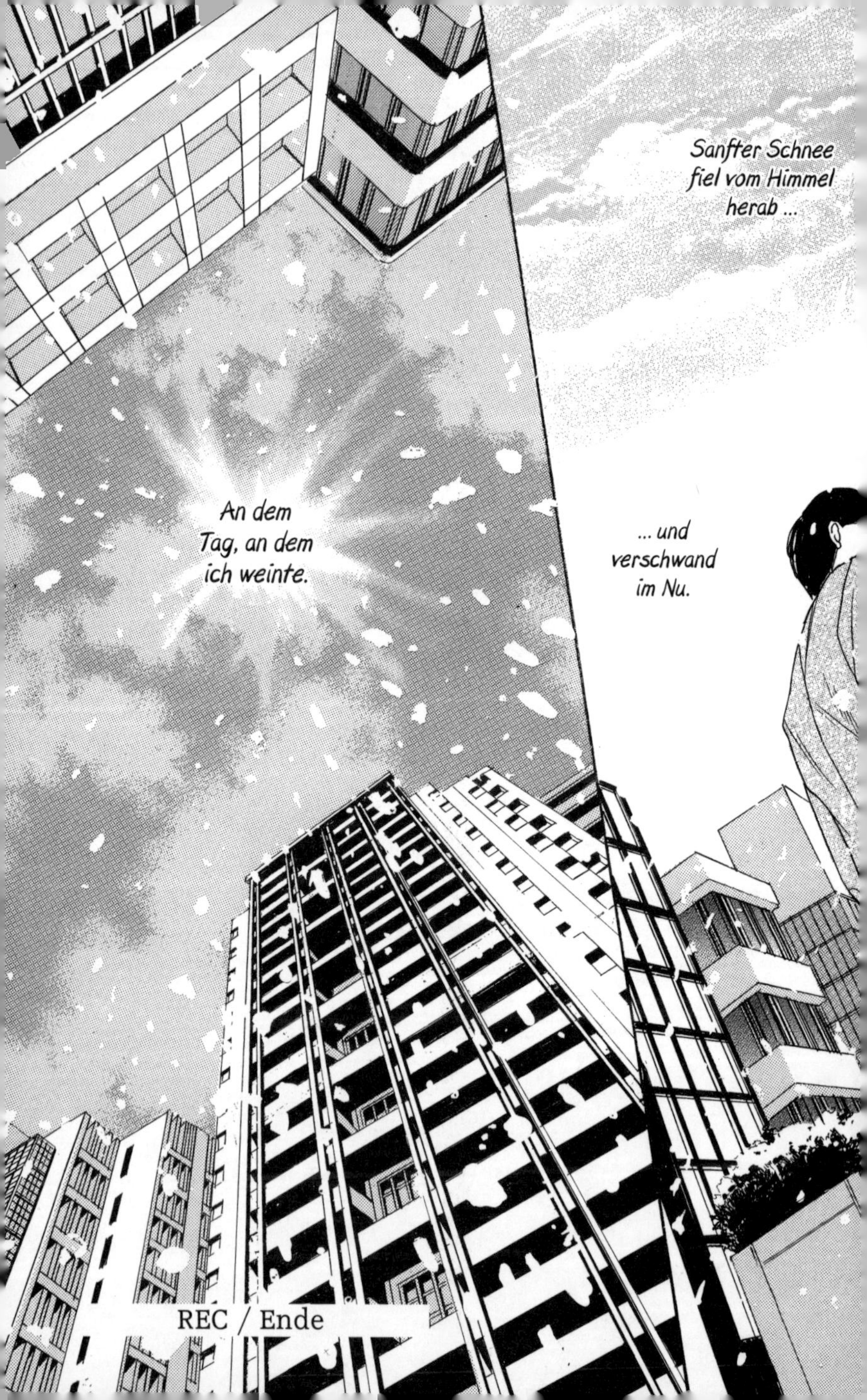
Sanfter Schnee fiel vom Himmel herab ...
... und verschwand im Nu.
An dem Tag, an dem ich weinte.
REC / Ende

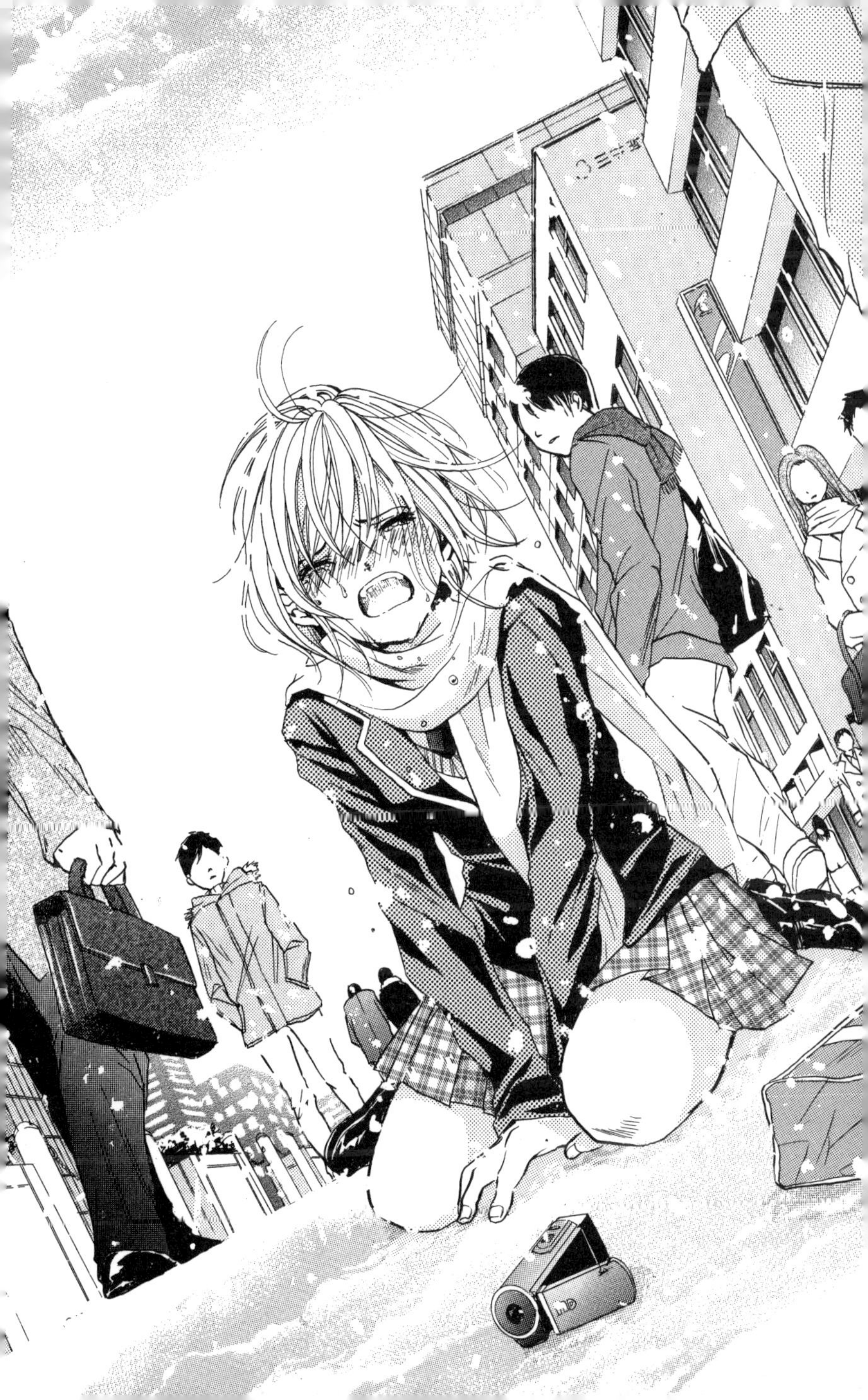

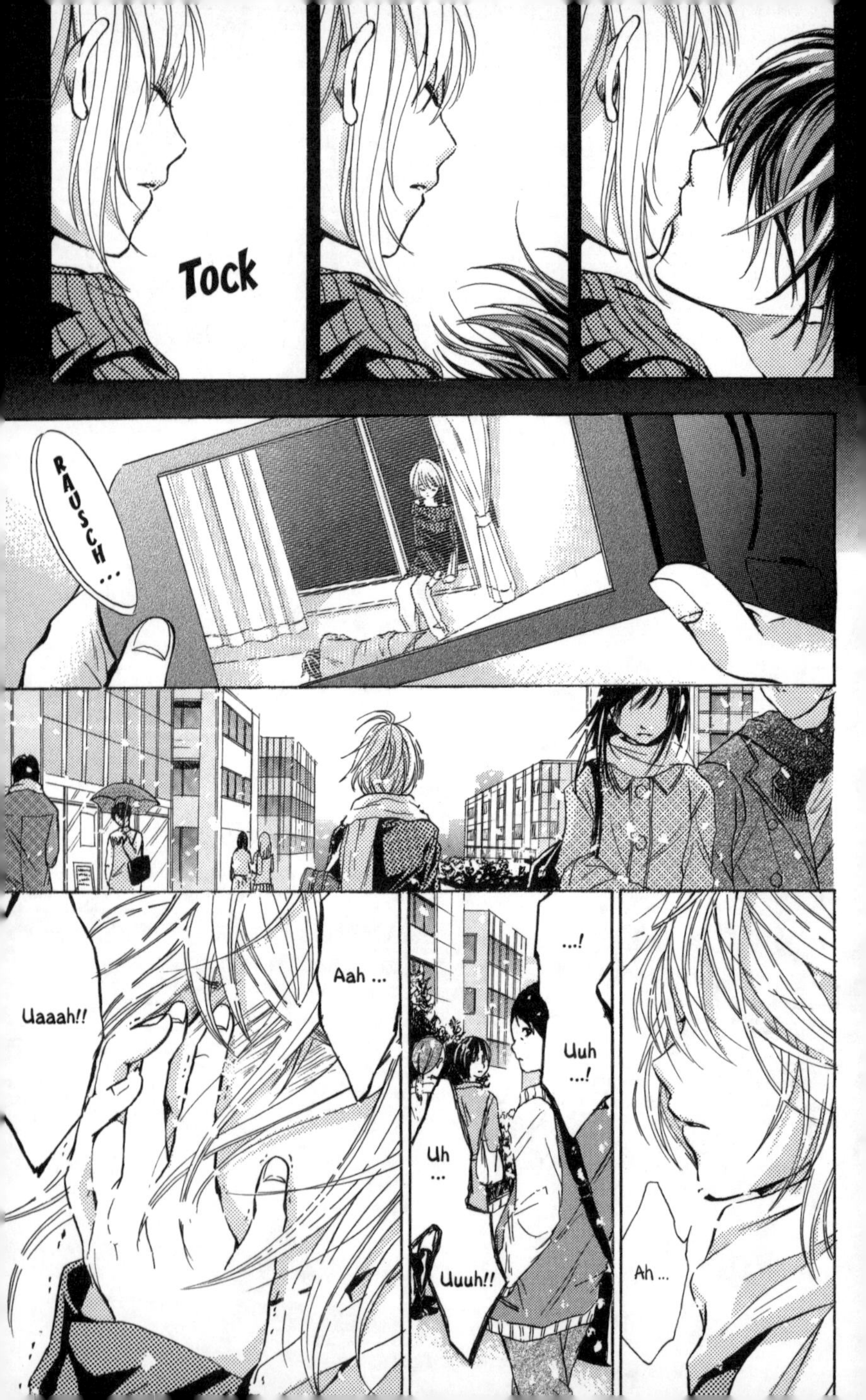
Tock
RAUSCH ...
Ah ...
...!
Uuh ...!
Uh ...
Uuuh!!
Aah ...
Uaaah!!

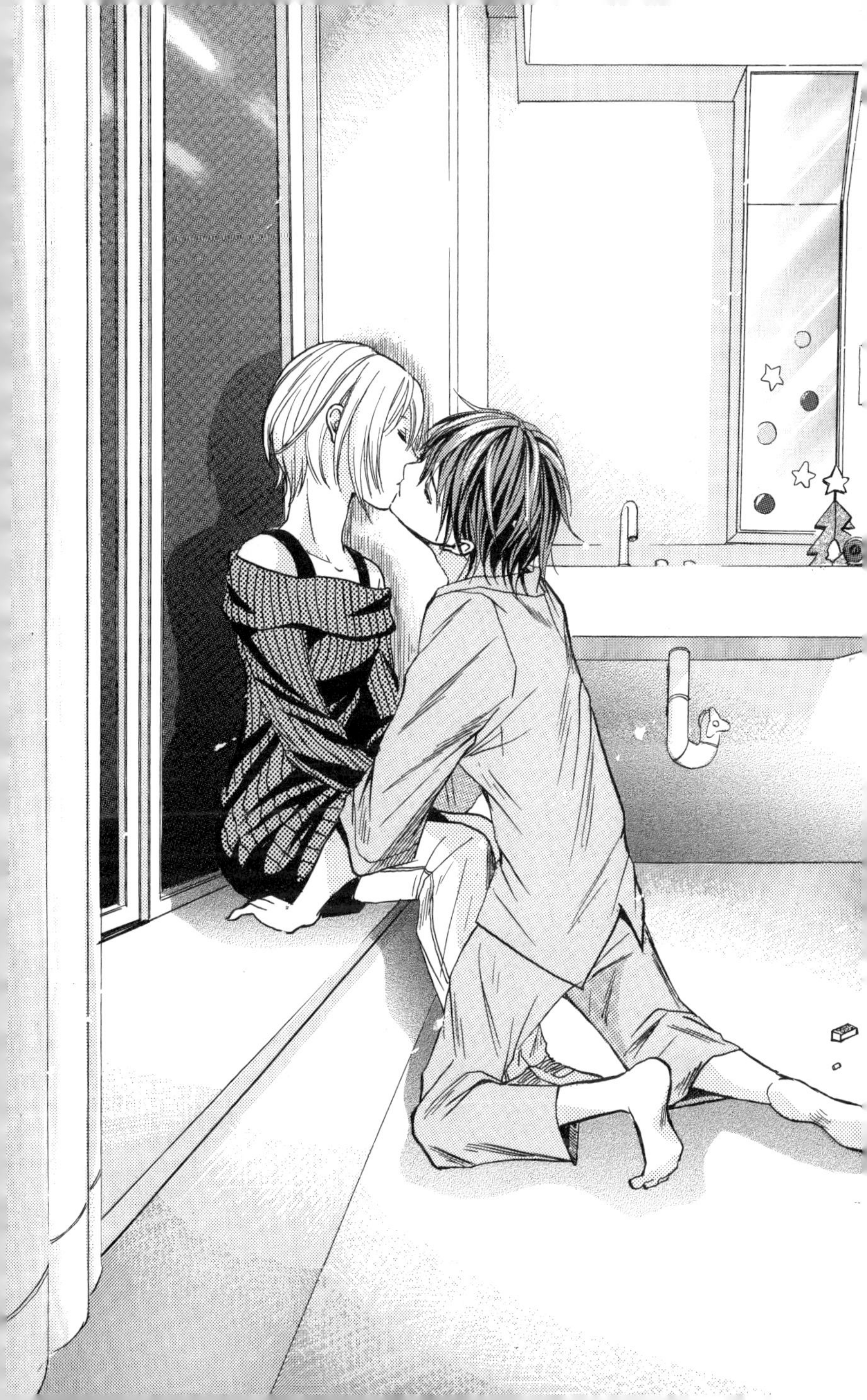

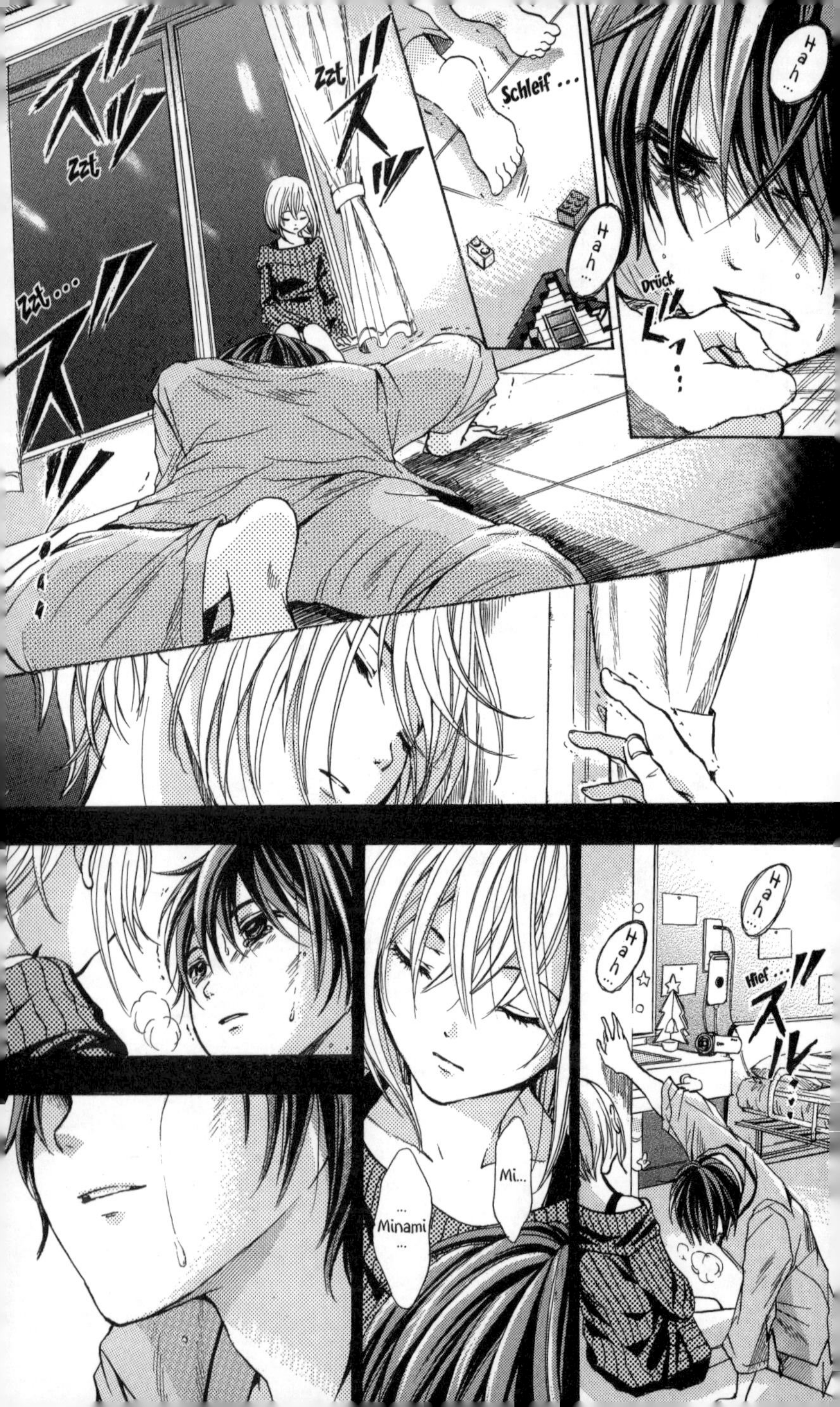

Hah…
Hah…
Drück
Schleif …
Zzt
Zzt
Zzt …
Hah…
Hah…
Hief …
Mi…
… Minami …

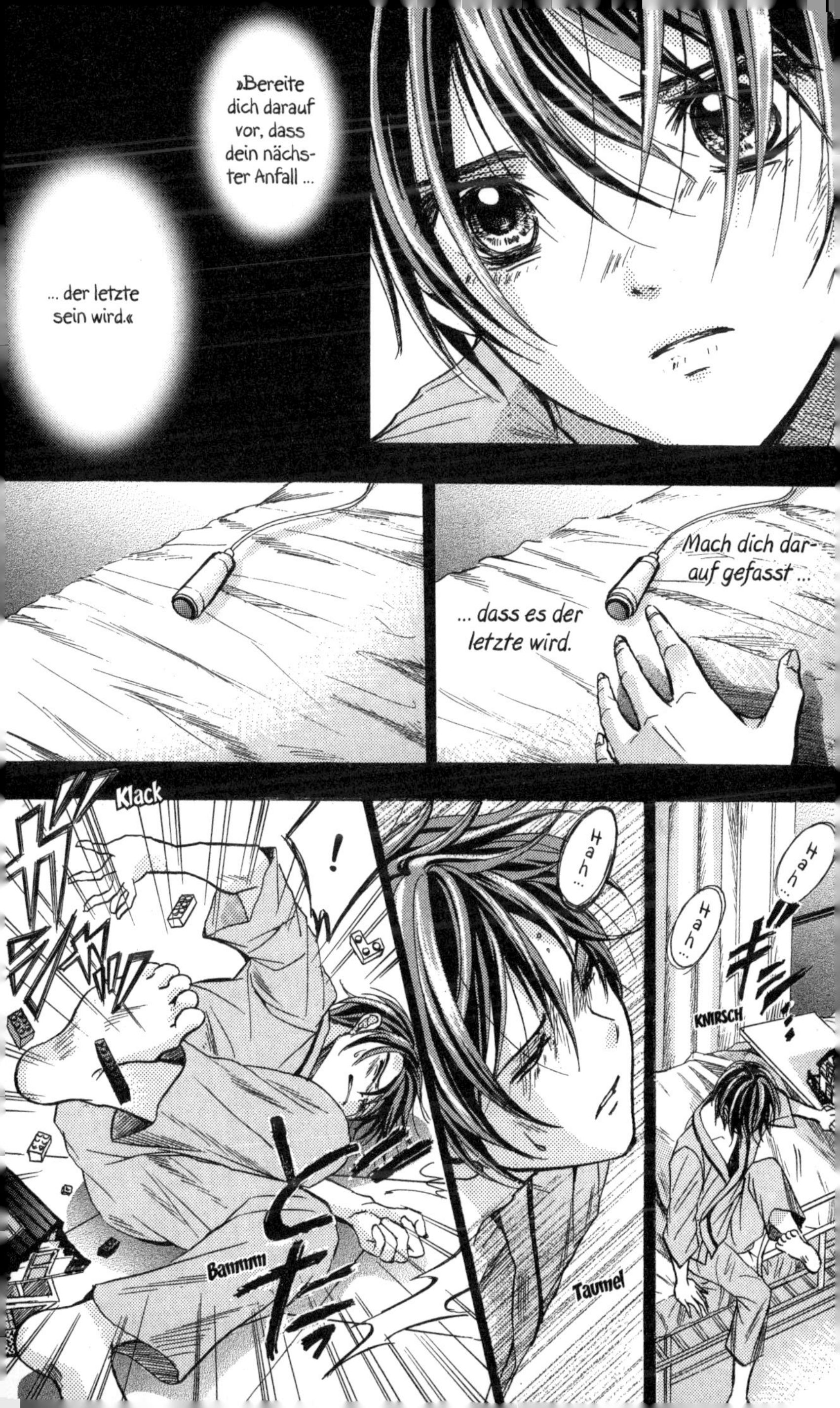
»Bereite dich darauf vor, dass dein nächster Anfall ...
... der letzte sein wird.«
Mach dich darauf gefasst ...
... dass es der letzte wird.
Hah ...
Hah ...
KNIRSCH
Hah ...
Taumel
!
Klack
Bammm

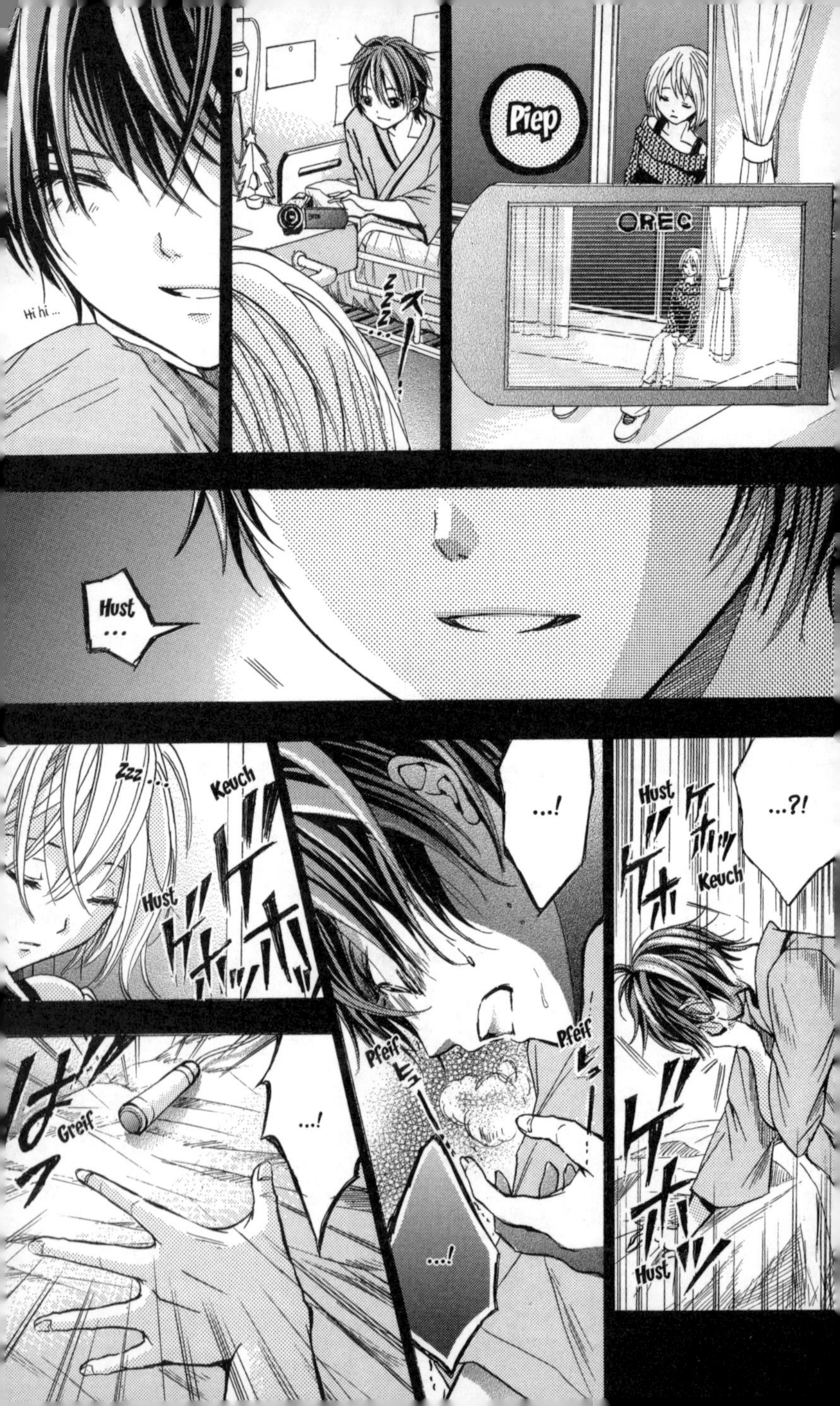
Piep
OREC
Zzz...
Hi hi ...
Hust ...
...?!
Hust
Keuch
Hust
...!
Pfeif
Pfeif
...!
Zzz...
Keuch
Hust
...!
Greif

24. Dezember 2011 – 23 Uhr 50

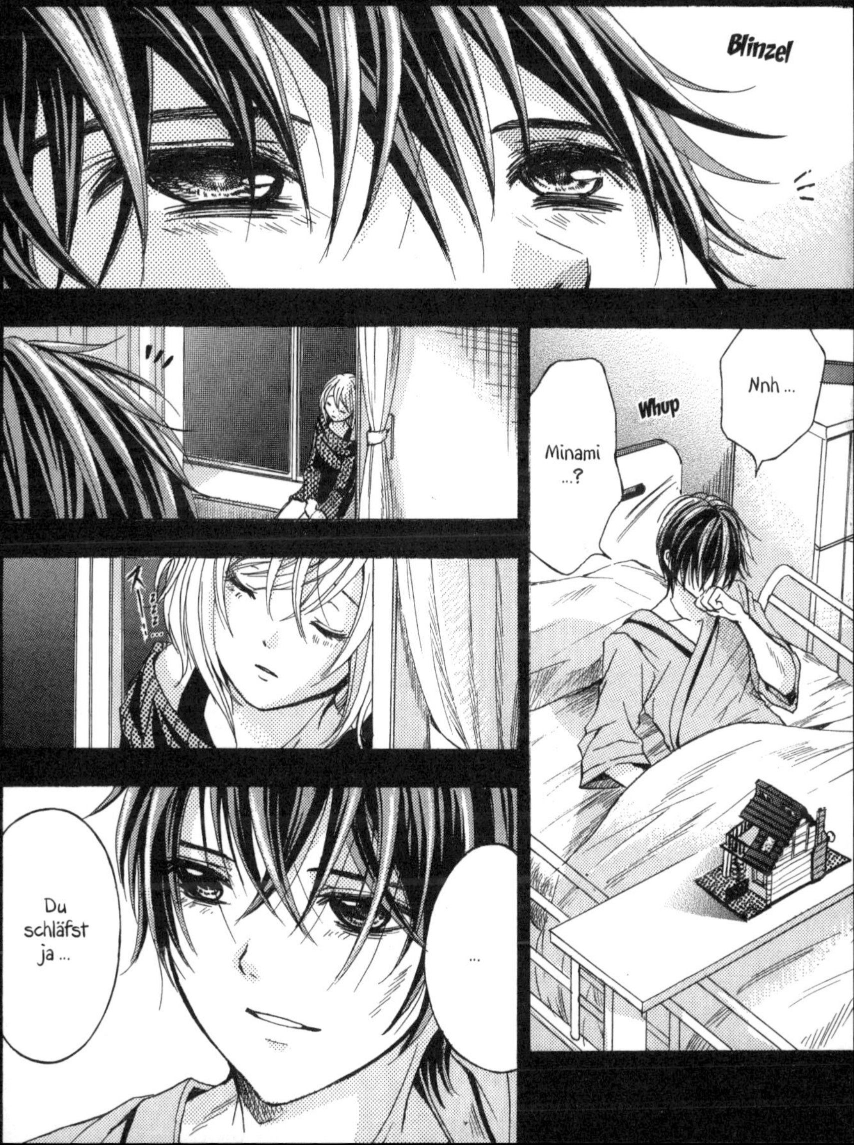

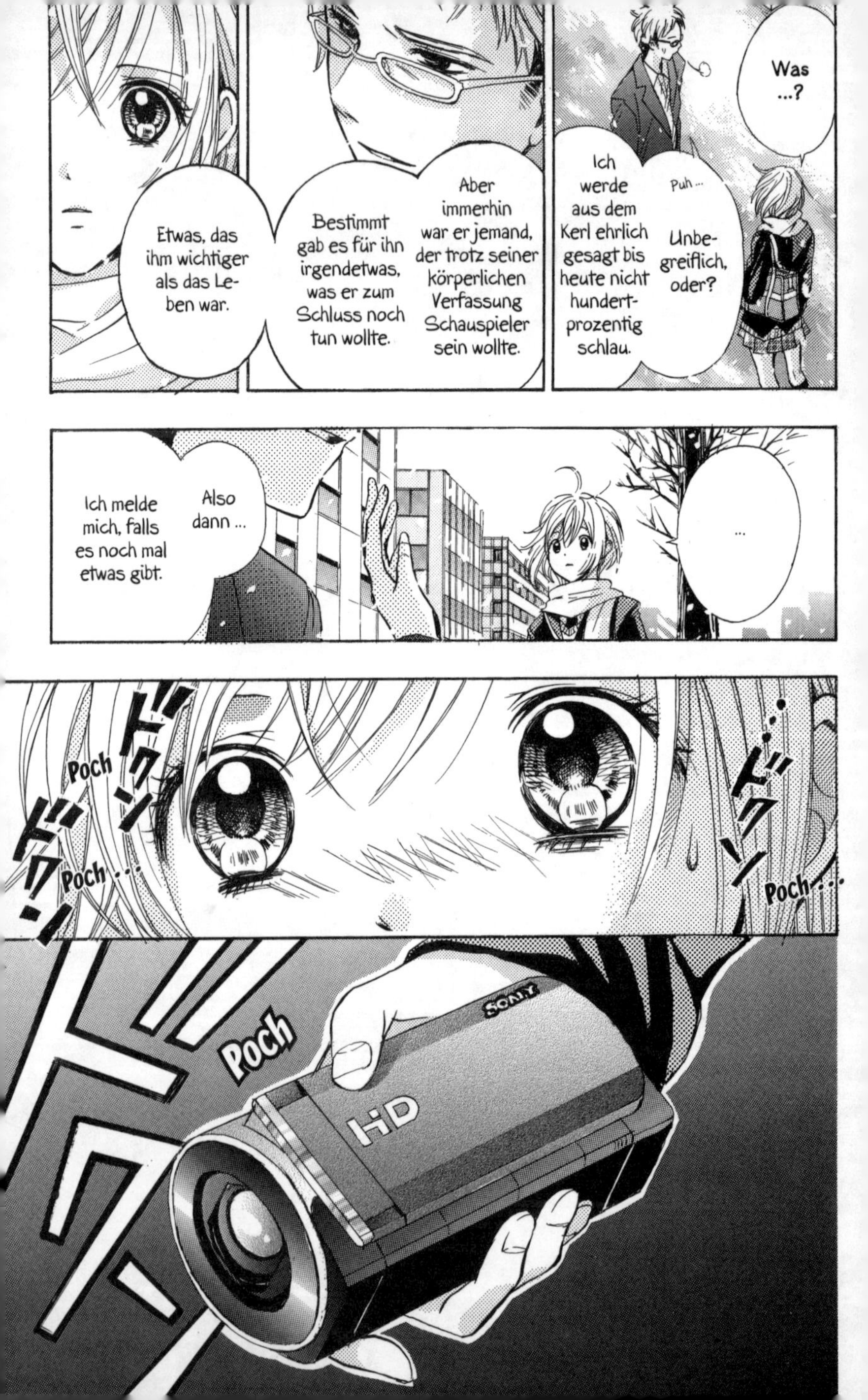
Was ...?
Puh ...
Unbegreiflich, oder?
Ich werde aus dem Kerl ehrlich gesagt bis heute nicht hundertprozentig schlau.
Aber immerhin war er jemand, der trotz seiner körperlichen Verfassung Schauspieler sein wollte.
Bestimmt gab es für ihn irgendetwas, was er zum Schluss noch tun wollte.
Etwas, das ihm wichtiger als das Leben war.
...
Also dann ...
Ich melde mich, falls es noch mal etwas gibt.
Poch ...
Poch
Poch ...
SONY
HD
Poch

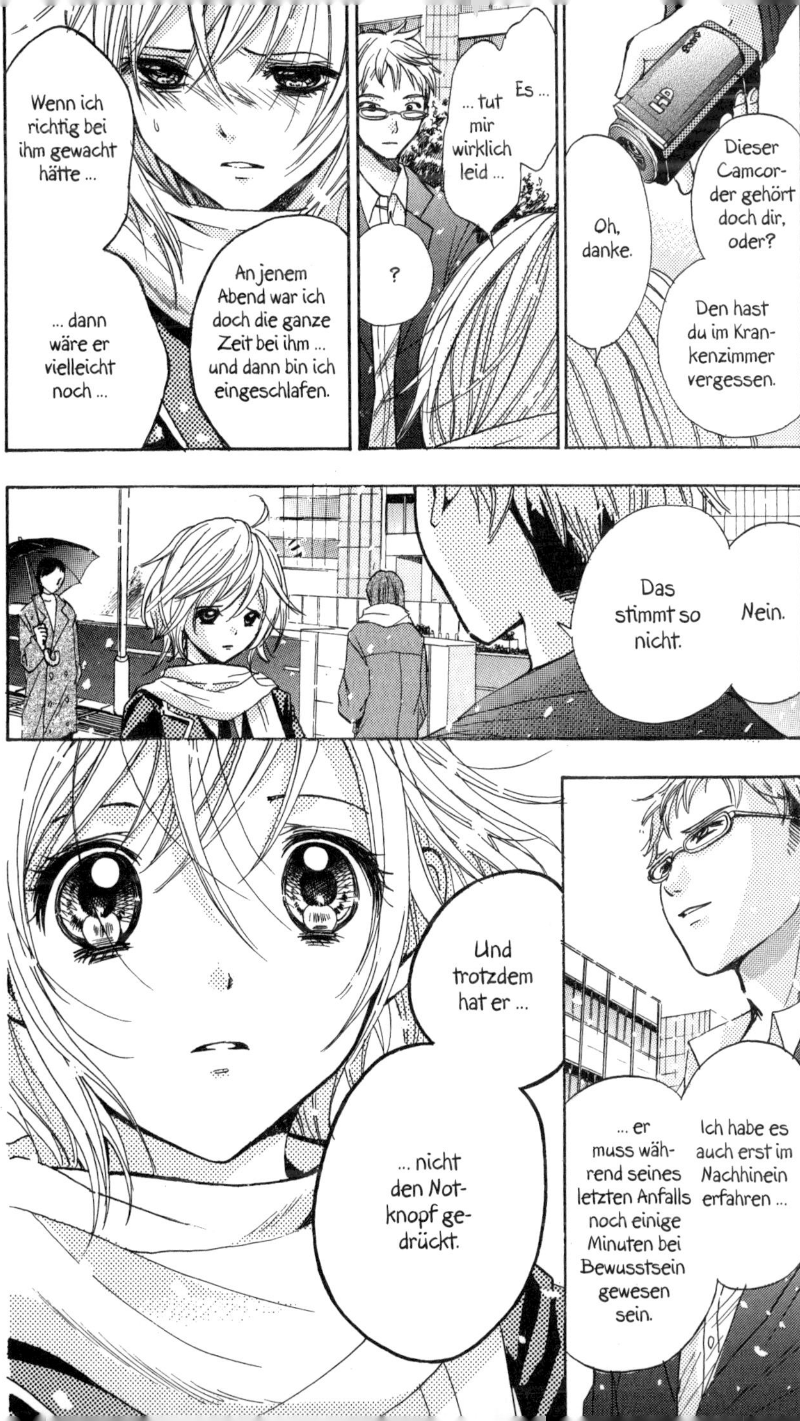
Dieser Camcorder gehört doch dir, oder?
Den hast du im Krankenzimmer vergessen.
Oh, danke.
Es ...
... tut mir wirklich leid ...
?
Wenn ich richtig bei ihm gewacht hätte ...
An jenem Abend war ich doch die ganze Zeit bei ihm ... und dann bin ich eingeschlafen.
... dann wäre er vielleicht noch ...
Nein.
Das stimmt so nicht.
Ich habe es auch erst im Nachhinein erfahren ...
... er muss während seines letzten Anfalls noch einige Minuten bei Bewusstsein gewesen sein.
Und trotzdem hat er ...
... nicht den Notknopf gedrückt.

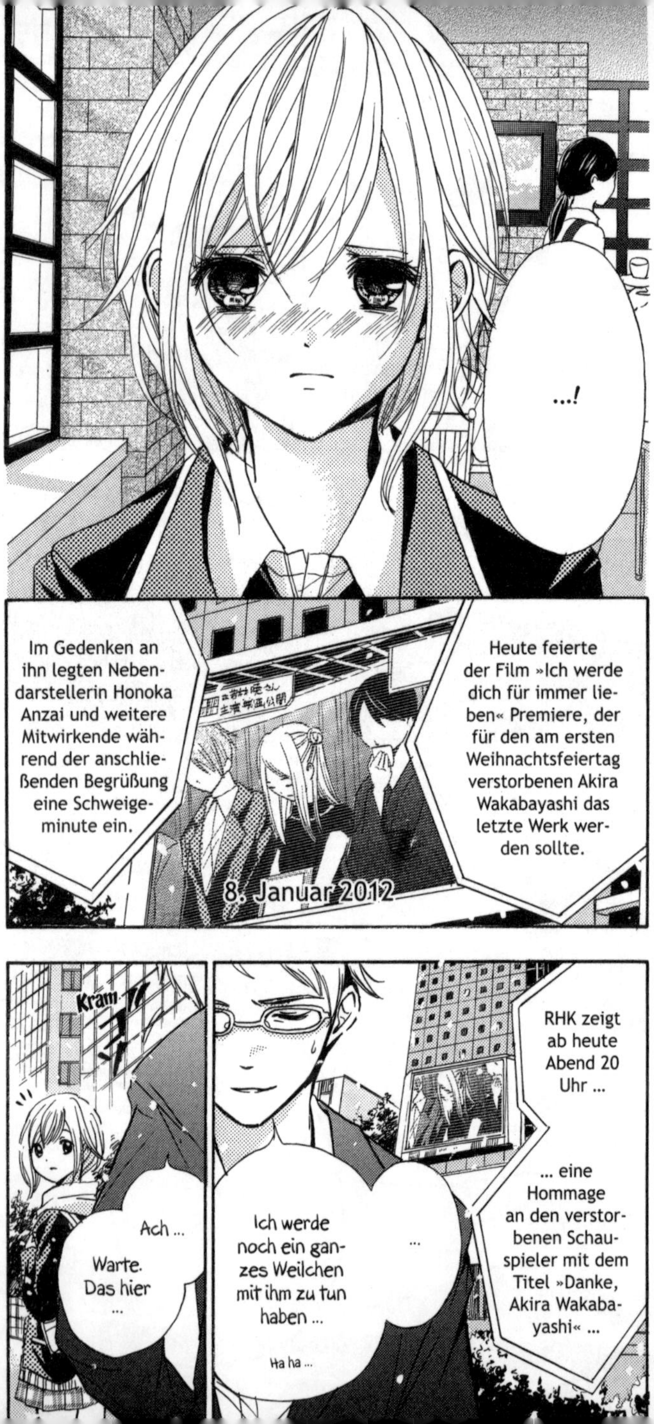
...!
Heute feierte der Film »Ich werde dich für immer lieben« Premiere, der für den am ersten Weihnachtsfeiertag verstorbenen Akira Wakabayashi das letzte Werk werden sollte.
Im Gedenken an ihn legten Nebendarstellerin Honoka Anzai und weitere Mitwirkende während der anschließenden Begrüßung eine Schweigeminute ein.
8. Januar 2012
RHK zeigt ab heute Abend 20 Uhr ...
... eine Hommage an den verstorbenen Schauspieler mit dem Titel »Danke, Akira Wakabayashi« ...
...
Ich werde noch ein ganzes Weilchen mit ihm zu tun haben ...
Ha ha ...
Kram
Ach ...
Warte. Das hier ...

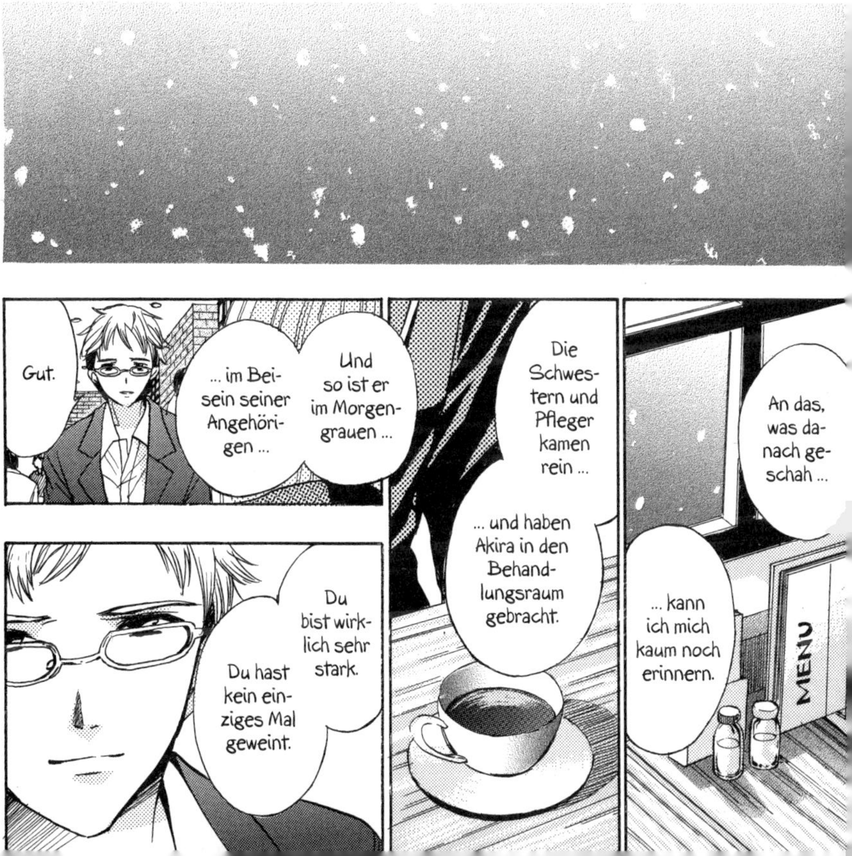
An das, was danach geschah ...
... kann ich mich kaum noch erinnern.
Die Schwestern und Pfleger kamen rein ...
... und haben Akira in den Behandlungsraum gebracht.
MENU
Und so ist er im Morgengrauen ...
... im Beisein seiner Angehörigen ...
Gut.
Du bist wirklich sehr stark.
Du hast kein einziges Mal geweint.

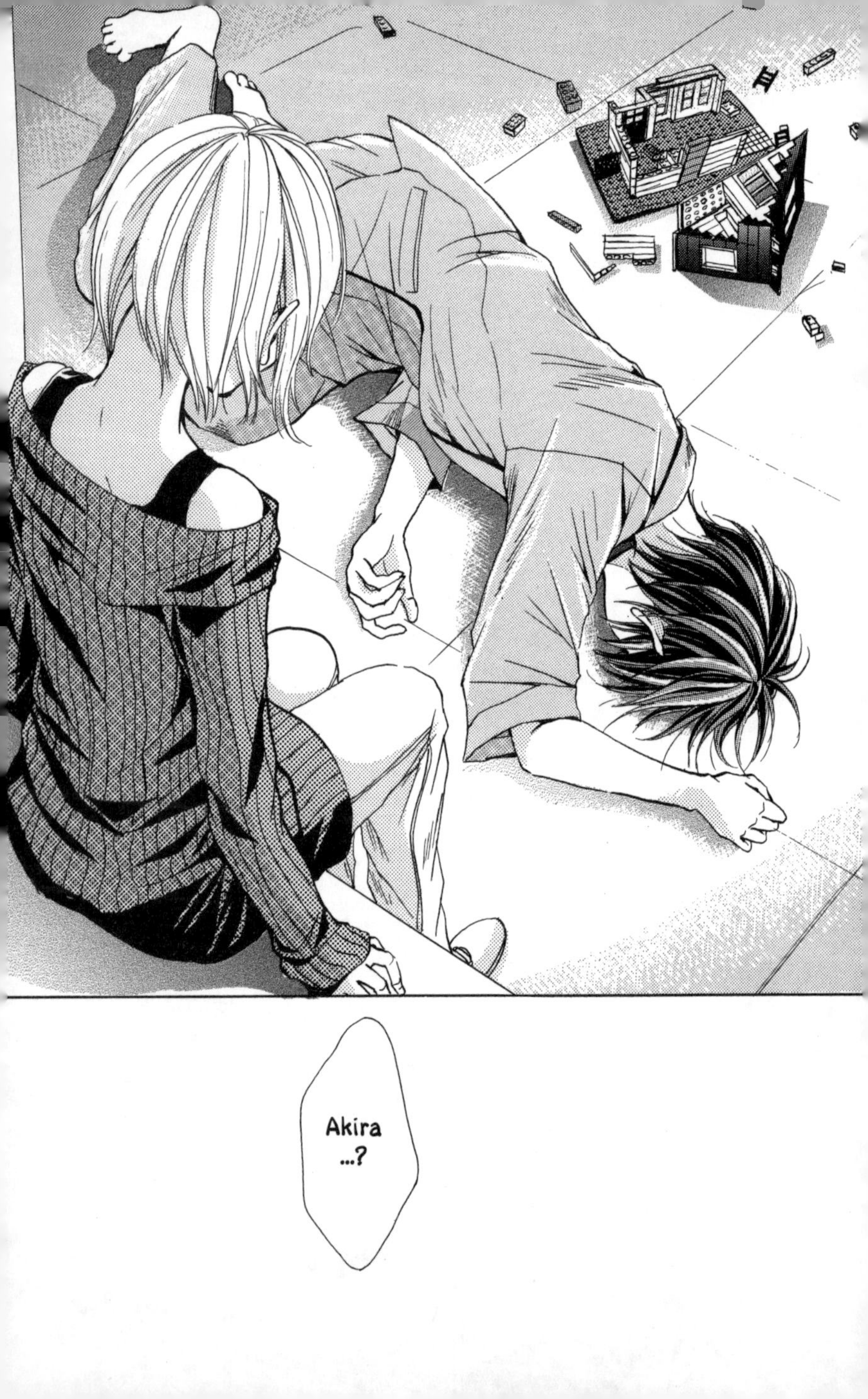
Akira
...?

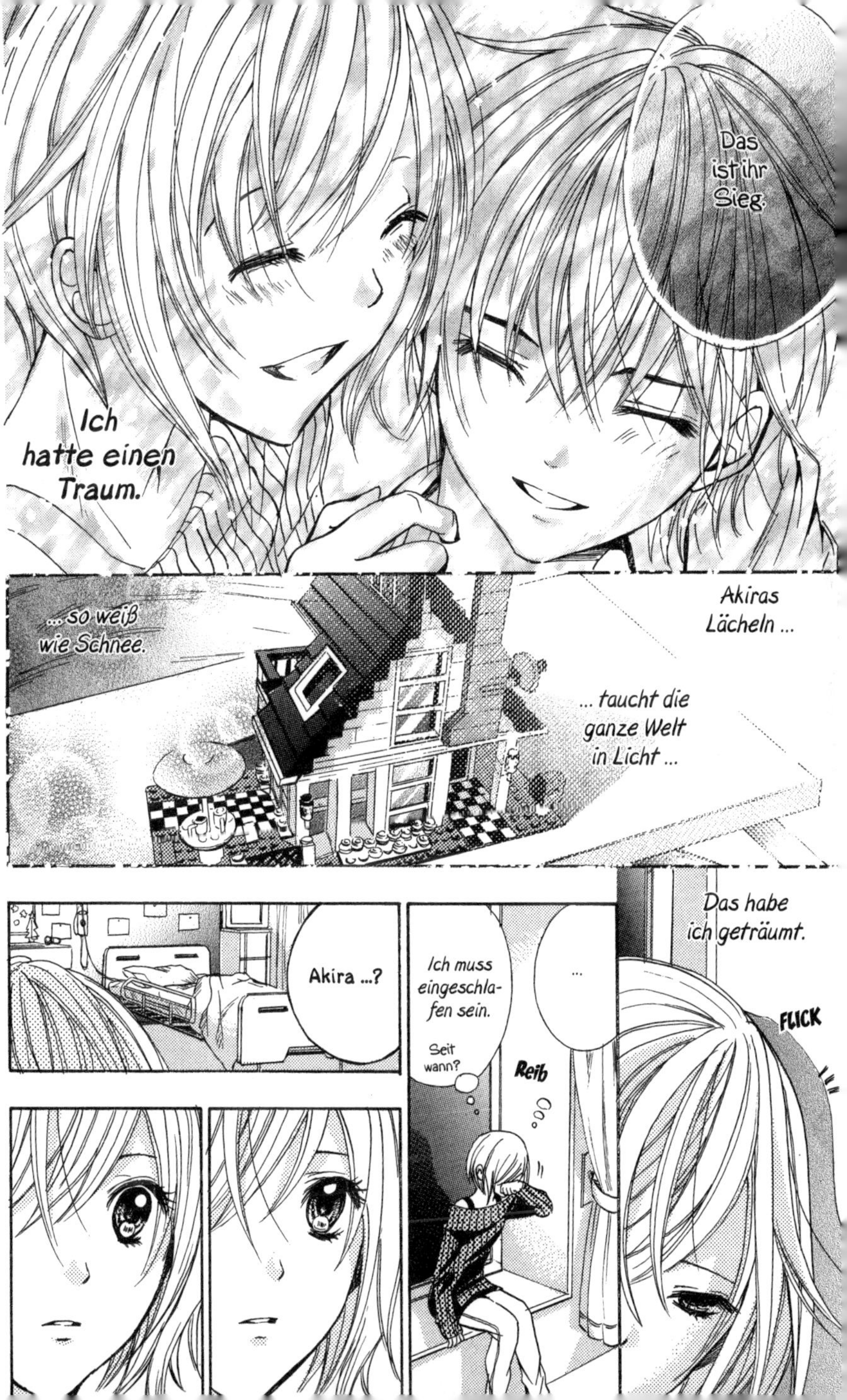

Das ist ihr Sieg.
Ich hatte einen Traum.
Akiras Lächeln ...
... taucht die ganze Welt in Licht ...
... so weiß wie Schnee.
Das habe ich geträumt.
FLICK
...
Reib
Ich muss eingeschlafen sein.
Seit wann?
Akira ...?

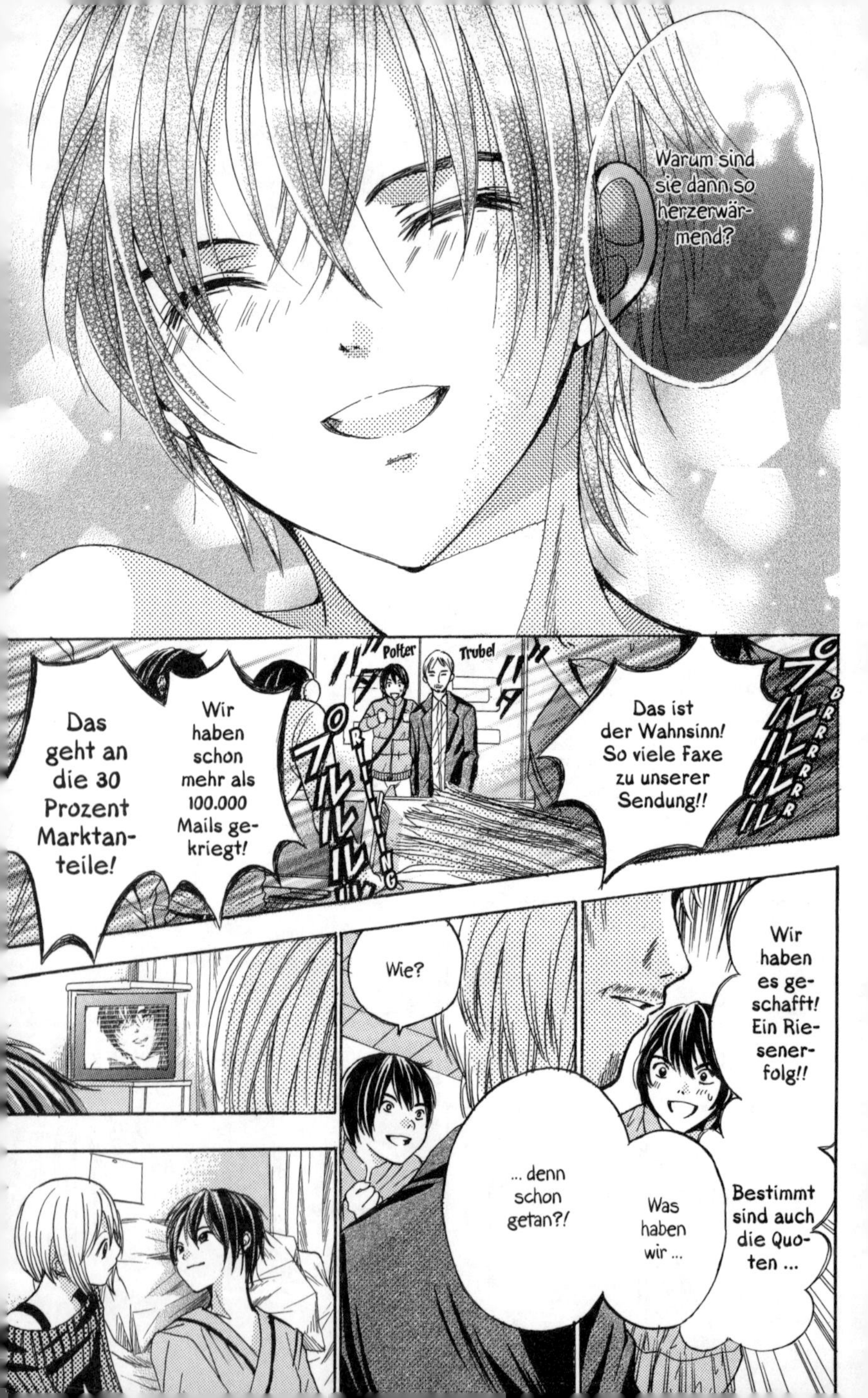
Warum sind sie dann so herzerwärmend?
Polter
Trubel
BRRRRRRR
Das ist der Wahnsinn! So viele Faxe zu unserer Sendung!!
RRIIIING
Wir haben schon mehr als 100.000 Mails gekriegt!
Das geht an die 30 Prozent Marktanteile!
Wir haben es geschafft! Ein Riesenerfolg!!
Wie?
Bestimmt sind auch die Quoten ...
Was haben wir ...
... denn schon getan?!

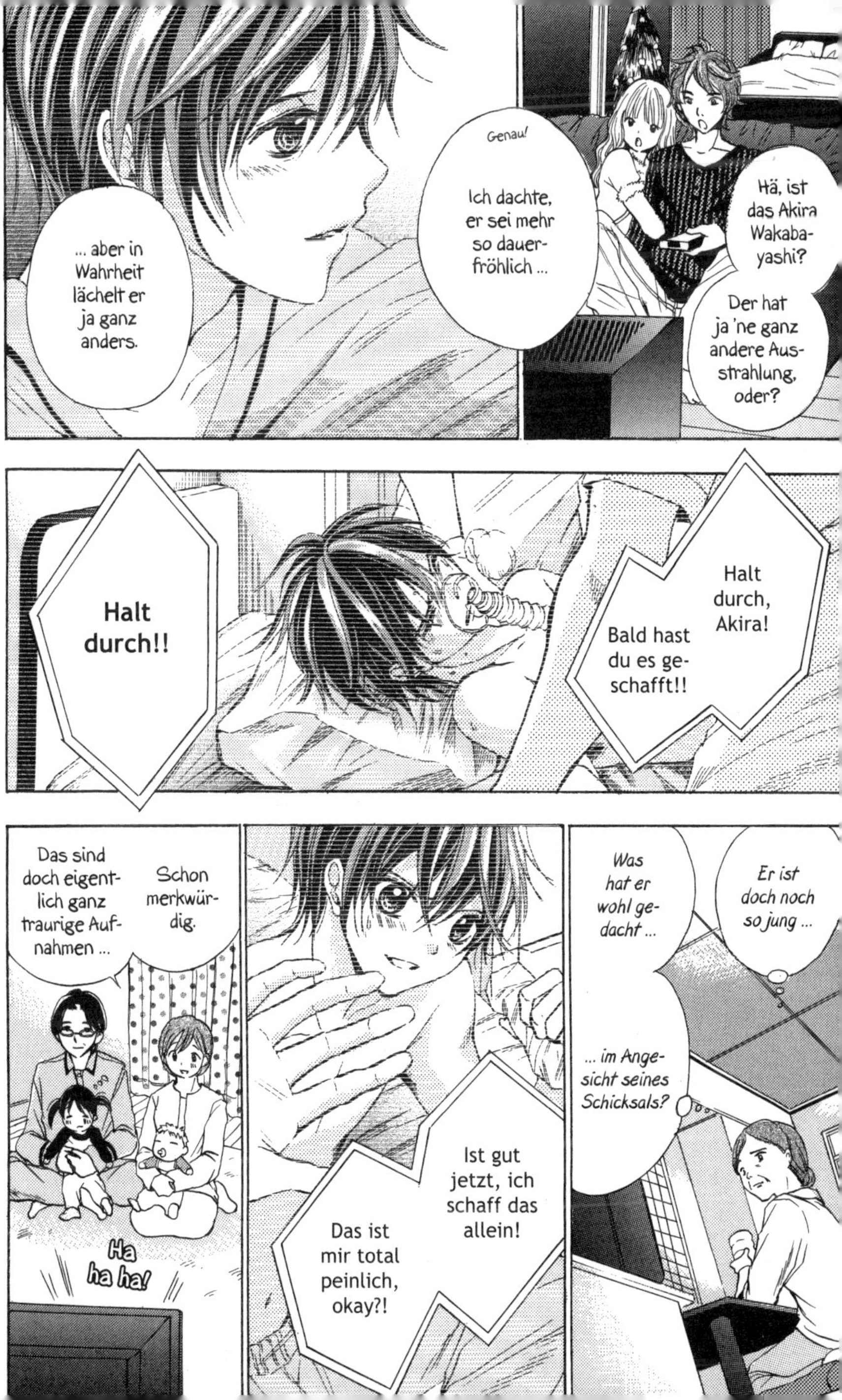
Hä, ist das Akira Wakabayashi?
Der hat ja 'ne ganz andere Ausstrahlung, oder?
Genau!
Ich dachte, er sei mehr so dauerfröhlich ...
... aber in Wahrheit lächelt er ja ganz anders.
Halt durch, Akira!
Bald hast du es geschafft!!
Halt durch!!
Er ist doch noch so jung ...
Was hat er wohl gedacht ...
... im Angesicht seines Schicksals?
Ist gut jetzt, ich schaff das allein!
Das ist mir total peinlich, okay?!
Schon merkwürdig.
Das sind doch eigentlich ganz traurige Aufnahmen ...
Ha ha ha!

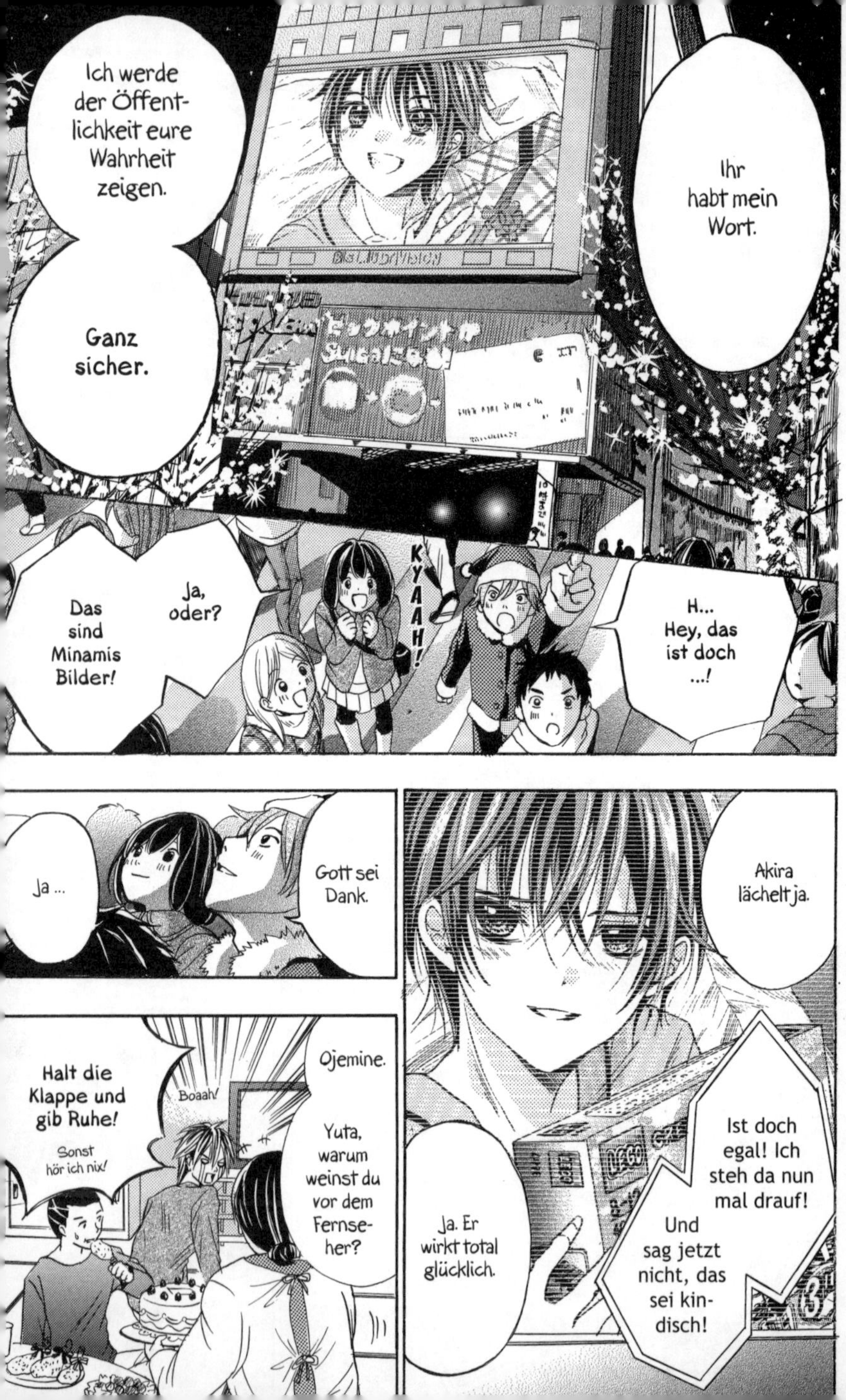

Ihr habt mein Wort.
Ich werde der Öffentlichkeit eure Wahrheit zeigen.
Ganz sicher.
H... Hey, das ist doch ...!
KYAAAH!
Ja, oder?
Das sind Minamis Bilder!
Akira lächelt ja.
Gott sei Dank.
Ja ...
Ist doch egal! Ich steh da nun mal drauf!
Und sag jetzt nicht, das sei kindisch!
Ja. Er wirkt total glücklich.
Ojemine.
Yuta, warum weinst du vor dem Fernseher?
Halt die Klappe und gib Ruhe!
Boaah!
Sonst hör ich nix!

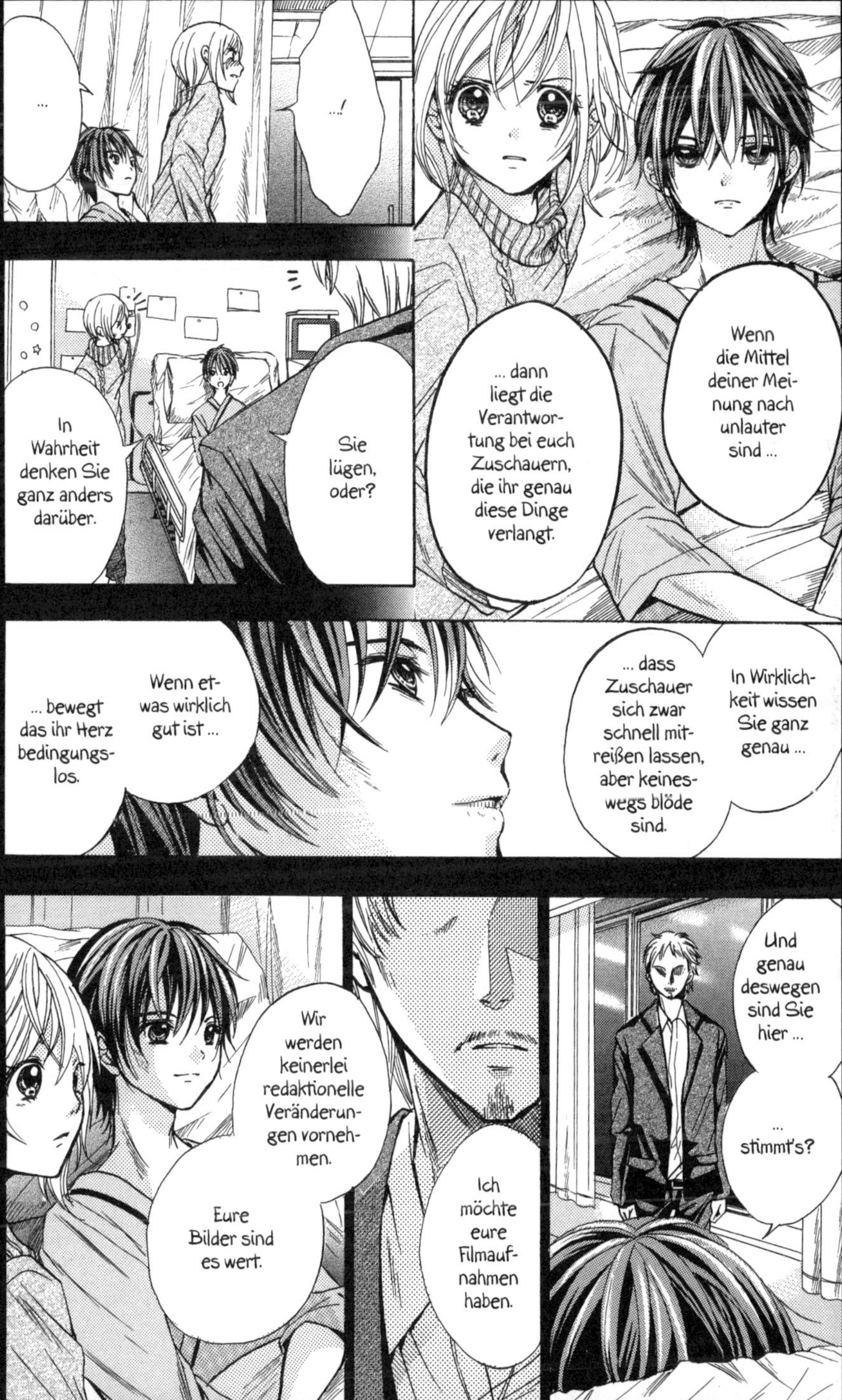
...!
...
Wenn die Mittel deiner Meinung nach unlauter sind ...
... dann liegt die Verantwortung bei euch Zuschauern, die ihr genau diese Dinge verlangt.
Sie lügen, oder?
In Wahrheit denken Sie ganz anders darüber.
In Wirklichkeit wissen Sie ganz genau ...
... dass Zuschauer sich zwar schnell mitreißen lassen, aber keineswegs blöde sind.
Wenn etwas wirklich gut ist ...
... bewegt das ihr Herz bedingungslos.
Und genau deswegen sind Sie hier ...
... stimmt's?
Ich möchte eure Filmaufnahmen haben.
Wir werden keinerlei redaktionelle Veränderungen vornehmen.
Eure Bilder sind es wert.

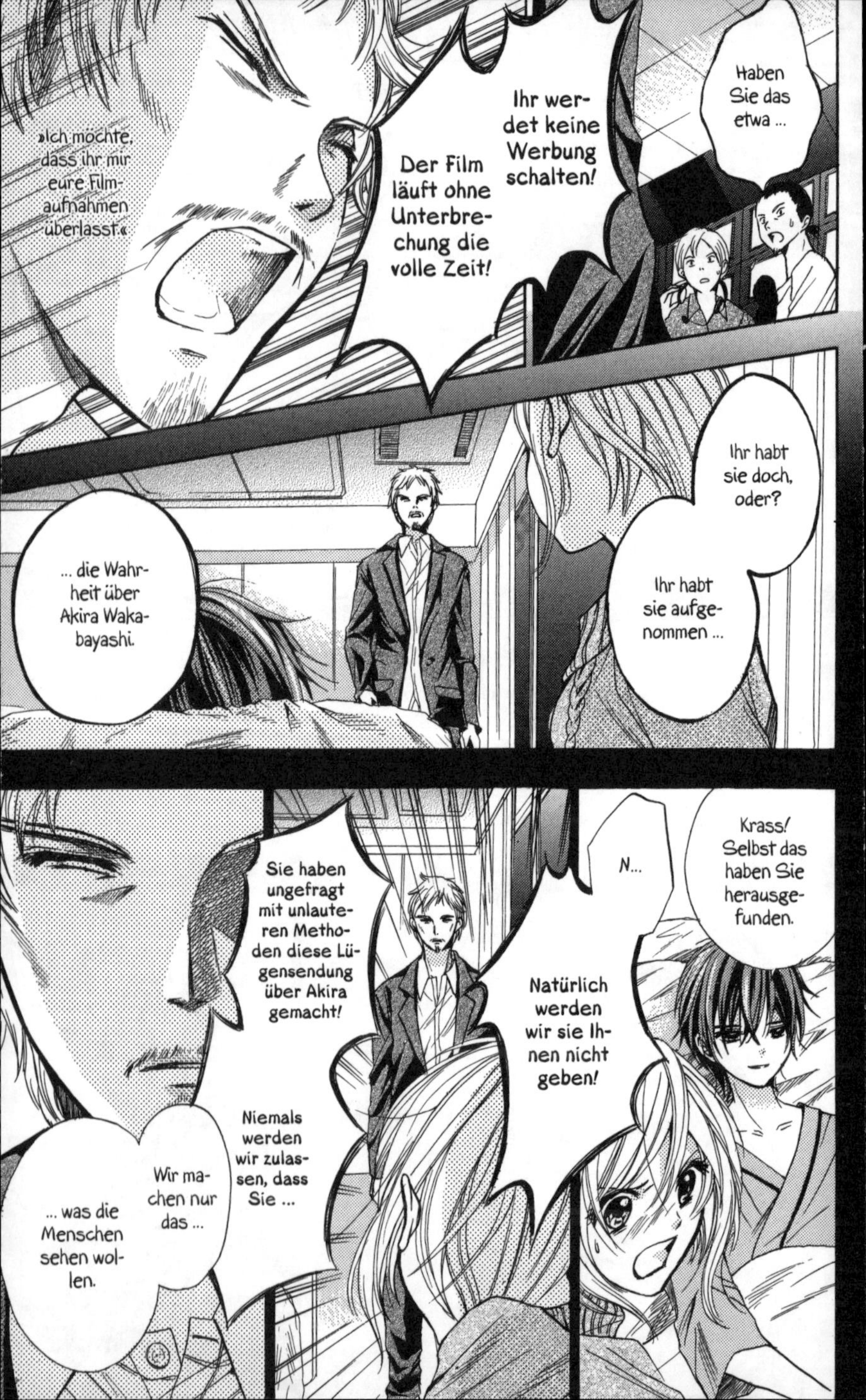
Haben Sie das etwa ...
Ihr werdet keine Werbung schalten!
Der Film läuft ohne Unterbrechung die volle Zeit!
»Ich möchte, dass ihr mir eure Filmaufnahmen überlasst.«
Ihr habt sie doch, oder?
Ihr habt sie aufgenommen ...
... die Wahrheit über Akira Wakabayashi.
Krass! Selbst das haben Sie herausgefunden.
N...
Natürlich werden wir sie Ihnen nicht geben!
Sie haben ungefragt mit unlauteren Methoden diese Lügensendung über Akira gemacht!
Niemals werden wir zulassen, dass Sie ...
Wir machen nur das ...
... was die Menschen sehen wollen.

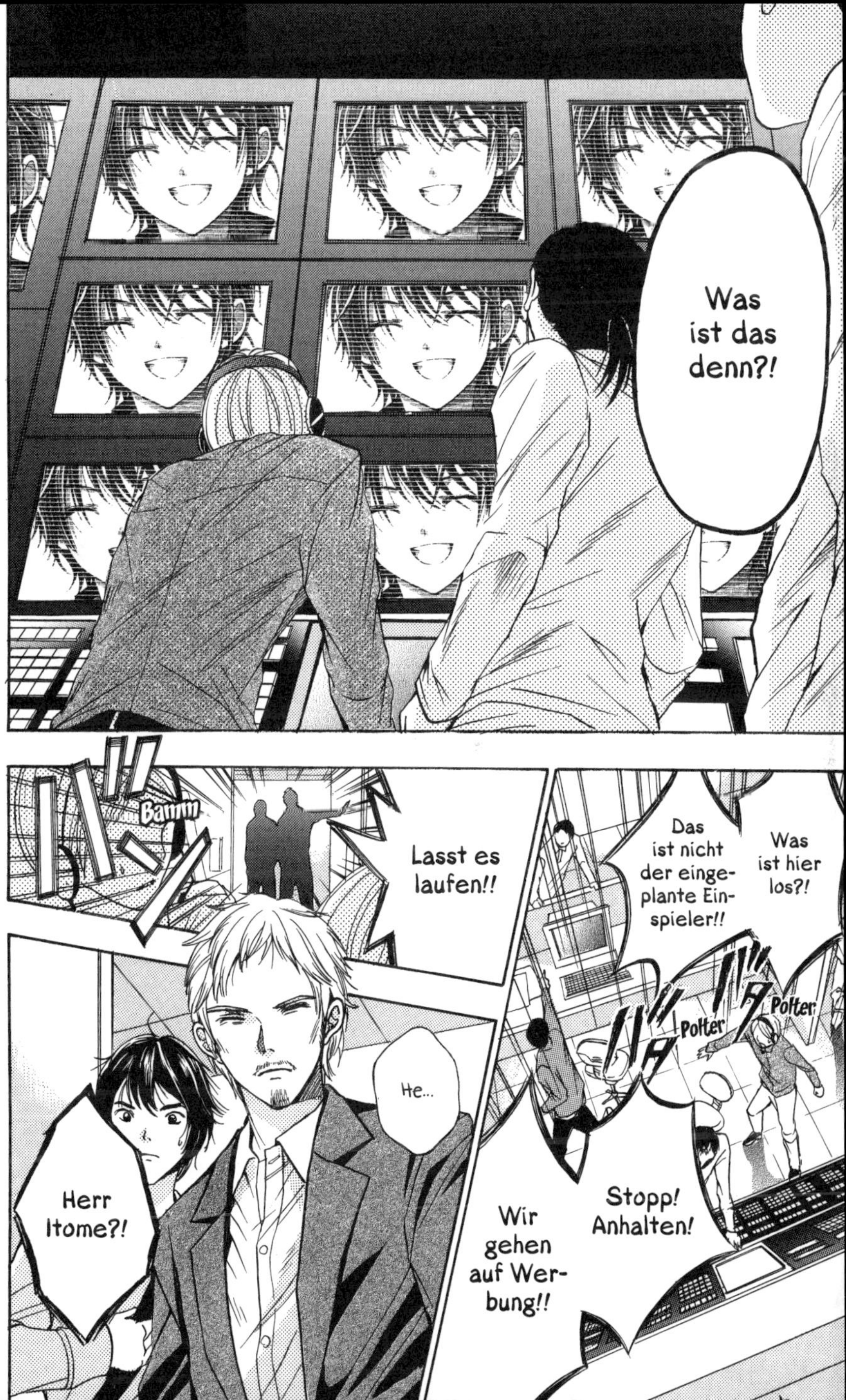
Was ist das denn?!
Was ist hier los?!
Das ist nicht der eingeplante Einspieler!!
Polter
Polter
Stopp! Anhalten!
Wir gehen auf Werbung!!
Bamm
Lasst es laufen!!
He...
Herr Itome?!

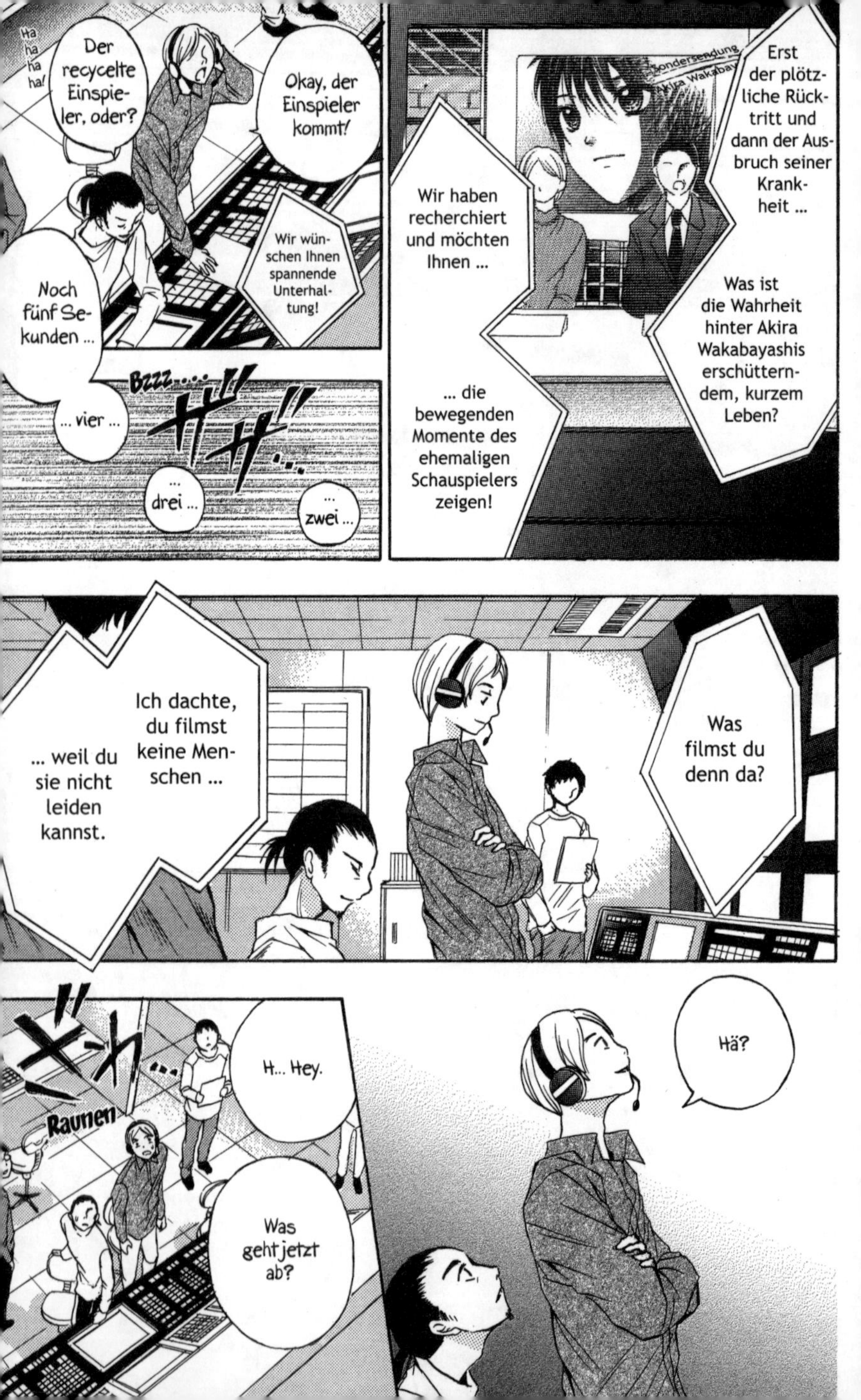
Sondersendung
Akira Wakabay
Erst der plötzliche Rücktritt und dann der Ausbruch seiner Krankheit ...
Was ist die Wahrheit hinter Akira Wakabayashis erschütterndem, kurzem Leben?
Wir haben recherchiert und möchten Ihnen ...
... die bewegenden Momente des ehemaligen Schauspielers zeigen!
Okay, der Einspieler kommt!
Ha ha ha ha!
Der recycelte Einspieler, oder?
Wir wünschen Ihnen spannende Unterhaltung!
Noch fünf Sekunden ...
... vier ...
Bzzz ...
... drei ...
... zwei ...
Was filmst du denn da?
Ich dachte, du filmst keine Menschen ...
... weil du sie nicht leiden kannst.
Hä?
H... Hey.
Raunen
Was geht jetzt ab?

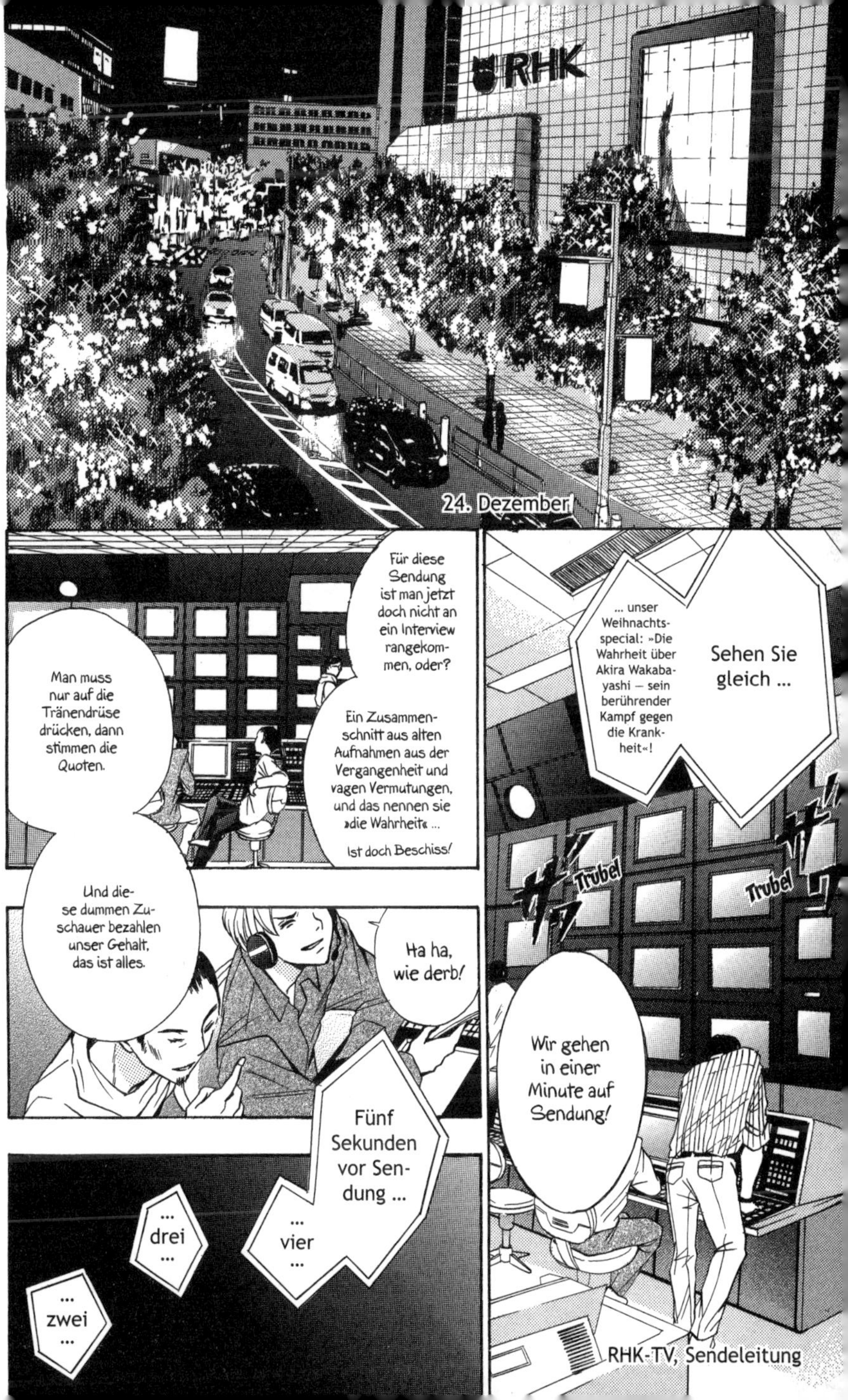
RHK
24. Dezember
Sehen Sie gleich ...
... unser Weihnachtsspecial: »Die Wahrheit über Akira Wakabayashi – sein berührender Kampf gegen die Krankheit«!
Trubel
Trubel
Wir gehen in einer Minute auf Sendung!
RHK-TV, Sendeleitung
Für diese Sendung ist man jetzt doch nicht an ein Interview rangekommen, oder?
Ein Zusammenschnitt aus alten Aufnahmen aus der Vergangenheit und vagen Vermutungen, und das nennen sie »die Wahrheit« ...
Ist doch Beschiss!
Man muss nur auf die Tränendrüse drücken, dann stimmen die Quoten.
Ha ha, wie derb!
Und diese dummen Zuschauer bezahlen unser Gehalt, das ist alles.
Fünf Sekunden vor Sendung ...
... vier ...
... drei ...
... zwei ...

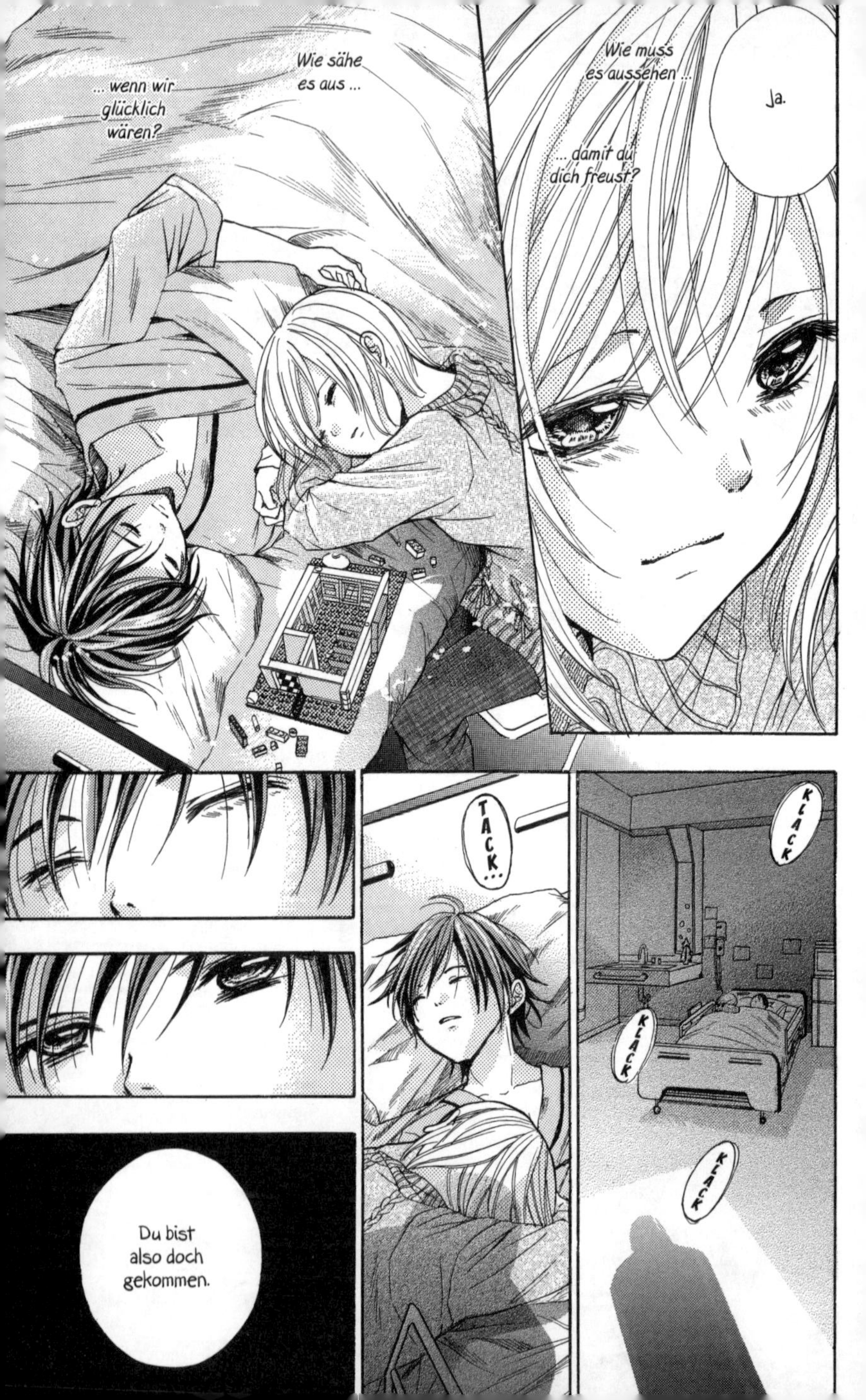
Ja.
Wie muss es aussehen ...
... damit du dich freust?
Wie sähe es aus ...
... wenn wir glücklich wären?
KLACK
KLACK
KLACK
TACK ...
Du bist also doch gekommen.

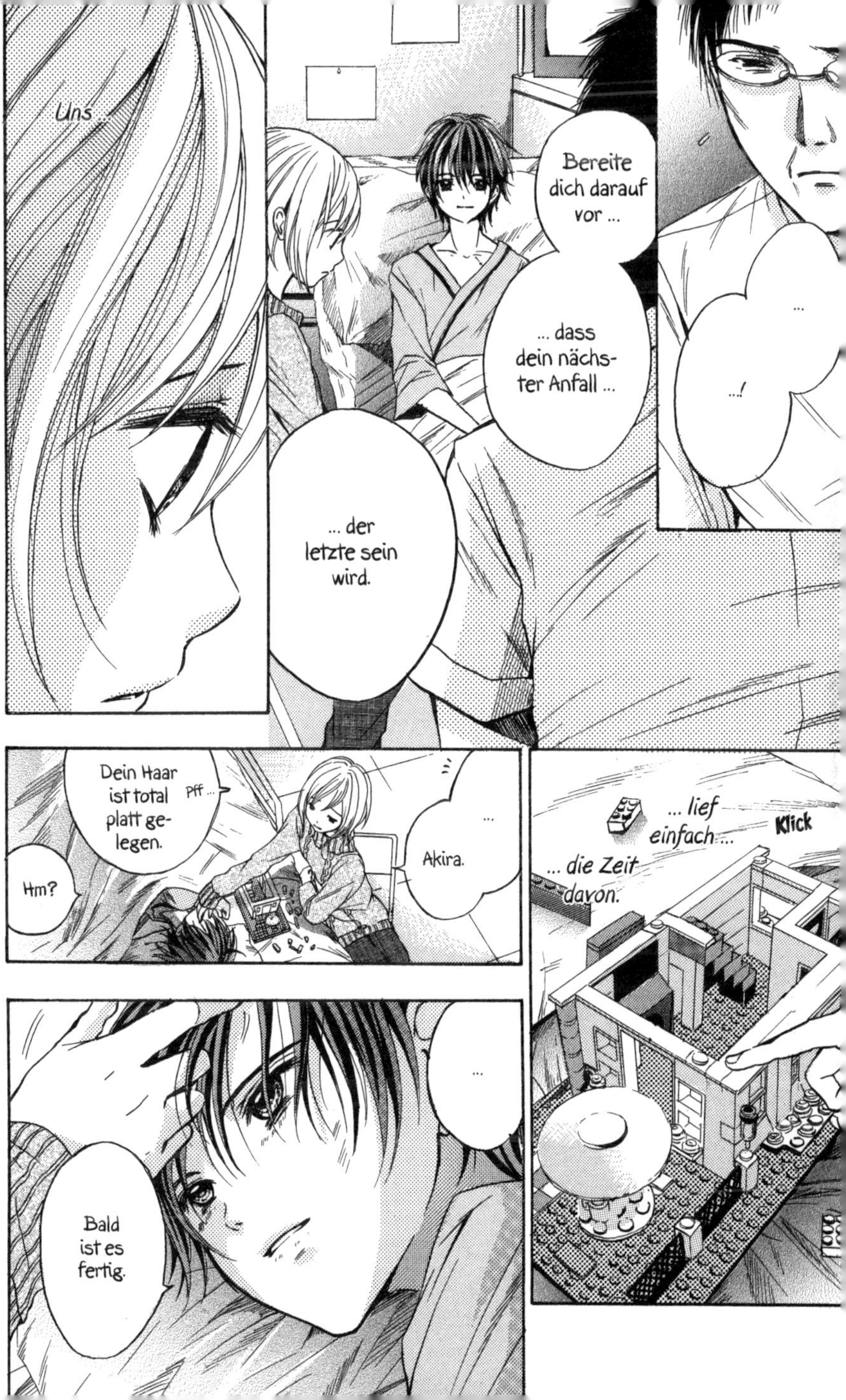

Bereite dich darauf vor ...
...
...!
... dass dein nächster Anfall ...
... der letzte sein wird.
Uns ...
... lief einfach ...
Klick
... die Zeit davon.
...
Akira.
Pff ...
Dein Haar ist total platt gelegen.
Hm?
...
Bald ist es fertig.

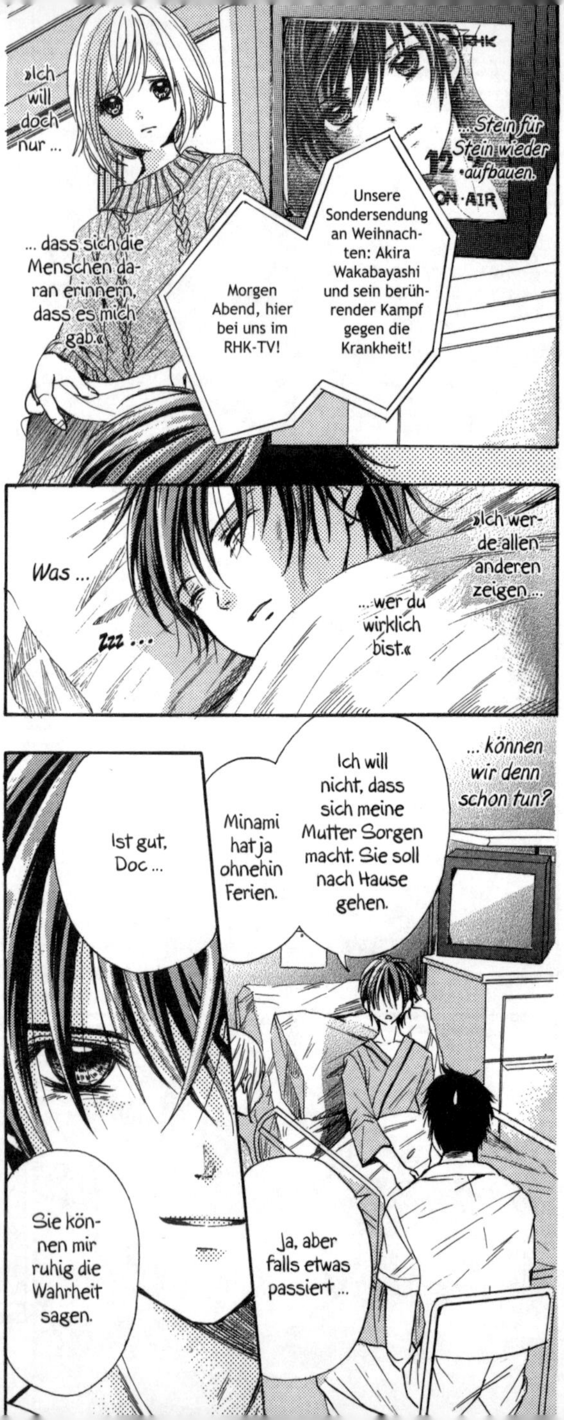
... Stein für Stein wieder aufbauen.
Unsere Sondersendung an Weihnachten: Akira Wakabayashi und sein berührender Kampf gegen die Krankheit!
Morgen Abend, hier bei uns im RHK-TV!
»Ich will doch nur ...
... dass sich die Menschen daran erinnern, dass es mich gab.«
»Ich werde allen anderen zeigen ...
... wer du wirklich bist.«
Was ...
Zzz ...
... können wir denn schon tun?
Ich will nicht, dass sich meine Mutter Sorgen macht. Sie soll nach Hause gehen.
Minami hat ja ohnehin Ferien.
Ist gut, Doc ...
Ja, aber falls etwas passiert ...
Sie können mir ruhig die Wahrheit sagen.

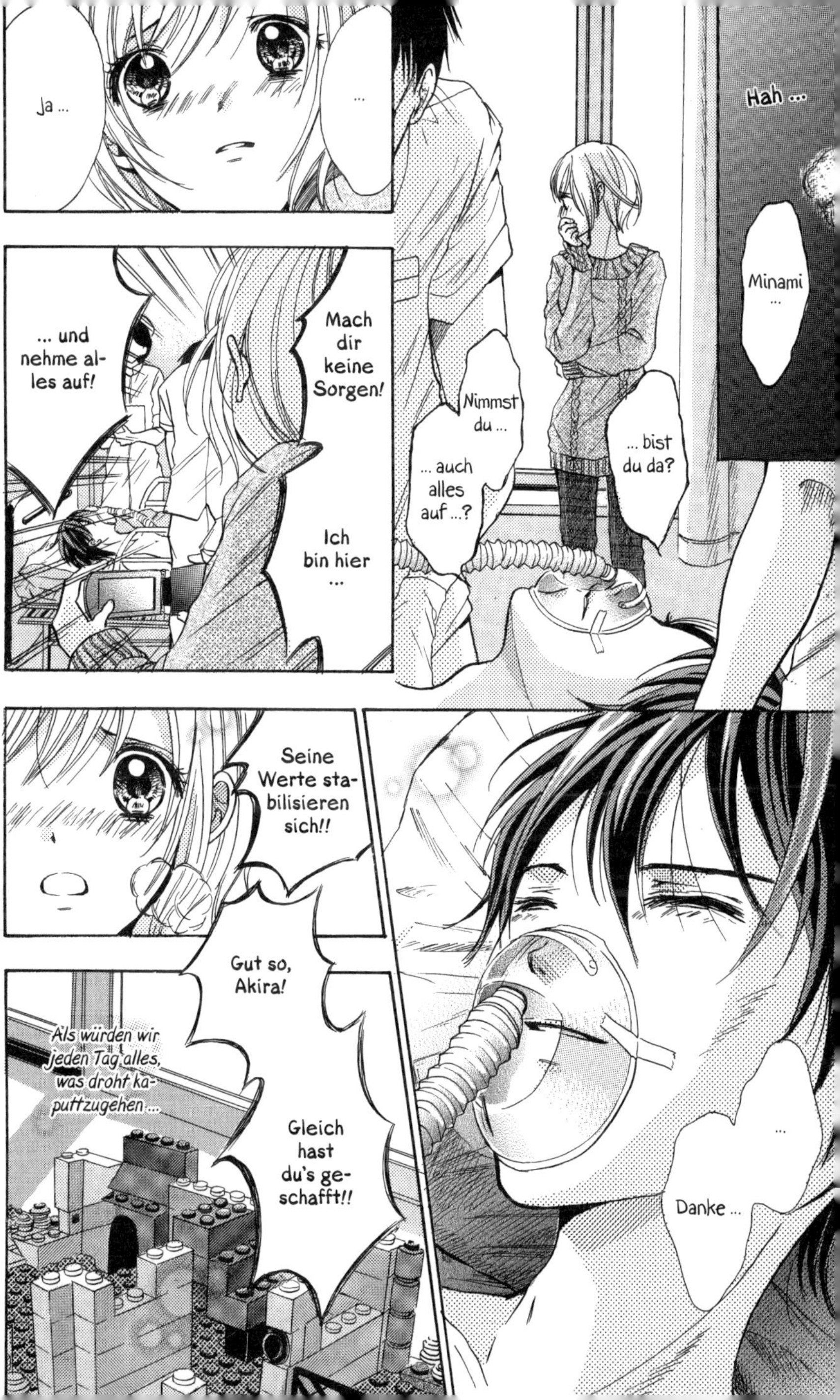

Hah ...
Minami ...
... bist du da?
Nimmst du ...
... auch alles auf ...?
...
Ja ...
Mach dir keine Sorgen!
... und nehme alles auf!
Ich bin hier ...
Seine Werte stabilisieren sich!!
Gut so, Akira!
Gleich hast du's geschafft!!
Als würden wir jeden Tag alles, was droht kaputtzugehen ...
...
Danke ...

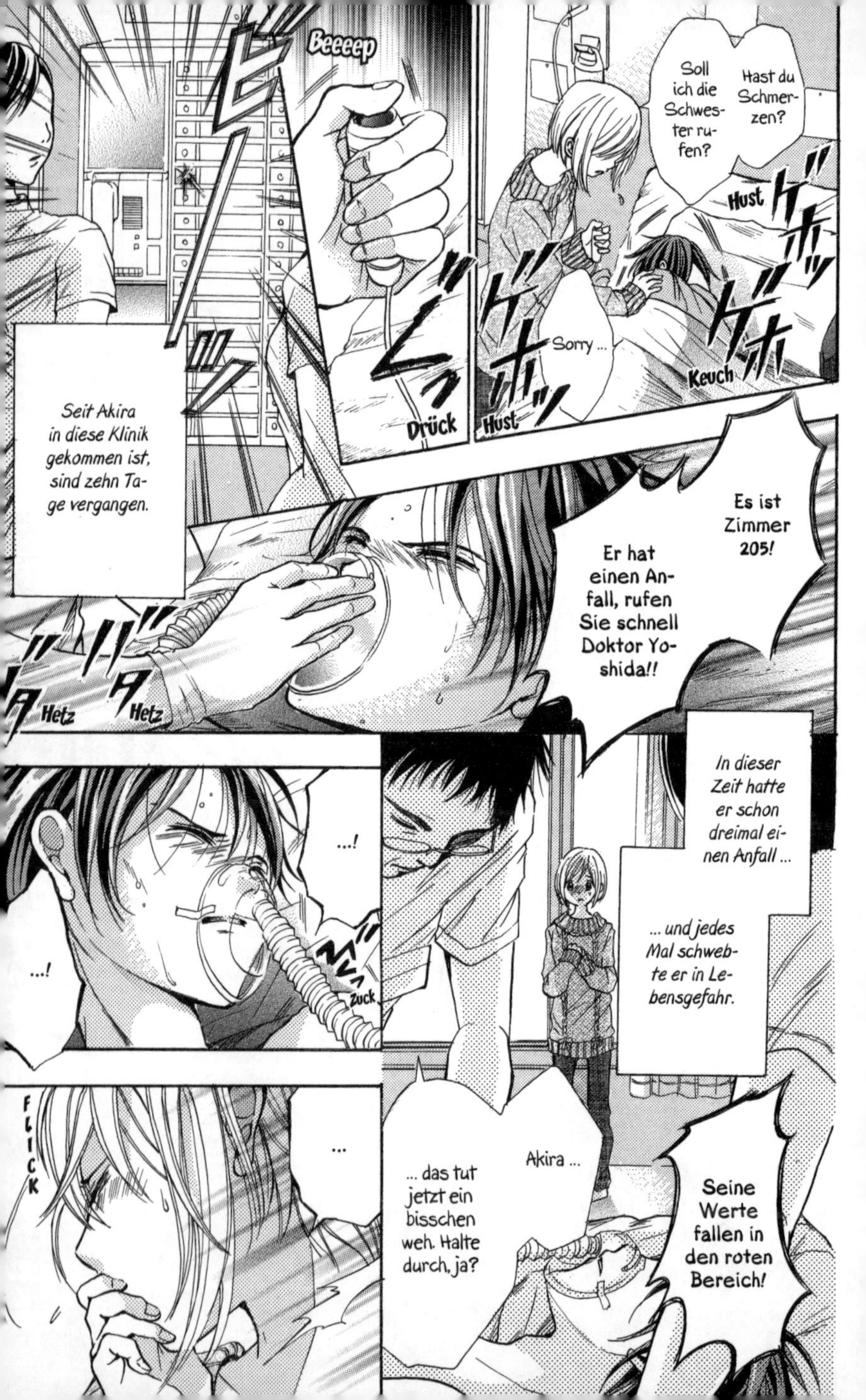
Hast du Schmerzen?
Soll ich die Schwester rufen?
Hust
Keuch
Sorry ...
Hust
Drück
Beeeep
Seit Akira in diese Klinik gekommen ist, sind zehn Tage vergangen.
Es ist Zimmer 205!
Er hat einen Anfall, rufen Sie schnell Doktor Yoshida!!
Hetz
Hetz
In dieser Zeit hatte er schon dreimal einen Anfall ...
... und jedes Mal schwebte er in Lebensgefahr.
...!
Zuck
...!
Seine Werte fallen in den roten Bereich!
Akira ...
... das tut jetzt ein bisschen weh. Halte durch, ja?
...
FLICK

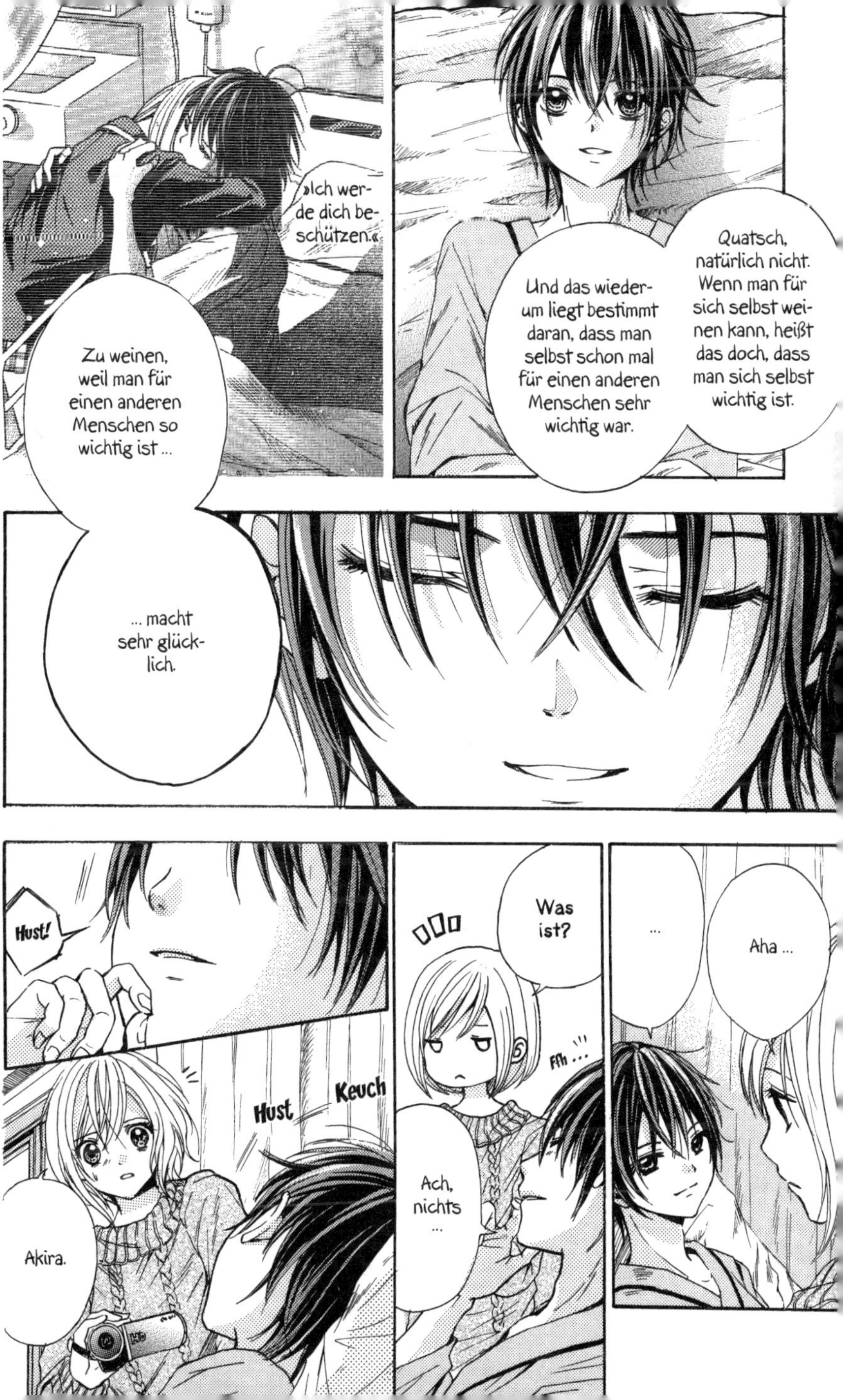

»Ich werde dich beschützen.«
Quatsch, natürlich nicht. Wenn man für sich selbst weinen kann, heißt das doch, dass man sich selbst wichtig ist.
Und das wiederum liegt bestimmt daran, dass man selbst schon mal für einen anderen Menschen sehr wichtig war.
Zu weinen, weil man für einen anderen Menschen so wichtig ist …
… macht sehr glücklich.
Hust!
Hust
Keuch
Akira.
Ffh …
Was ist?
Ach, nichts …
…
Aha …

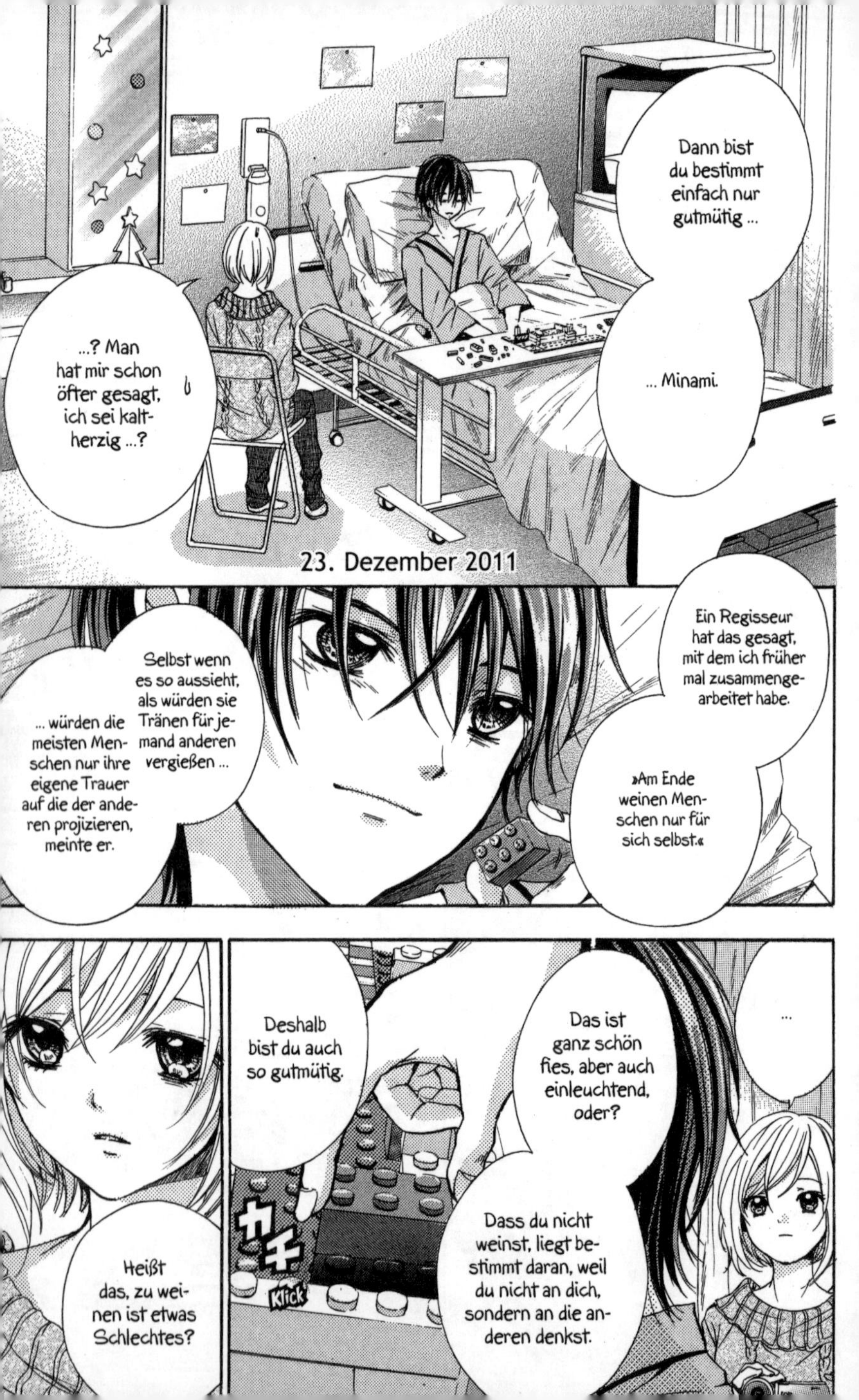
Dann bist du bestimmt einfach nur gutmütig ...
...? Man hat mir schon öfter gesagt, ich sei kaltherzig ...?
... Minami.
23. Dezember 2011
Ein Regisseur hat das gesagt, mit dem ich früher mal zusammengearbeitet habe.
»Am Ende weinen Menschen nur für sich selbst.«
Selbst wenn es so aussieht, als würden sie Tränen für jemand anderen vergießen ...
... würden die meisten Menschen nur ihre eigene Trauer auf die der anderen projizieren, meinte er.
...
Das ist ganz schön fies, aber auch einleuchtend, oder?
Deshalb bist du auch so gutmütig.
Dass du nicht weinst, liegt bestimmt daran, weil du nicht an dich, sondern an die anderen denkst.
Klick
Heißt das, zu weinen ist etwas Schlechtes?

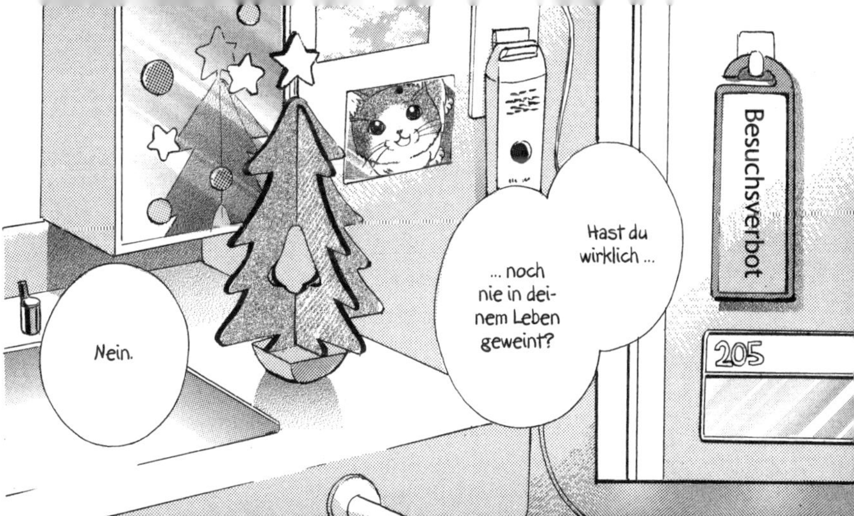
Besuchsverbot
205
Hast du wirklich ...
... noch nie in deinem Leben geweint?
Nein.

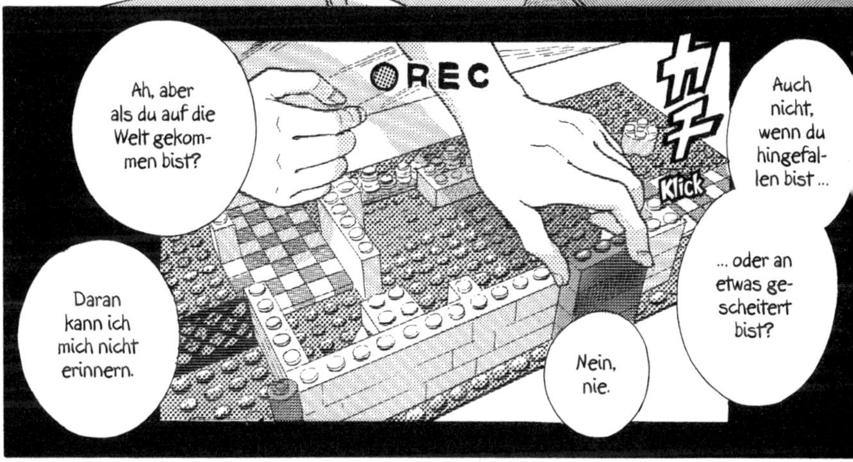
REC
カチ
Klick
Auch nicht, wenn du hingefallen bist ...
... oder an etwas gescheitert bist?
Nein, nie.
Ah, aber als du auf die Welt gekommen bist?
Daran kann ich mich nicht erinnern.

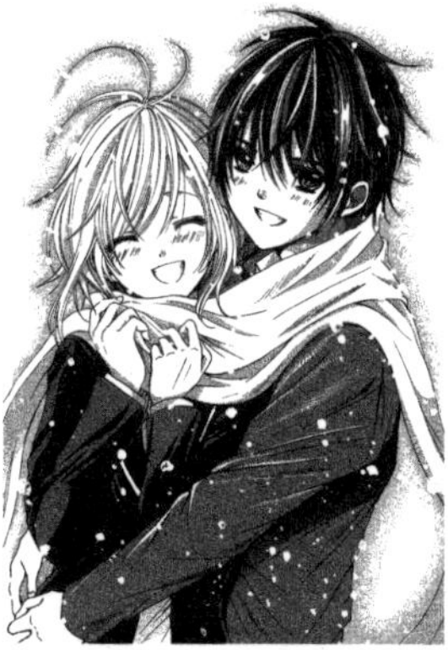

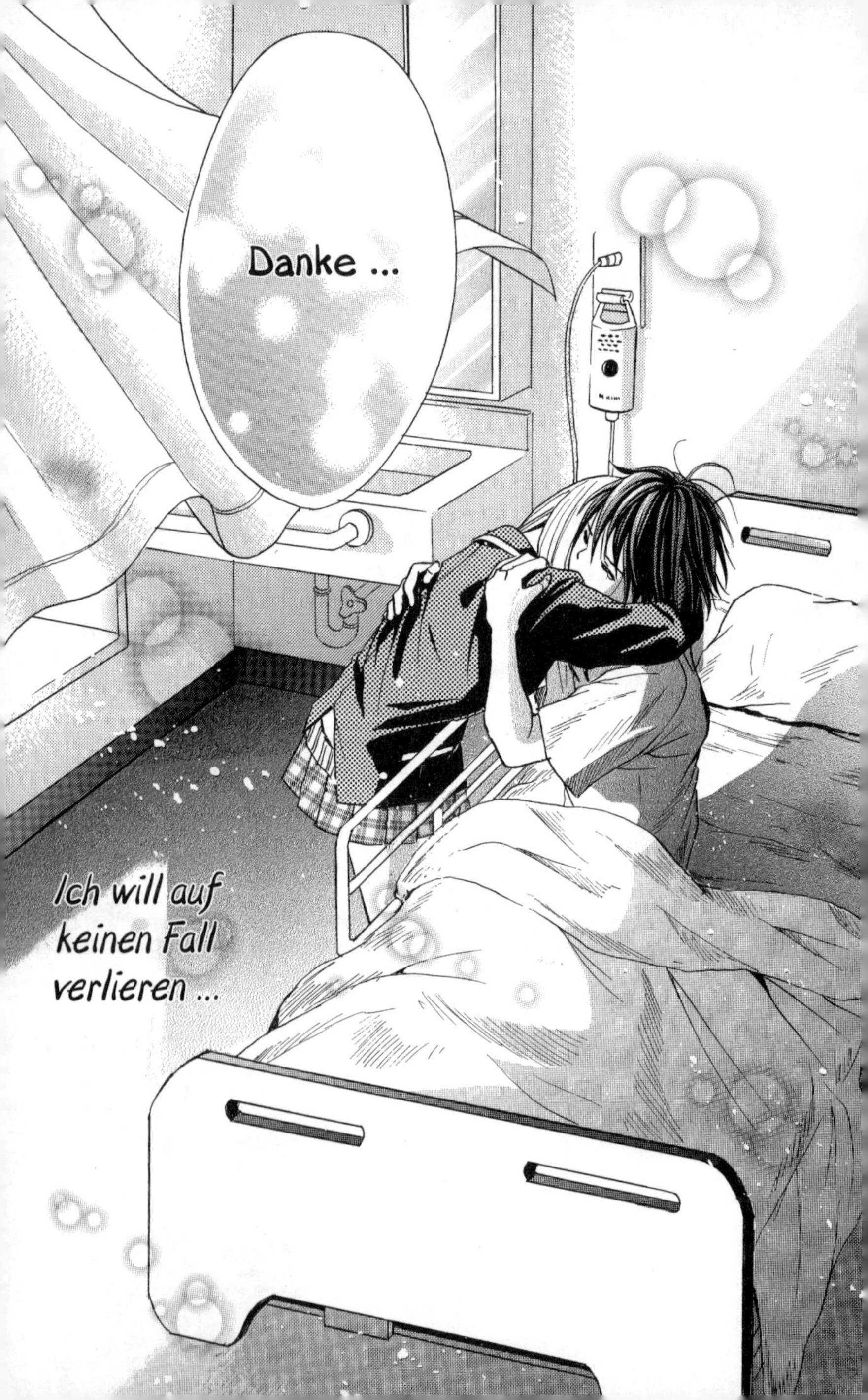
Danke ...
Ich will auf keinen Fall verlieren ...

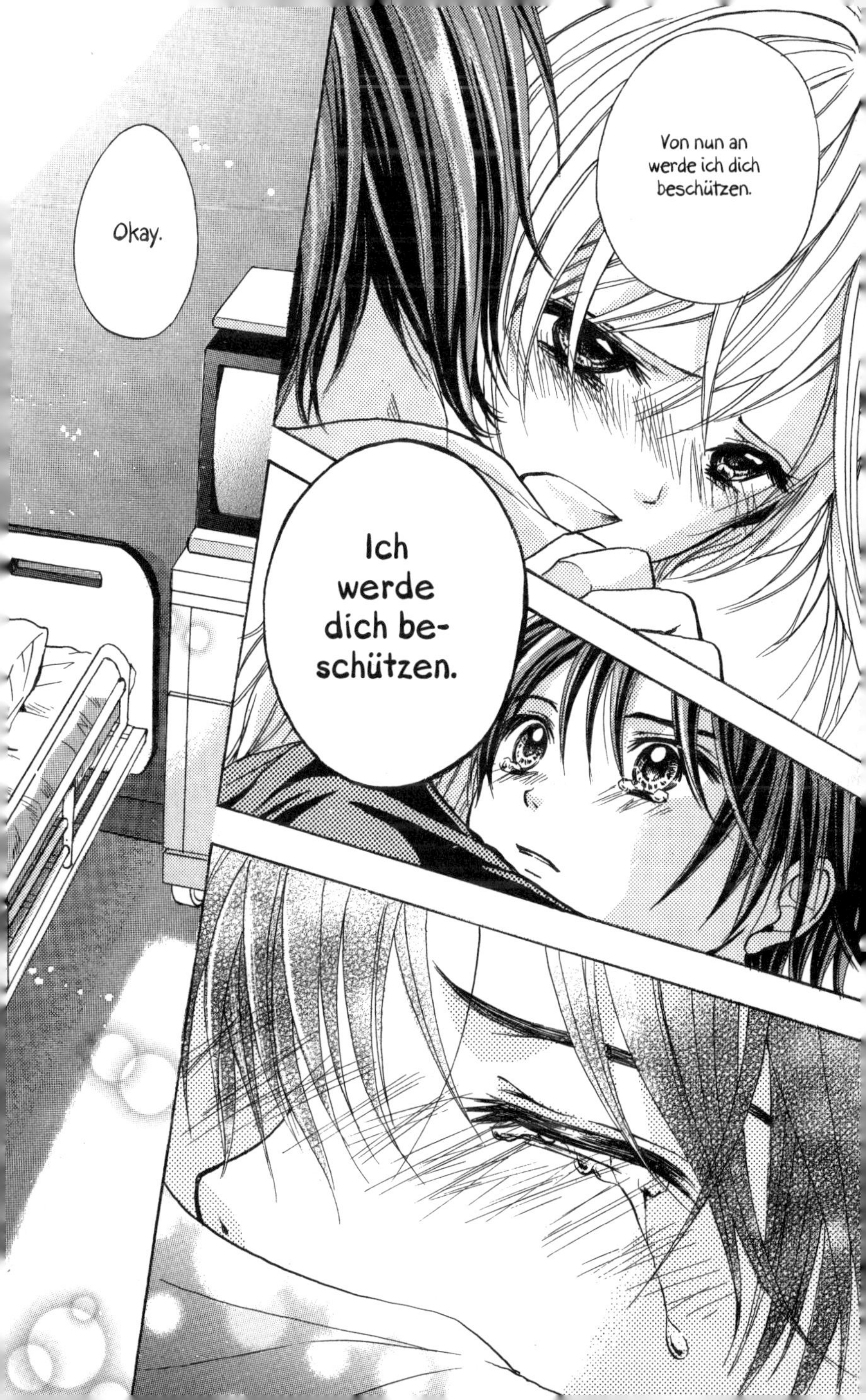
Von nun an werde ich dich beschützen.
Okay.
Ich werde dich be- schützen.

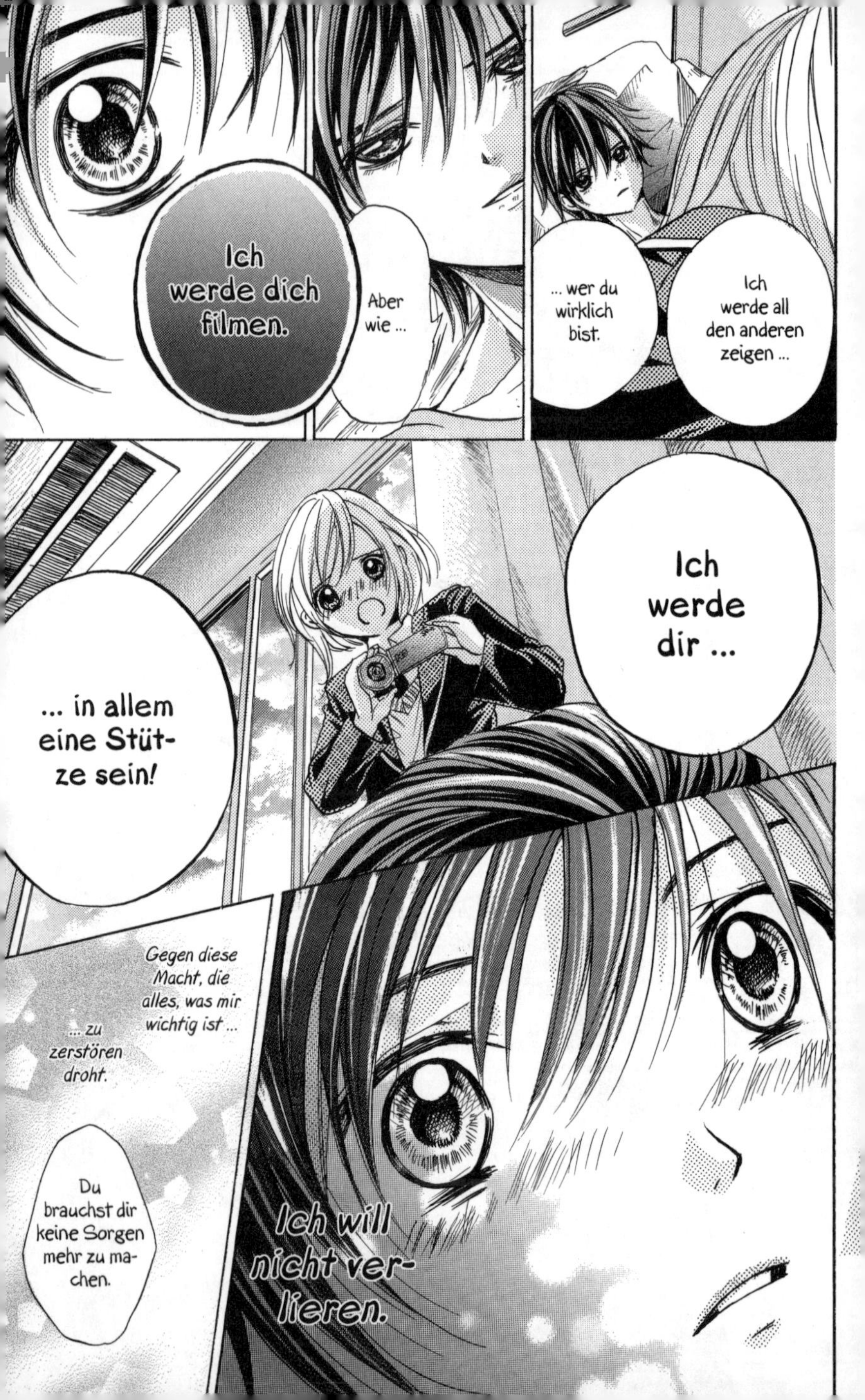
Ich werde all den anderen zeigen ...
... wer du wirklich bist.
Aber wie ...
Ich werde dich filmen.
Ich werde dir ...
... in allem eine Stütze sein!
Gegen diese Macht, die alles, was mir wichtig ist ...
... zu zerstören droht.
Ich will nicht verlieren.
Du brauchst dir keine Sorgen mehr zu machen.

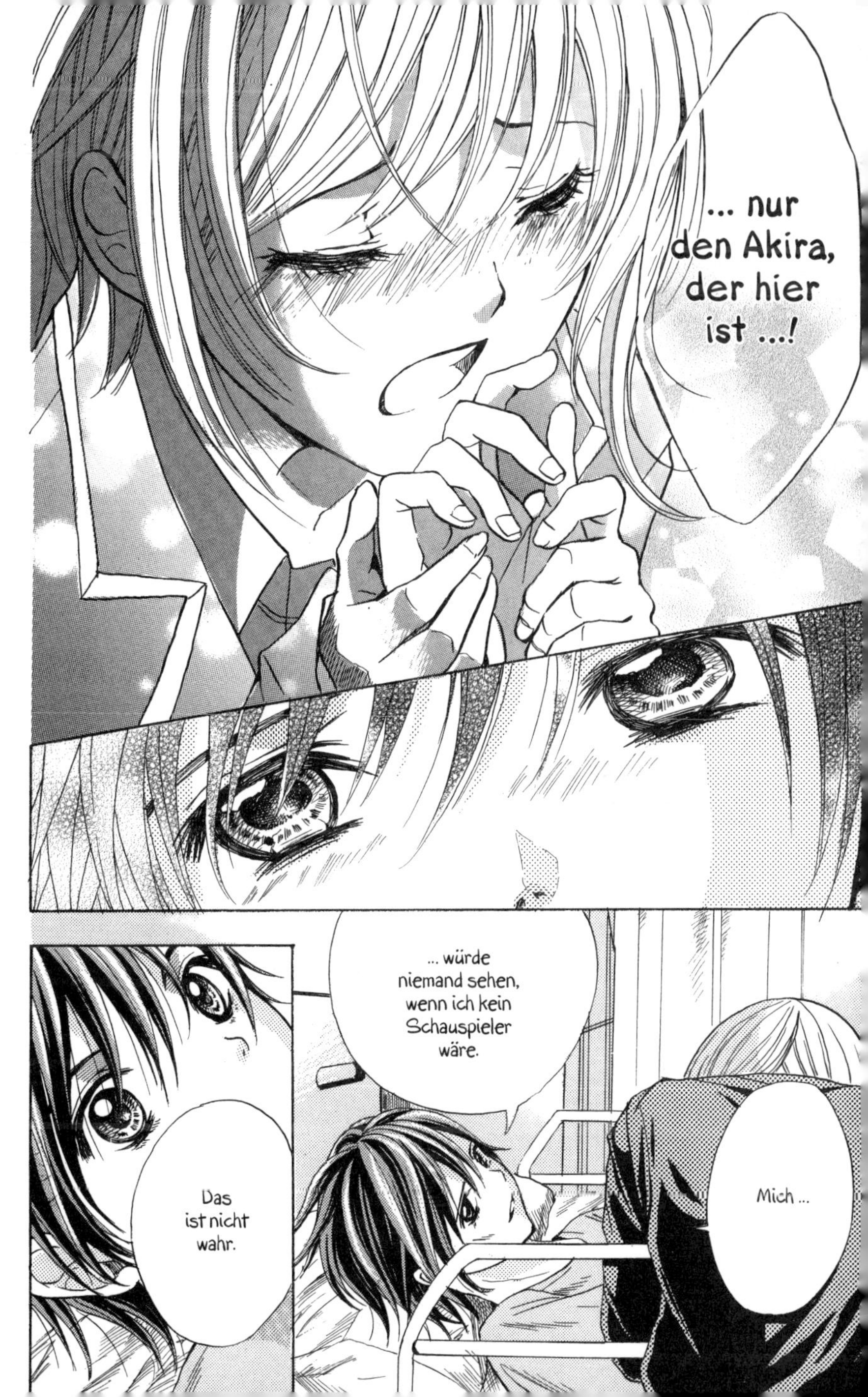

... nur den Akira, der hier ist ...!
Mich ...
... würde niemand sehen, wenn ich kein Schauspieler wäre.
Das ist nicht wahr.

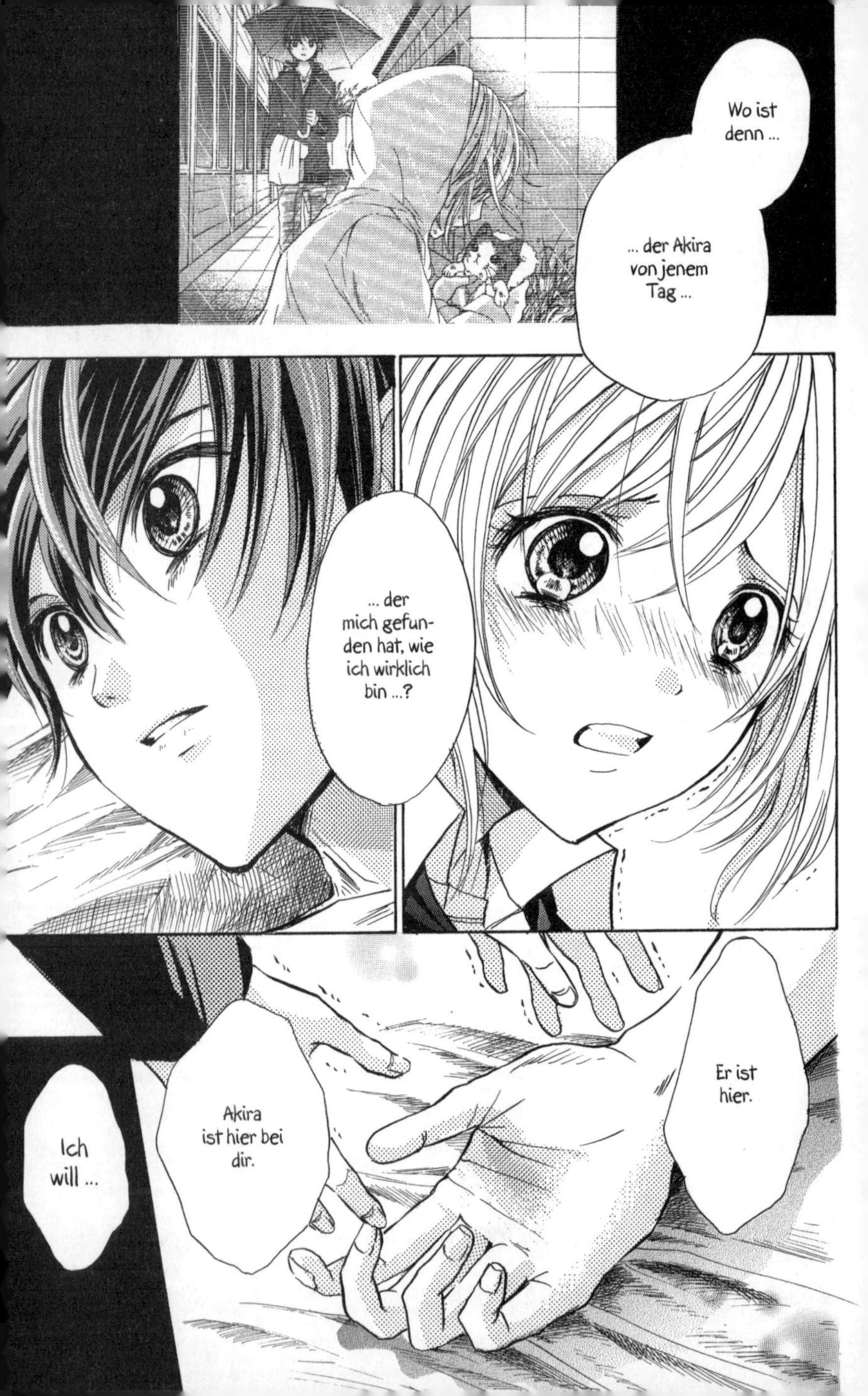
Wo ist denn ...
... der Akira von jenem Tag ...
... der mich gefunden hat, wie ich wirklich bin ...?
Er ist hier.
Akira ist hier bei dir.
Ich will ...

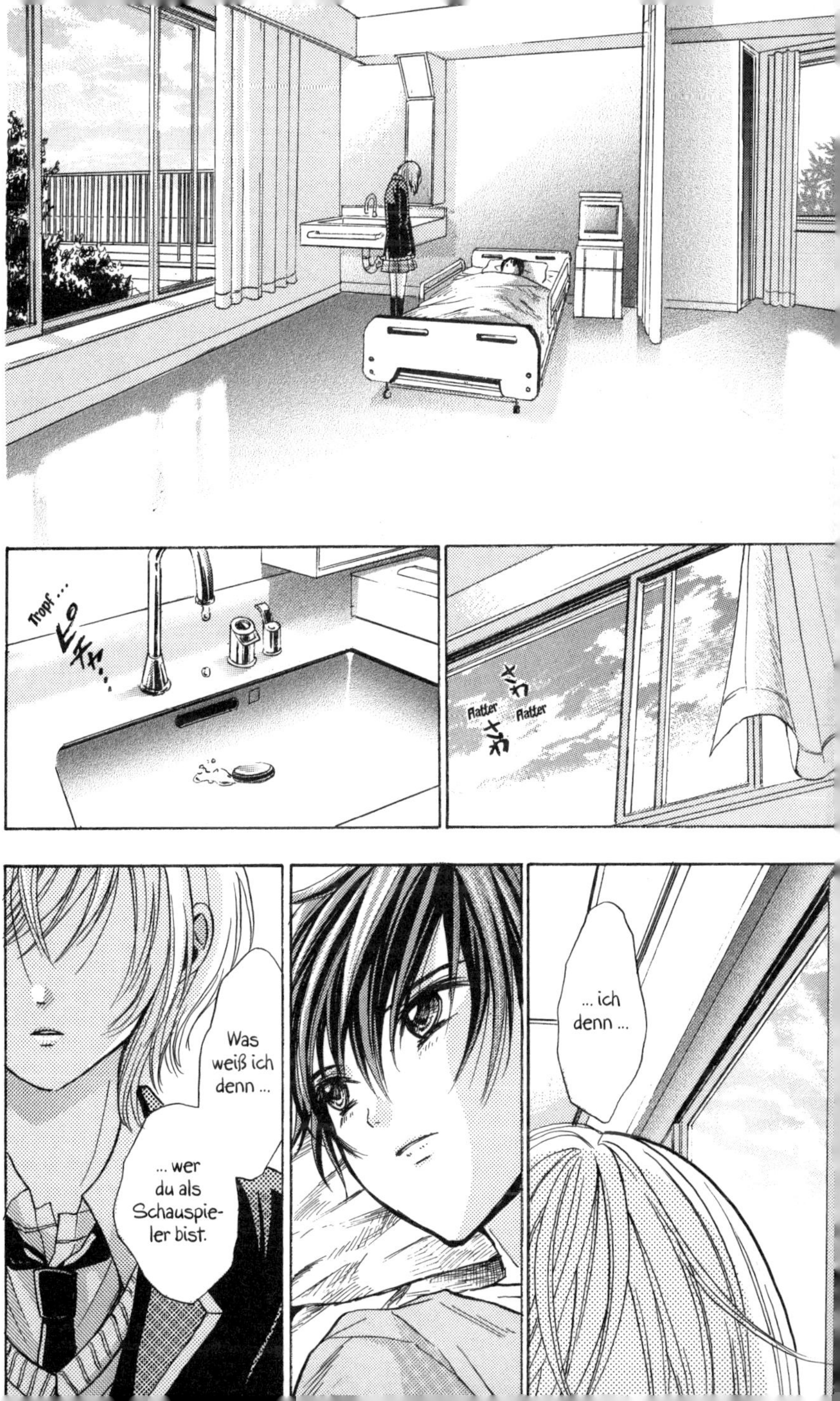

Tropf …
Flatter
Flatter
… ich denn …
Was weiß ich denn …
… wer du als Schauspie-ler bist.

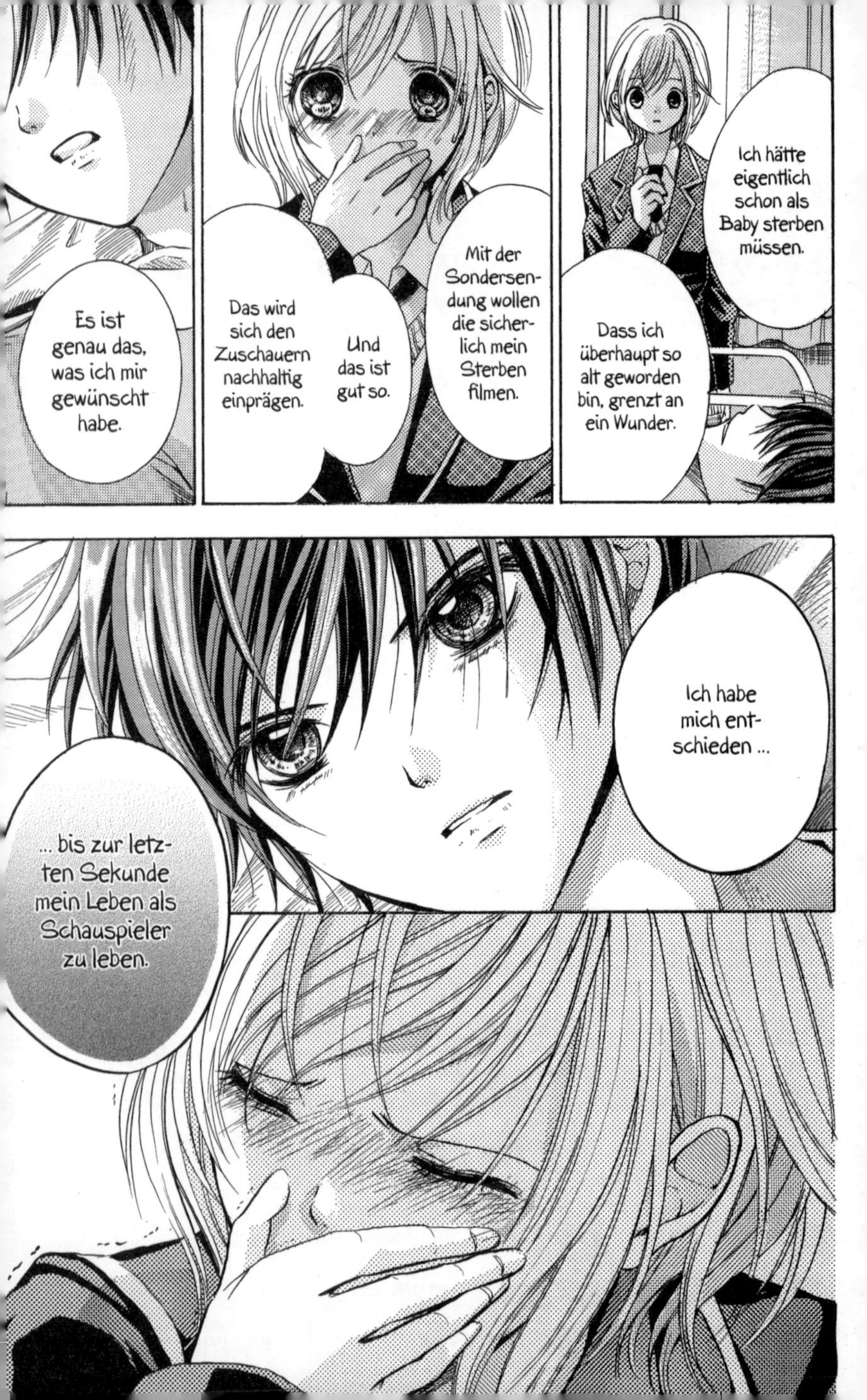
Ich hätte eigentlich schon als Baby sterben müssen.
Dass ich überhaupt so alt geworden bin, grenzt an ein Wunder.
Mit der Sondersendung wollen die sicherlich mein Sterben filmen.
Und das ist gut so.
Das wird sich den Zuschauern nachhaltig einprägen.
Es ist genau das, was ich mir gewünscht habe.
Ich habe mich entschieden ...
... bis zur letzten Sekunde mein Leben als Schauspieler zu leben.

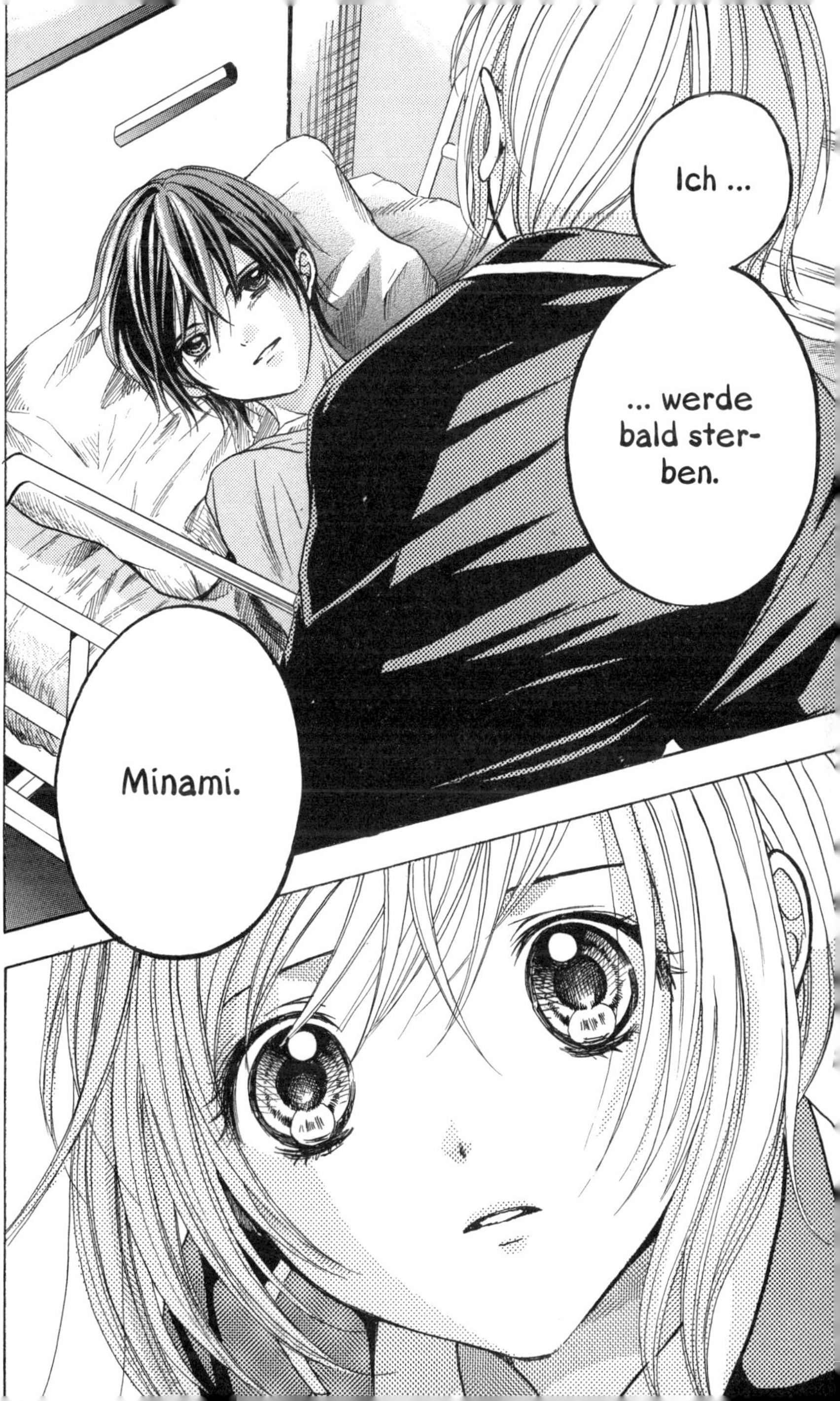
Ich ...
... werde bald ster-ben.
Minami.

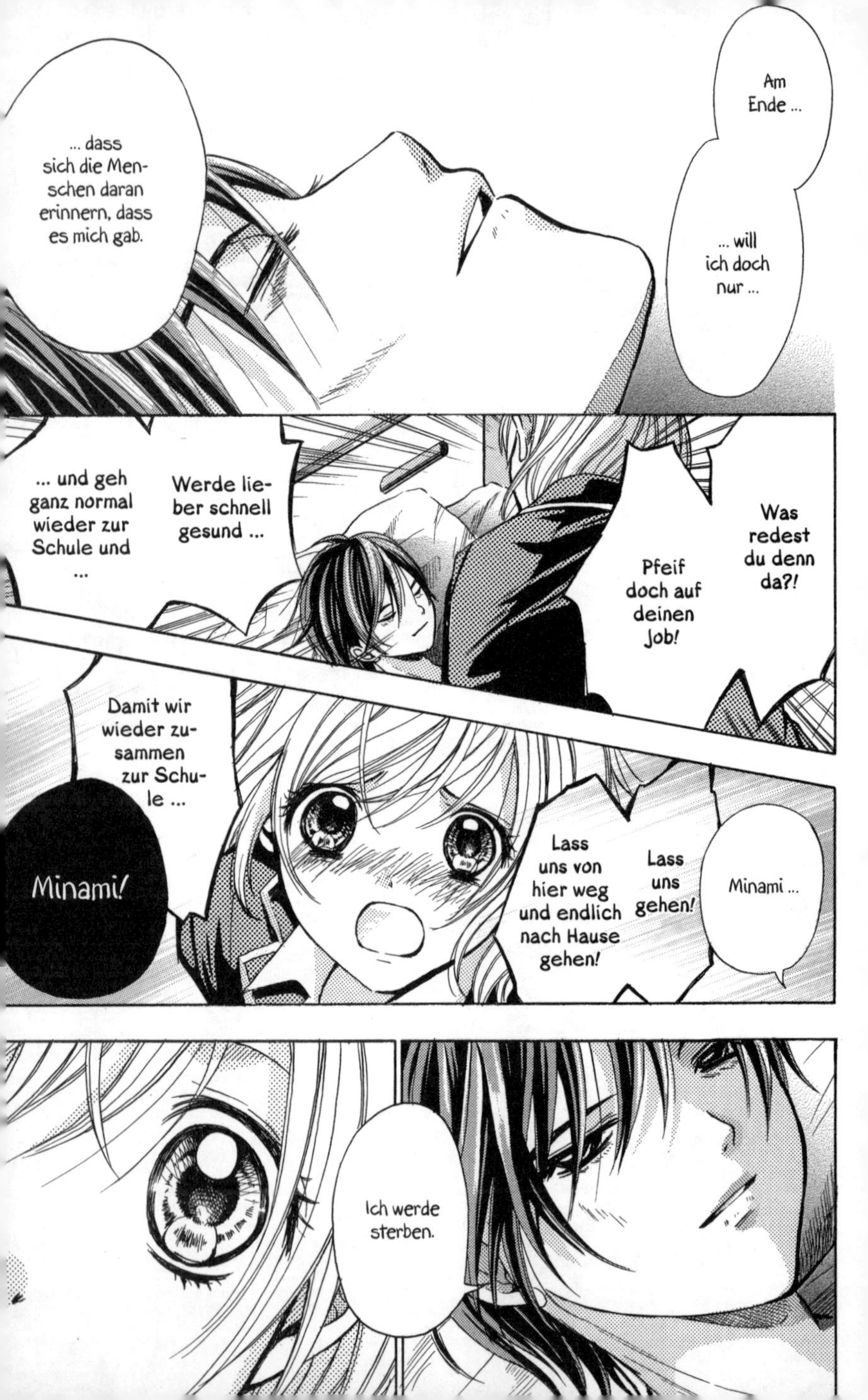
Am Ende ...
... will ich doch nur ...
... dass sich die Menschen daran erinnern, dass es mich gab.
Was redest du denn da?!
Pfeif doch auf deinen Job!
Werde lieber schnell gesund ...
... und geh ganz normal wieder zur Schule und ...
Minami ...
Lass uns gehen!
Lass uns von hier weg und endlich nach Hause gehen!
Damit wir wieder zusammen zur Schule ...
Minami!
Ich werde sterben.

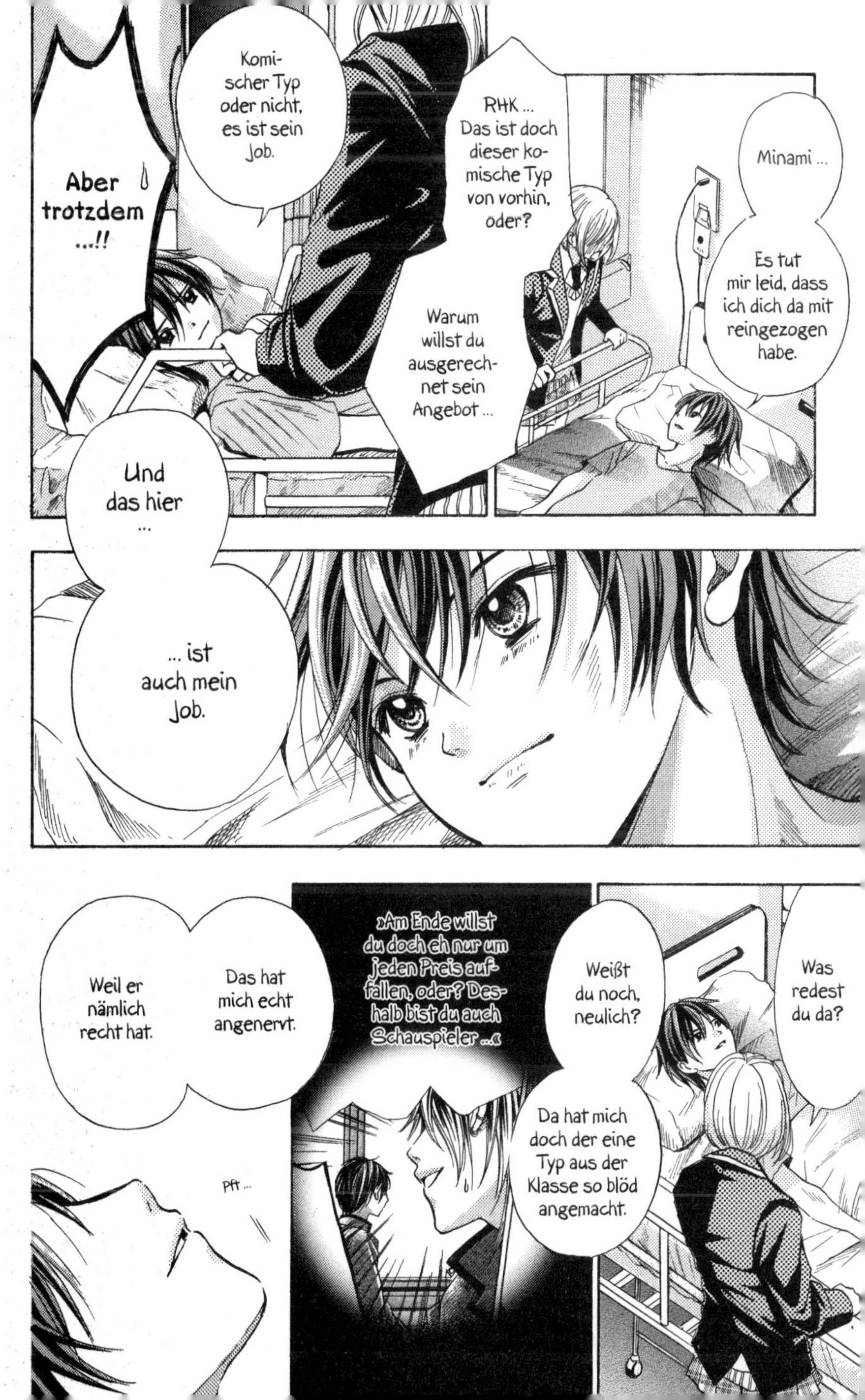
Minami ...
Es tut mir leid, dass ich dich da mit reingezogen habe.
RHK ... Das ist doch dieser komische Typ von vorhin, oder?
Warum willst du ausgerechnet sein Angebot ...
Komischer Typ oder nicht, es ist sein Job.
Aber trotzdem ...!!
Und das hier ...
... ist auch mein Job.
Was redest du da?
Weißt du noch, neulich?
Da hat mich doch der eine Typ aus der Klasse so blöd angemacht.
»Am Ende willst du doch eh nur um jeden Preis auffallen, oder? Deshalb bist du auch Schauspieler ...«
Das hat mich echt angenervt.
Weil er nämlich recht hat.
Pft ...

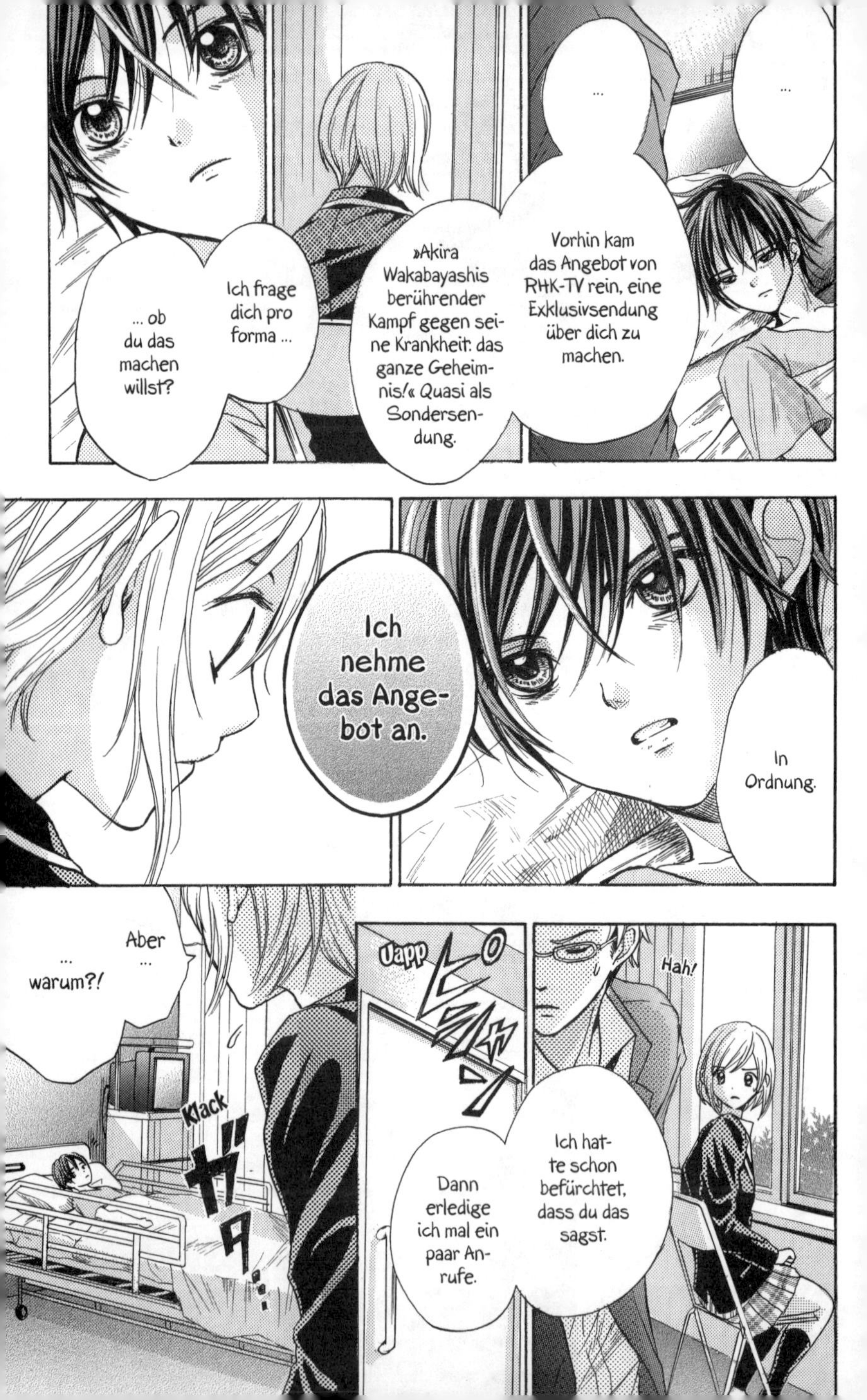
...
...
Vorhin kam das Angebot von RHK-TV rein, eine Exklusivsendung über dich zu machen.
»Akira Wakabayashis berührender Kampf gegen seine Krankheit: das ganze Geheimnis!« Quasi als Sondersendung.
Ich frage dich pro forma ...
... ob du das machen willst?
In Ordnung.
Ich nehme das Angebot an.
Aber ... warum?!
Klack
Uapp
Hah!
Ich hatte schon befürchtet, dass du das sagst.
Dann erledige ich mal ein paar Anrufe.

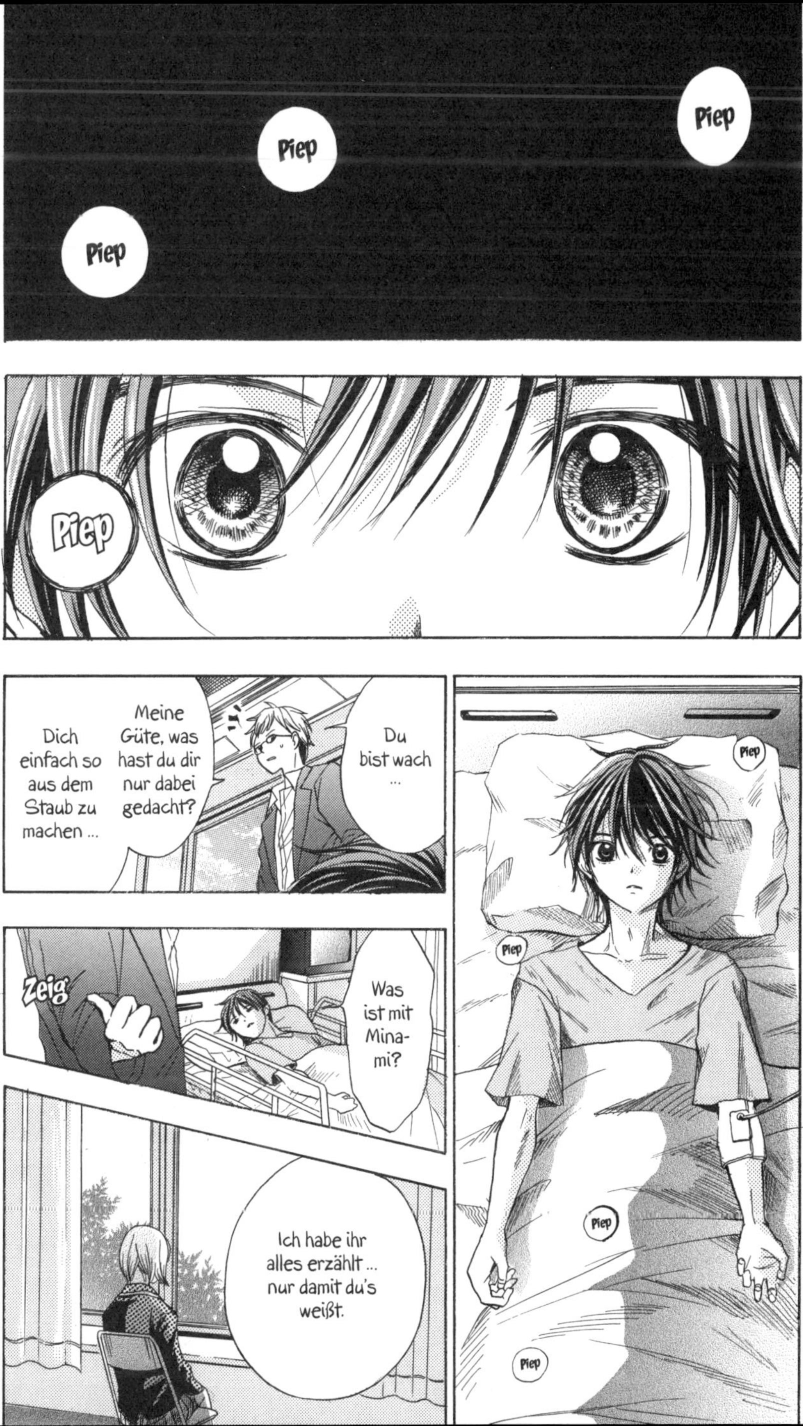
Piep
Piep
Piep
Piep
Du bist wach ...
Meine Güte, was hast du dir nur dabei gedacht?
Dich einfach so aus dem Staub zu machen ...
Piep
Piep
Zeig
Was ist mit Minami?
Ich habe ihr alles erzählt ... nur damit du's weißt.
Piep
Piep

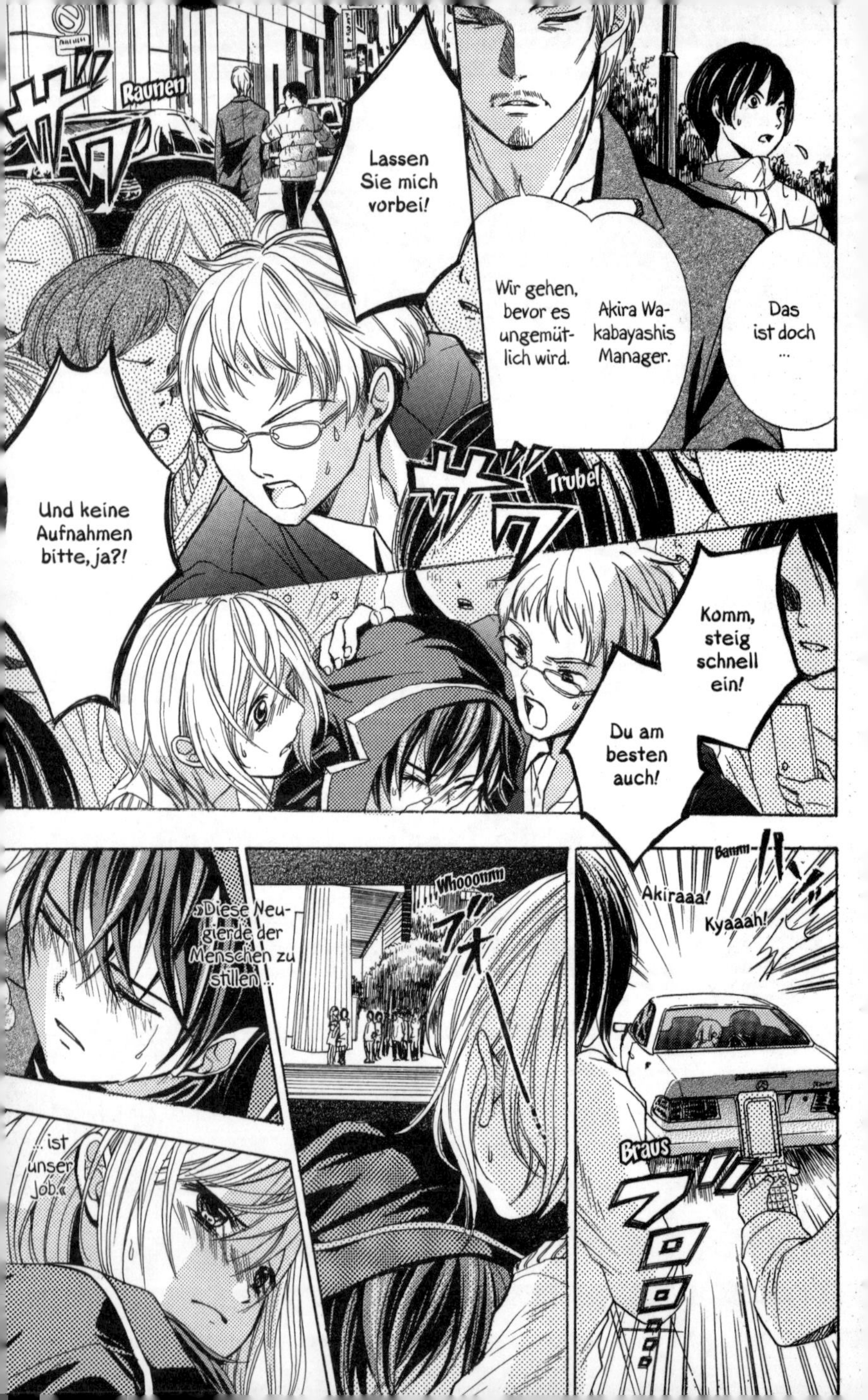

Raunen
Lassen Sie mich vorbei!
Das ist doch …
Akira Wakabayashis Manager.
Wir gehen, bevor es ungemütlich wird.
Und keine Aufnahmen bitte, ja?!
Trubel
Komm, steig schnell ein!
Du am besten auch!
Bamm
Akiraaa!
Kyaaah!
Braus
Whooomm
»Diese Neugierde der Menschen zu stillen …
… ist unser Job.«

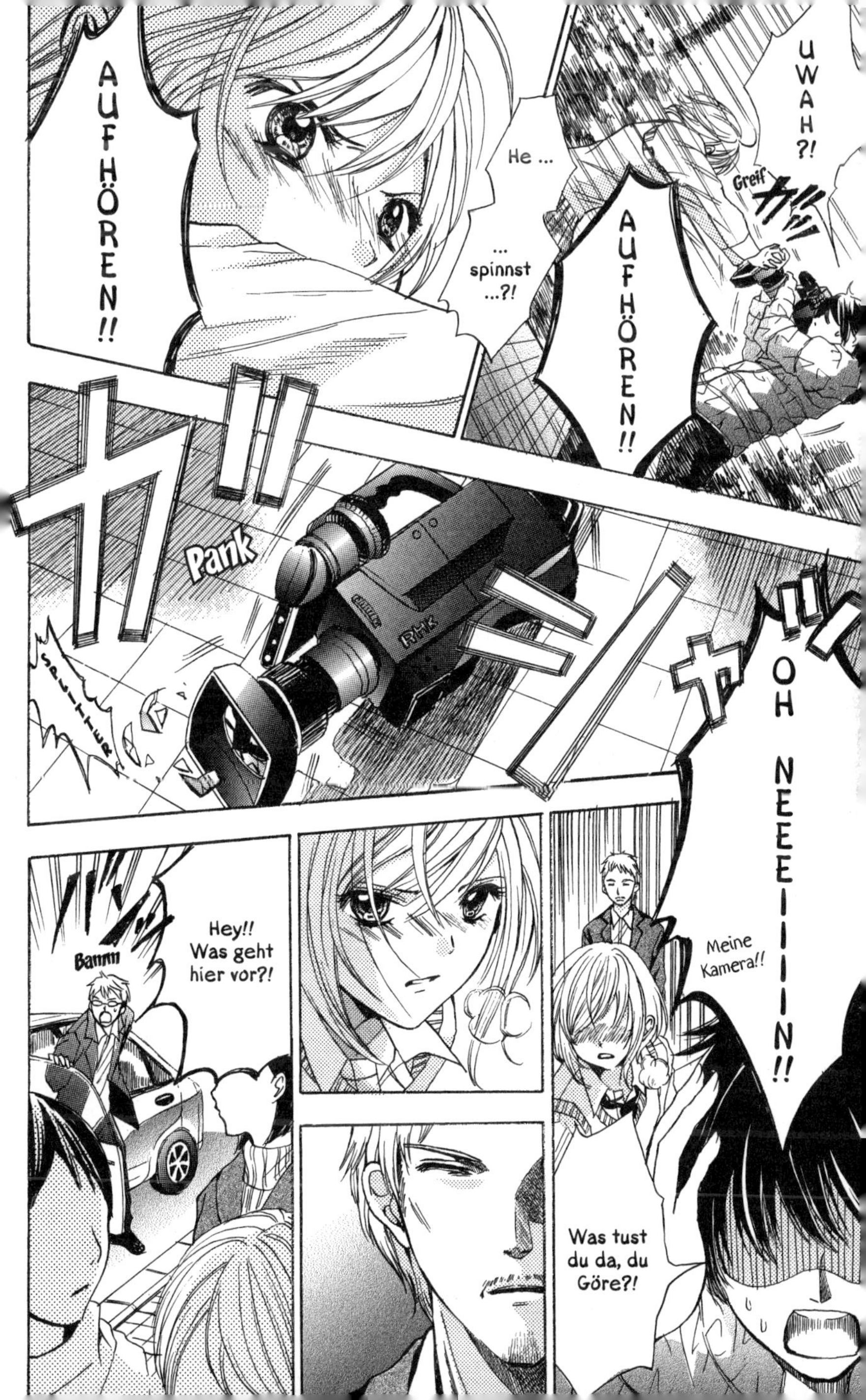

UWAH?!
Greif
AUFHÖREN!!
He ...
... spinnst ...?!
AUFHÖREN!!
Pank
OH NEEEIIIIIN!!
Meine Kamera!!
Was tust du da, du Göre?!
Hey!! Was geht hier vor?!

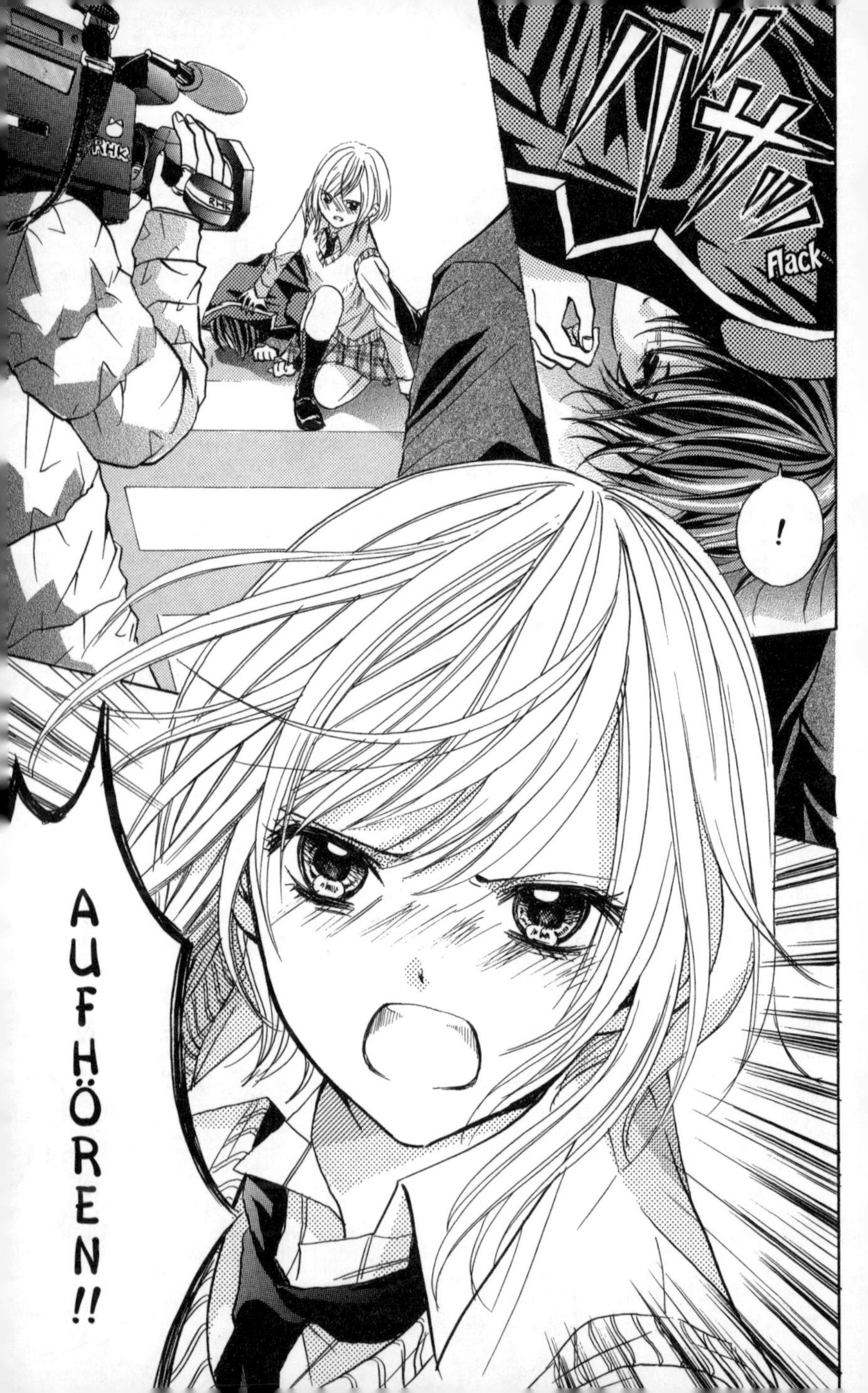
Flack
!
AUFHÖREN!!

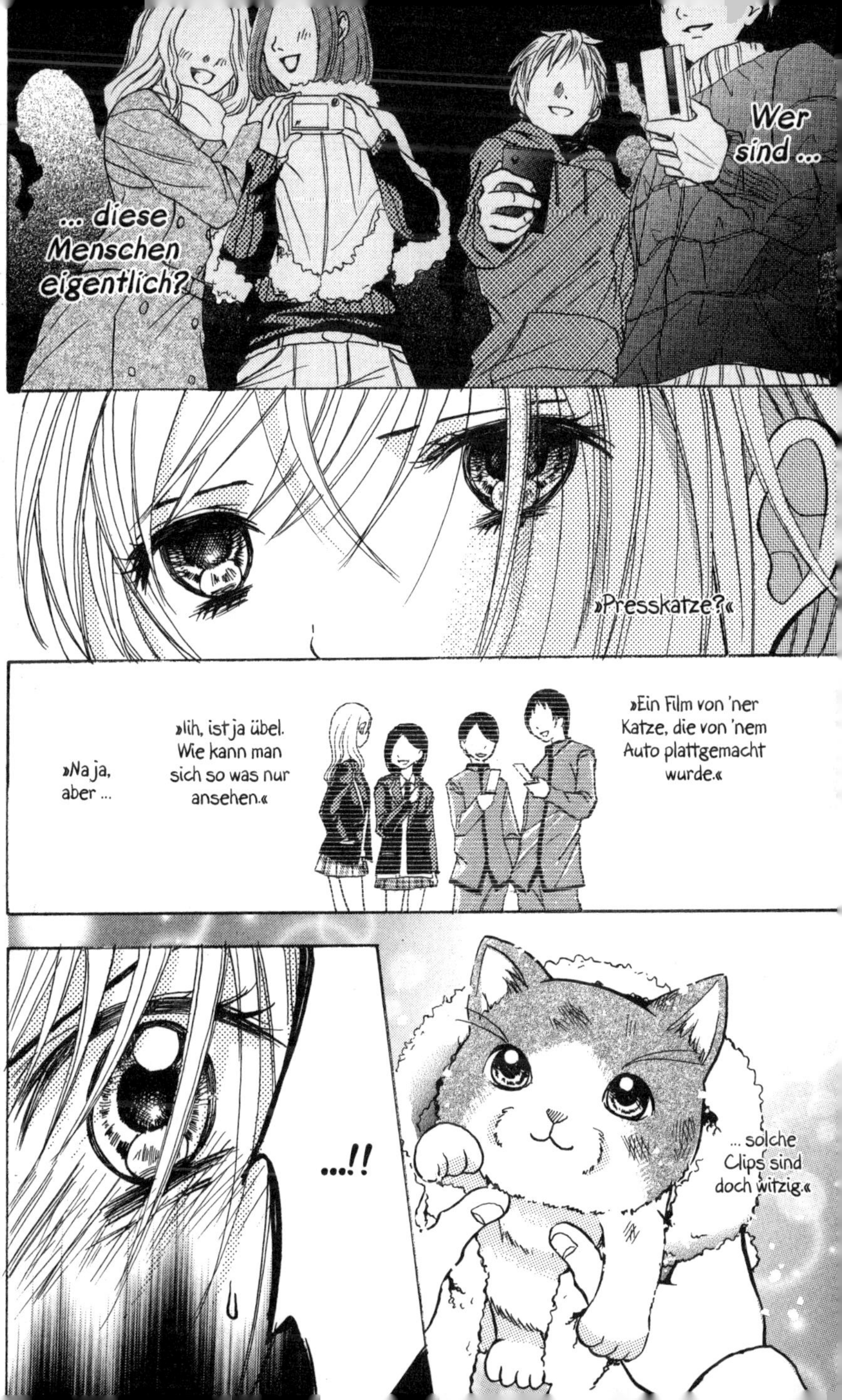
Wer sind ...
... diese Menschen eigentlich?
»Presskatze?«
»Ein Film von 'ner Katze, die von 'nem Auto plattgemacht wurde.«
»Iih, ist ja übel. Wie kann man sich so was nur ansehen.«
»Na ja, aber ...
... solche Clips sind doch witzig.«
...!!

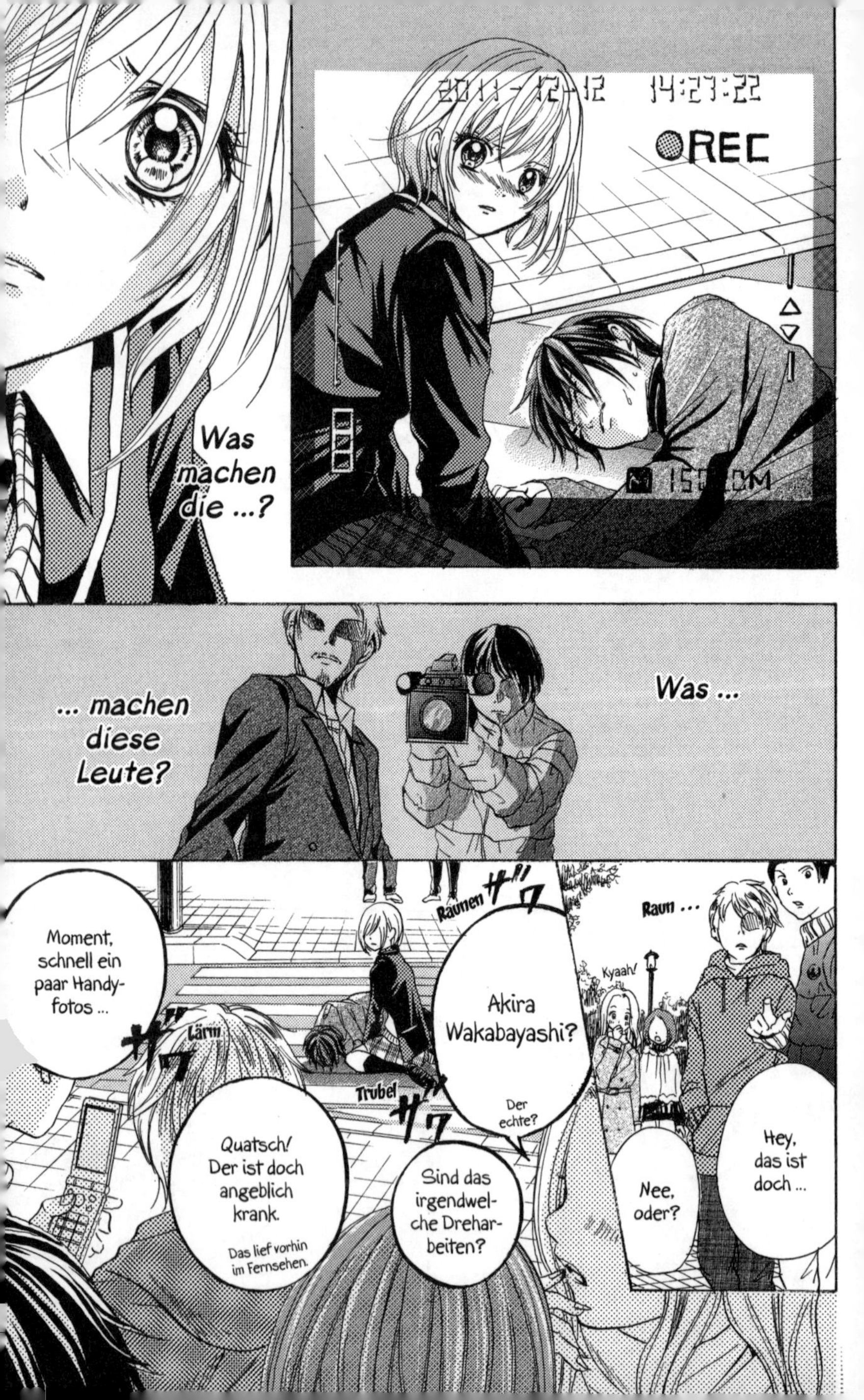
2011-12-12 14:23:22
REC
Was machen die ...?
Was ...
... machen diese Leute?
Raun ...
Hey, das ist doch ...
Nee, oder?
Kyaah!
Raunen
Akira Wakabayashi?
Der echte?
Trubel
Sind das irgendwel-che Dreharbeiten?
Quatsch! Der ist doch angeblich krank.
Das lief vorhin im Fernsehen.
Lärm
Moment, schnell ein paar Handy-fotos ...

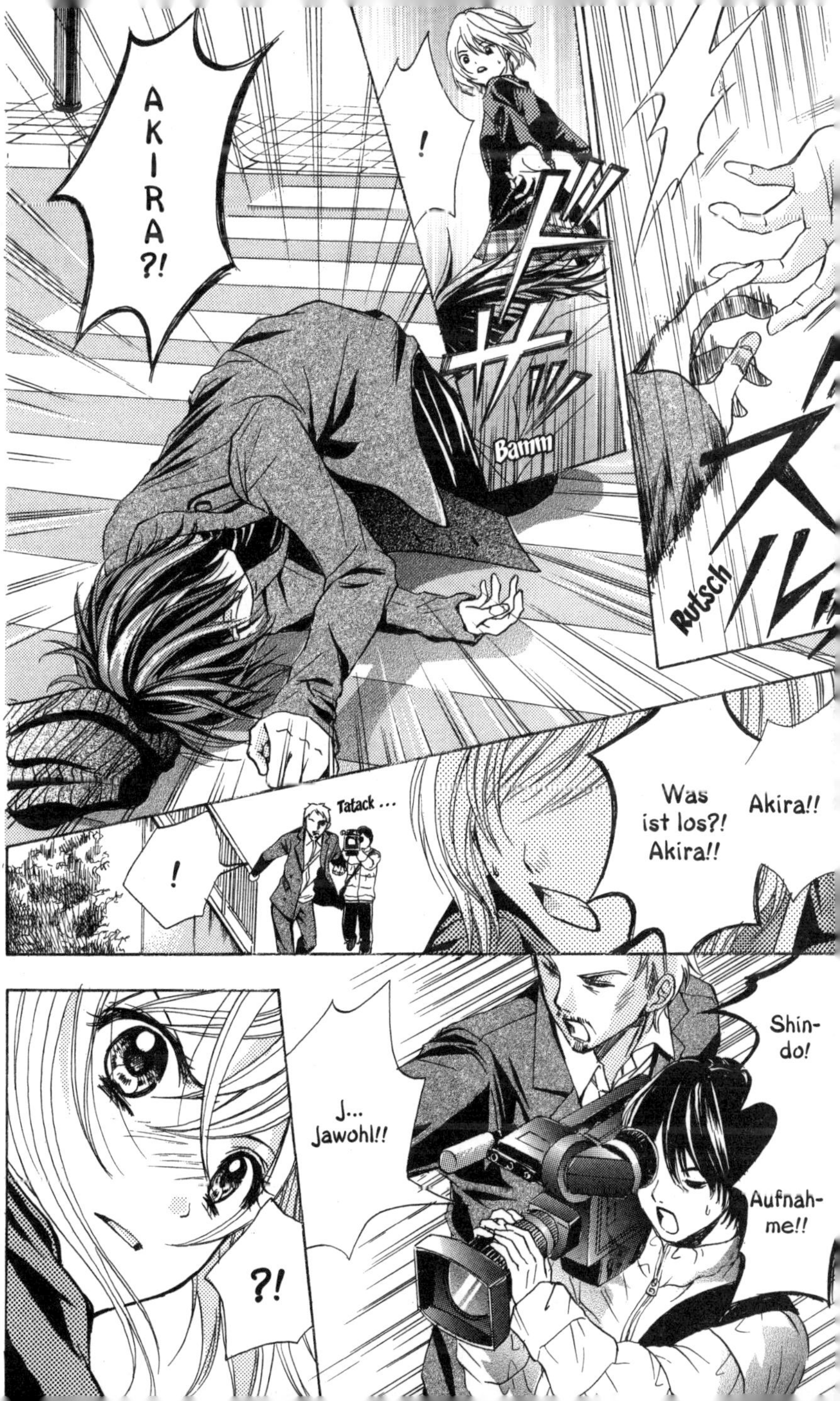

Rutsch
!
Bamm
AKIRA?!
Akira!!
Was ist los?! Akira!!
Tatack ...
!
Shin-do!
Aufnah-me!!
J... Jawohl!!
?!

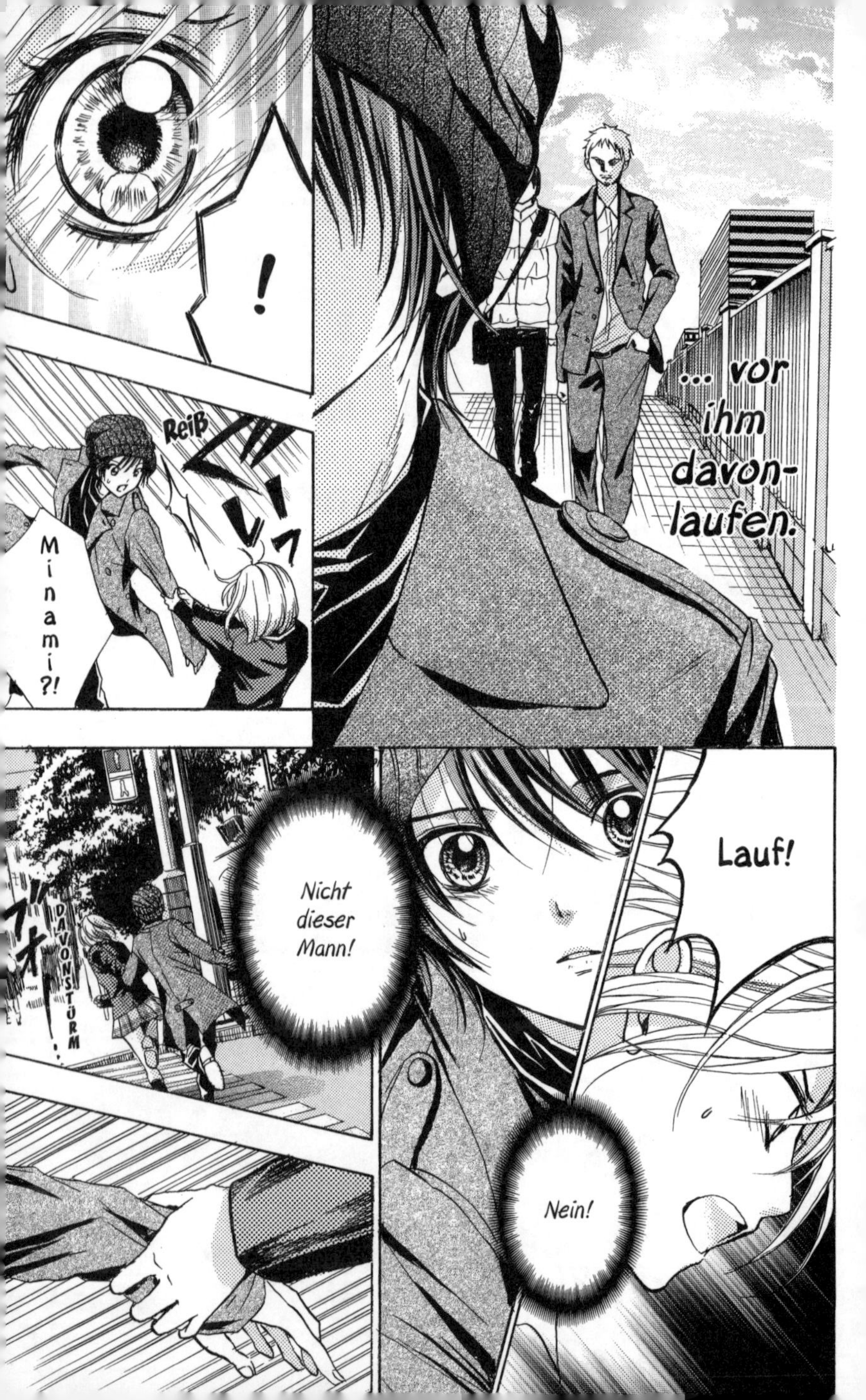

... vor ihm davon-laufen.
!
Reiß
Minami?!
Lauf!
Nicht dieser Mann!
DAVONSTÜRM
Nein!

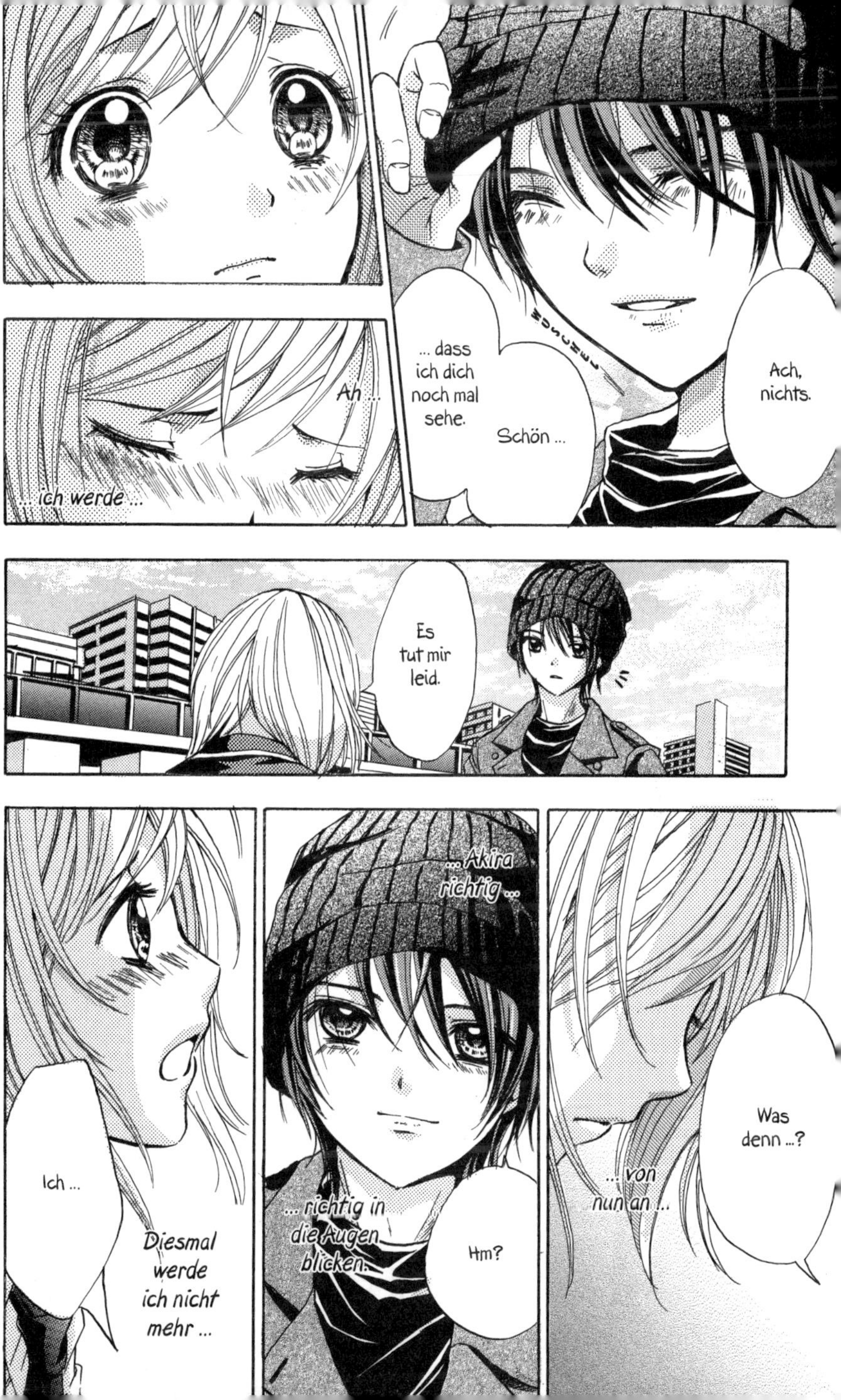
Ach, nichts.
Schön ...
... dass ich dich noch mal sehe.
Ah ...
... ich werde ...
Es tut mir leid.
Was denn ...?
... von nun an ...
... Akira richtig ...
Hm?
... richtig in die Augen blicken.
Ich ...
Diesmal werde ich nicht mehr ...

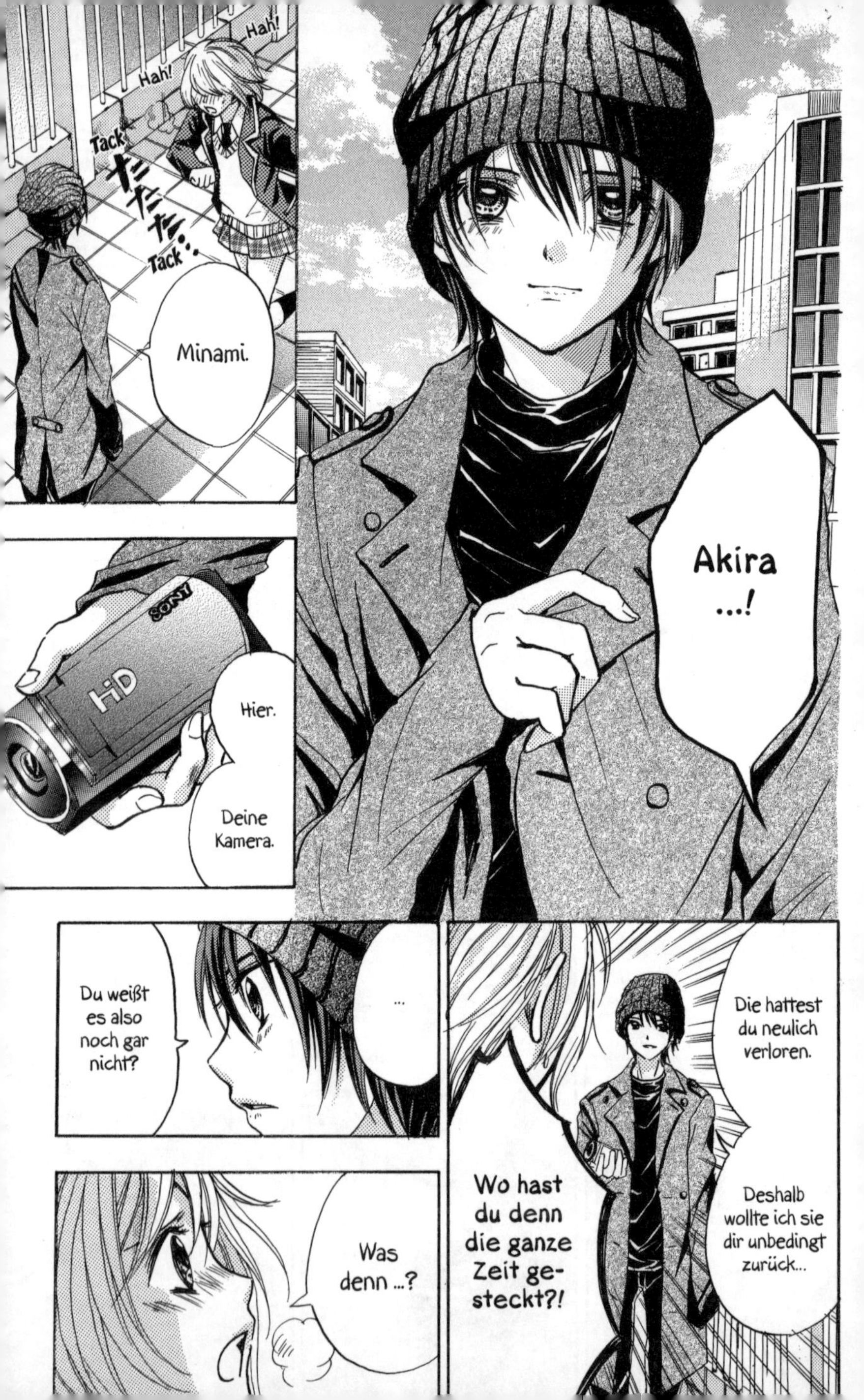

Hah!
Hah!
Tack
Tack
Minami.
Akira ...!
Hier.
Deine Kamera.
Die hattest du neulich verloren.
Deshalb wollte ich sie dir unbedingt zurück...
Wo hast du denn die ganze Zeit gesteckt?!
...
Du weißt es also noch gar nicht?
Was denn ...?

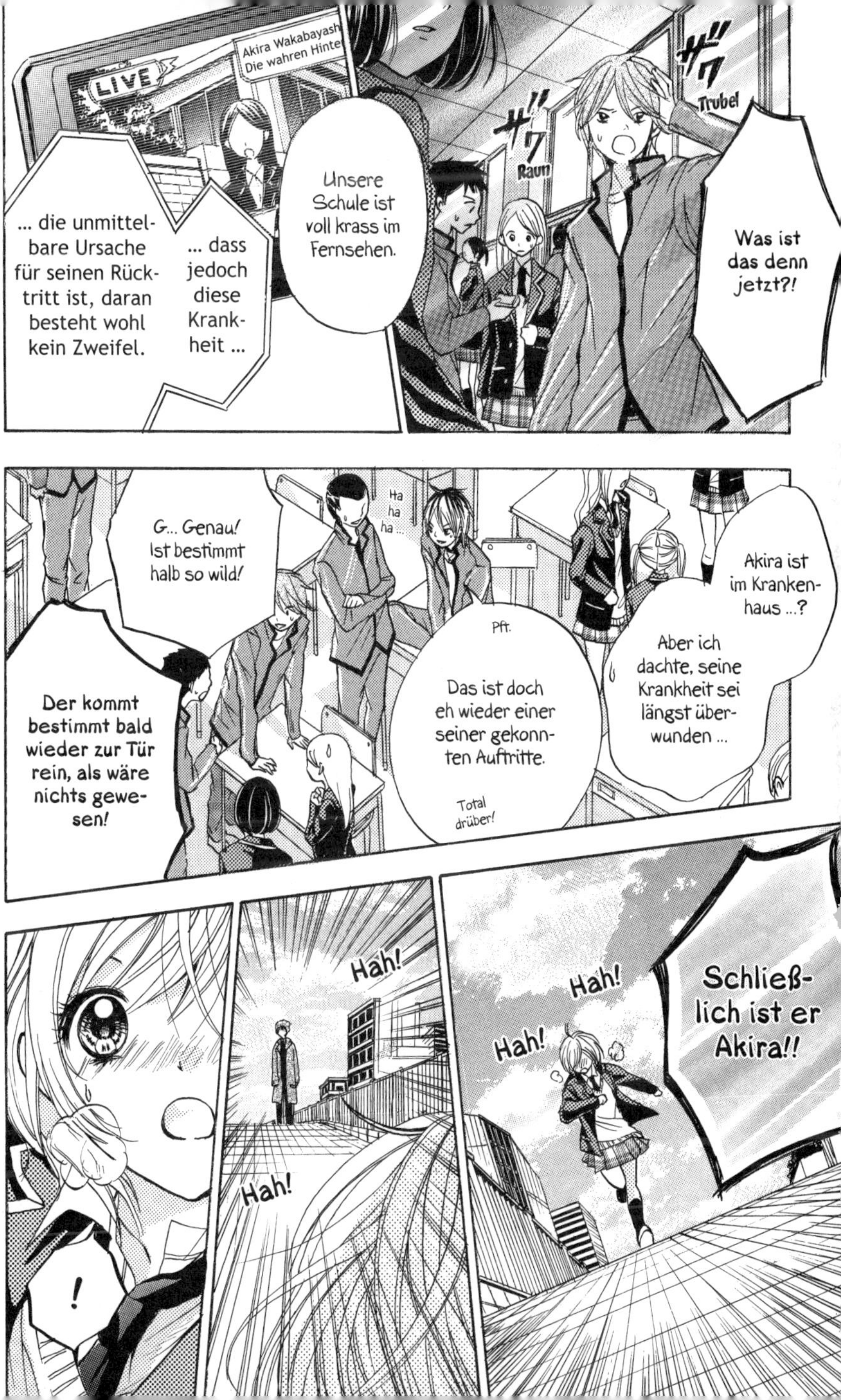
Akira Wakabayashi
Die wahren Hinte
LIVE
Trubel
Raun
Was ist das denn jetzt?!
Unsere Schule ist voll krass im Fernsehen.
... dass jedoch diese Krankheit ...
... die unmittelbare Ursache für seinen Rücktritt ist, daran besteht wohl kein Zweifel.
Akira ist im Krankenhaus ...?
Aber ich dachte, seine Krankheit sei längst überwunden ...
Pft.
Das ist doch eh wieder einer seiner gekonnten Auftritte.
Total drüber!
Ha ha ha ...
G... Genau! Ist bestimmt halb so wild!
Der kommt bestimmt bald wieder zur Tür rein, als wäre nichts gewesen!
Schließlich ist er Akira!!
Hah!
Hah!
Hah!
Hah!
!

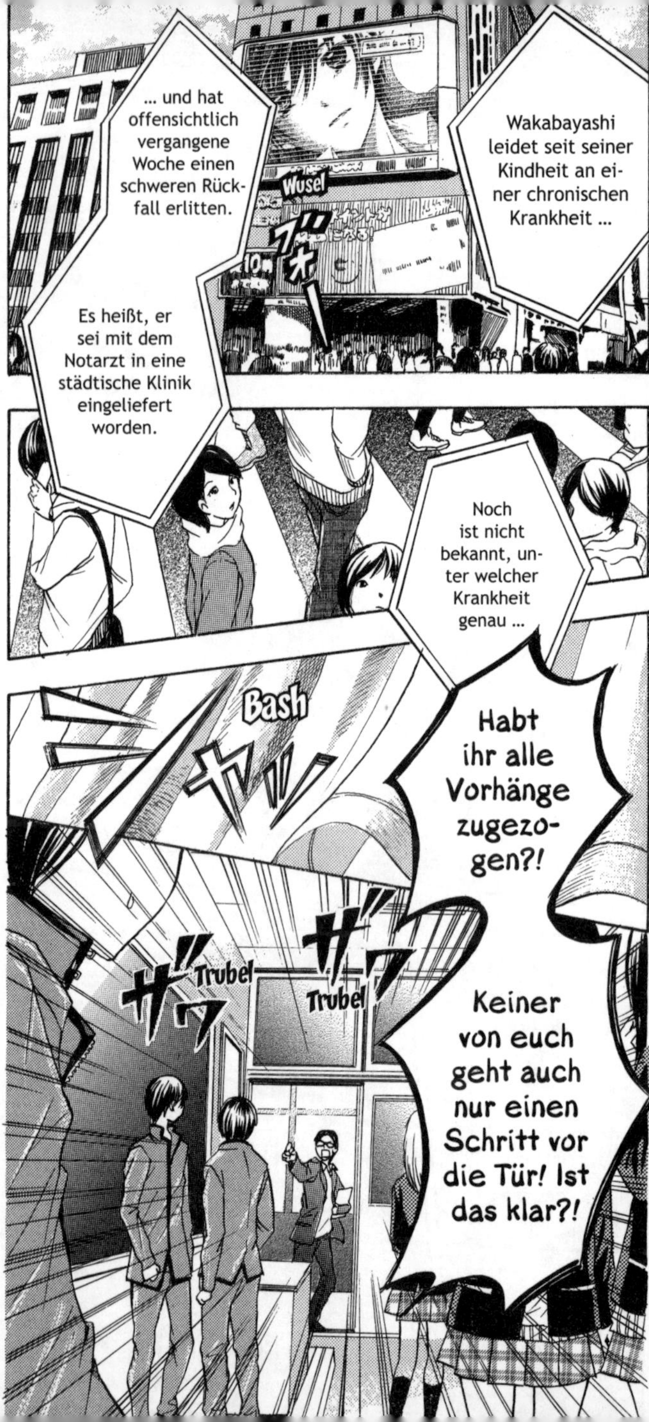
Wakabayashi leidet seit seiner Kindheit an einer chronischen Krankheit ...
... und hat offensichtlich vergangene Woche einen schweren Rückfall erlitten.
Wusel
Es heißt, er sei mit dem Notarzt in eine städtische Klinik eingeliefert worden.
Noch ist nicht bekannt, unter welcher Krankheit genau ...
Bash
Habt ihr alle Vorhänge zugezogen?!
Trubel
Trubel
Keiner von euch geht auch nur einen Schritt vor die Tür! Ist das klar?!

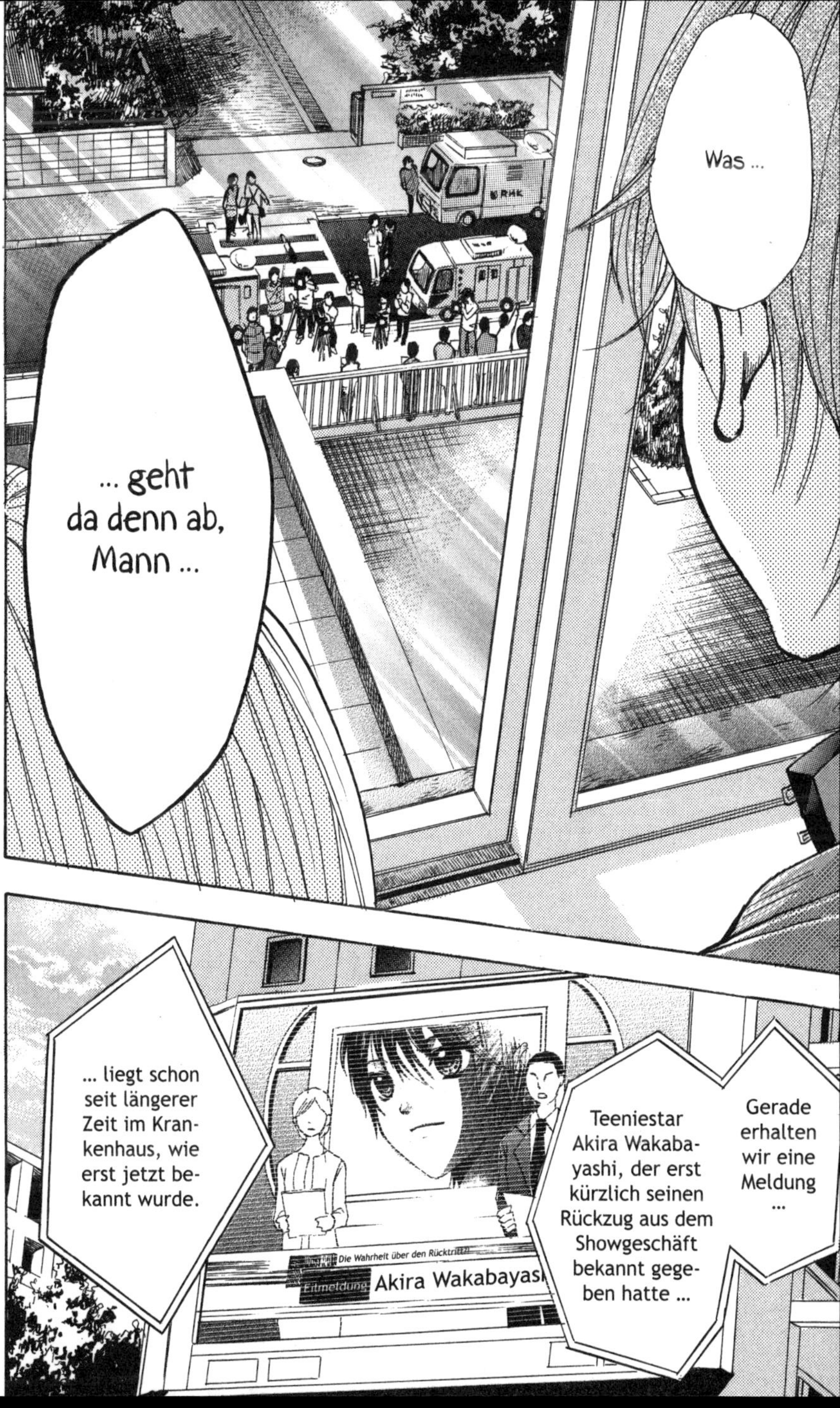
Was …
… geht da denn ab, Mann …
Gerade erhalten wir eine Meldung …
Teeniestar Akira Wakabayashi, der erst kürzlich seinen Rückzug aus dem Showgeschäft bekannt gegeben hatte …
… liegt schon seit längerer Zeit im Krankenhaus, wie erst jetzt bekannt wurde.
Die Wahrheit über den Rücktritt?!
Eilmeldung Akira Wakabayas

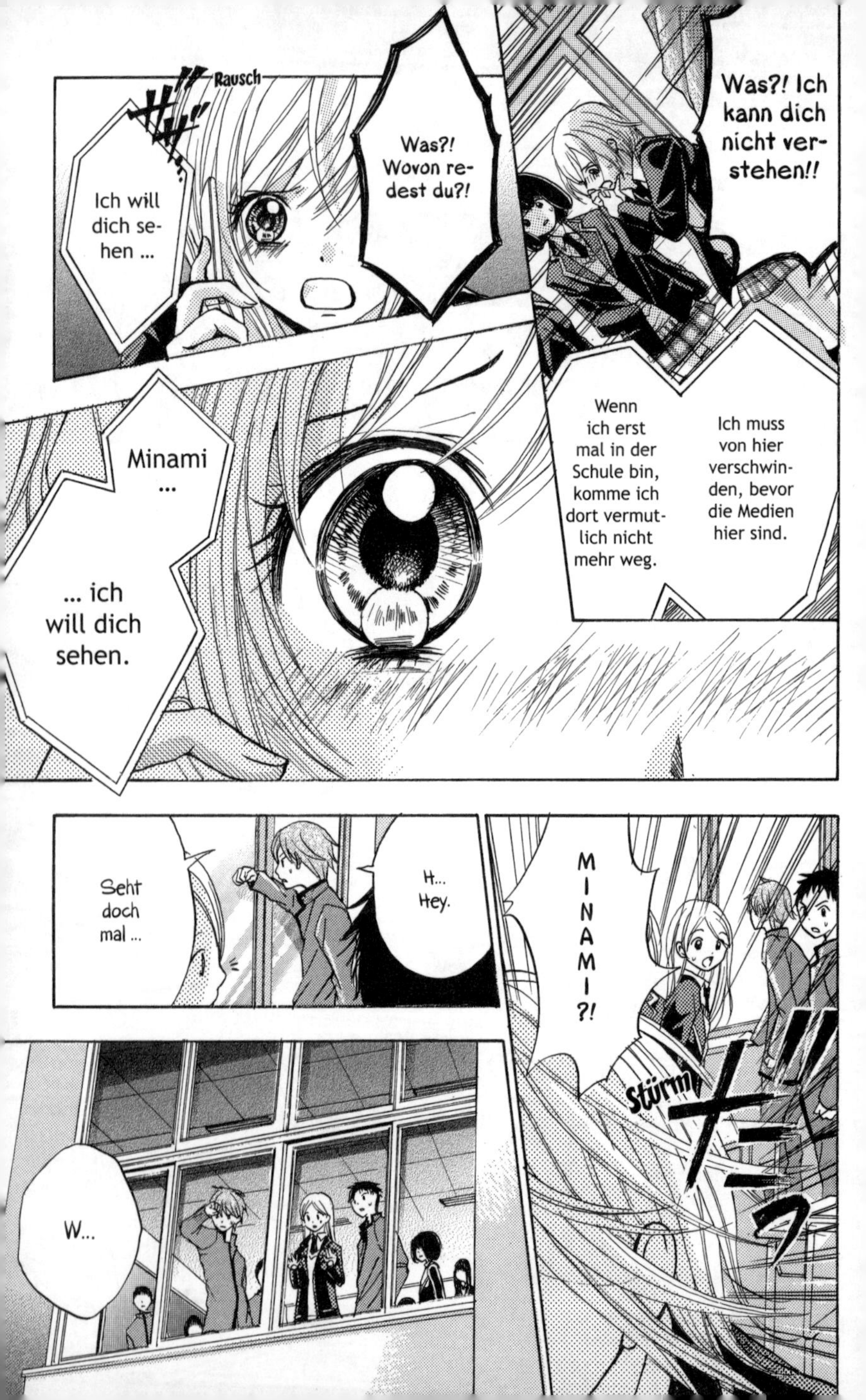
Was?! Ich kann dich nicht verstehen!!
Was?! Wovon redest du?!
Rausch
Ich will dich sehen ...
Ich muss von hier verschwinden, bevor die Medien hier sind.
Wenn ich erst mal in der Schule bin, komme ich dort vermutlich nicht mehr weg.
Minami ...
... ich will dich sehen.
H... Hey.
Seht doch mal ...
MINAMI?!
Stürm
W...

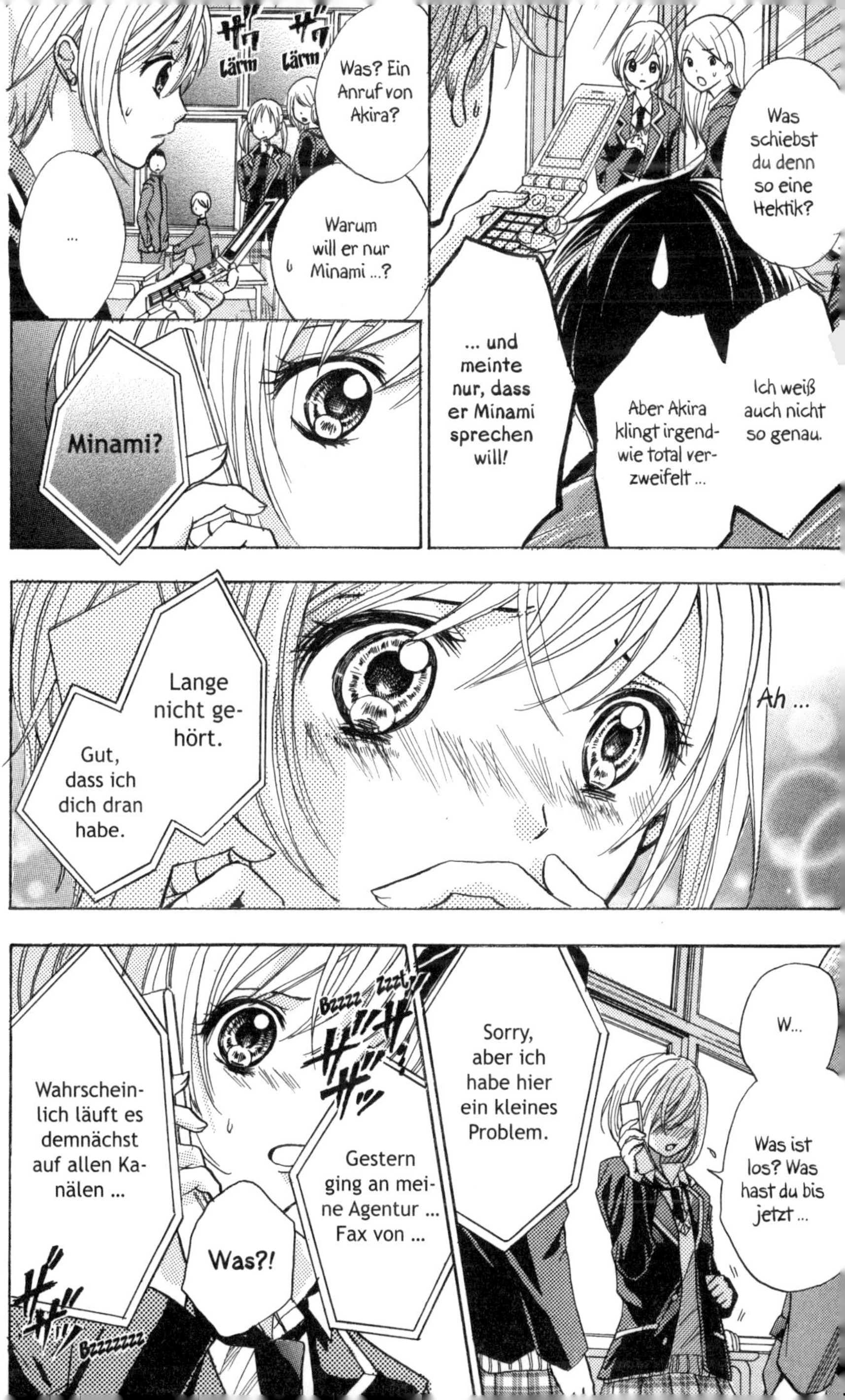

Was schiebst du denn so eine Hektik?
Ich weiß auch nicht so genau.
Aber Akira klingt irgendwie total verzweifelt ...
... und meinte nur, dass er Minami sprechen will!
Lärm Lärm
Was? Ein Anruf von Akira?
Warum will er nur Minami ...?
...
Minami?
Ah ...
Lange nicht gehört.
Gut, dass ich dich dran habe.
W...
Was ist los? Was hast du bis jetzt ...
Sorry, aber ich habe hier ein kleines Problem.
Bzzzz Zzzt
Gestern ging an meine Agentur ... Fax von ...
Was?!
Wahrscheinlich läuft es demnächst auf allen Kanälen ...
Bzzzzzzz

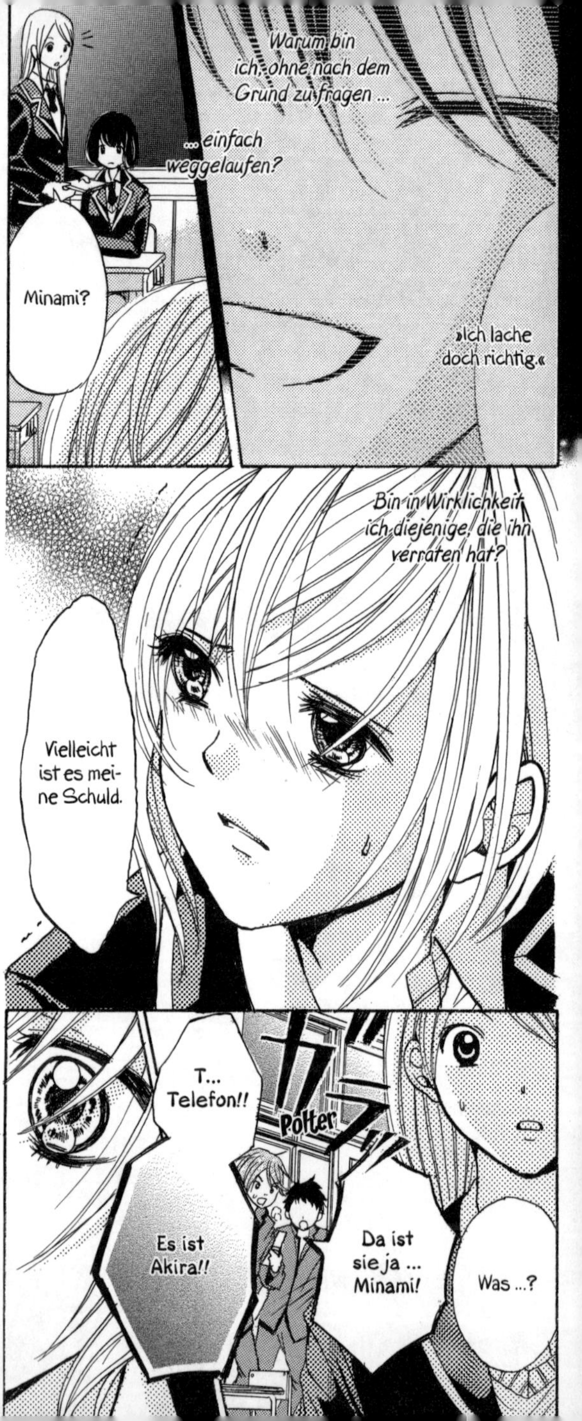

Der Tag, an dem ich weinte

REC

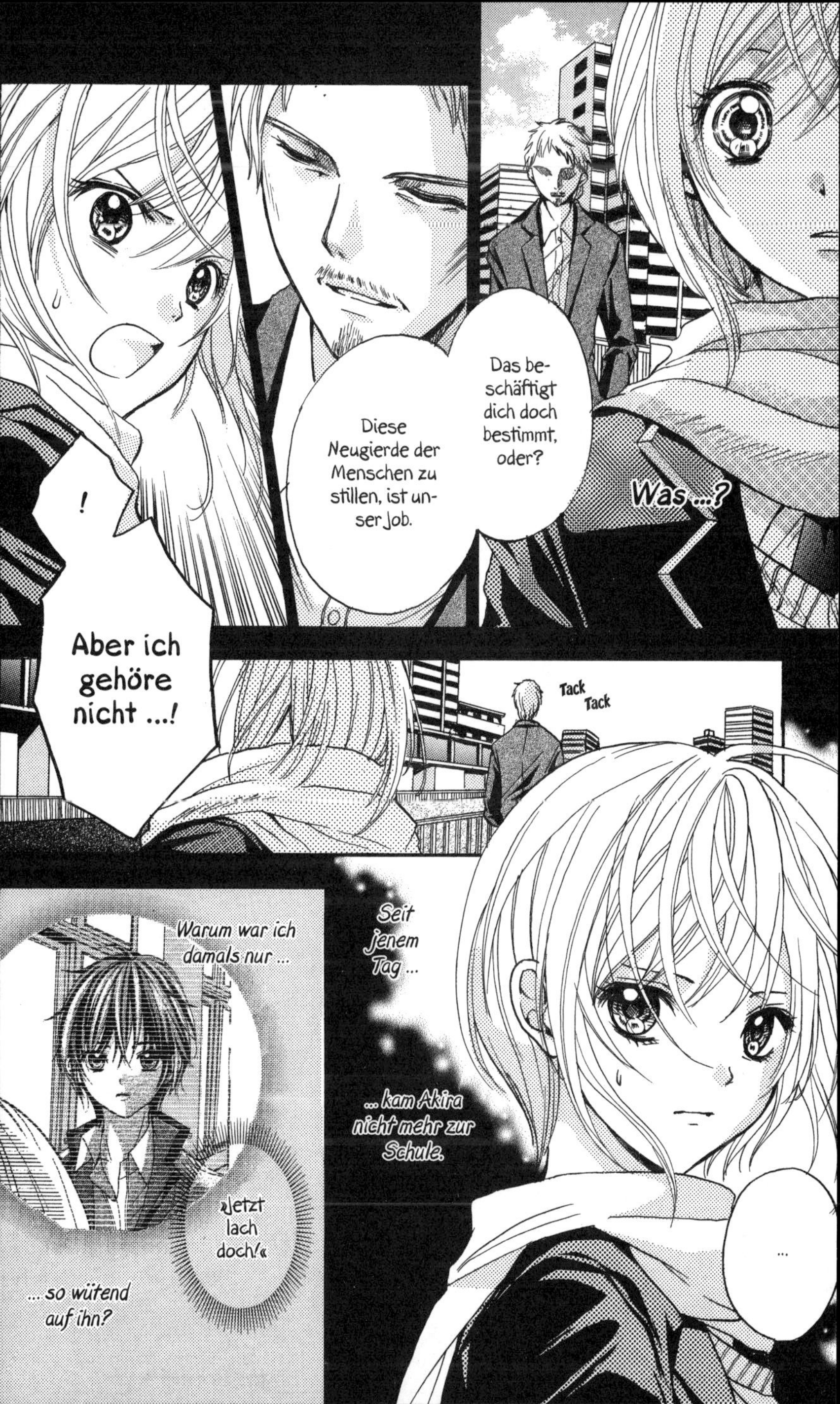
Was ...?
Das beschäftigt dich doch bestimmt, oder?
Diese Neugierde der Menschen zu stillen, ist unser Job.
!
Aber ich gehöre nicht ...!
Tack Tack
Seit jenem Tag ...
... kam Akira nicht mehr zur Schule.
...
Warum war ich damals nur ...
»Jetzt lach doch!«
... so wütend auf ihn?

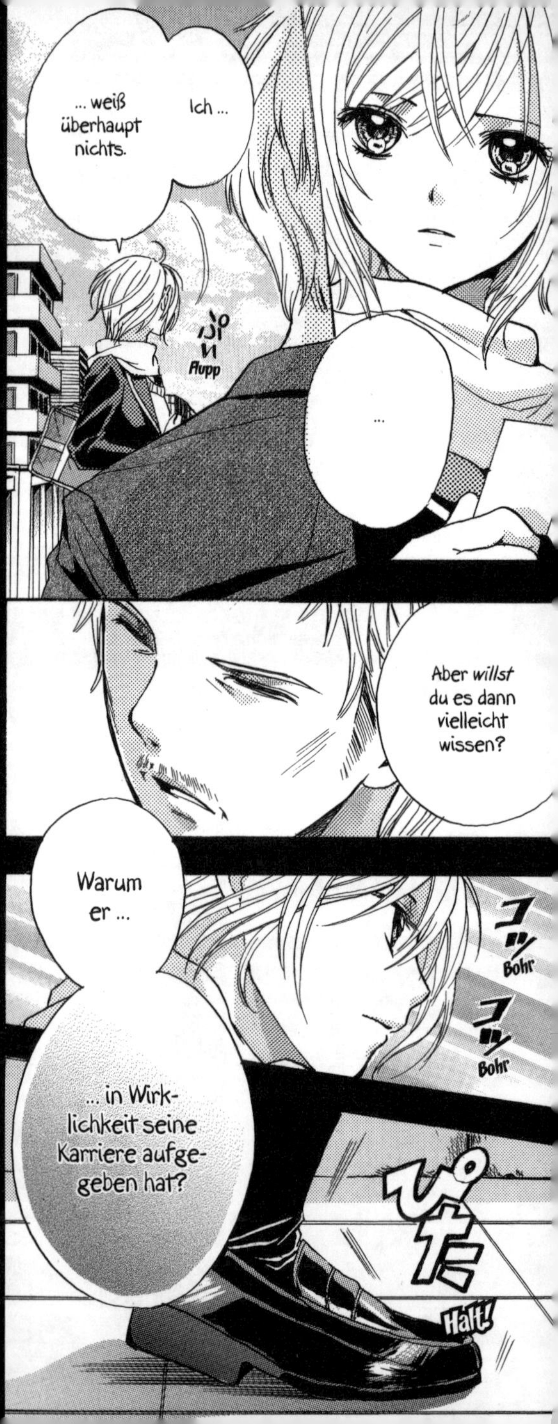
Ich …
… weiß überhaupt nichts.
Flupp
…
Aber *willst* du es dann vielleicht wissen?
Warum er …
… in Wirklichkeit seine Karriere aufgegeben hat?
Bohr
Bohr
Halt!

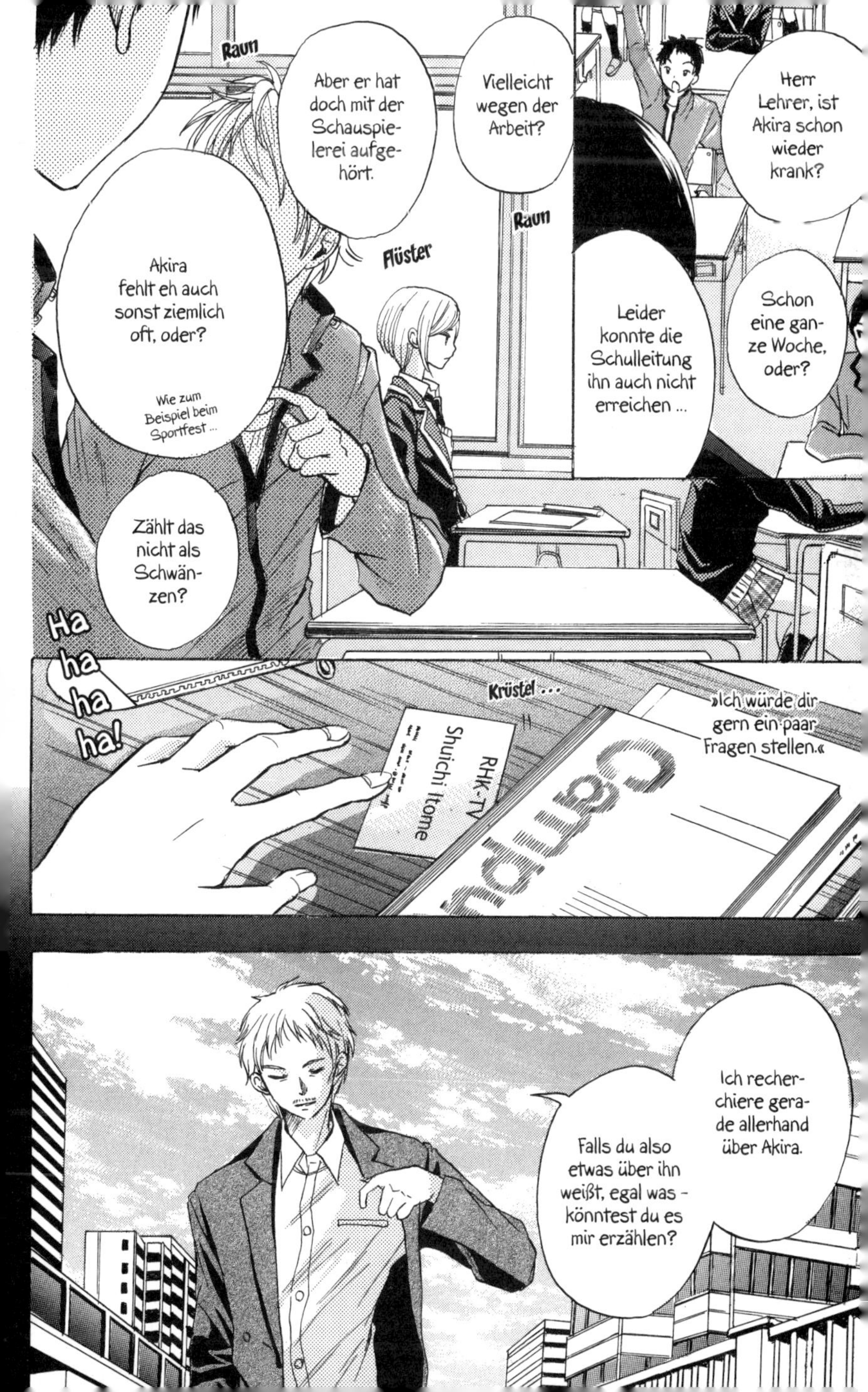
Herr Lehrer, ist Akira schon wieder krank?
Schon eine ganze Woche, oder?
Leider konnte die Schulleitung ihn auch nicht erreichen ...
Raun
Vielleicht wegen der Arbeit?
Raun
Aber er hat doch mit der Schauspielerei aufgehört.
Flüster
Akira fehlt eh auch sonst ziemlich oft, oder?
Wie zum Beispiel beim Sportfest ...
Zählt das nicht als Schwänzen?
Ha ha ha ha!
Krüstel ...
»Ich würde dir gern ein paar Fragen stellen.«
RHK-TV
Shuichi Itome
Ich recherchiere gerade allerhand über Akira.
Falls du also etwas über ihn weißt, egal was - könntest du es mir erzählen?

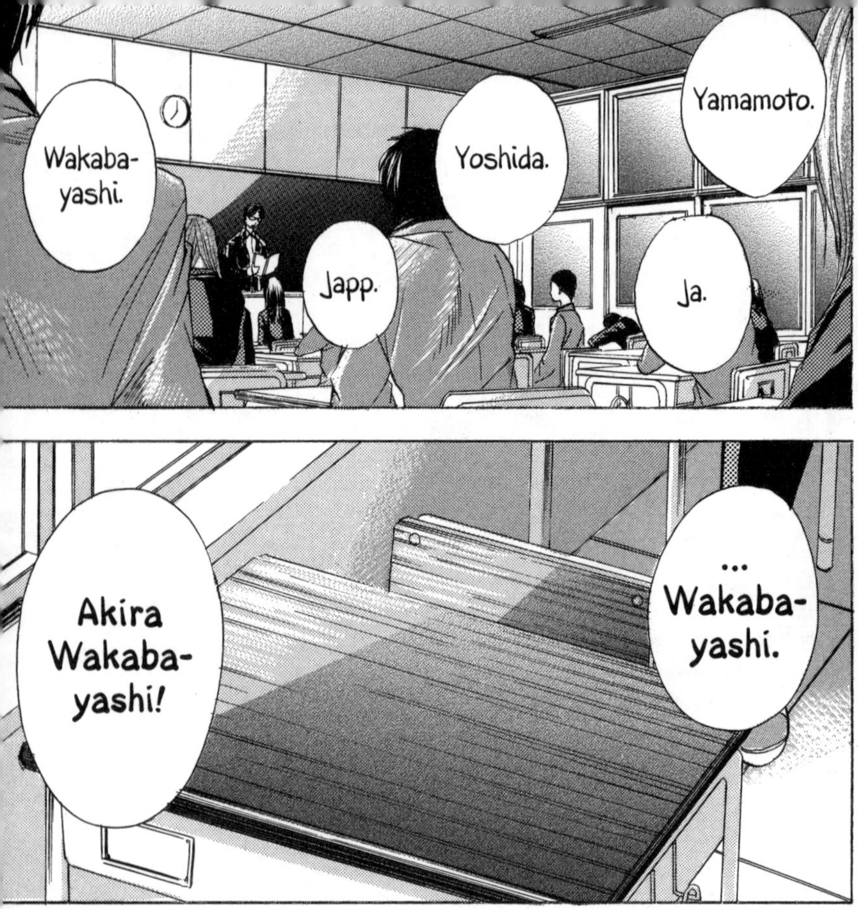
Yamamoto.
Ja.
Yoshida.
Japp.
Wakaba-yashi.
... Wakaba-yashi.
Akira Wakaba-yashi!

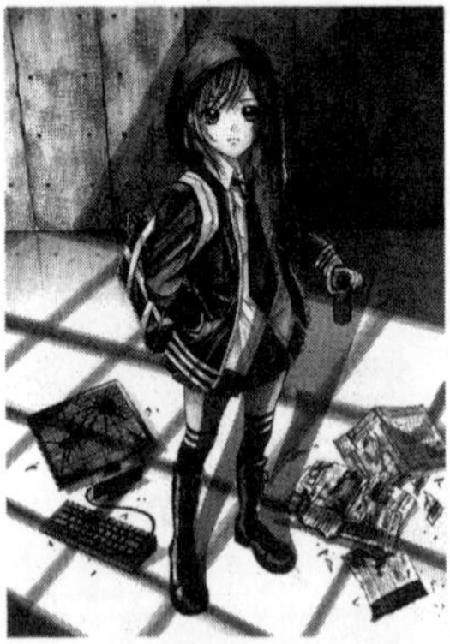

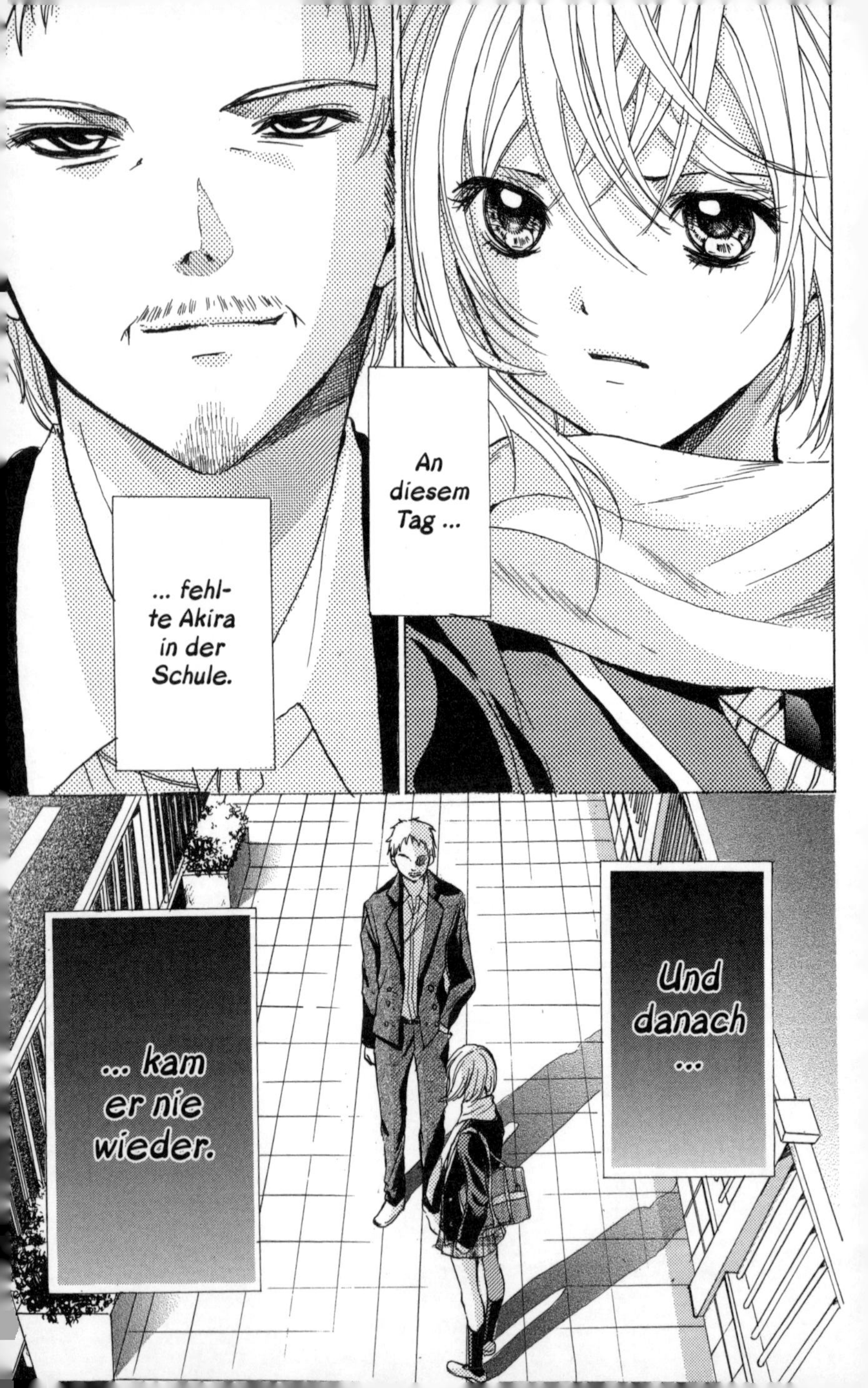
An diesem Tag ...
... fehlte Akira in der Schule.
Und danach ...
... kam er nie wieder.

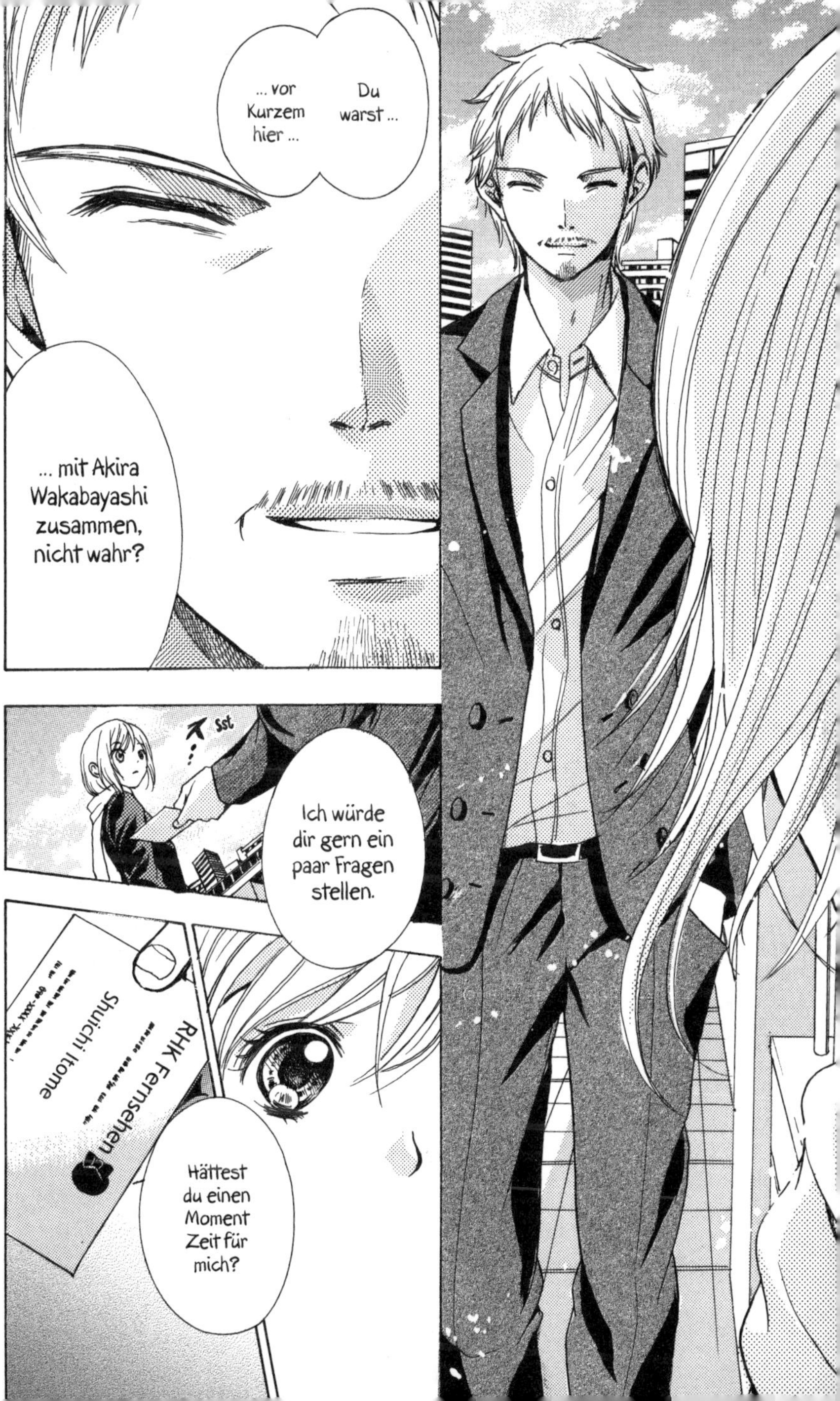
Du warst ...
... vor Kurzem hier ...
... mit Akira Wakabayashi zusammen, nicht wahr?
Sst
Ich würde dir gern ein paar Fragen stellen.
RHK Fernsehen
Shuichi Itome
Hättest du einen Moment Zeit für mich?

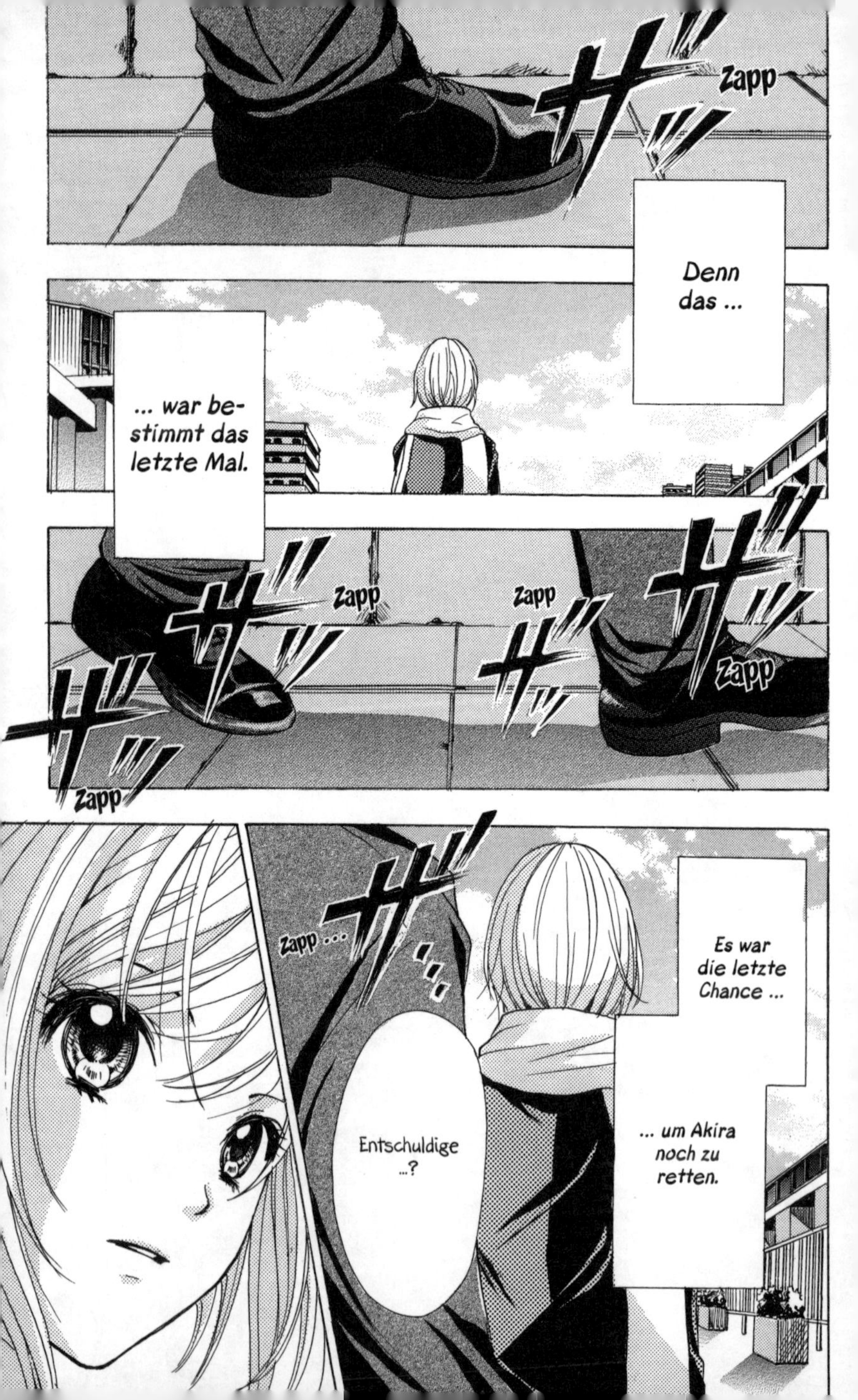
Zapp
Denn das ...
... war bestimmt das letzte Mal.
Zapp
Zapp
Zapp
Zapp
Es war die letzte Chance ...
... um Akira noch zu retten.
Zapp ...
Entschuldige ...?

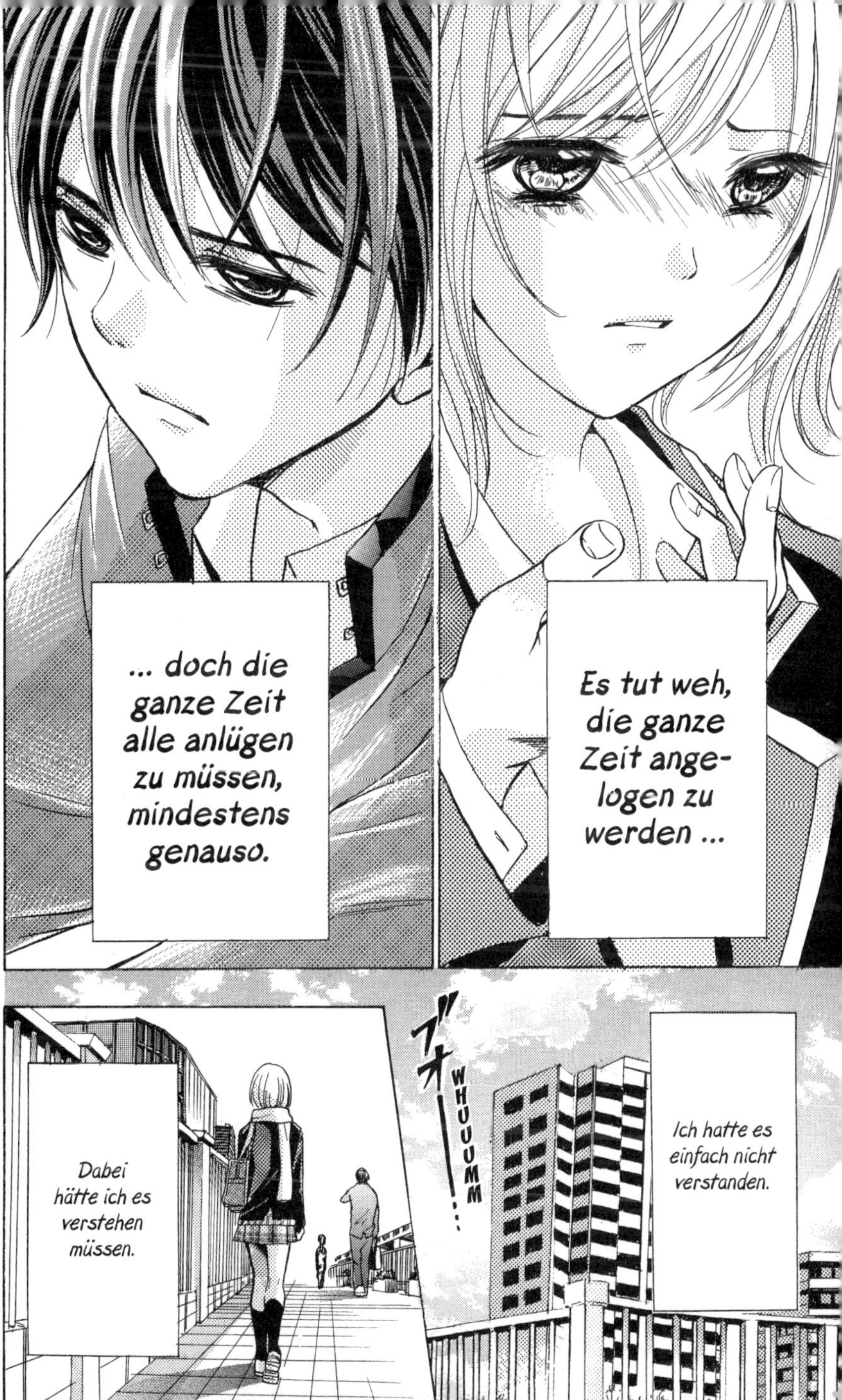
Es tut weh, die ganze Zeit ange-logen zu werden ...
... doch die ganze Zeit alle anlügen zu müssen, mindestens genauso.
Ich hatte es einfach nicht verstanden.
WHUUUMM
Dabei hätte ich es verstehen müssen.

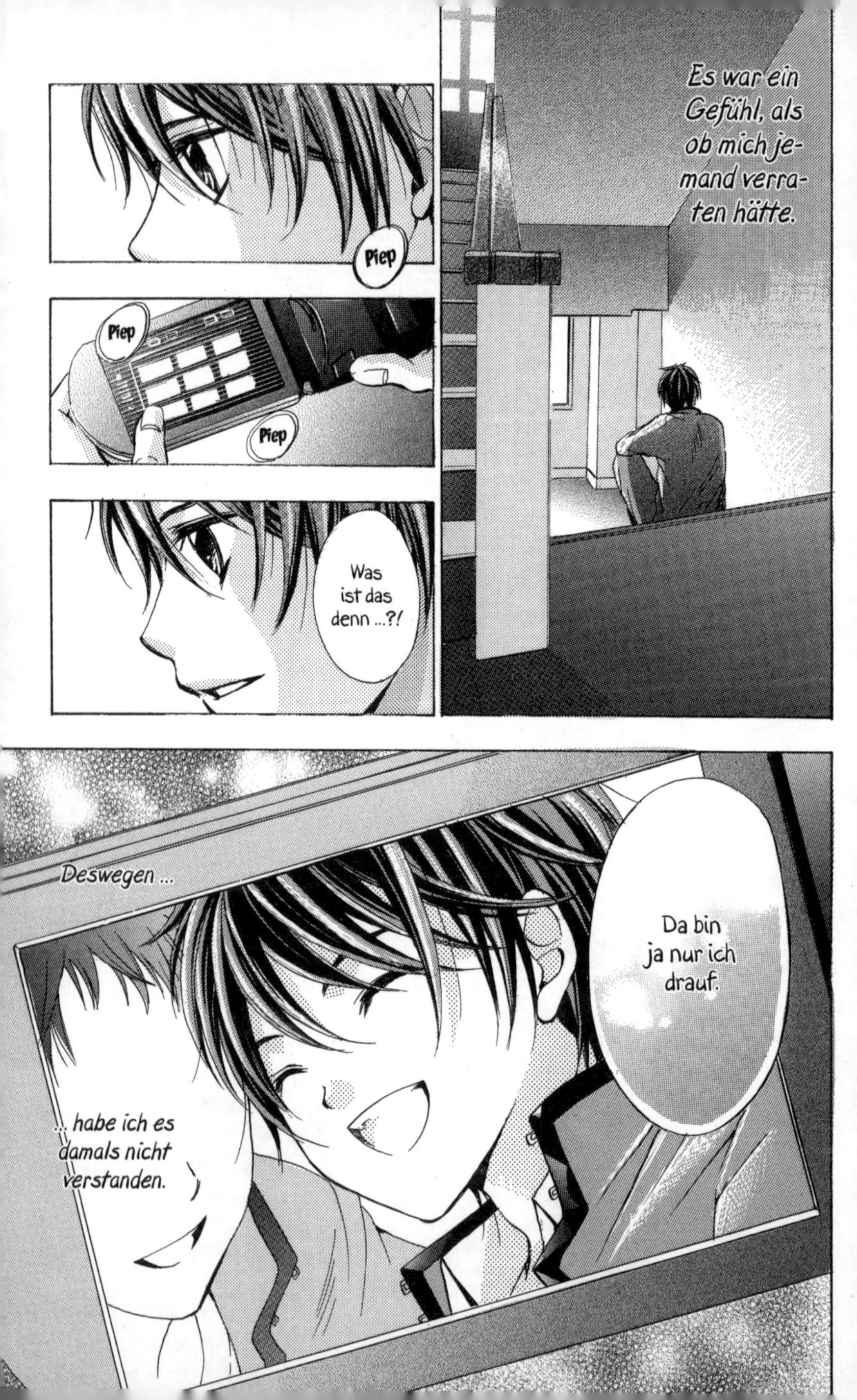

Es war ein Gefühl, als ob mich je-mand verraten hätte.
Piep
Piep
Piep
Was ist das denn ...?!
Da bin ja nur ich drauf.
Deswegen ...
... habe ich es damals nicht verstanden.

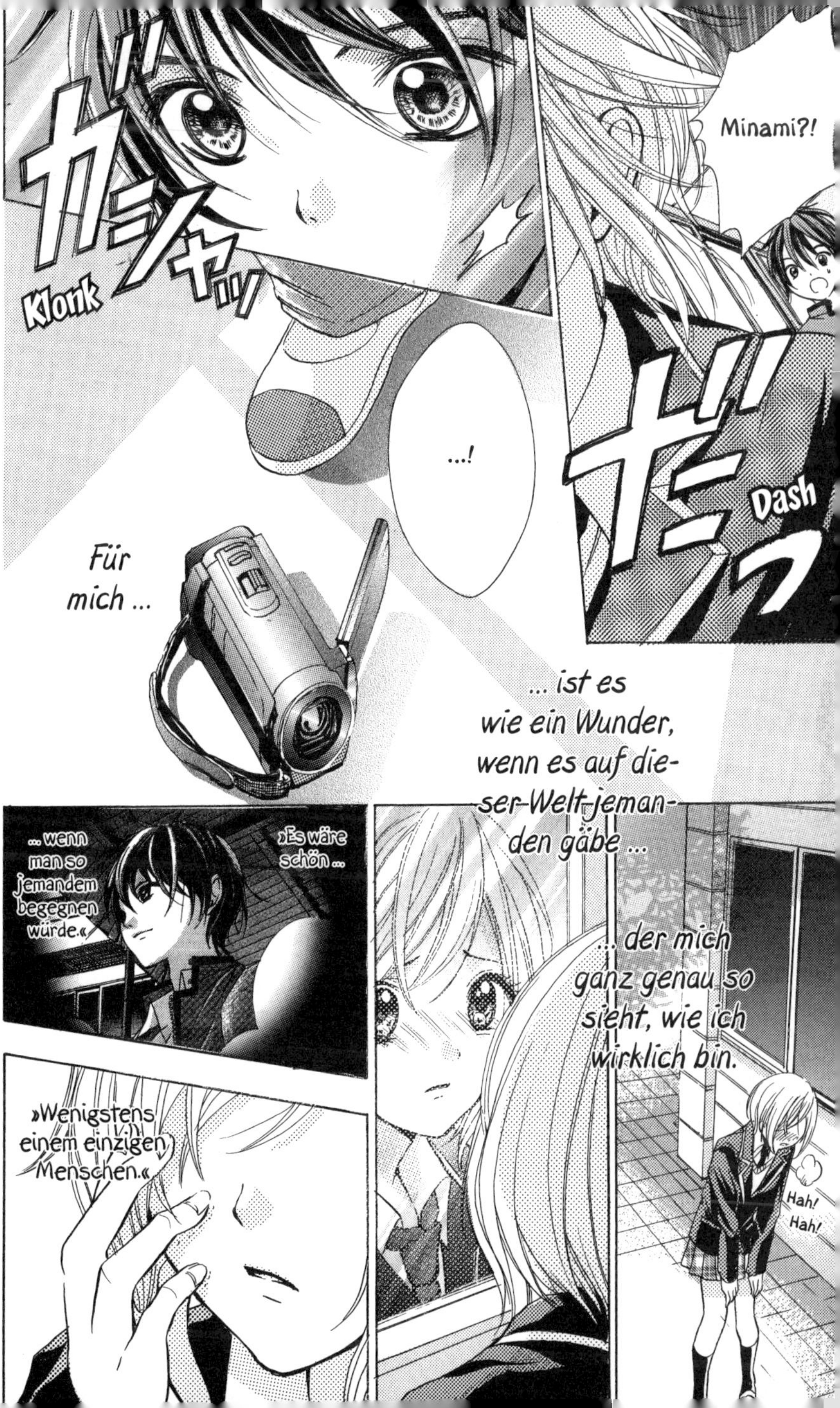

Minami?!
Klonk
Dash
...!
Für mich ...
... ist es wie ein Wunder, wenn es auf dieser Welt jemanden gäbe ...
... der mich ganz genau so sieht, wie ich wirklich bin.
Hah! Hah!
»Es wäre schön ...
... wenn man so jemandem begegnen würde.«
»Wenigstens einem einzigen Menschen.«

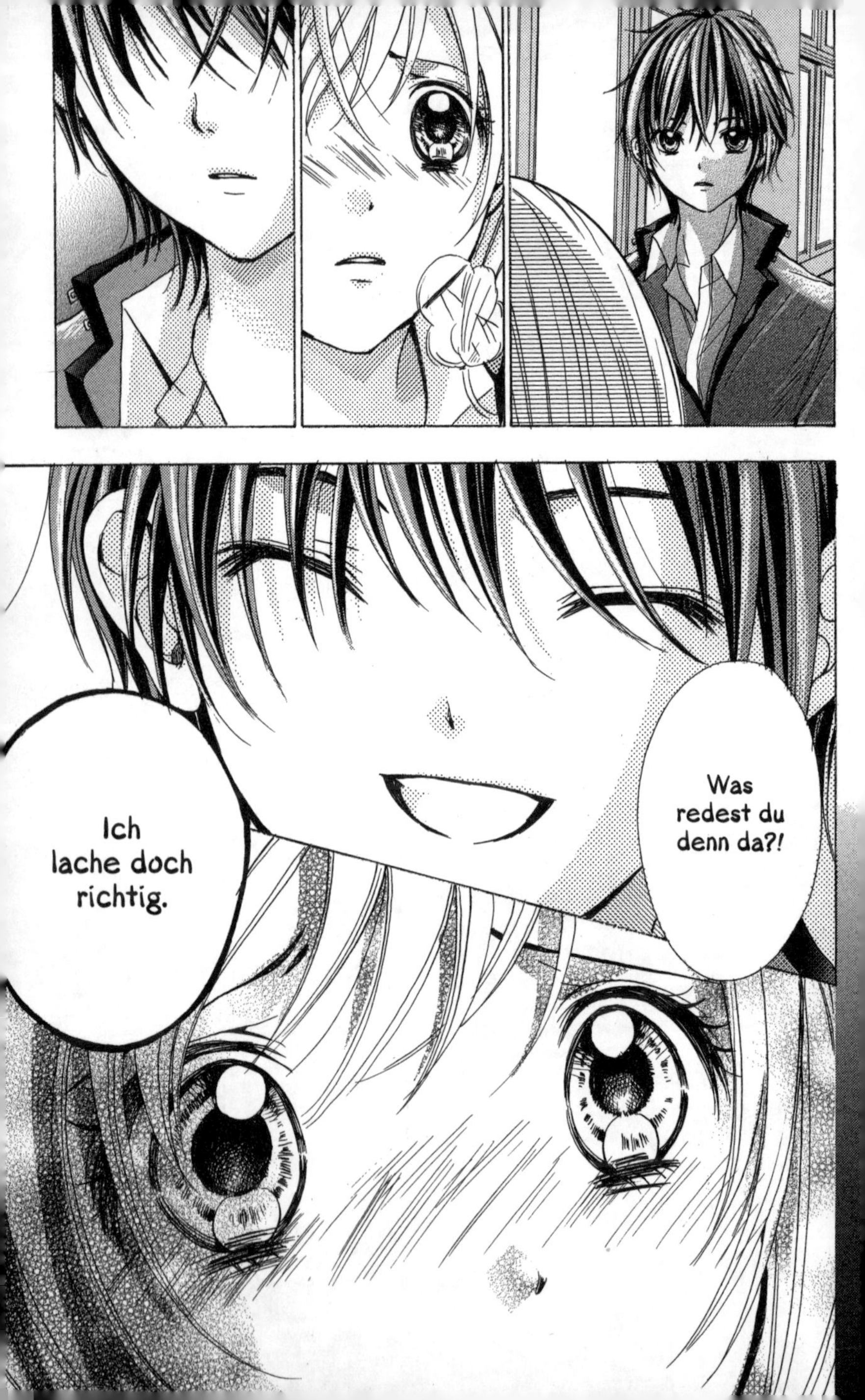
Was redest du denn da?!
Ich lache doch richtig.

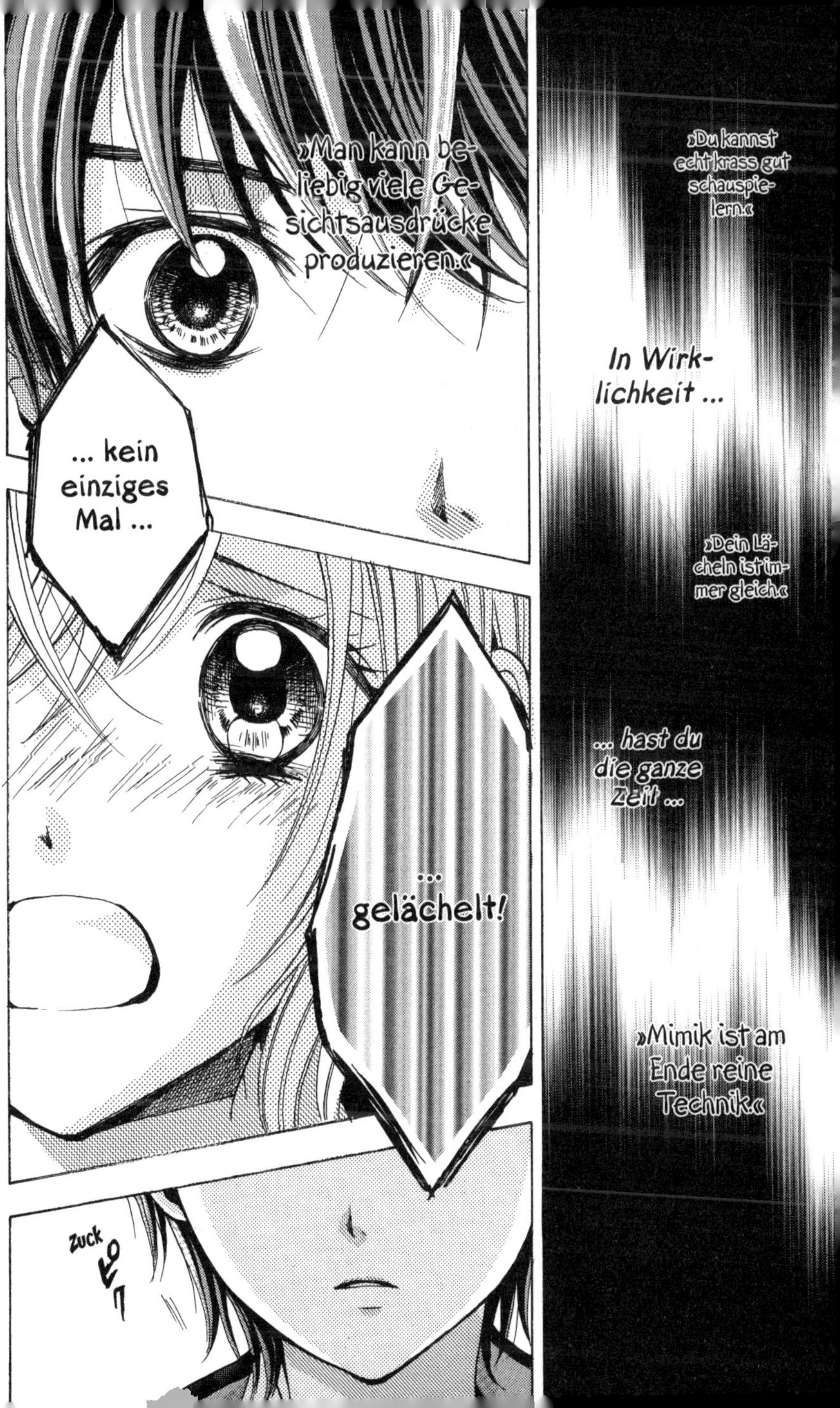
»Du kannst echt krass gut schauspielern.«
In Wirklichkeit ...
»Dein Lächeln ist immer gleich.«
... hast du die ganze Zeit ...
»Mimik ist am Ende reine Technik.«
»Man kann beliebig viele Gesichtsausdrücke produzieren.«
... kein einziges Mal ...
... gelächelt!
Zuck

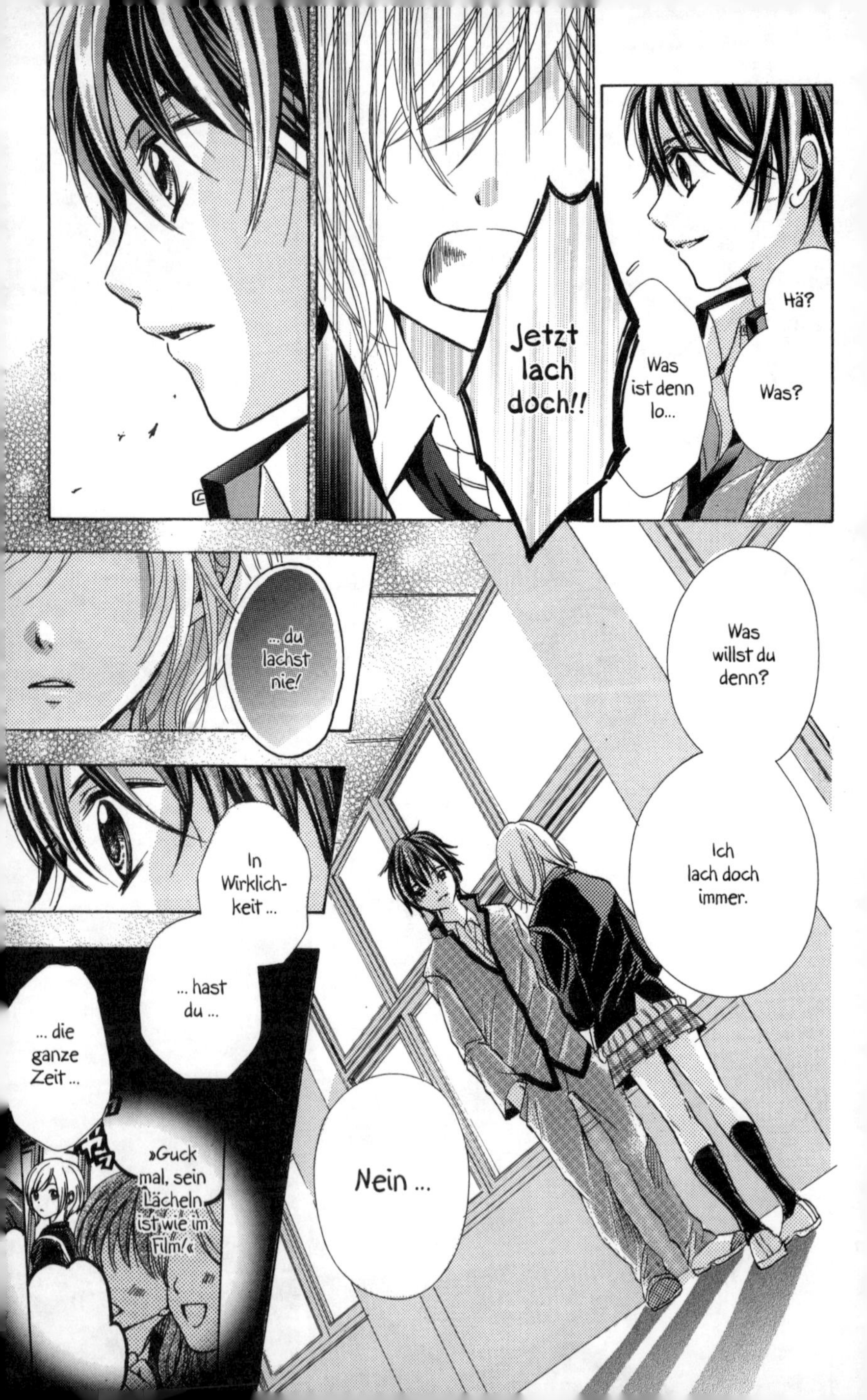

Hä?
Was?
Was ist denn lo...
Jetzt lach doch!!
... du lachst nie!
Was willst du denn?
Ich lach doch immer.
In Wirklichkeit ...
... hast du ...
... die ganze Zeit ...
»Guck mal, sein Lächeln ist wie im Film!«
Nein ...

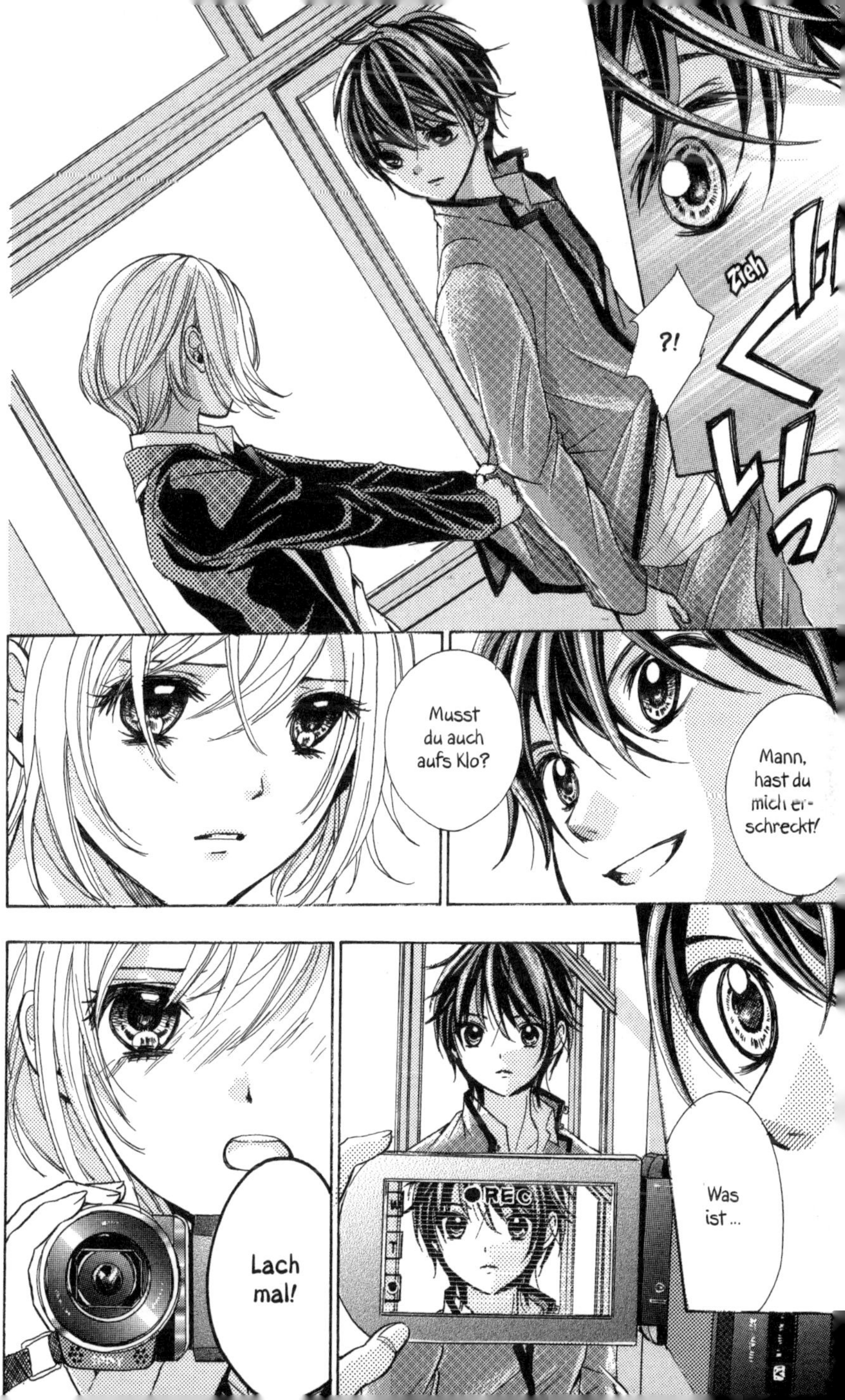
Zieh
?!
Mann, hast du mich erschreckt!
Musst du auch aufs Klo?
Was ist ...
REC
Lach mal!

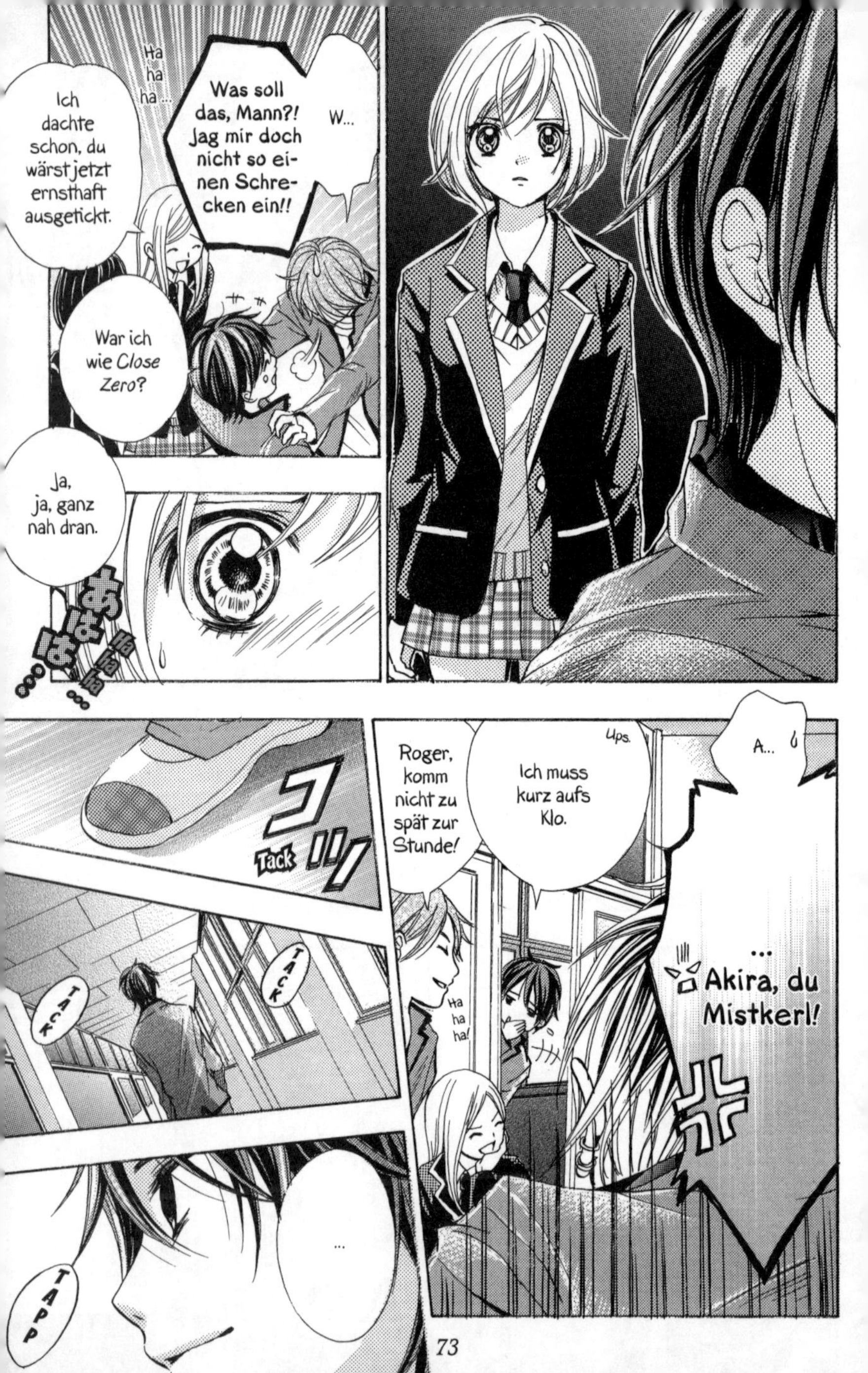

W...
Was soll das, Mann?! Jag mir doch nicht so einen Schrecken ein!!
Ha ha ha ...
Ich dachte schon, du wärst jetzt ernsthaft ausgetickt.
War ich wie Close Zero?
Ja, ja, ganz nah dran.
Ha ha ha ...
A...
Ups.
Ich muss kurz aufs Klo.
Roger, komm nicht zu spät zur Stunde!
Tack
Tack
Tack
... Akira, du Mistkerl!
Ha ha ha!
...
Tapp

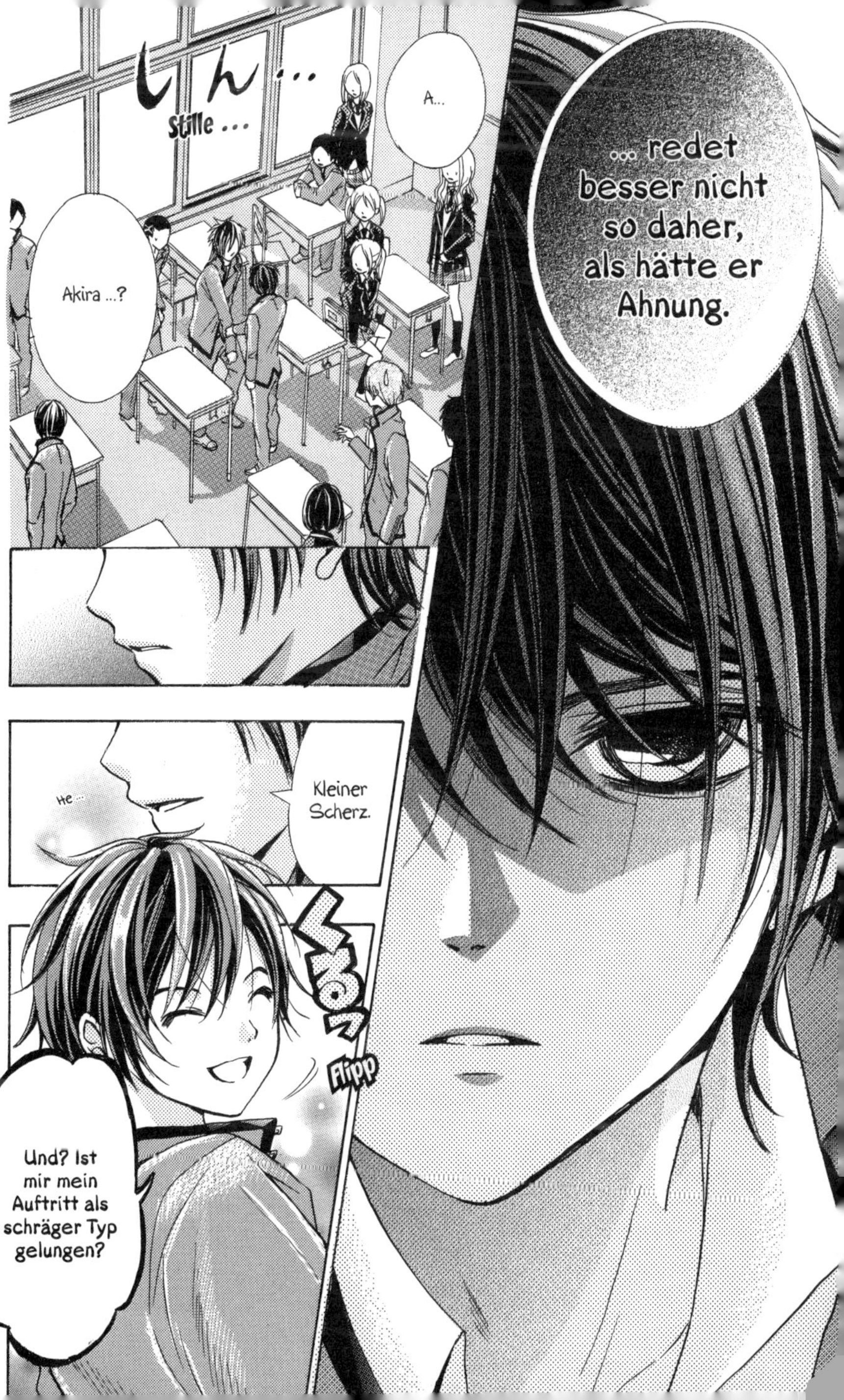
しん…
Stille …
A…
Akira …?
… redet besser nicht so daher, als hätte er Ahnung.
He…
Kleiner Scherz.
Flipp
Und? Ist mir mein Auftritt als schräger Typ gelungen?

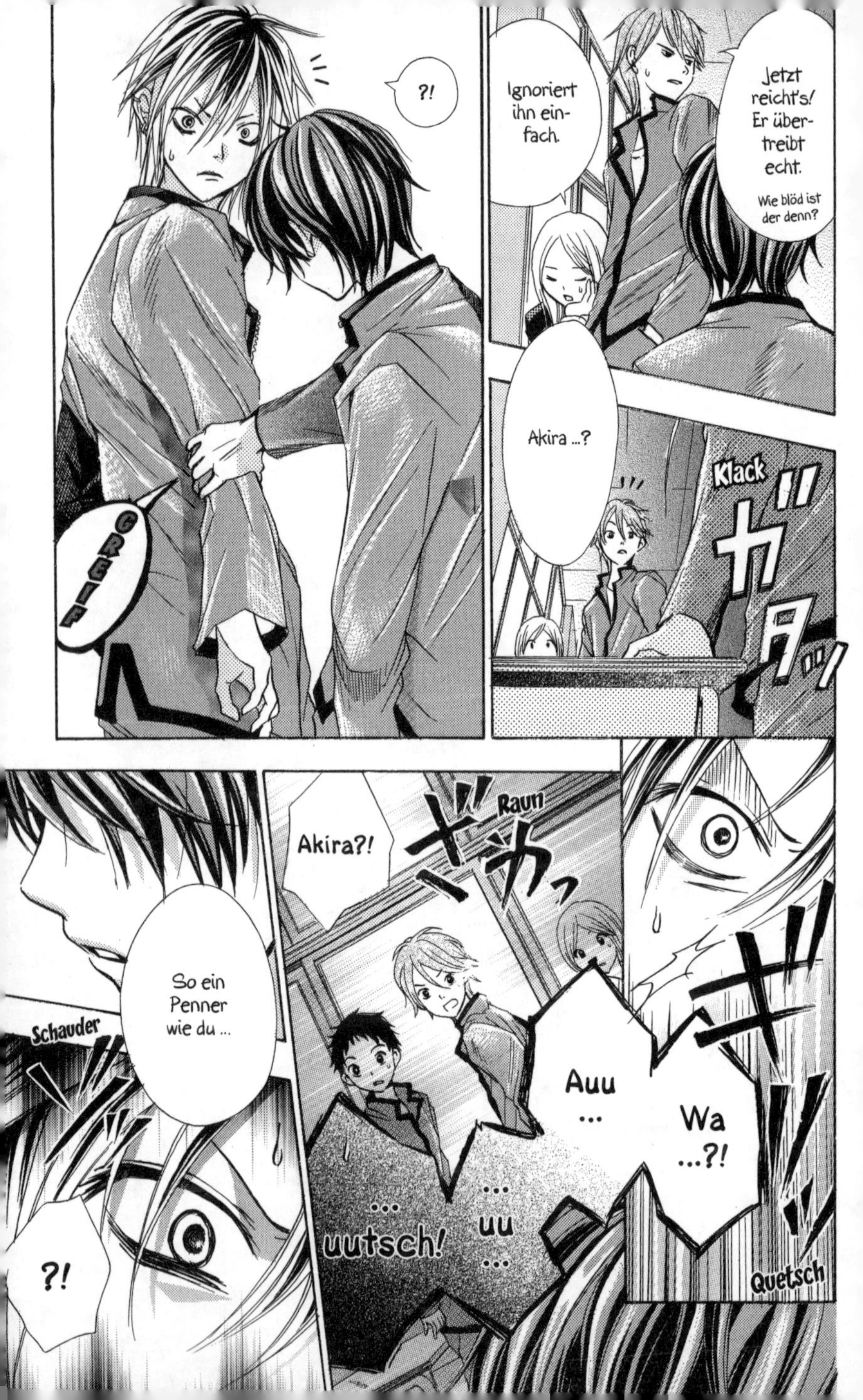
Jetzt reicht's! Er über-treibt echt.
Wie blöd ist der denn?
Ignoriert ihn ein-fach.
Akira ...?
Klack
?!
GREIF
Wa ...?!
Quetsch
Auu ...
Akira?!
Raun
... uu ...
... uutsch!
So ein Penner wie du ...
Schauder
?!

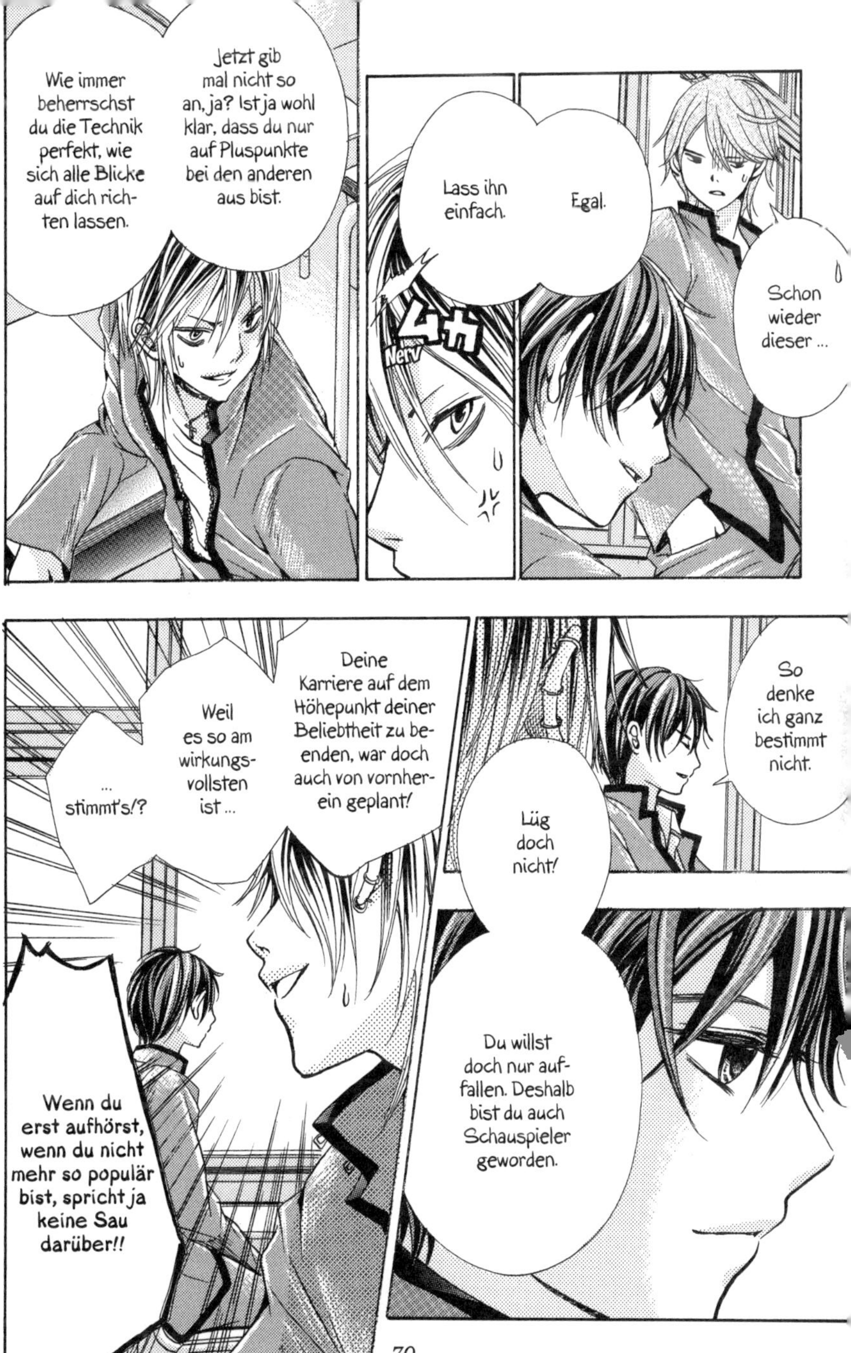
Schon wieder dieser ...
Egal.
Lass ihn einfach.
Nerv
Jetzt gib mal nicht so an, ja? Ist ja wohl klar, dass du nur auf Pluspunkte bei den anderen aus bist.
Wie immer beherrschst du die Technik perfekt, wie sich alle Blicke auf dich richten lassen.
So denke ich ganz bestimmt nicht.
Lüg doch nicht!
Deine Karriere auf dem Höhepunkt deiner Beliebtheit zu beenden, war doch auch von vornherein geplant!
Weil es so am wirkungsvollsten ist ...
... stimmt's!?
Du willst doch nur auffallen. Deshalb bist du auch Schauspieler geworden.
Wenn du erst aufhörst, wenn du nicht mehr so populär bist, spricht ja keine Sau darüber!!

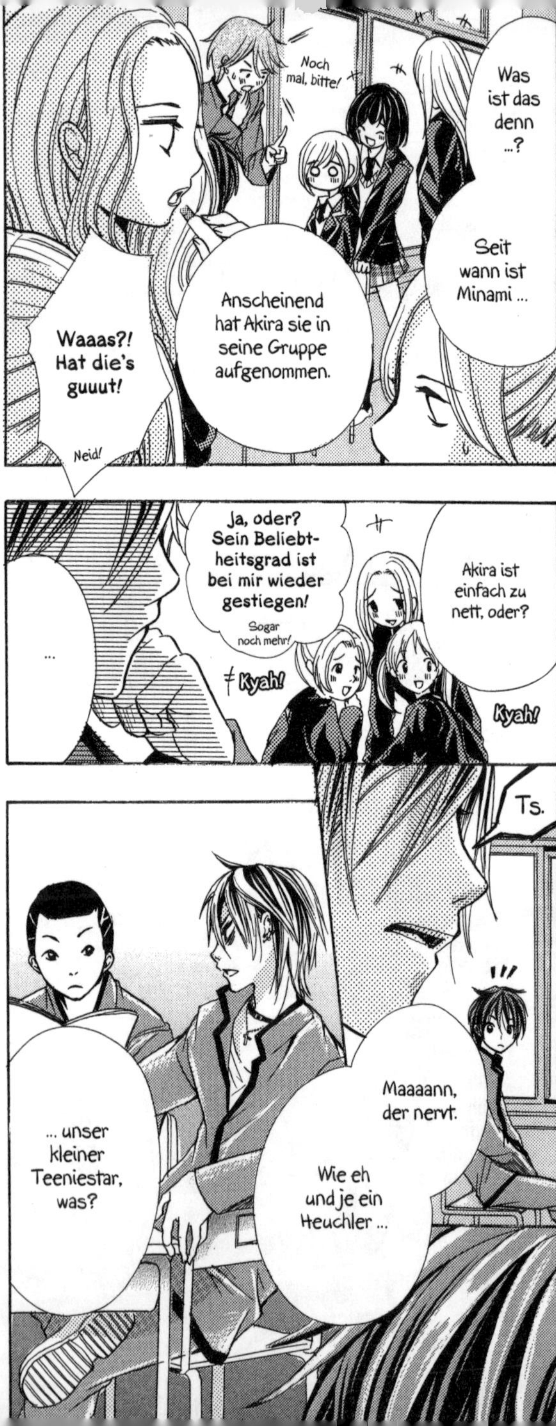
Was ist das denn ...?
Seit wann ist Minami ...
Noch mal, bitte!
Anscheinend hat Akira sie in seine Gruppe aufgenommen.
Waaas?! Hat die's guuut!
Neid!
Akira ist einfach zu nett, oder?
Kyah!
Ja, oder? Sein Beliebtheitsgrad ist bei mir wieder gestiegen!
Sogar noch mehr!
Kyah!
...
Ts.
Maaaann, der nervt.
Wie eh und je ein Heuchler ...
... unser kleiner Teeniestar, was?

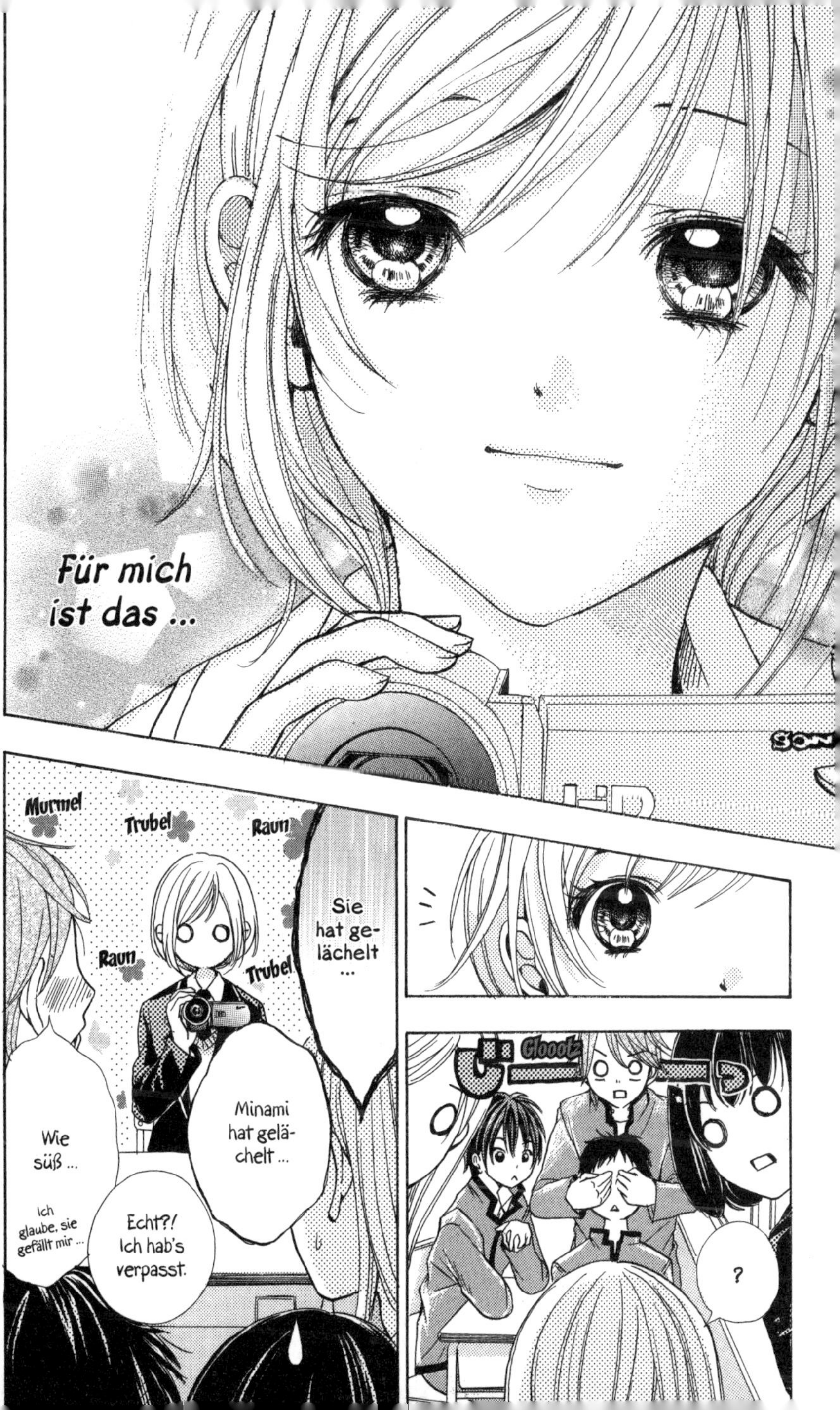
Für mich ist das ...
Murmel
Trubel
Raun
Raun
Trubel
Sie hat gelächelt ...
Minami hat gelächelt ...
Wie süß ...
Ich glaube, sie gefällt mir ...
Echt?! Ich hab's verpasst.
Gloootz
?

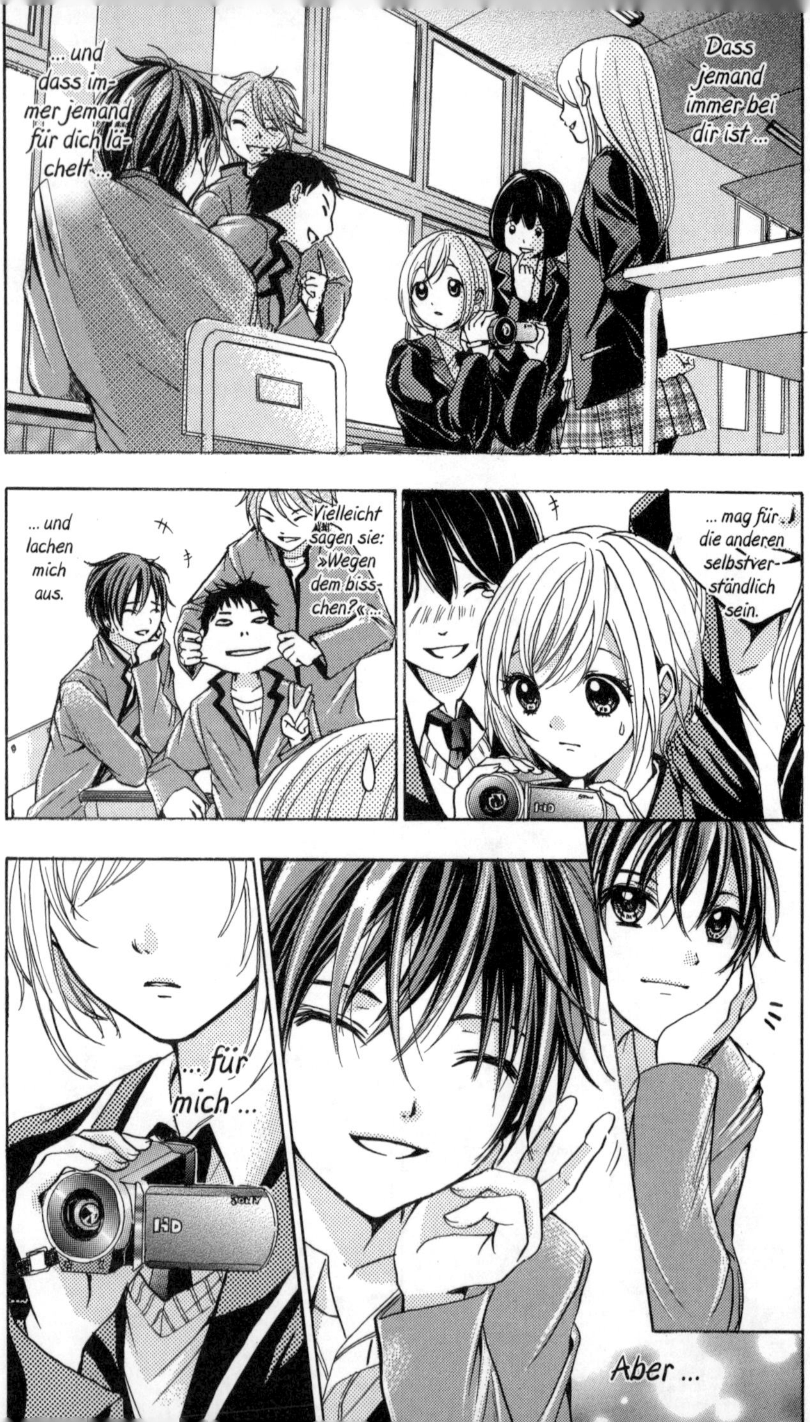
Dass jemand immer bei dir ist ...
... und dass immer jemand für dich lächelt ...
... mag für die anderen selbstverständlich sein.
Vielleicht sagen sie: »Wegen dem bisschen?« ...
... und lachen mich aus.
Aber ...
... für mich ...

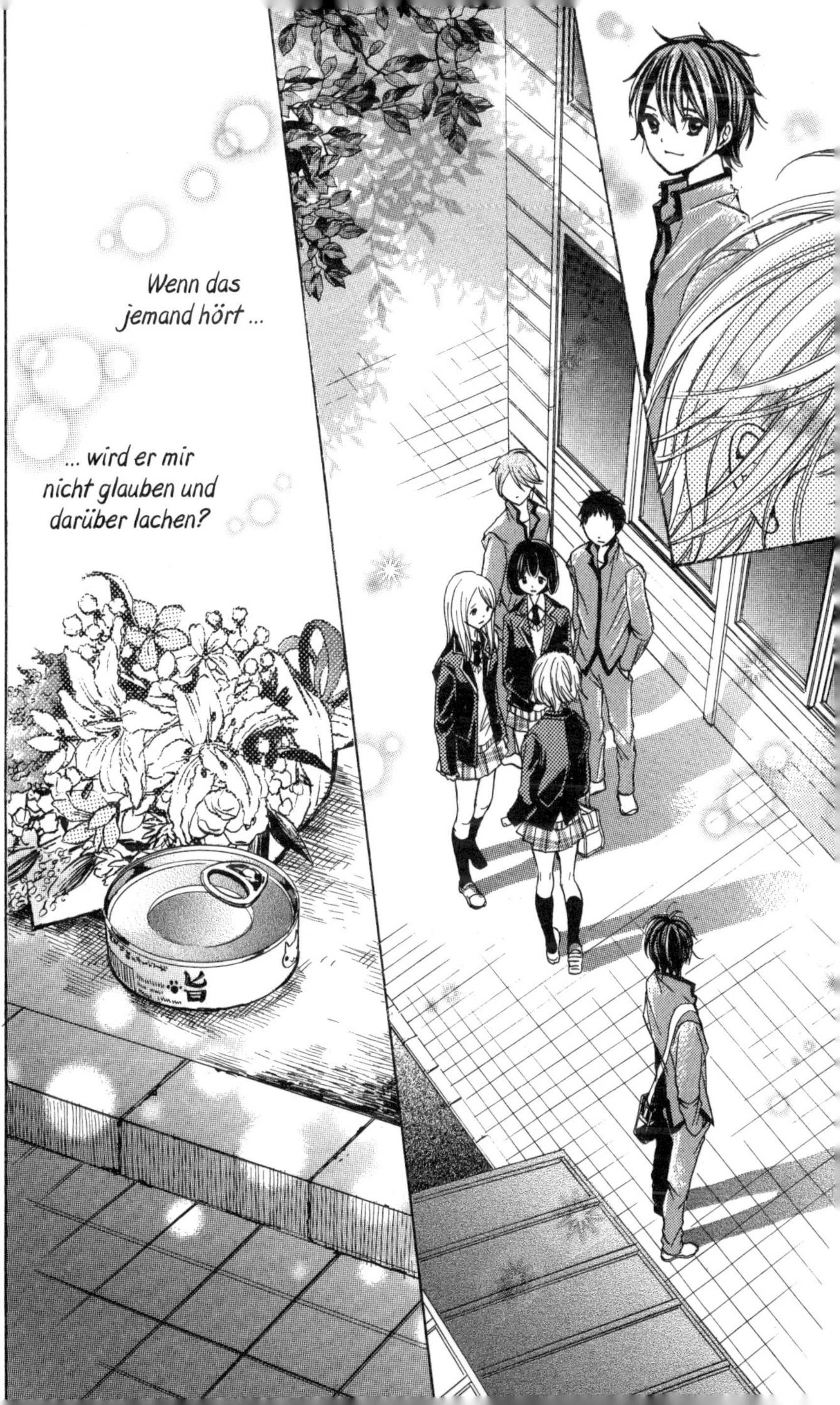

Wenn das jemand hört ...
... wird er mir nicht glauben und darüber lachen?

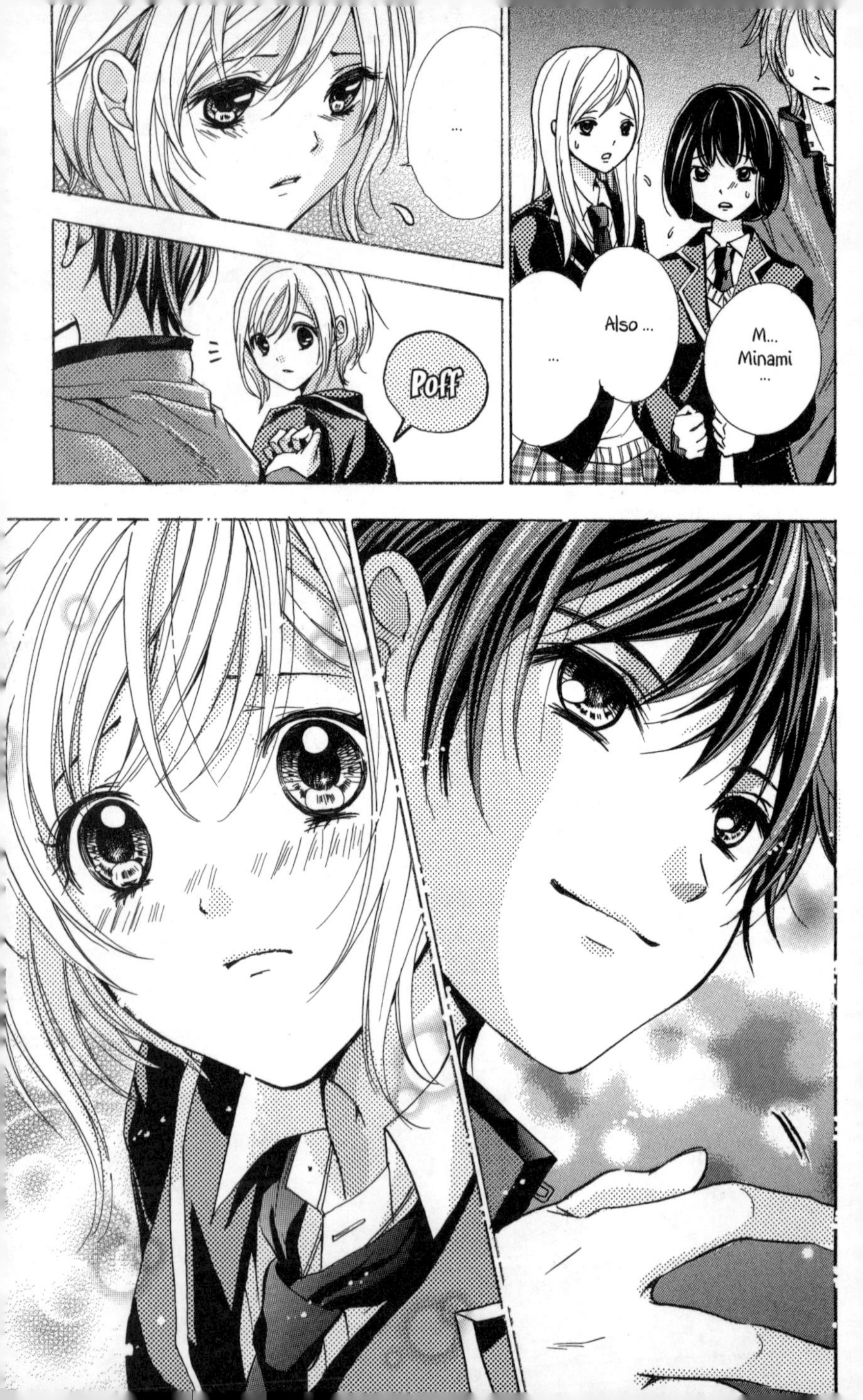
M... Minami ...
Also ...
...
...
Poff

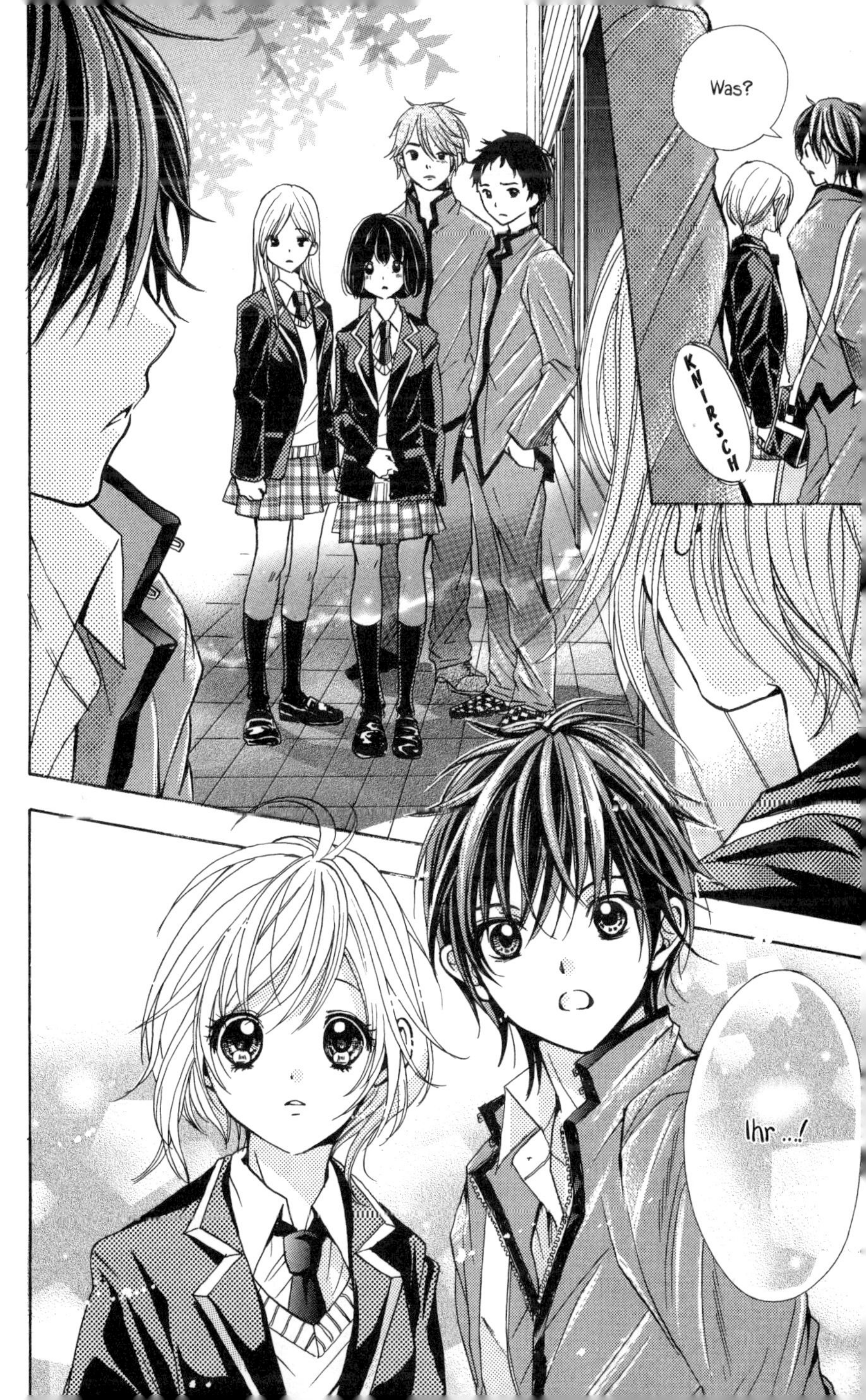
Was?
KNIRSCH
Ihr ...!

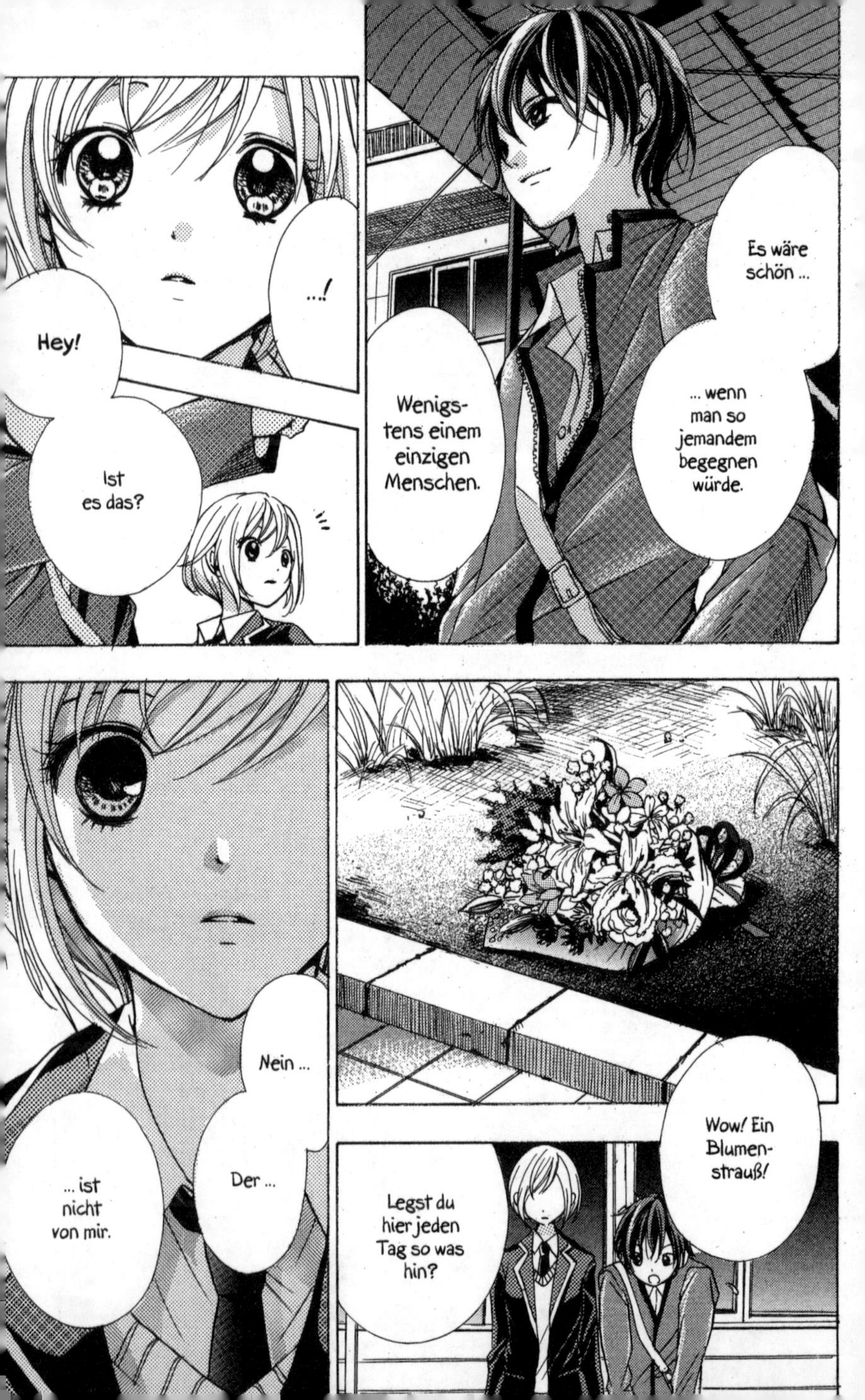
Es wäre schön ...
... wenn man so jemandem begegnen würde.
Wenigstens einem einzigen Menschen.
...!
Hey!
Ist es das?
Wow! Ein Blumenstrauß!
Legst du hier jeden Tag so was hin?
Nein ...
Der ...
... ist nicht von mir.

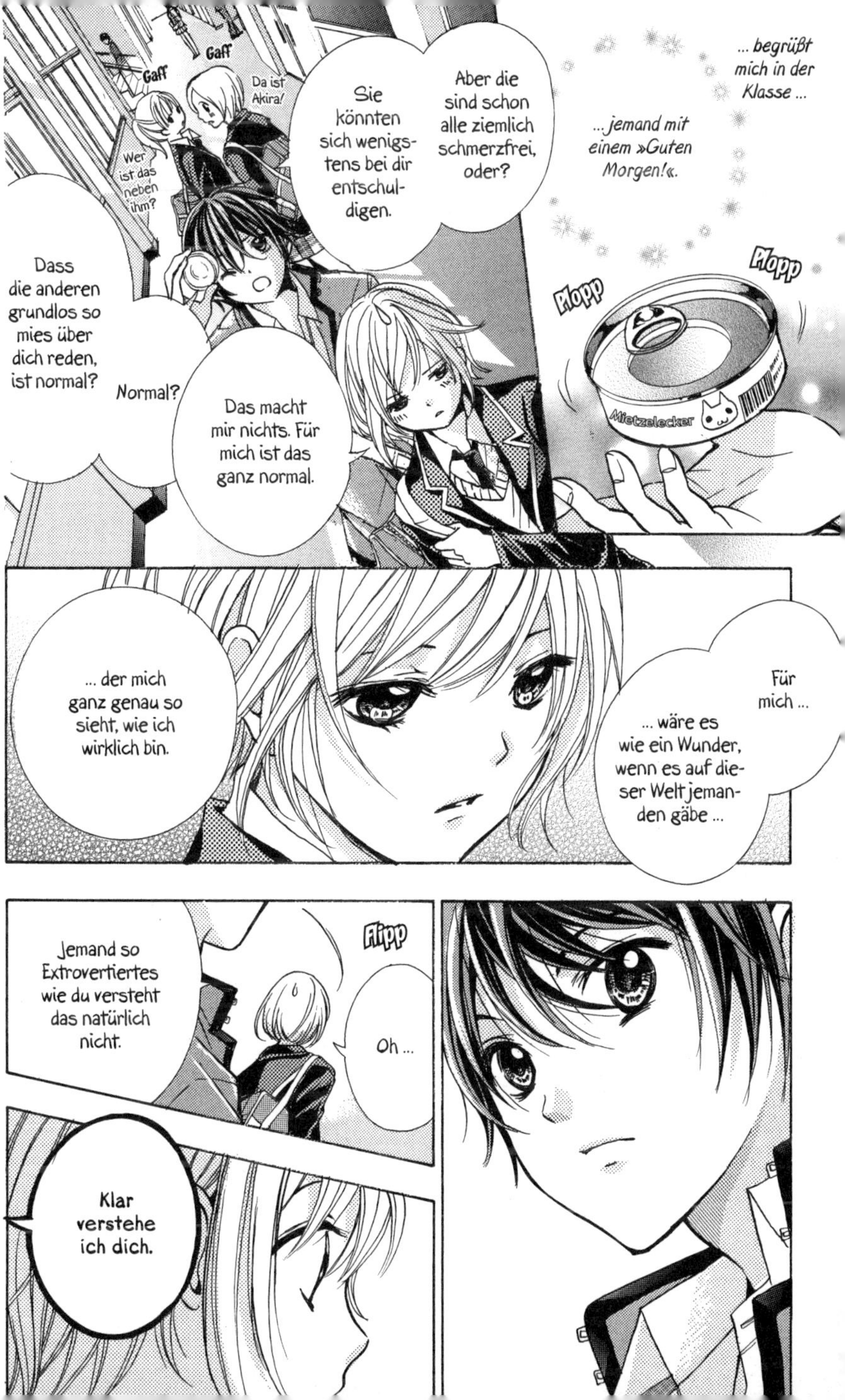
... begrüßt mich in der Klasse ...
... jemand mit einem »Guten Morgen!«.
Plopp
Plopp
Mietzelecker
Aber die sind schon alle ziemlich schmerzfrei, oder?
Sie könnten sich wenigstens bei dir entschuldigen.
Gaff
Gaff
Da ist Akira!
Wer ist das neben ihm?
Das macht mir nichts. Für mich ist das ganz normal.
Normal?
Dass die anderen grundlos so mies über dich reden, ist normal?
Für mich ...
... wäre es wie ein Wunder, wenn es auf dieser Welt jemanden gäbe ...
... der mich ganz genau so sieht, wie ich wirklich bin.
Flipp
Oh ...
Jemand so Extrovertiertes wie du versteht das natürlich nicht.
Klar verstehe ich dich.

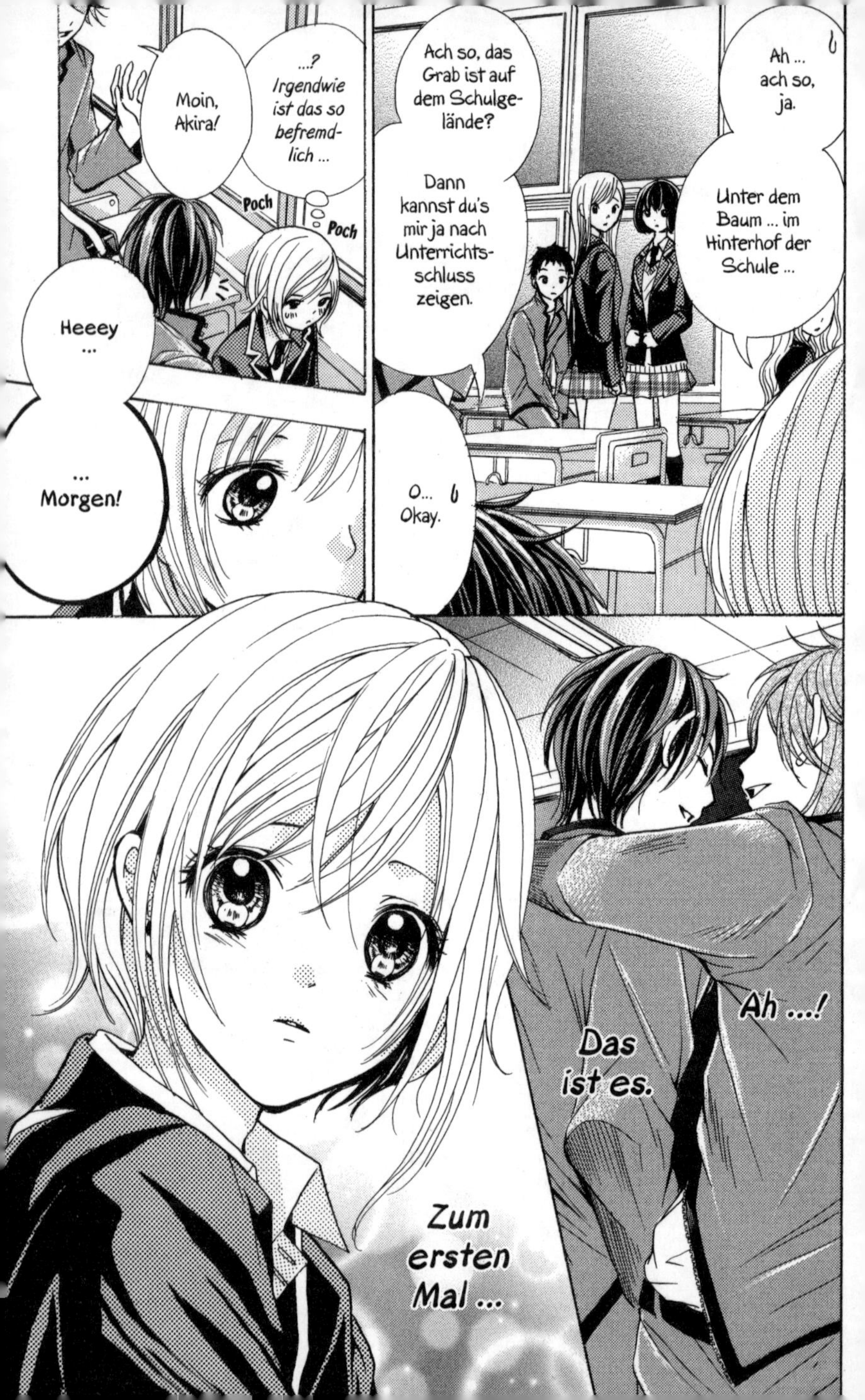
Ah ... ach so, ja.
Unter dem Baum ... im Hinterhof der Schule ...
Ach so, das Grab ist auf dem Schulgelände?
Dann kannst du's mir ja nach Unterrichtsschluss zeigen.
O... Okay.
...? Irgendwie ist das so befremdlich ...
Moin, Akira!
Poch
Poch
Heeey ...
... Morgen!
Ah ...!
Das ist es.
Zum ersten Mal ...

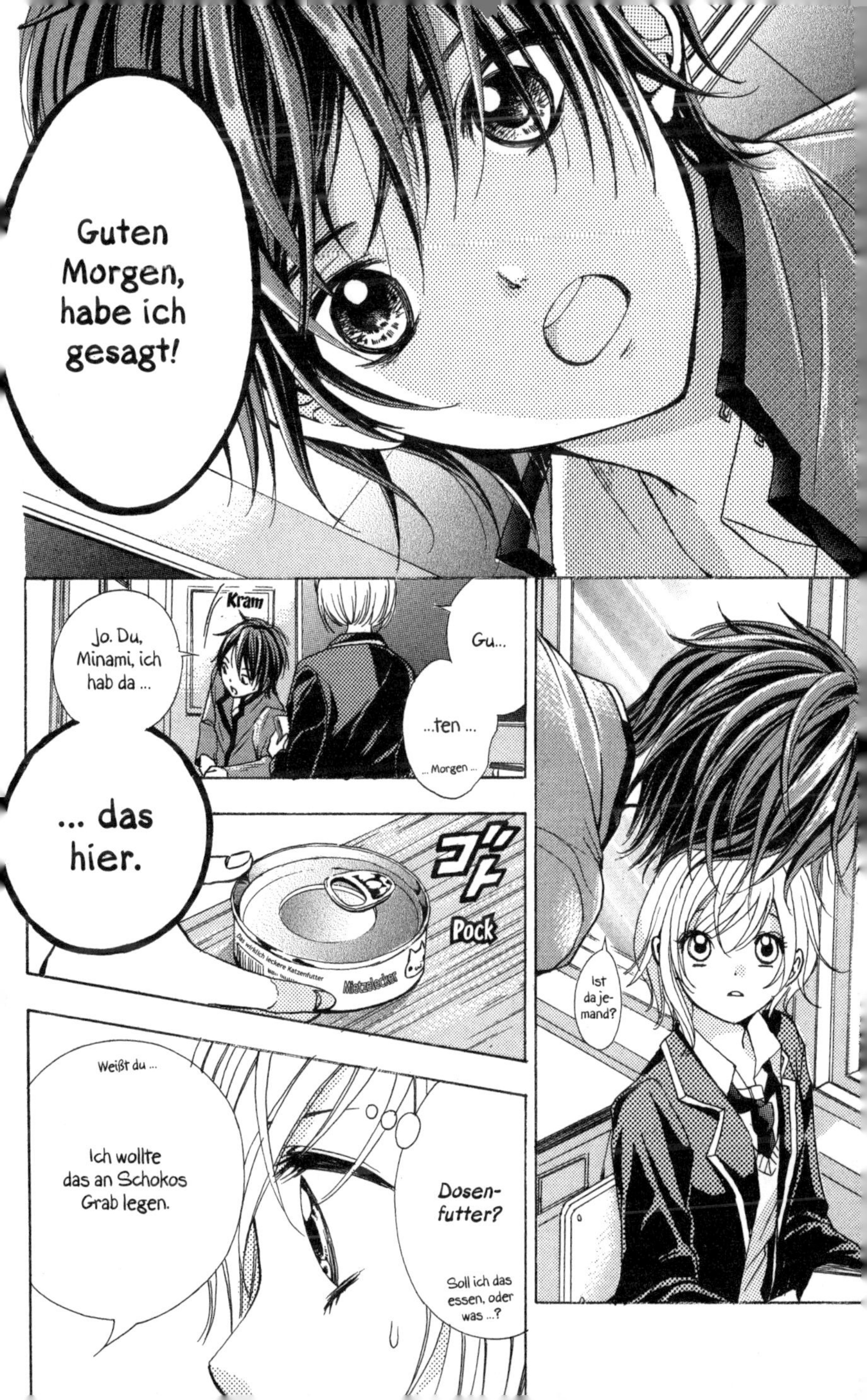
Guten Morgen, habe ich gesagt!
Gu...
...ten ...
... Morgen ...
Kram
Jo. Du, Minami, ich hab da ...
... das hier.
Ist da jemand?
Pock
Das wirklich leckere Katzenfutter
Mietzelecker
Dosenfutter?
Soll ich das essen, oder was ...?
Weißt du ...
Ich wollte das an Schokos Grab legen.

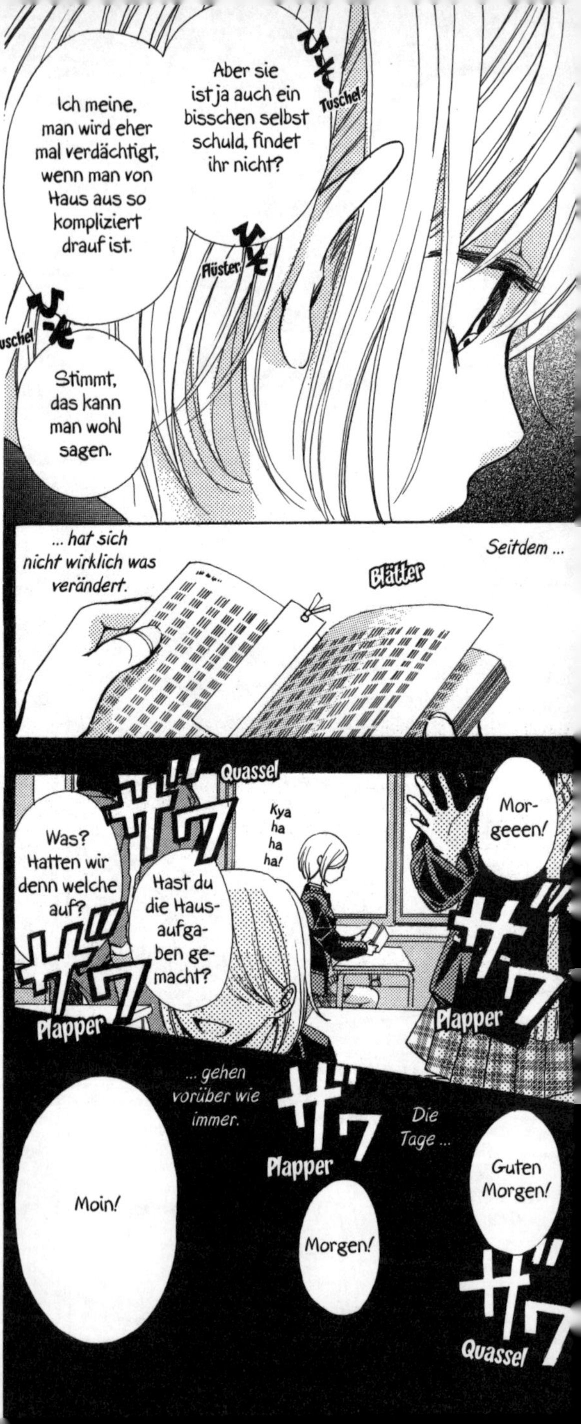
Tuschel
Aber sie ist ja auch ein bisschen selbst schuld, findet ihr nicht?
Flüster
Ich meine, man wird eher mal verdächtigt, wenn man von Haus aus so kompliziert drauf ist.
Tuschel
Stimmt, das kann man wohl sagen.
Seitdem ...
Blätter
... hat sich nicht wirklich was verändert.
Morgeeen!
Quassel
Kya ha ha ha!
Hast du die Hausaufgaben gemacht?
Was? Hatten wir denn welche auf?
Plapper
Plapper
Die Tage ...
... gehen vorüber wie immer.
Guten Morgen!
Quassel
Morgen!
Plapper
Moin!

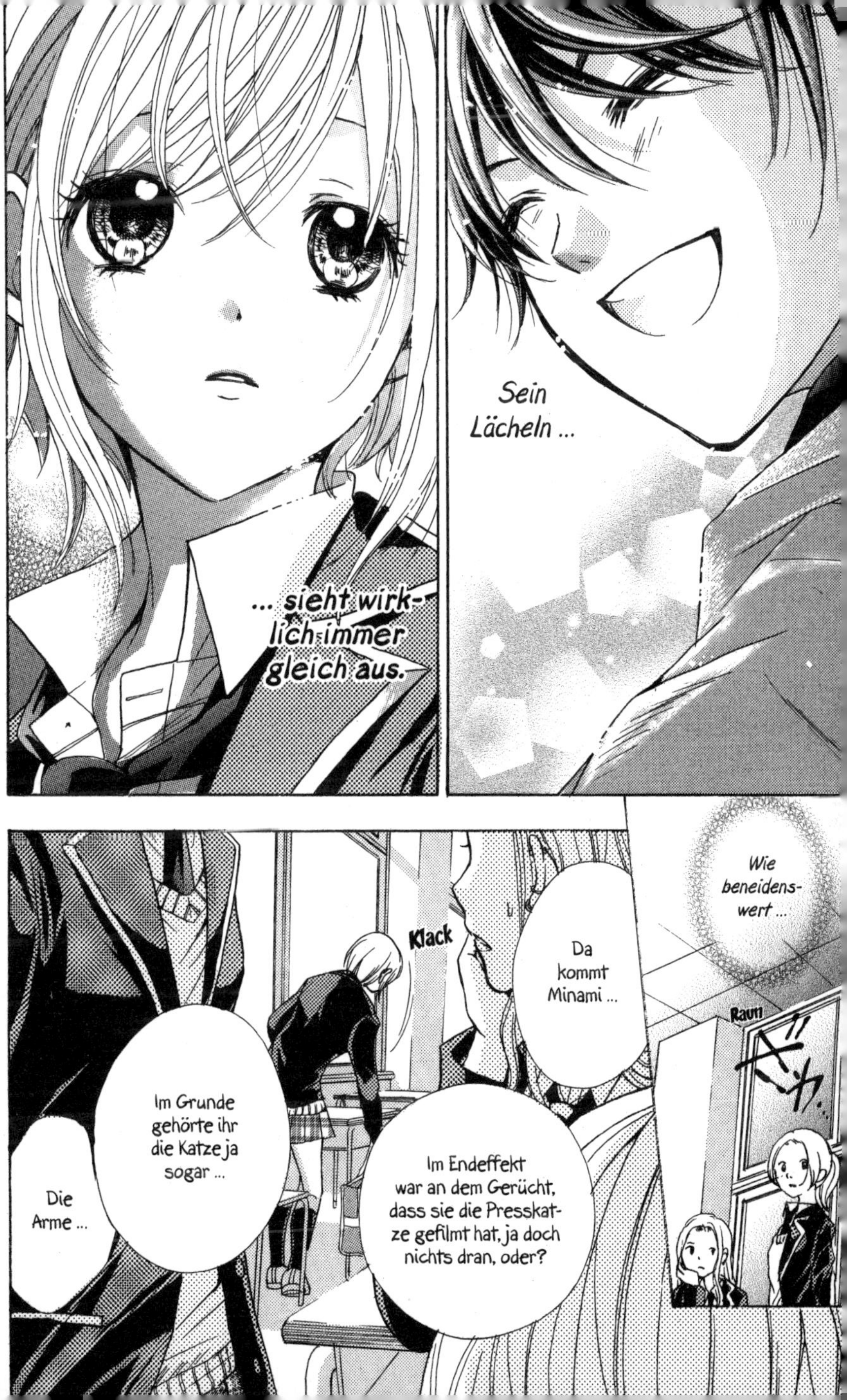
Sein Lächeln ...
... sieht wirklich immer gleich aus.
Wie beneidenswert ...
Raun
Klack
Da kommt Minami ...
Im Endeffekt war an dem Gerücht, dass sie die Presskatze gefilmt hat, ja doch nichts dran, oder?
Im Grunde gehörte ihr die Katze ja sogar ...
Die Arme ...

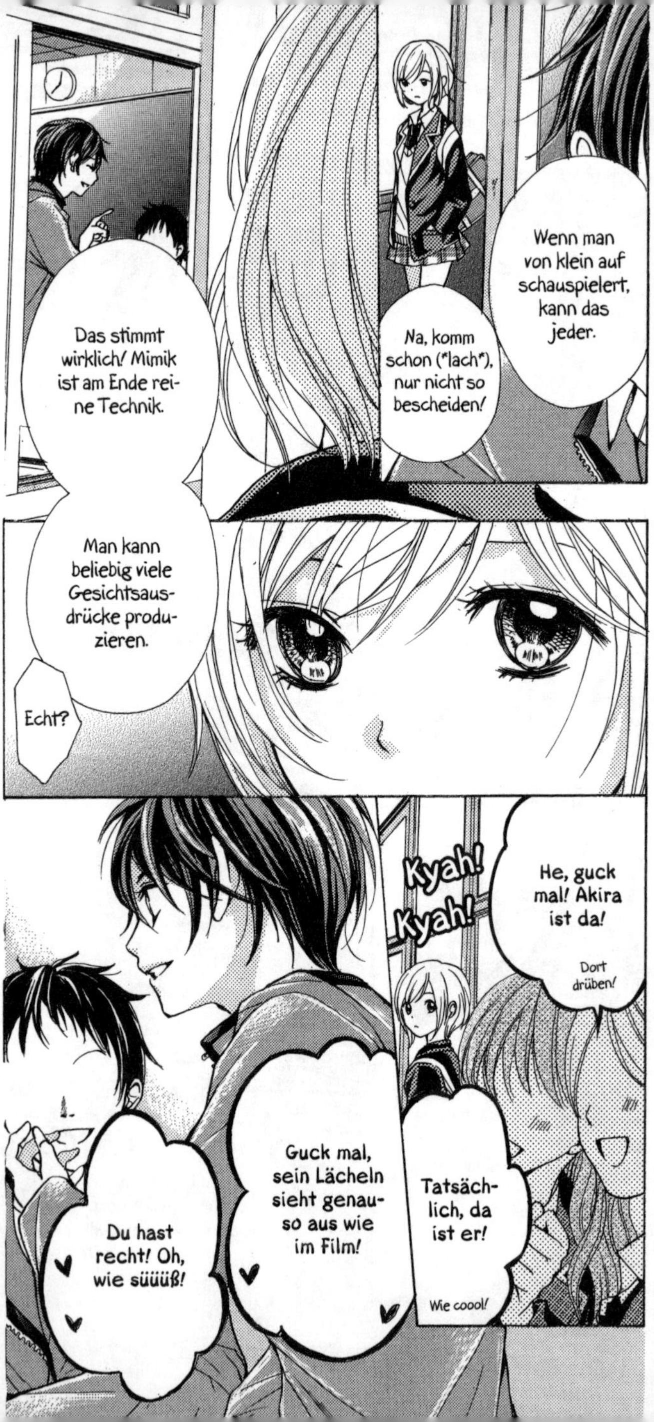
Wenn man von klein auf schauspielert, kann das jeder.
Na, komm schon (*lach*), nur nicht so bescheiden!
Das stimmt wirklich! Mimik ist am Ende reine Technik.
Man kann beliebig viele Gesichtsausdrücke produzieren.
Echt?
He, guck mal! Akira ist da!
Dort drüben!
Kyah!
Kyah!
Tatsächlich, da ist er!
Wie coool!
Guck mal, sein Lächeln sieht genauso aus wie im Film!
Du hast recht! Oh, wie süüüß!

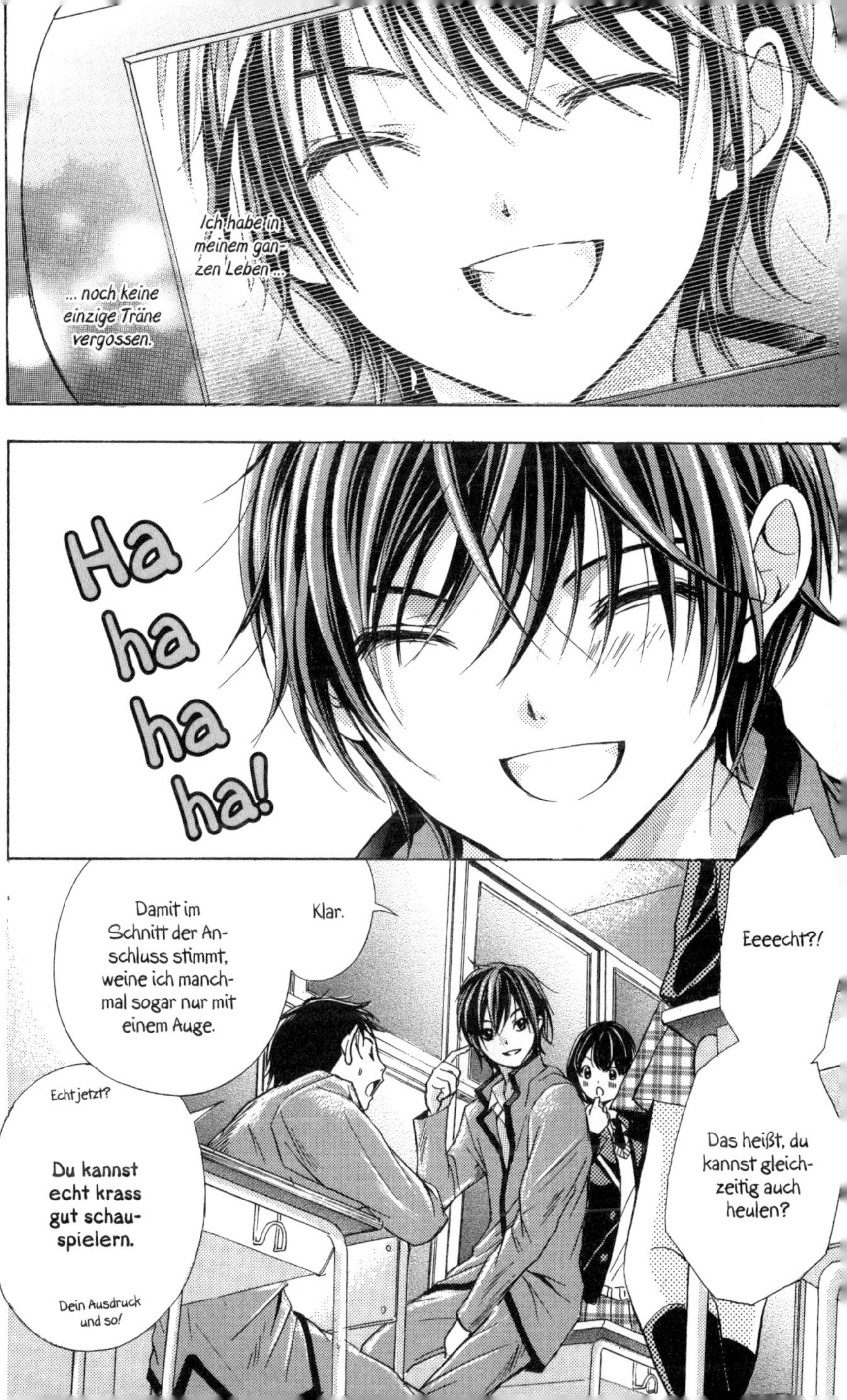
Ich habe in meinem ganzen Leben ...
... noch keine einzige Träne vergossen.
Ha ha ha ha!
Eeeecht?!
Das heißt, du kannst gleichzeitig auch heulen?
Klar.
Damit im Schnitt der Anschluss stimmt, weine ich manchmal sogar nur mit einem Auge.
Echt jetzt?
Du kannst echt krass gut schauspielern.
Dein Ausdruck und so!

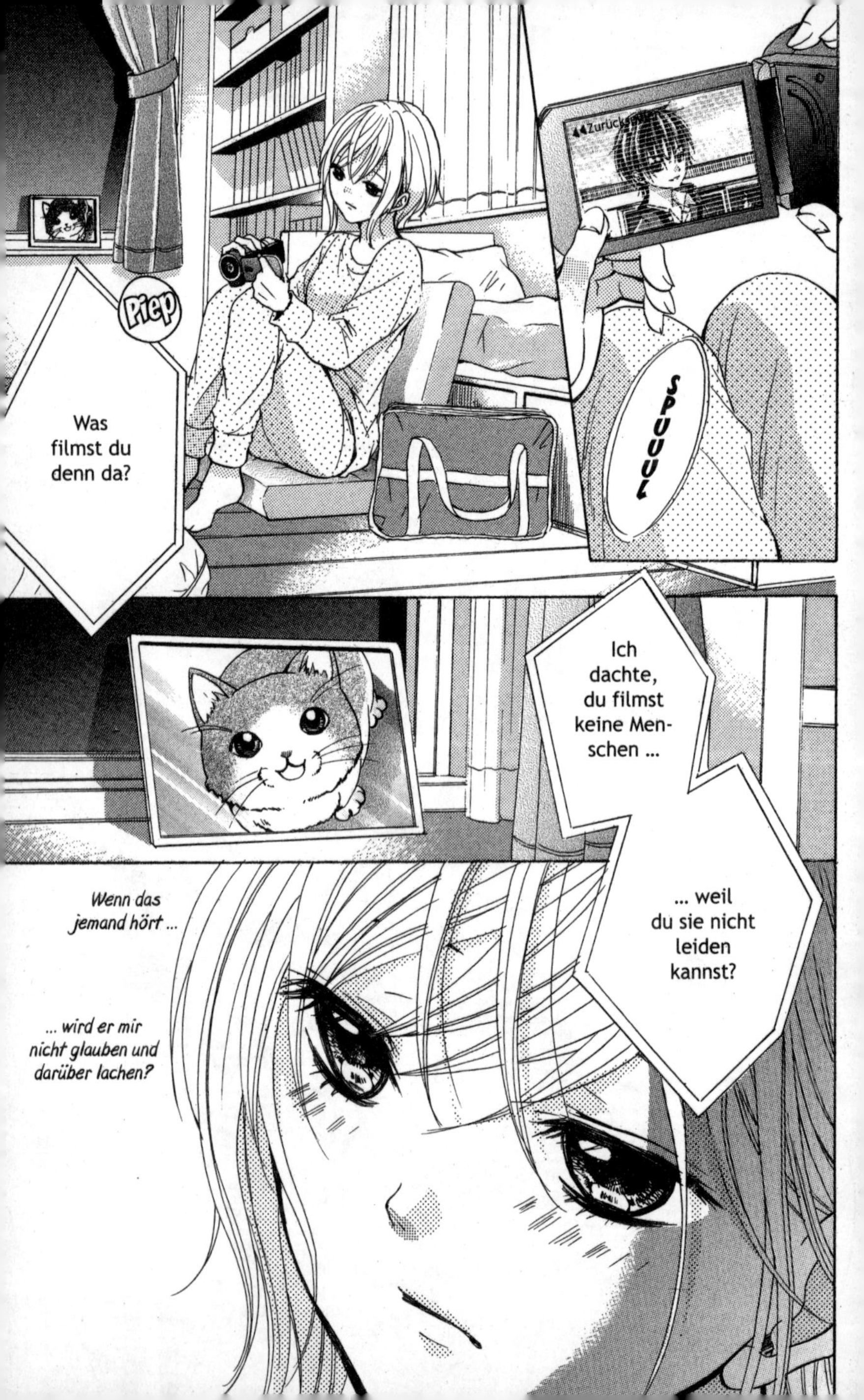
SPUUUL
Piep
Was filmst du denn da?
Ich dachte, du filmst keine Menschen ...
... weil du sie nicht leiden kannst?
Wenn das jemand hört ...
... wird er mir nicht glauben und darüber lachen?

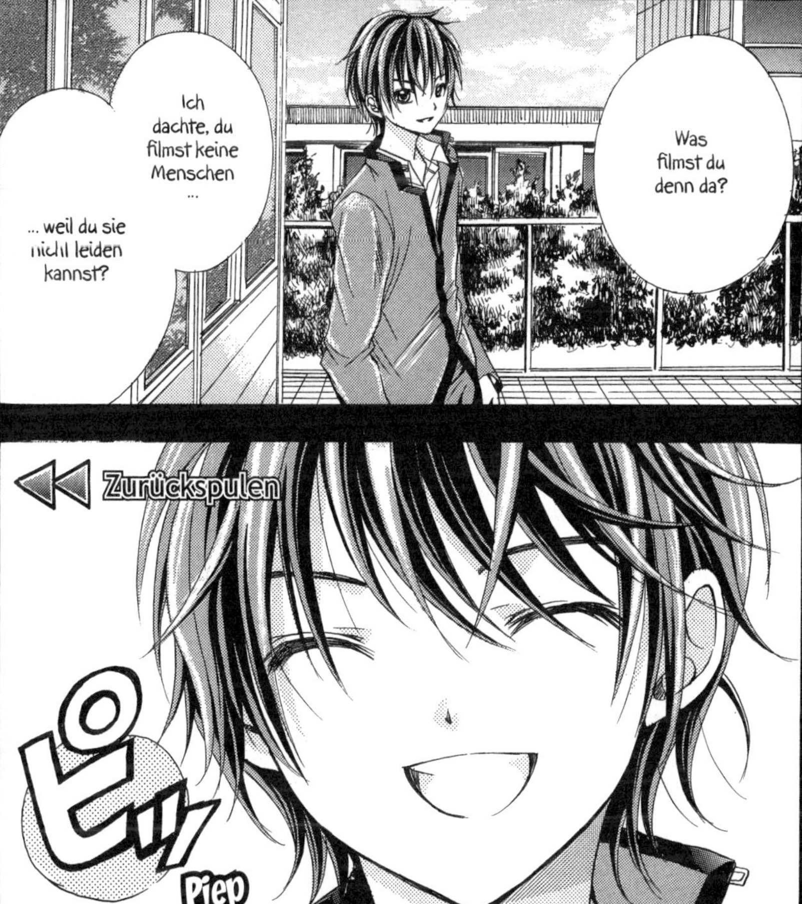
Was filmst du denn da?
Ich dachte, du filmst keine Menschen ...
... weil du sie nicht leiden kannst?
Zurückspulen
ピッ
Piep

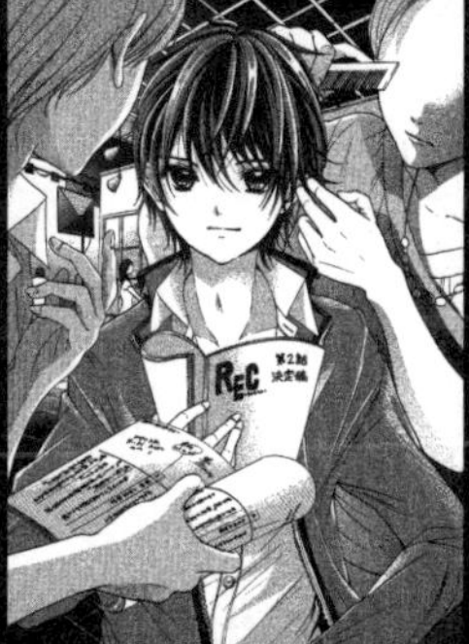
REC

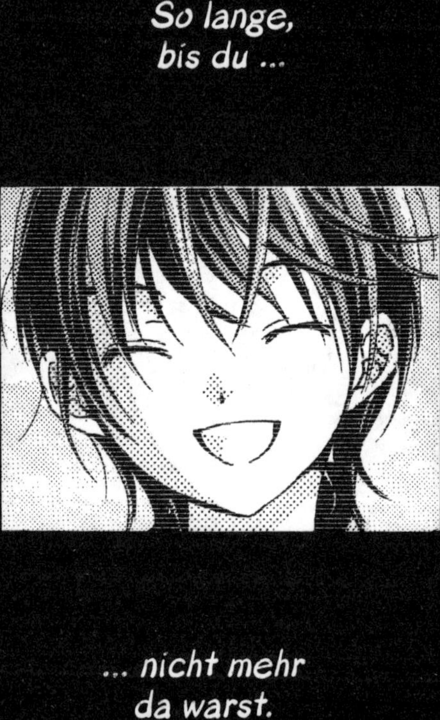
So lange,
bis du ...
... nicht mehr
da warst.

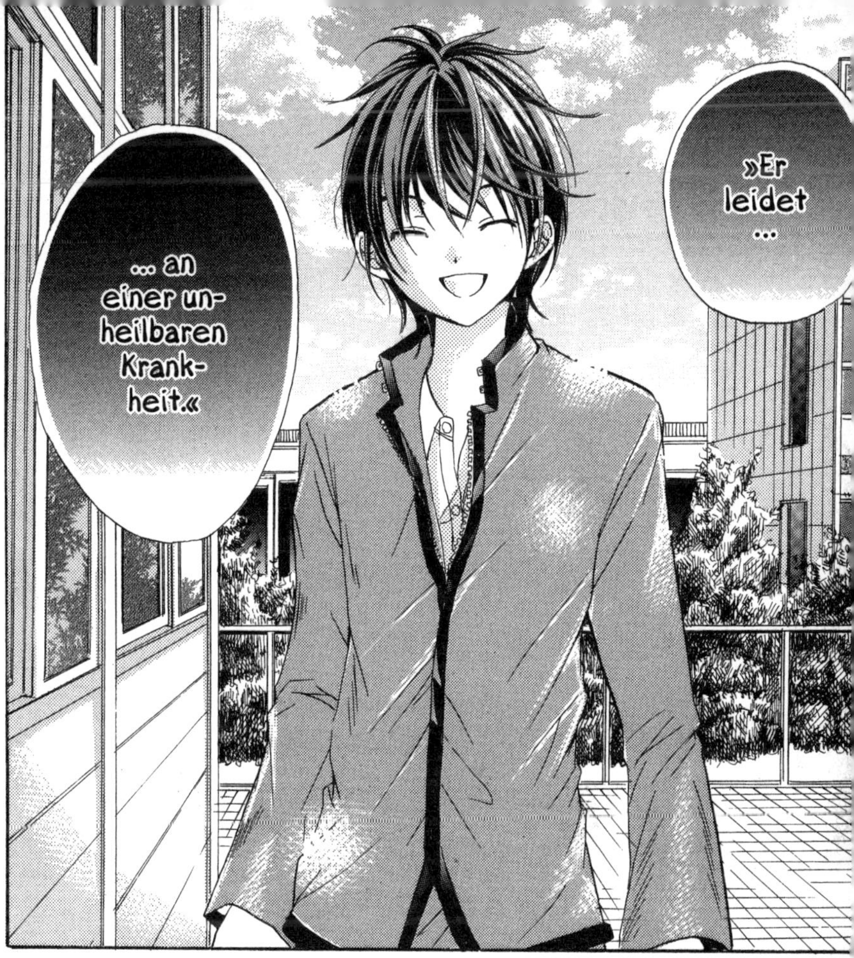

Von diesem Tag an ...

... habe ich Akira gefilmt.

Jeden Tag ... jeden einzel-nen Tag ...

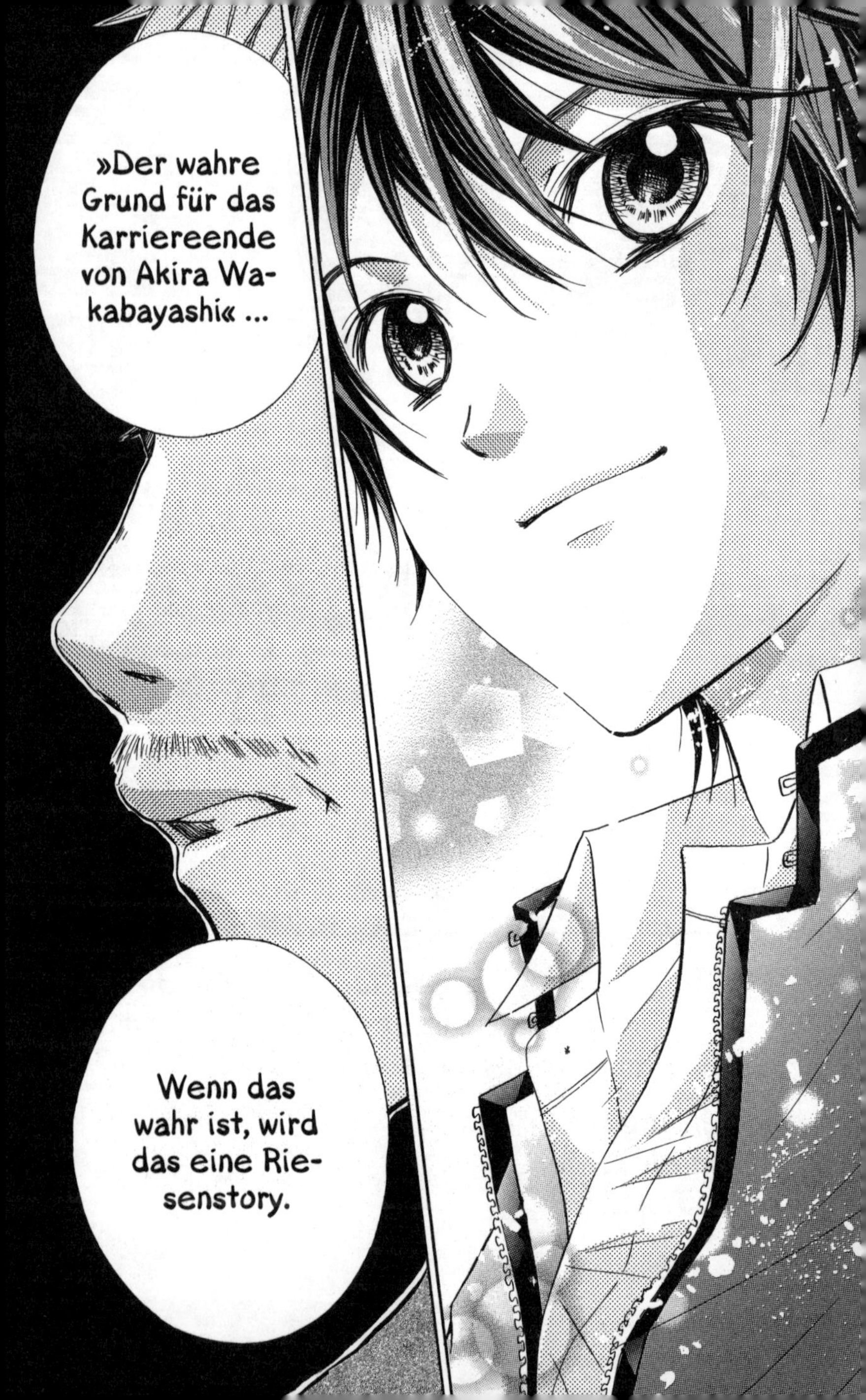
»Der wahre Grund für das Karriereende von Akira Wakabayashi« ...
Wenn das wahr ist, wird das eine Riesenstory.

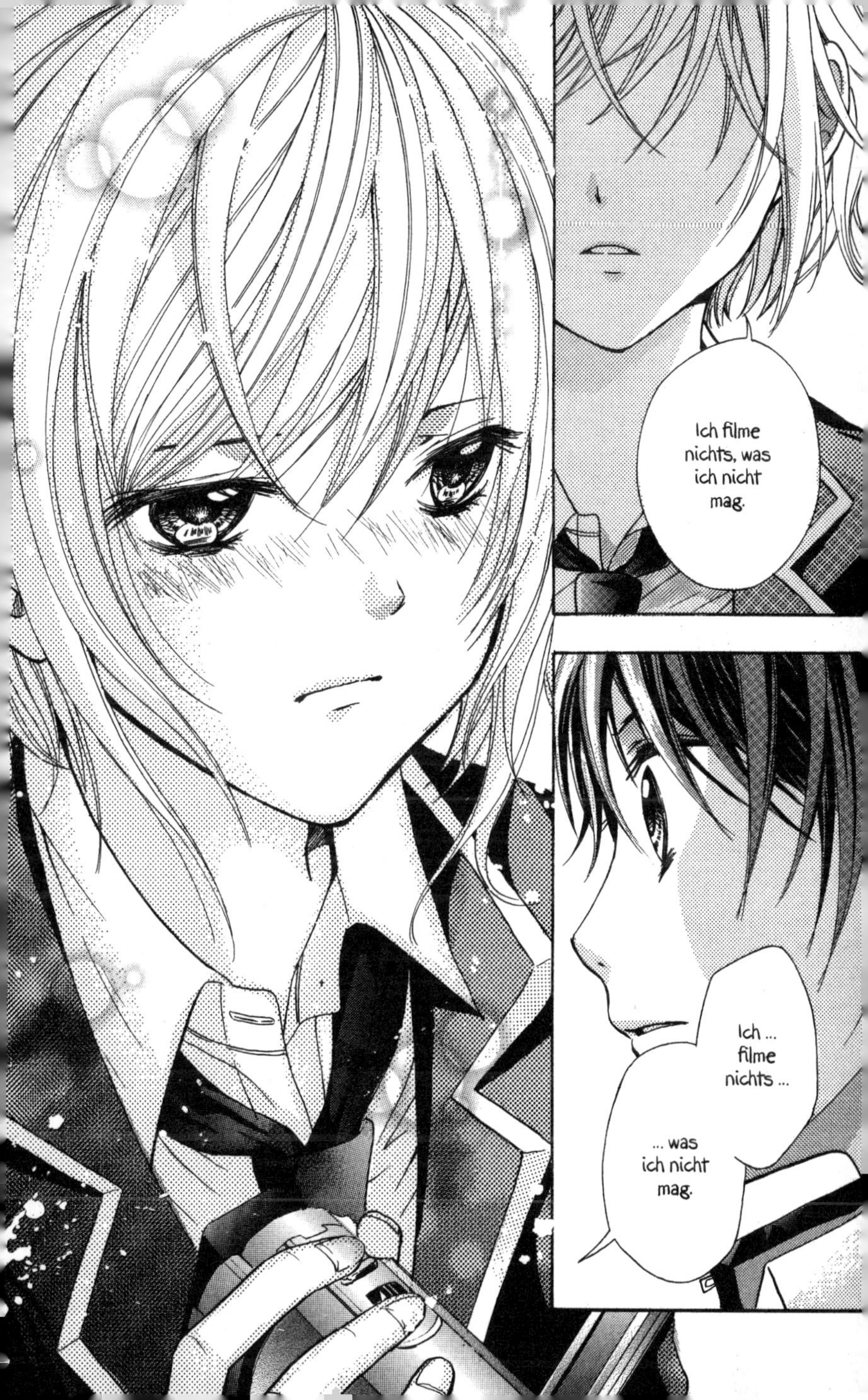
Ich filme nichts, was ich nicht mag.
Ich ... filme nichts ...
... was ich nicht mag.

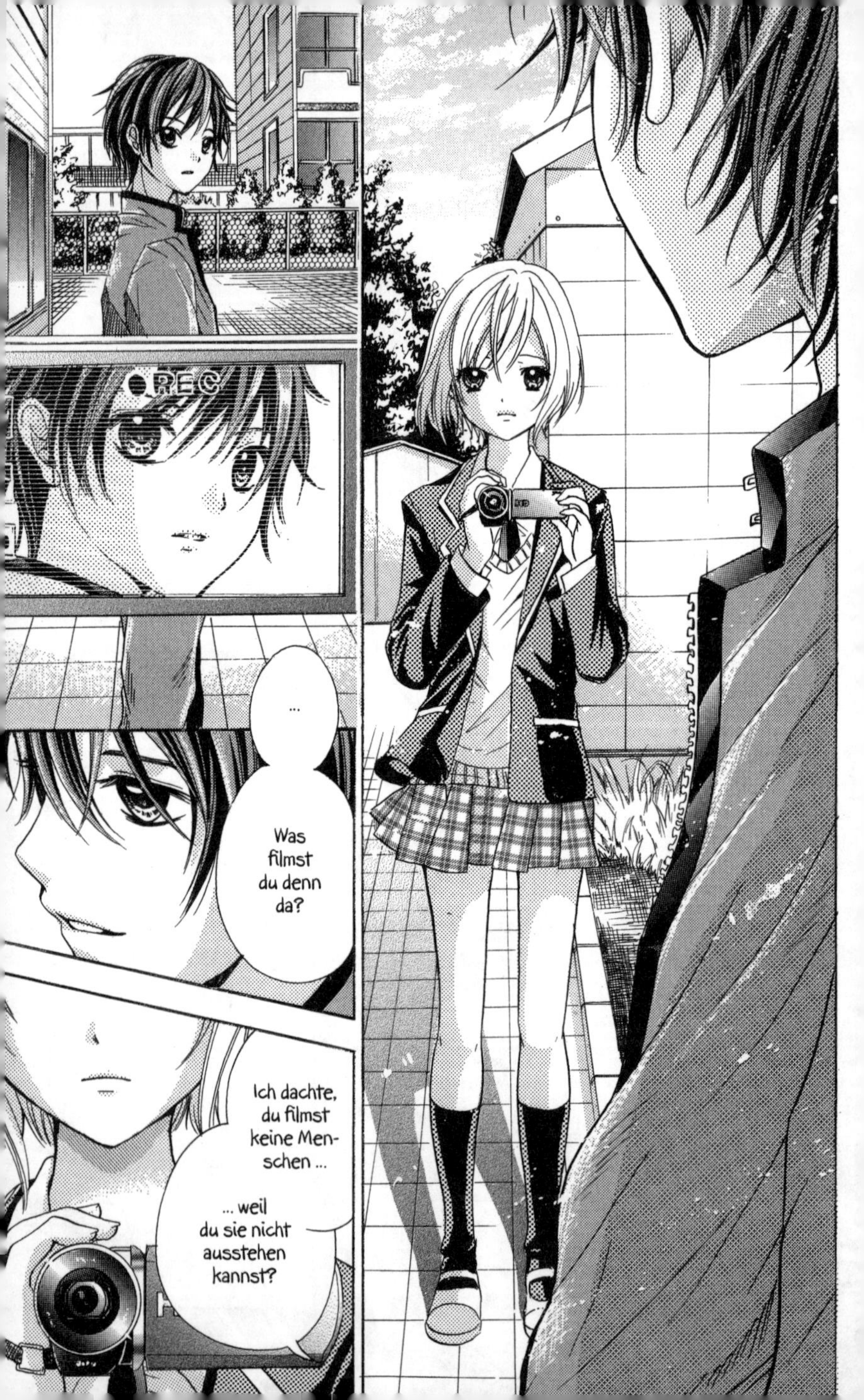
REC
...
Was filmst du denn da?
Ich dachte, du filmst keine Menschen ...
... weil du sie nicht ausstehen kannst?

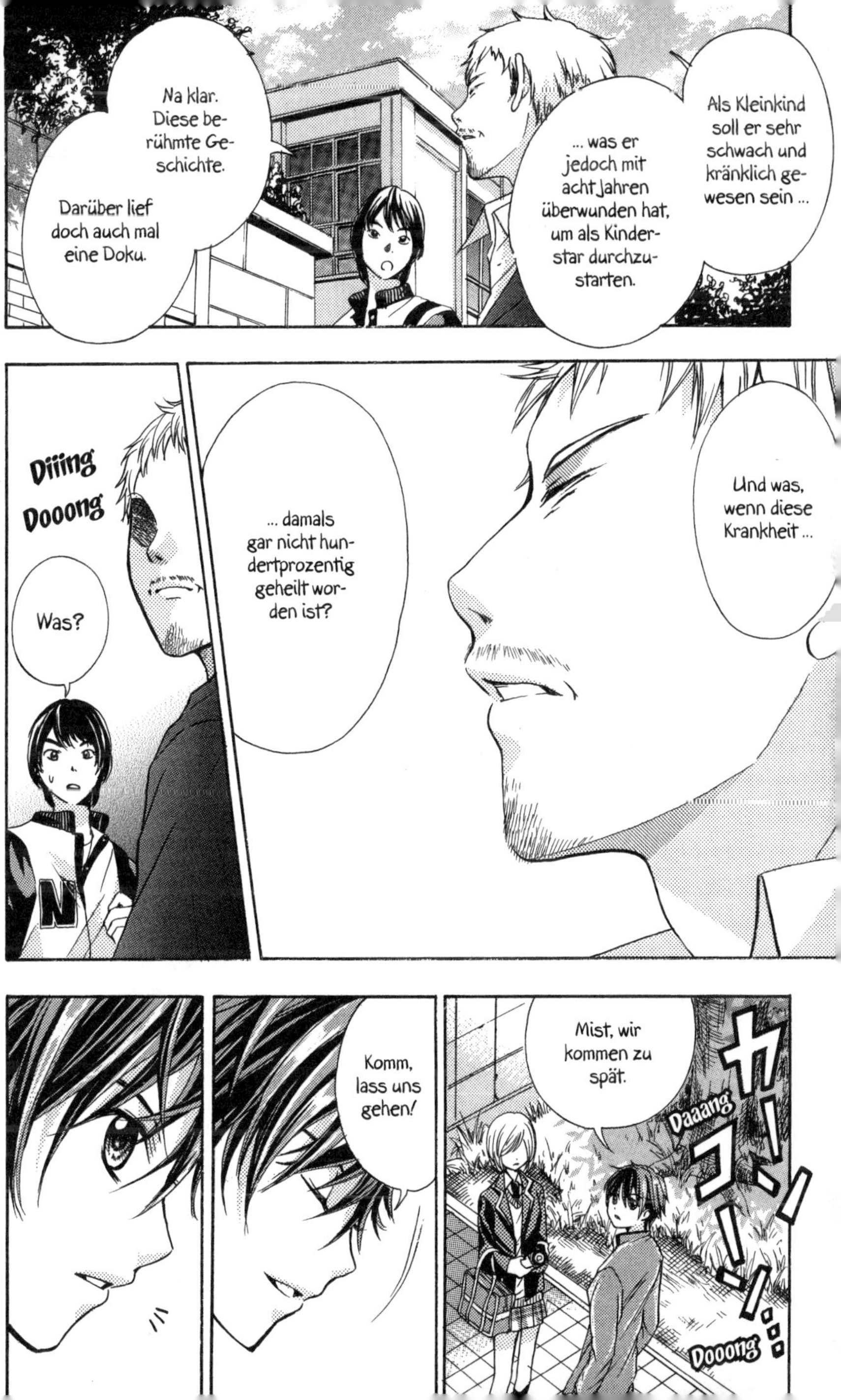
Als Kleinkind soll er sehr schwach und kränklich gewesen sein ...
... was er jedoch mit acht Jahren überwunden hat, um als Kinderstar durchzustarten.
Na klar. Diese berühmte Geschichte.
Darüber lief doch auch mal eine Doku.
Und was, wenn diese Krankheit ...
... damals gar nicht hundertprozentig geheilt worden ist?
Diiing
Dooong
Was?
Mist, wir kommen zu spät.
Daaang
Dooong
Komm, lass uns gehen!

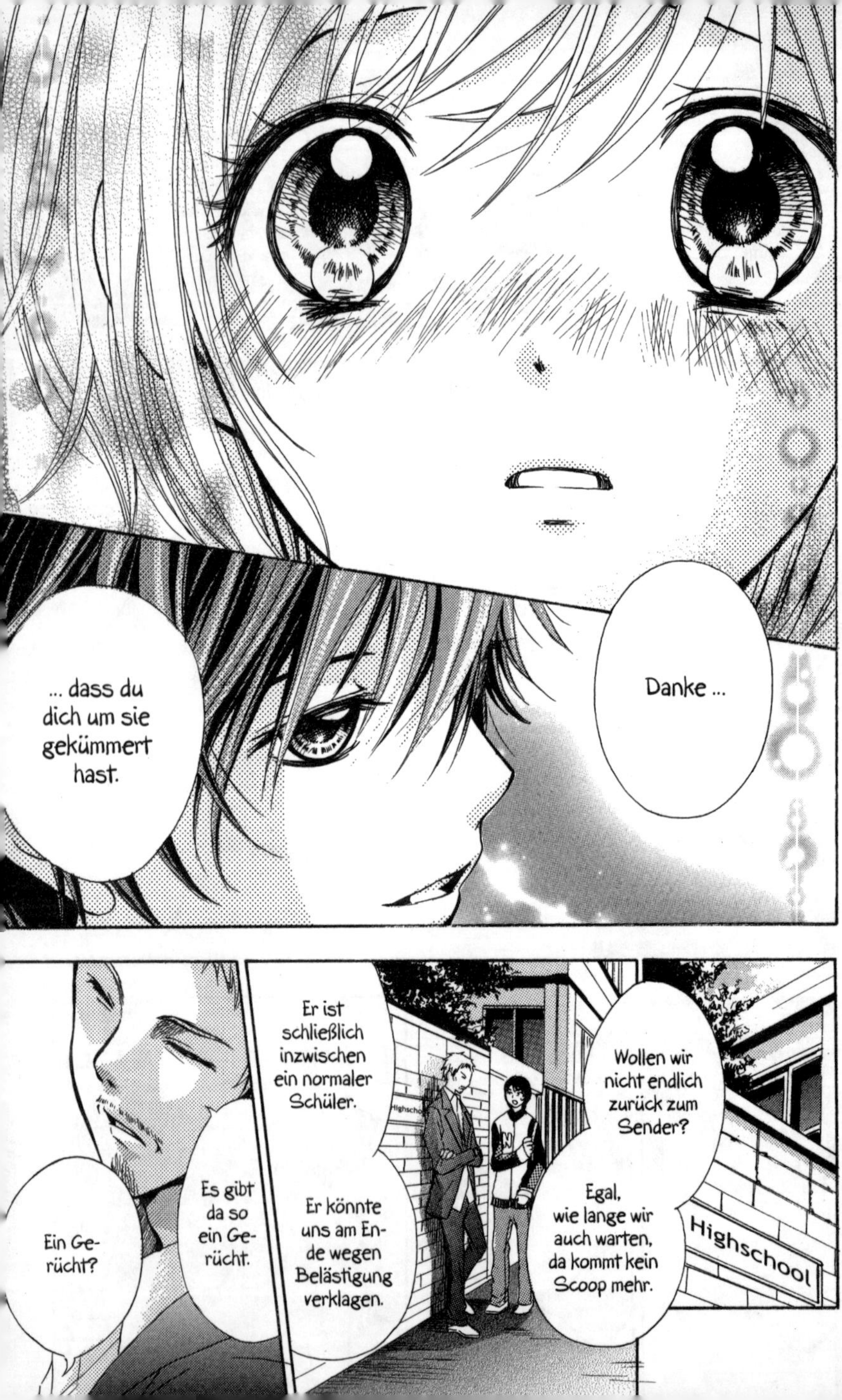

Danke ...
... dass du dich um sie gekümmert hast.
Wollen wir nicht endlich zurück zum Sender?
Egal, wie lange wir auch warten, da kommt kein Scoop mehr.
Highschool
Er ist schließlich inzwischen ein normaler Schüler.
Er könnte uns am Ende wegen Belästigung verklagen.
Es gibt da so ein Gerücht.
Ein Gerücht?

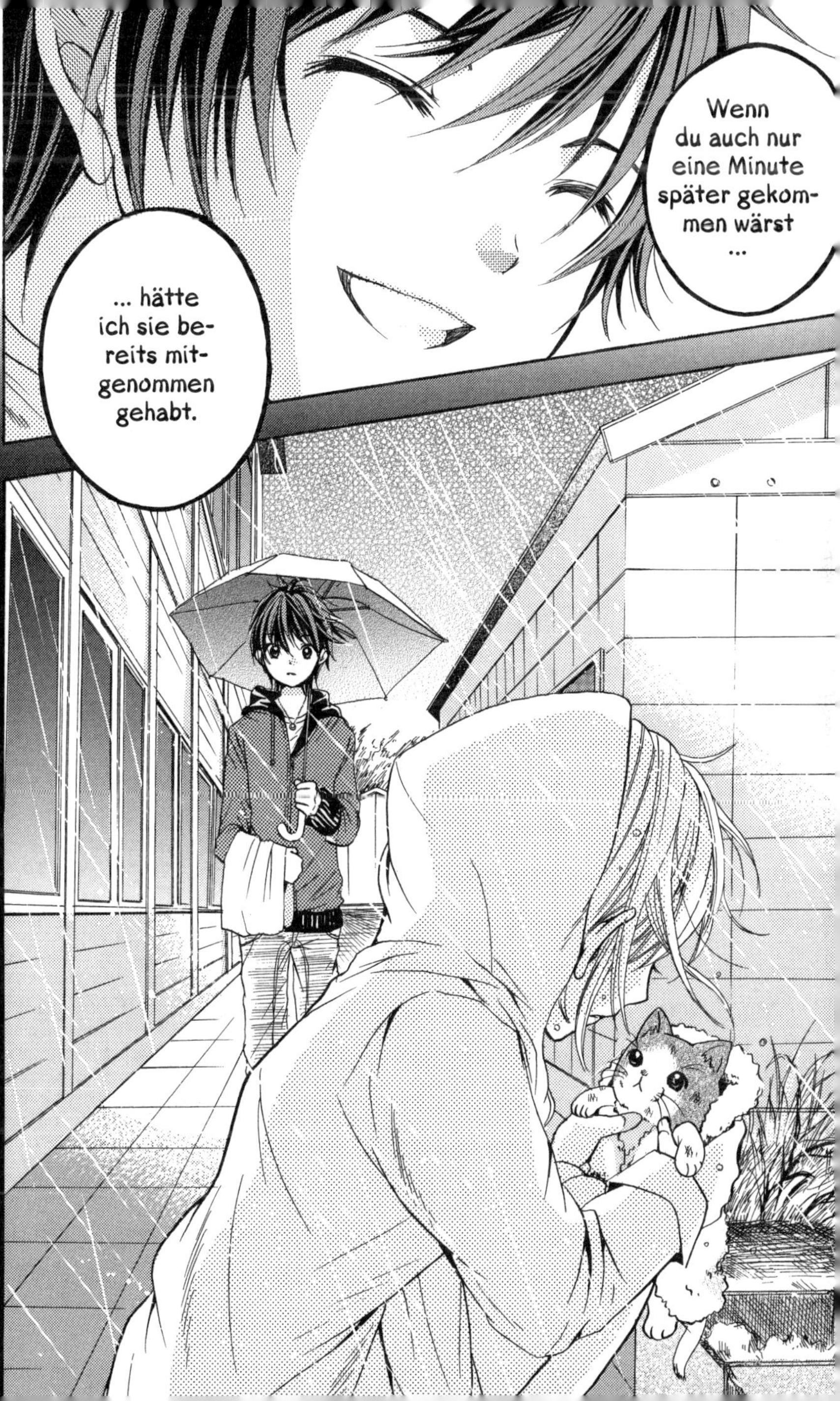
Wenn du auch nur eine Minute später gekommen wärst ...
... hätte ich sie bereits mitgenommen gehabt.

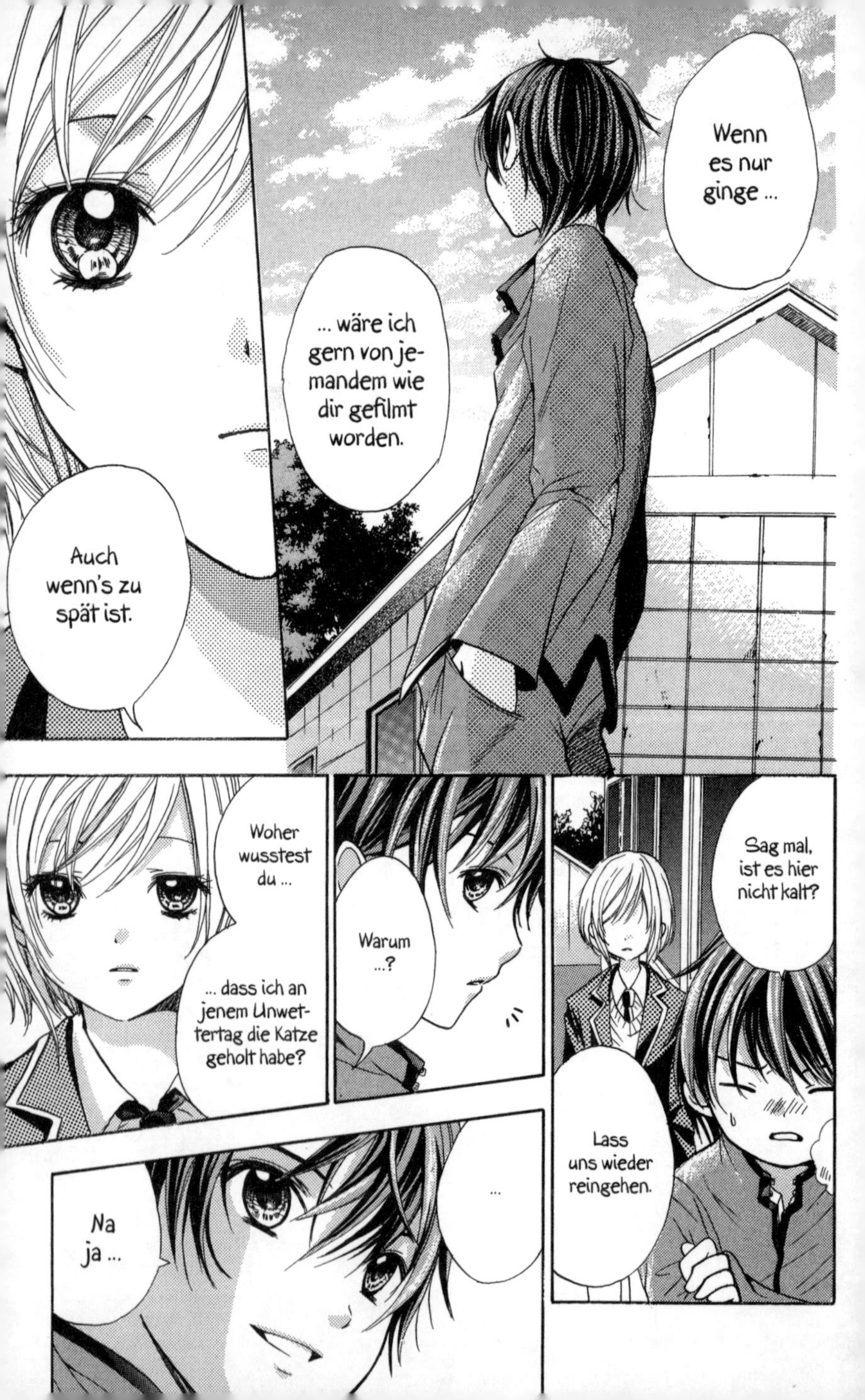
Wenn es nur ginge ...
... wäre ich gern von jemandem wie dir gefilmt worden.
Auch wenn's zu spät ist.
Sag mal, ist es hier nicht kalt?
Lass uns wieder reingehen.
Warum ...?
Woher wusstest du ...
... dass ich an jenem Unwettertag die Katze geholt habe?
...
Na ja ...

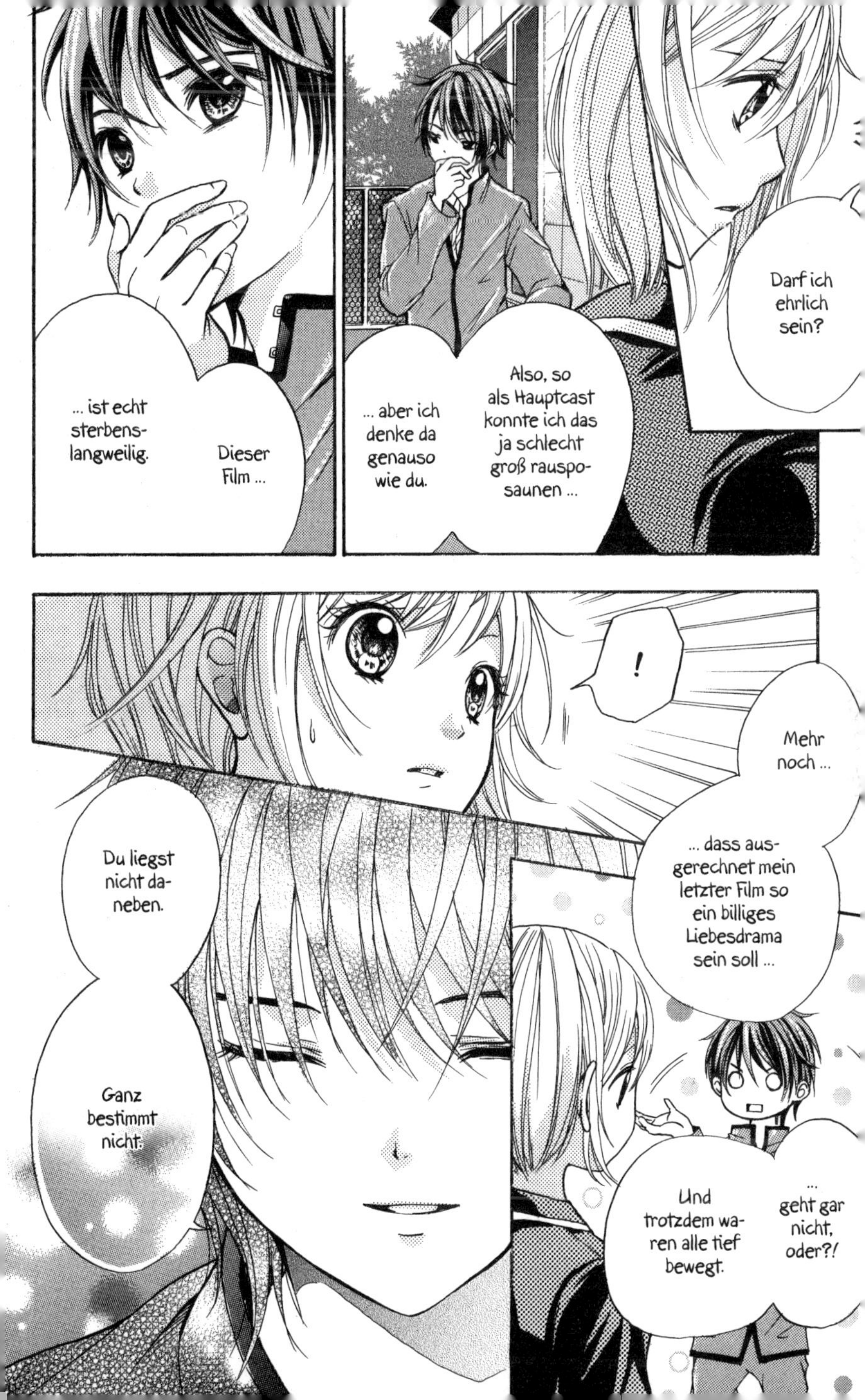
Darf ich ehrlich sein?
Also, so als Hauptcast konnte ich das ja schlecht groß rausposaunen ...
... aber ich denke da genauso wie du.
Dieser Film ...
... ist echt sterbenslangweilig.
!
Mehr noch ...
... dass ausgerechnet mein letzter Film so ein billiges Liebesdrama sein soll ...
... geht gar nicht, oder?!
Und trotzdem waren alle tief bewegt.
Du liegst nicht daneben.
Ganz bestimmt nicht.

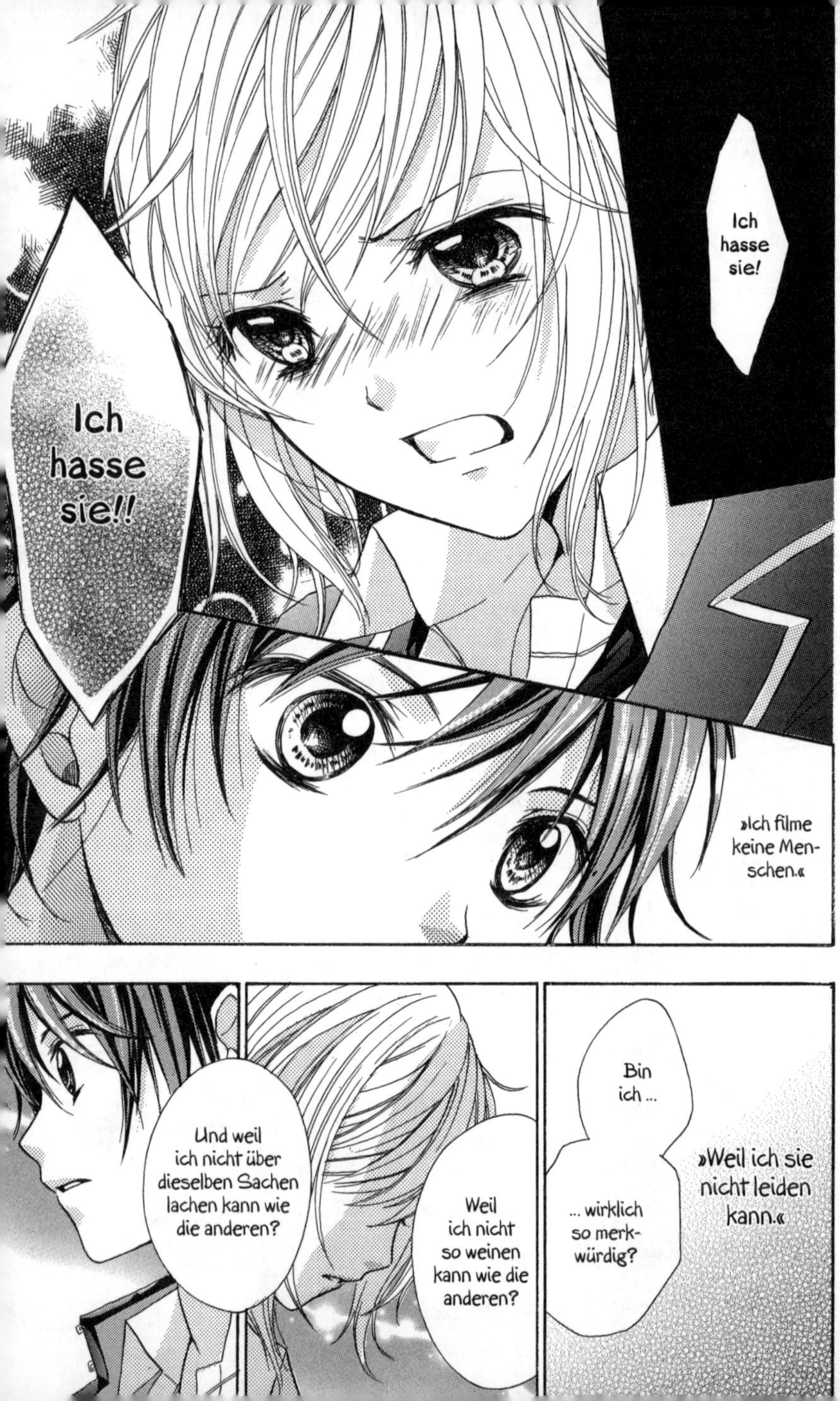
Ich hasse sie!
Ich hasse sie!!
»Ich filme keine Menschen.«
»Weil ich sie nicht leiden kann.«
Bin ich …
… wirklich so merkwürdig?
Weil ich nicht so weinen kann wie die anderen?
Und weil ich nicht über dieselben Sachen lachen kann wie die anderen?

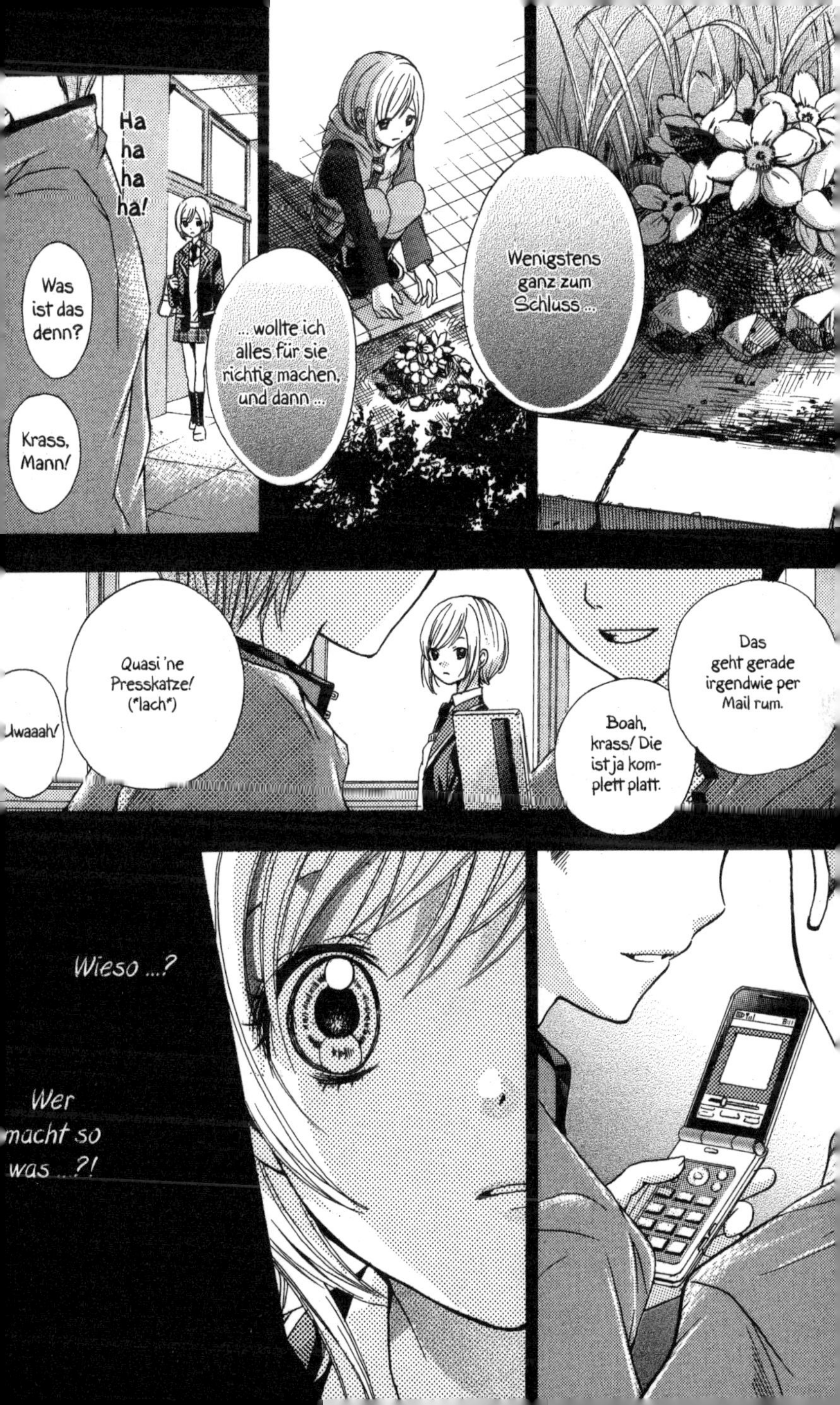
Wenigstens ganz zum Schluss ...
... wollte ich alles für sie richtig machen, und dann ...
Ha ha ha ha!
Was ist das denn?
Krass, Mann!
Das geht gerade irgendwie per Mail rum.
Boah, krass! Die ist ja komplett platt.
Quasi 'ne Presskatze! (*lach*)
Uwaaah!
Wieso ...?
Wer macht so was ...?!

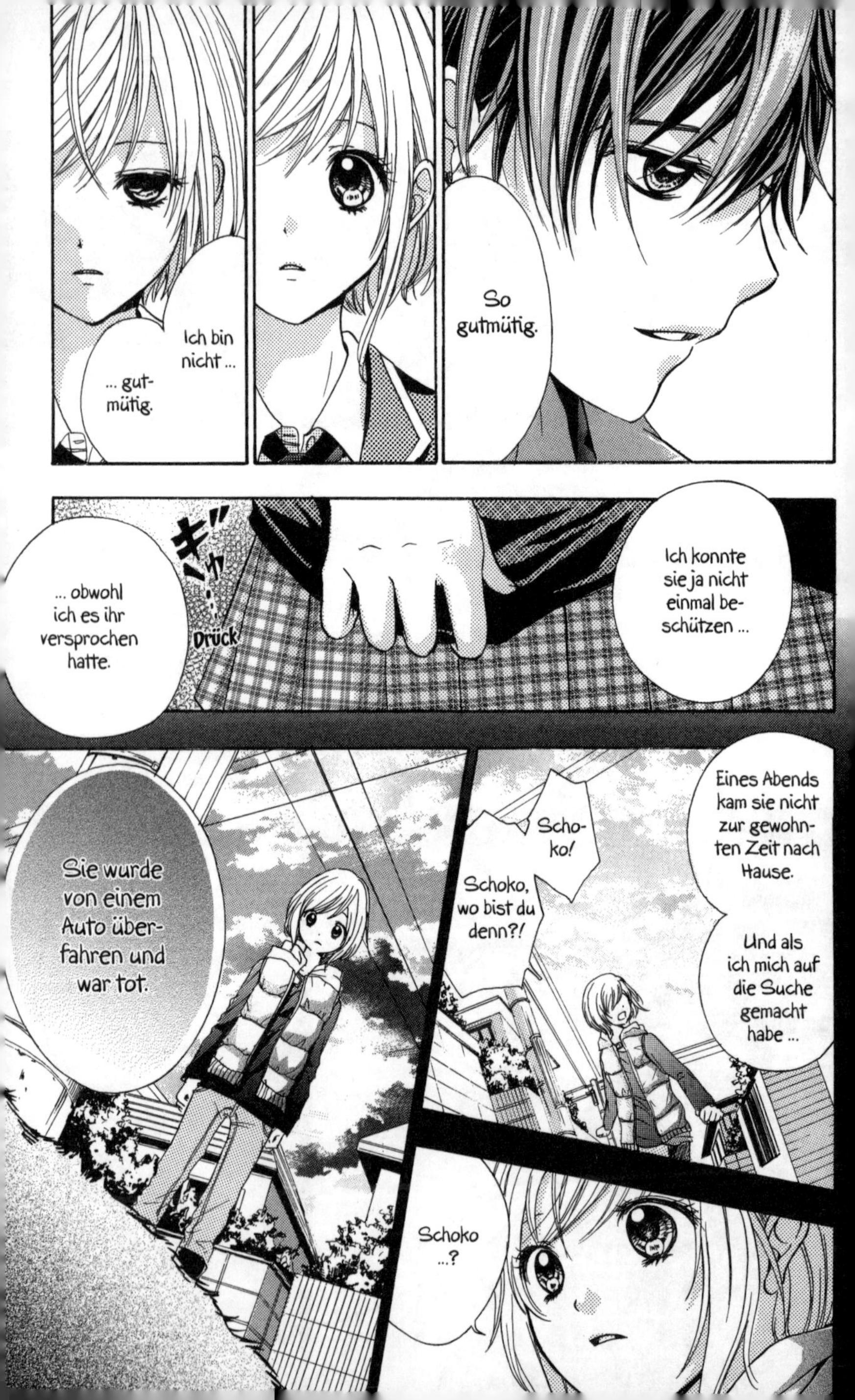
So gutmütig.
Ich bin nicht ...
... gutmütig.
Ich konnte sie ja nicht einmal beschützen ...
Drück
... obwohl ich es ihr versprochen hatte.
Eines Abends kam sie nicht zur gewohnten Zeit nach Hause.
Und als ich mich auf die Suche gemacht habe ...
Schoko!
Schoko, wo bist du denn?!
Schoko ...?
Sie wurde von einem Auto überfahren und war tot.

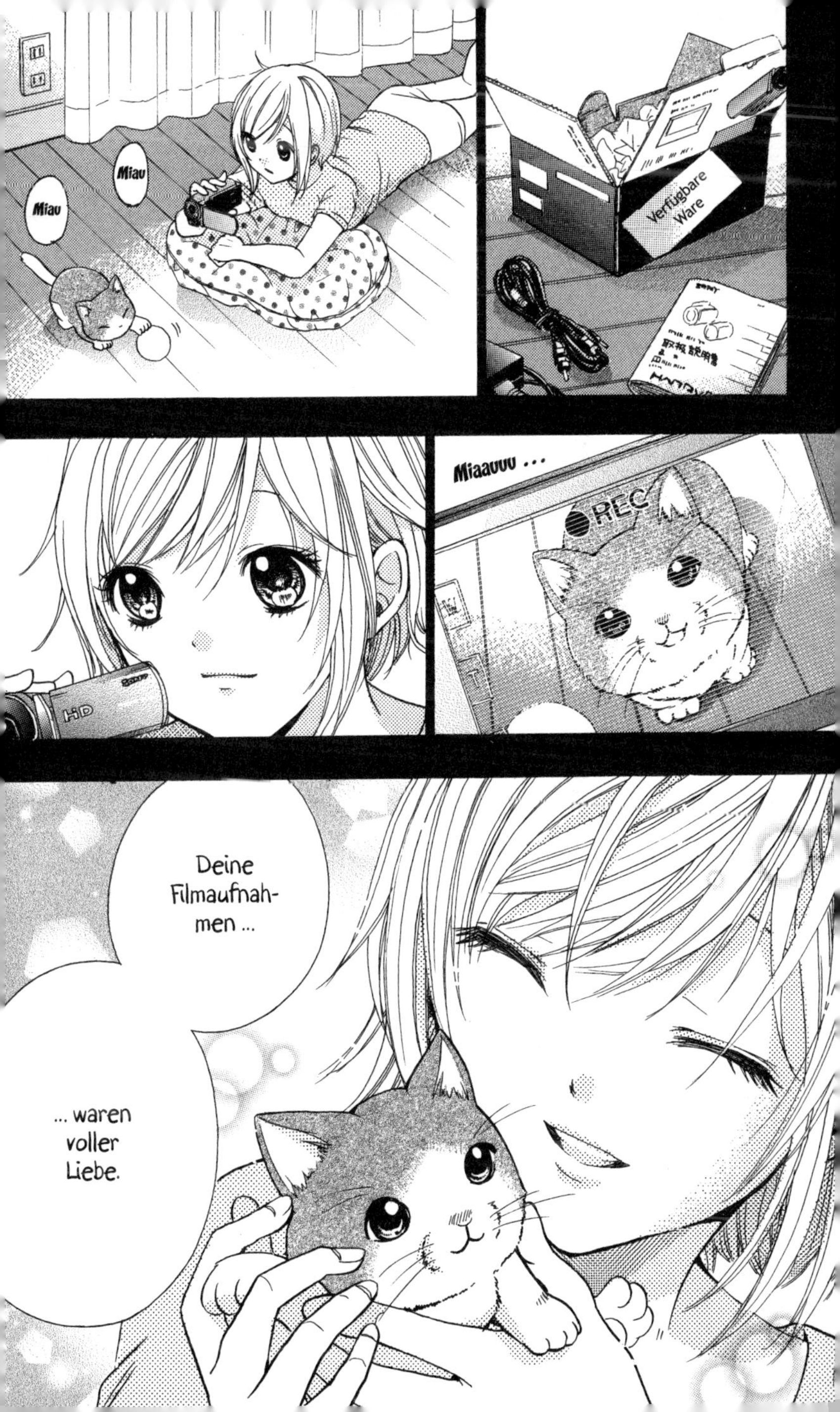
Miau
Miau
Verfügbare Ware
Miaauuu ...
REC
Deine Filmaufnahmen ...
... waren voller Liebe.

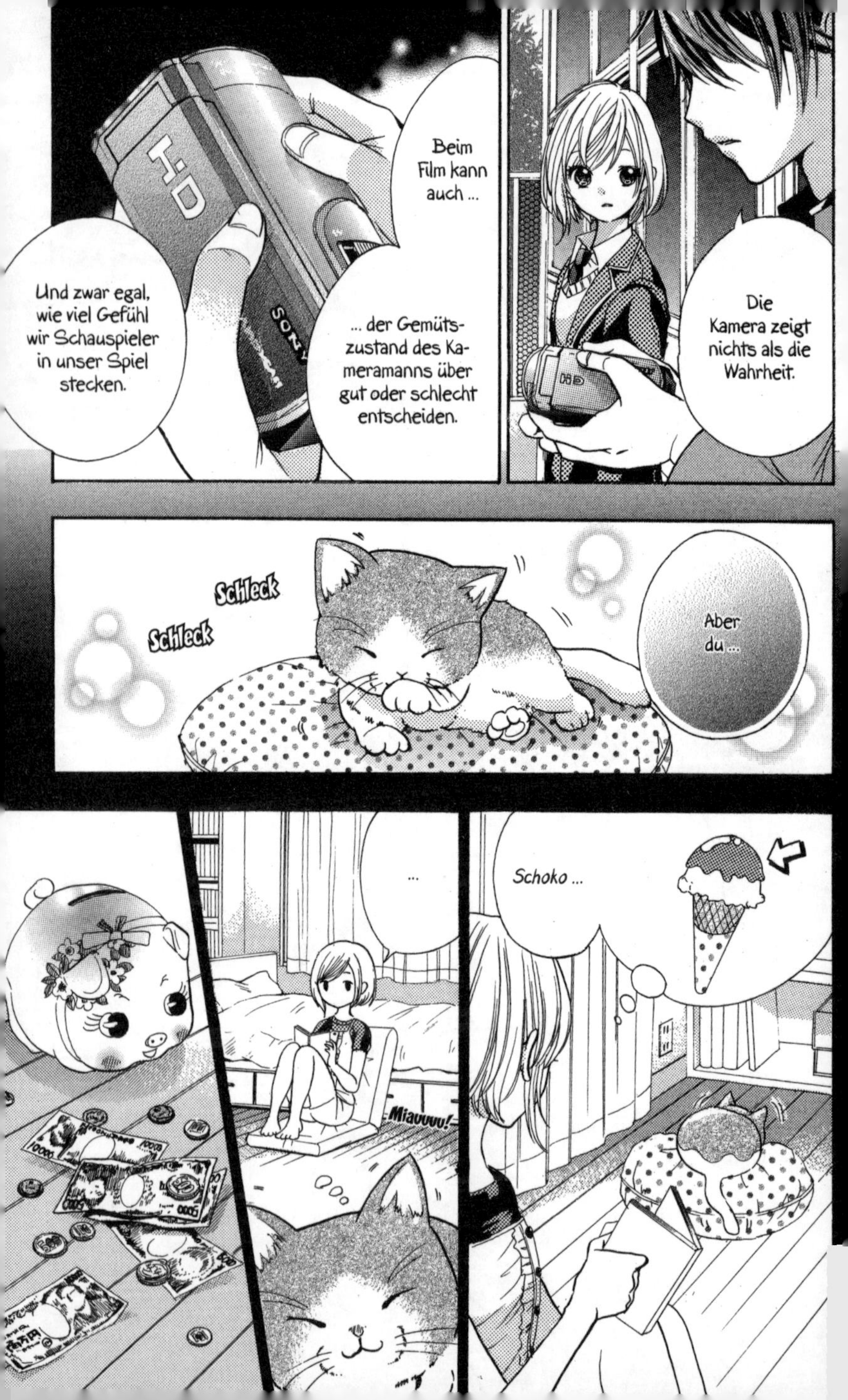
Die Kamera zeigt nichts als die Wahrheit.
Beim Film kann auch ...
... der Gemütszustand des Kameramanns über gut oder schlecht entscheiden.
Und zwar egal, wie viel Gefühl wir Schauspieler in unser Spiel stecken.
Aber du ...
Schleck
Schleck
Schoko ...
...
Miauuuu!

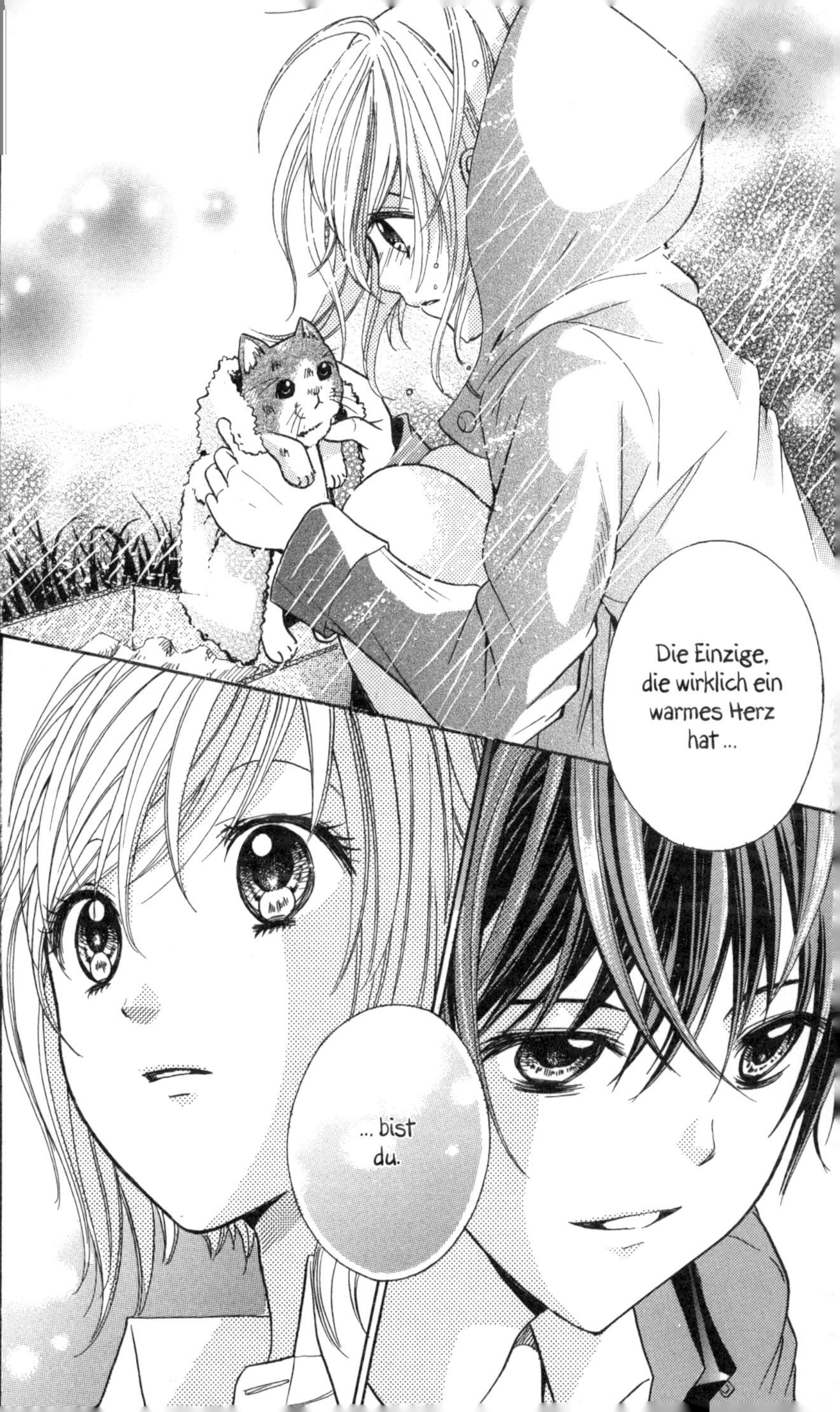
Die Einzige,
die wirklich ein
warmes Herz
hat ...
... bist
du.

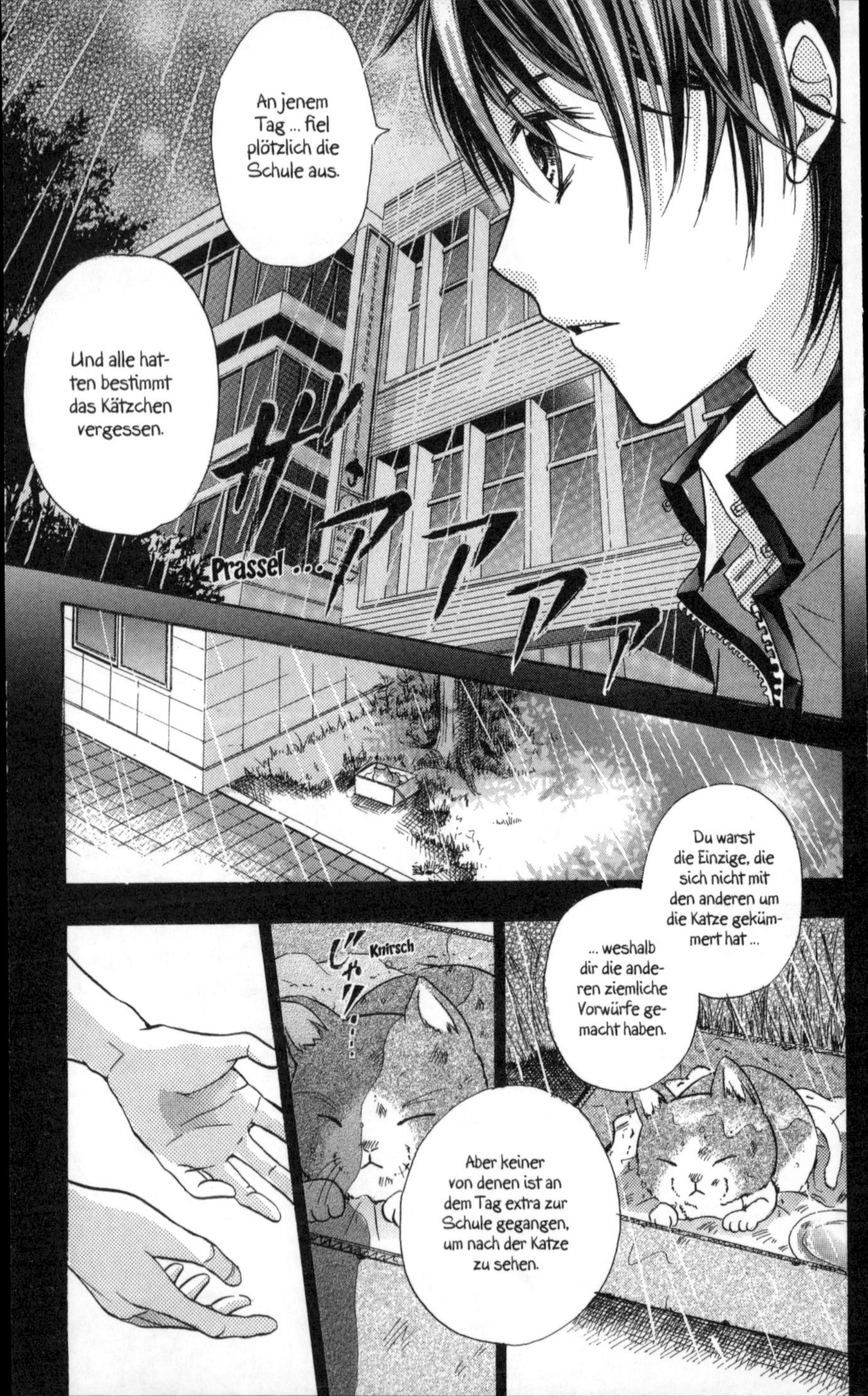
An jenem Tag ... fiel plötzlich die Schule aus.
Und alle hatten bestimmt das Kätzchen vergessen.
Prassel ...
Du warst die Einzige, die sich nicht mit den anderen um die Katze gekümmert hat ...
... weshalb dir die anderen ziemliche Vorwürfe gemacht haben.
Knirsch
Aber keiner von denen ist an dem Tag extra zur Schule gegangen, um nach der Katze zu sehen.

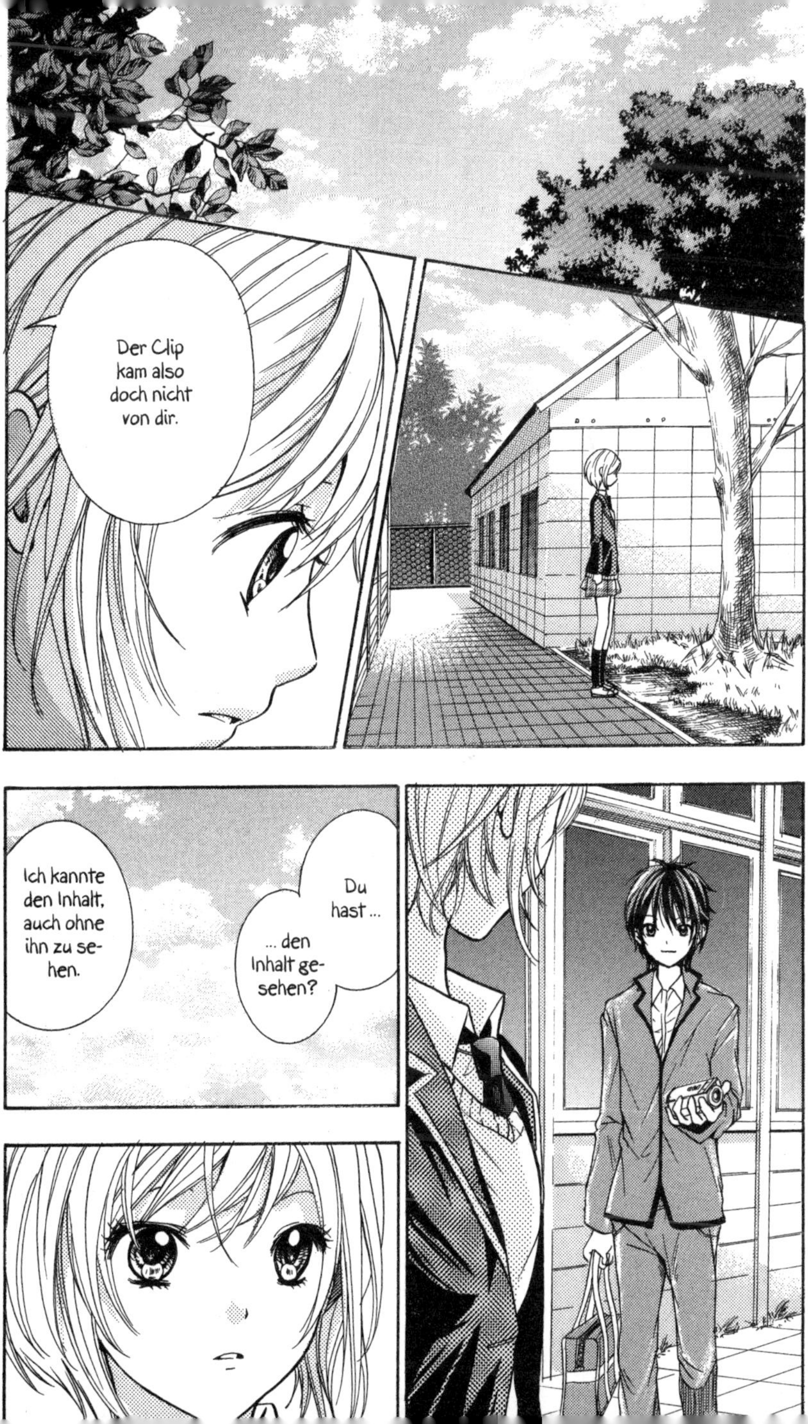
Der Clip kam also doch nicht von dir.
Du hast ...
... den Inhalt gesehen?
Ich kannte den Inhalt, auch ohne ihn zu sehen.

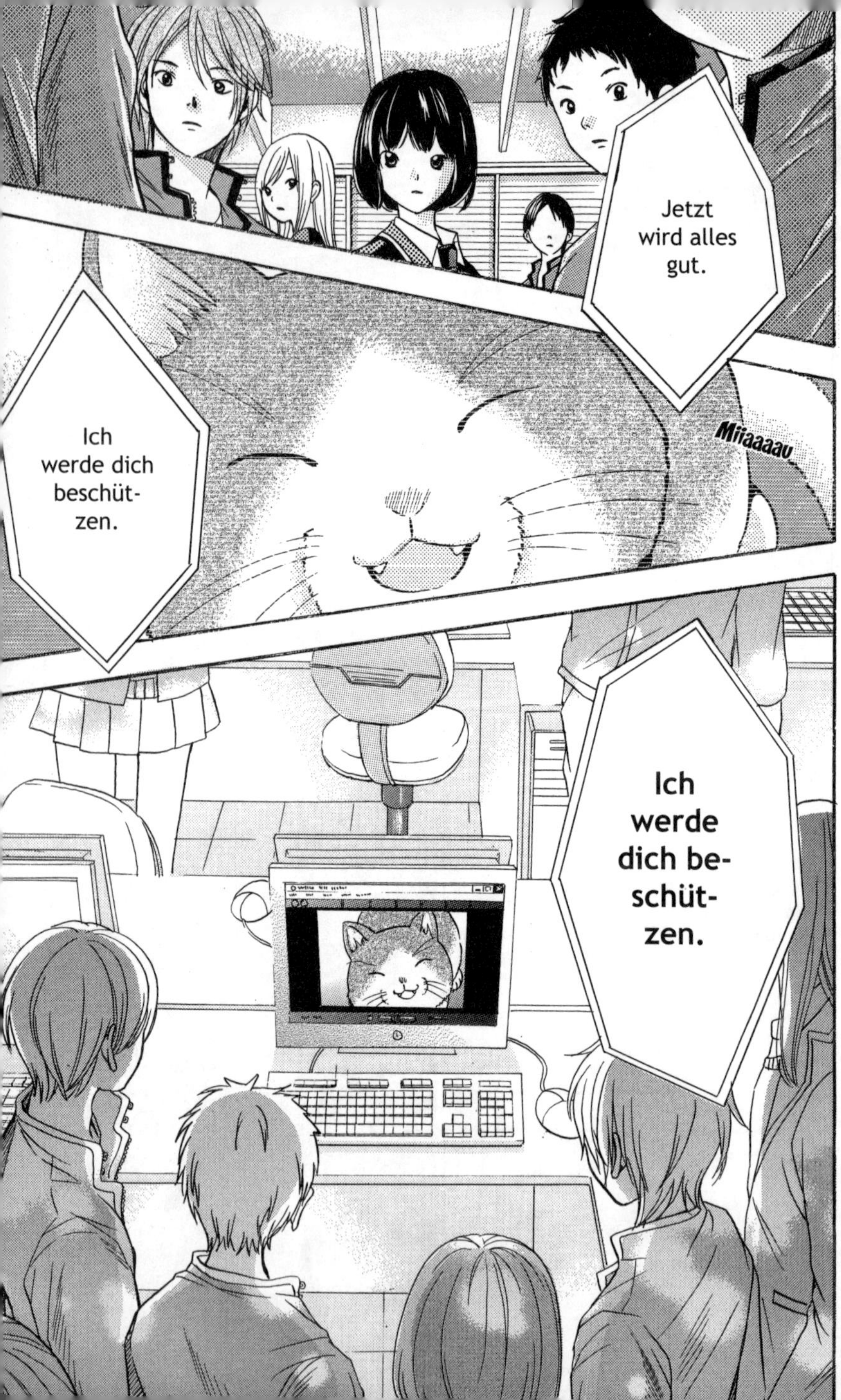
Jetzt wird alles gut.
Miiaaaau
Ich werde dich beschützen.
Ich werde dich beschützen.

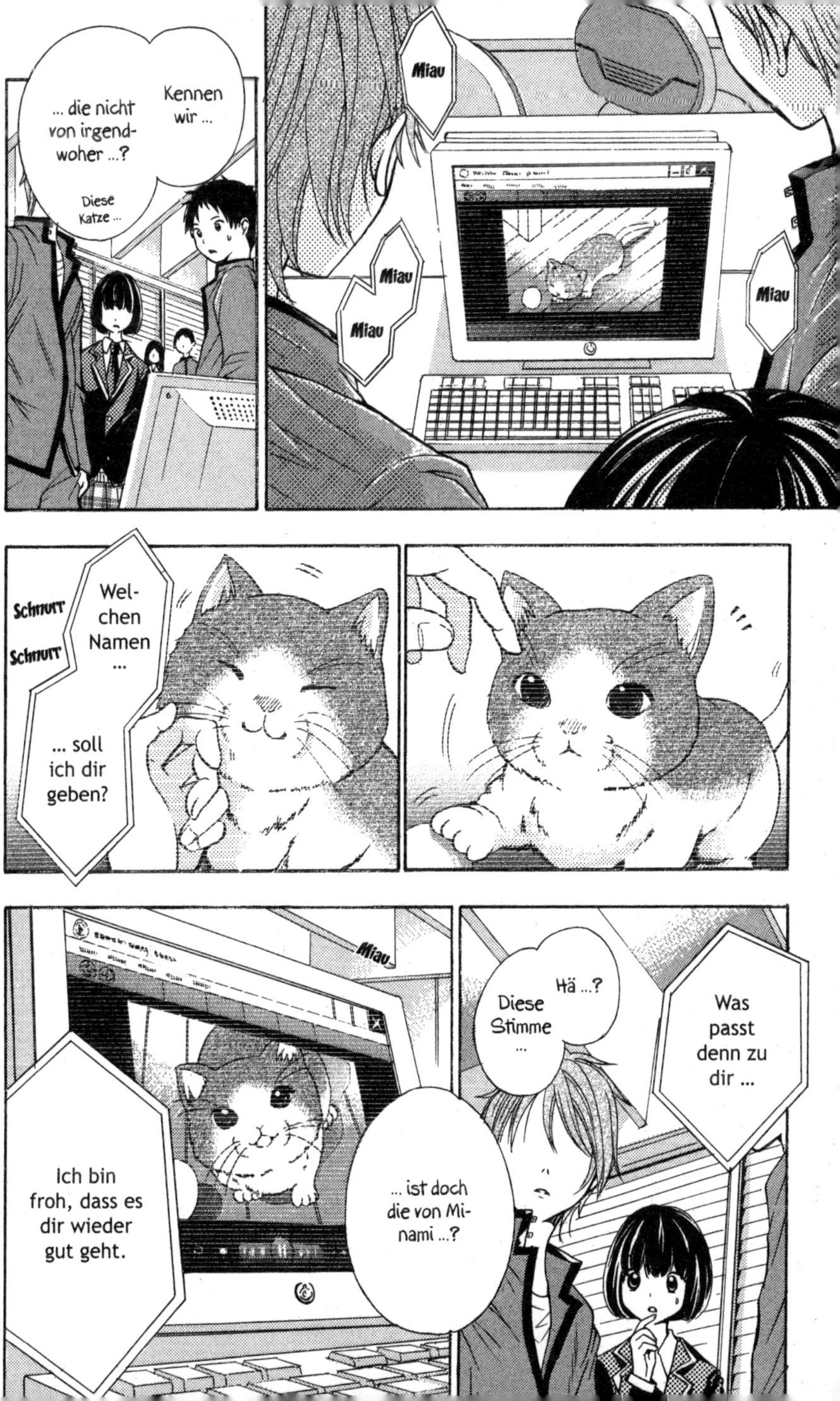
Miau
Miau
Miau
Miau
Kennen wir ...
... die nicht von irgendwoher ...?
Diese Katze ...
Schnurr
Schnurr
Welchen Namen ...
... soll ich dir geben?
Was passt denn zu dir ...
Hä ...?
Diese Stimme ...
... ist doch die von Minami ...?
Miau
Ich bin froh, dass es dir wieder gut geht.

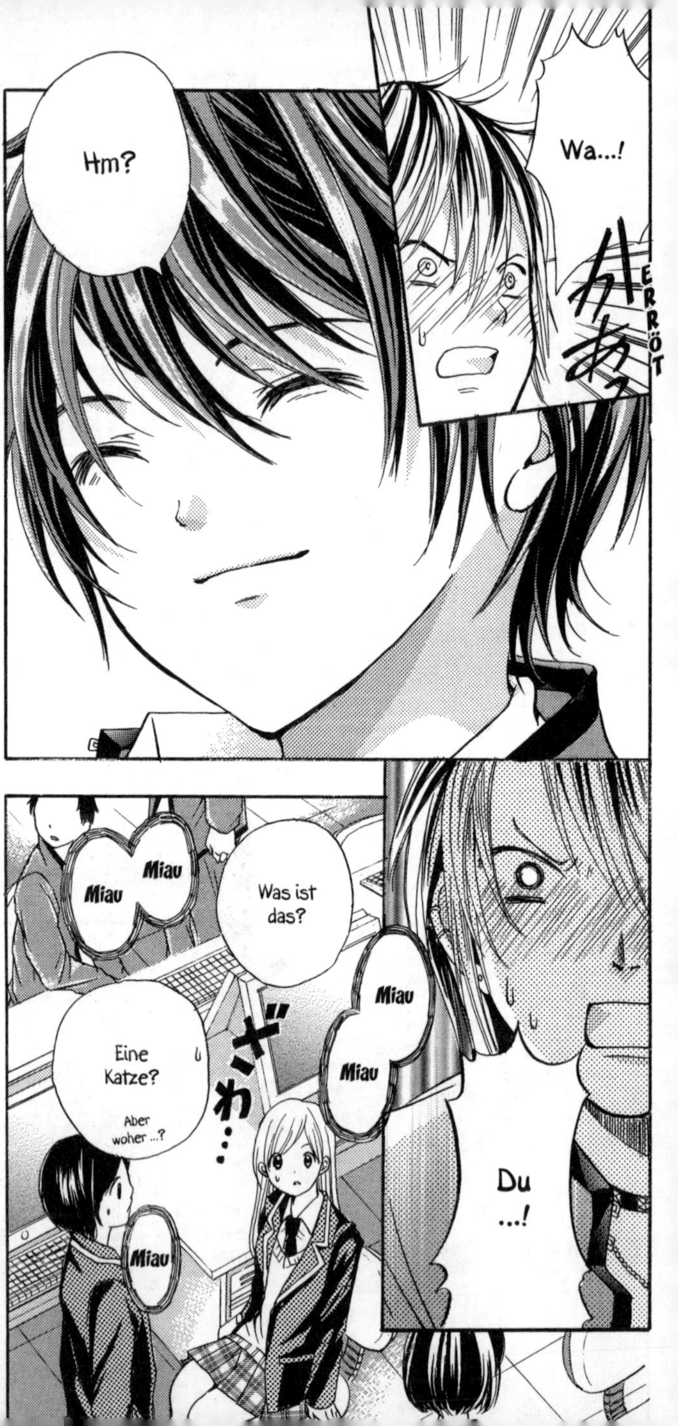
Wa...!
ERRÖT
Hm?
Du ...!
Miau
Miau
Was ist das?
Miau
Miau
Eine Katze?
Aber woher ...?
Miau

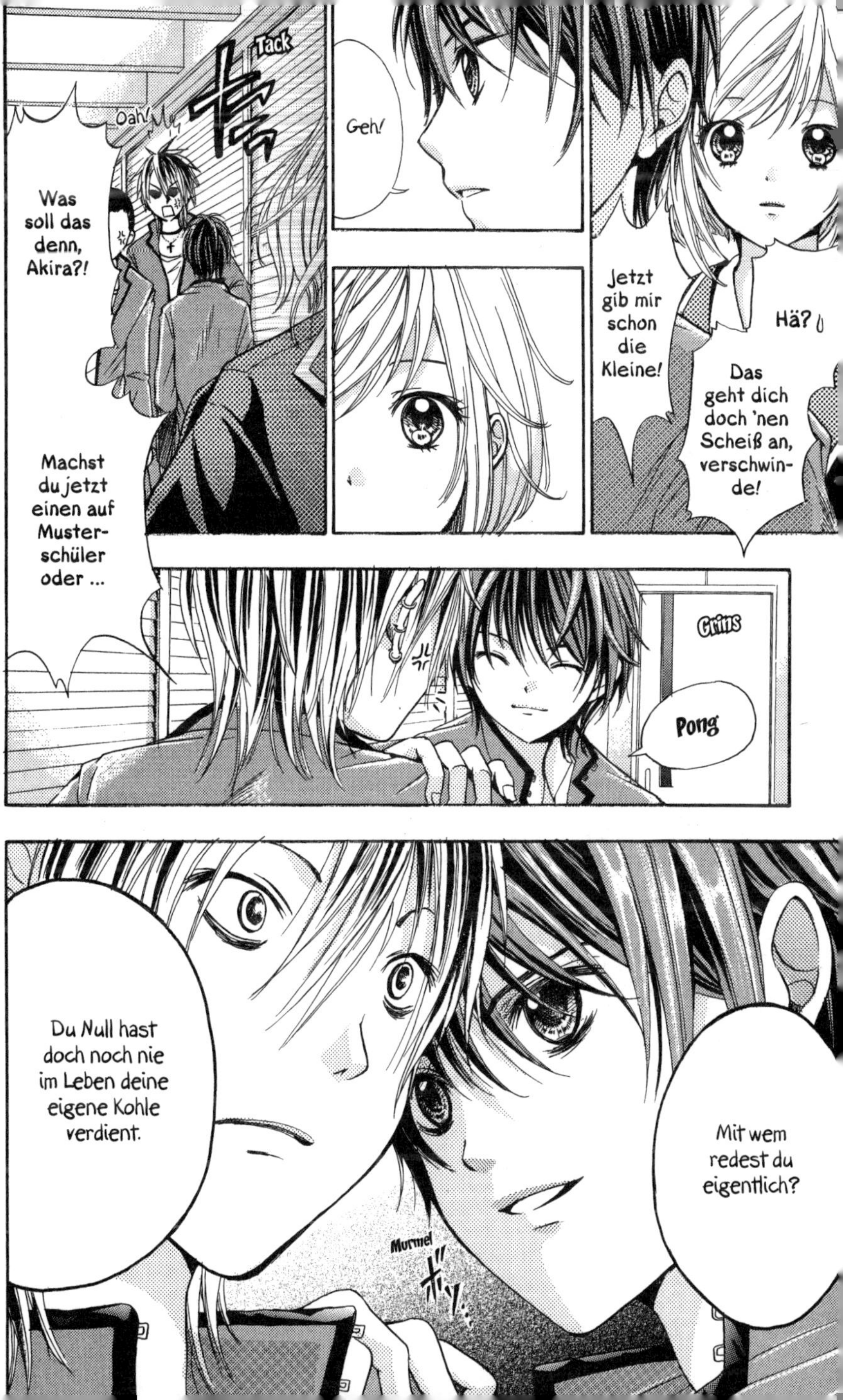

Jetzt gib mir schon die Kleine!
Hä?
Das geht dich doch 'nen Scheiß an, verschwinde!
Geh!
Tack
Oah!
Was soll das denn, Akira?!
Machst du jetzt einen auf Musterschüler oder ...
Grins
Pong
Mit wem redest du eigentlich?
Du Null hast doch noch nie im Leben deine eigene Kohle verdient.
Murmel

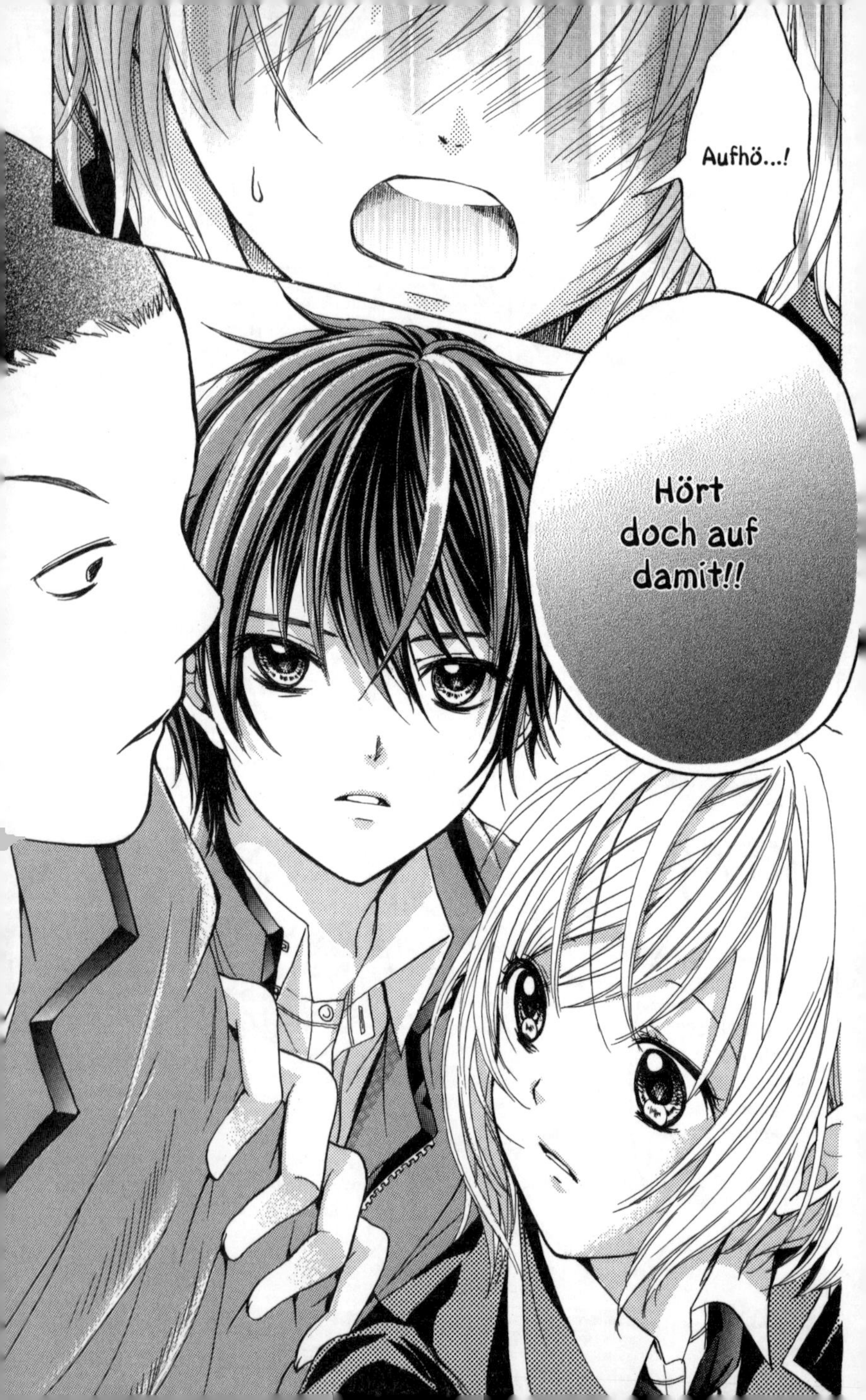
Aufhö…!
Hört doch auf damit!!

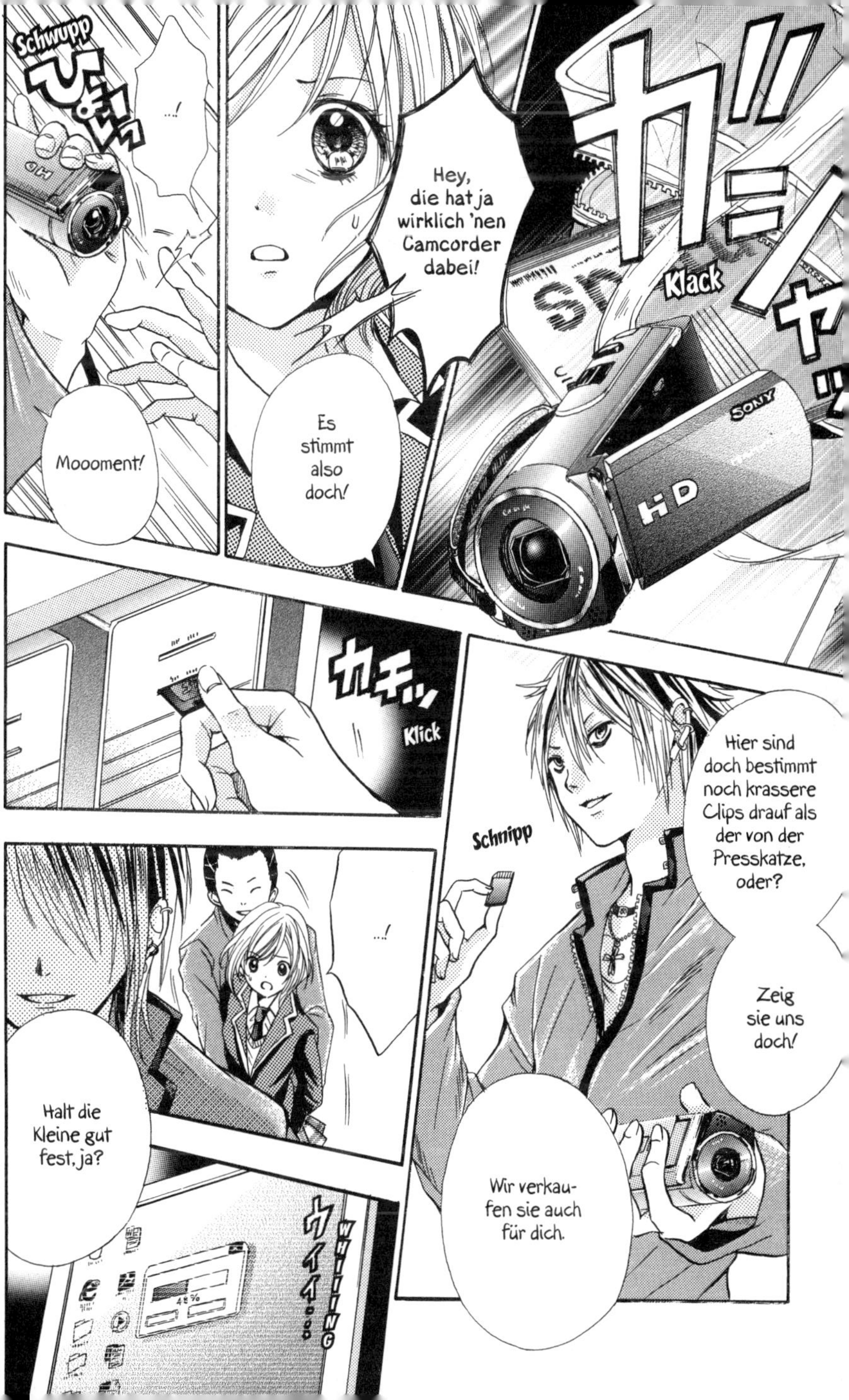
Klack
Hey, die hat ja wirklich 'nen Camcorder dabei!
Es stimmt also doch!
Schwupp
...!
Mooooment!
Schnipp
Hier sind doch bestimmt noch krassere Clips drauf als der von der Presskatze, oder?
Klick
Zeig sie uns doch!
Wir verkaufen sie auch für dich.
...!
Halt die Kleine gut fest, ja?
WHIIIING

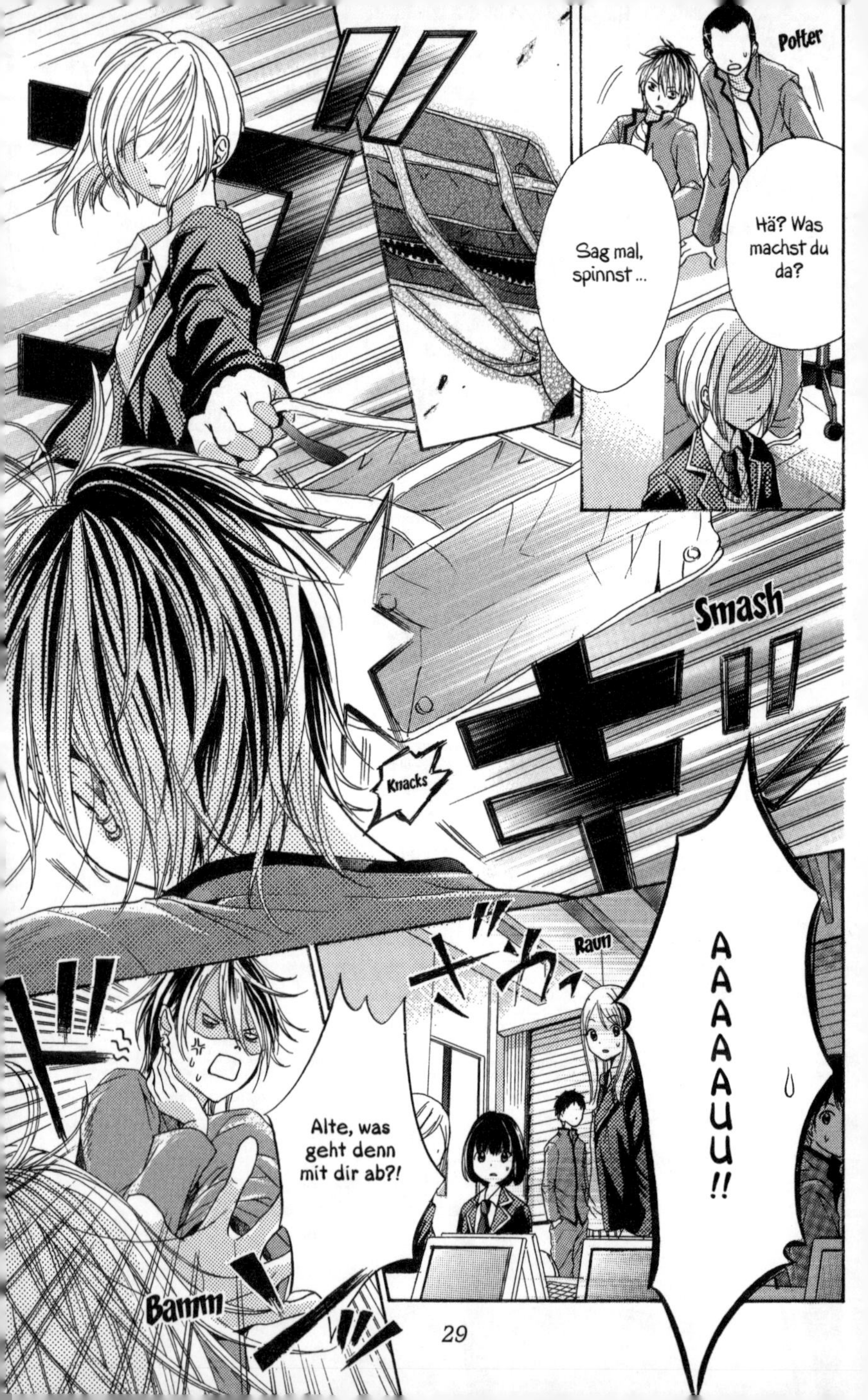
Polter
Hä? Was machst du da?
Sag mal, spinnst ...
Smash
Knacks
AAAAAAUU!!
Raun
Alte, was geht denn mit dir ab?!
Bamm

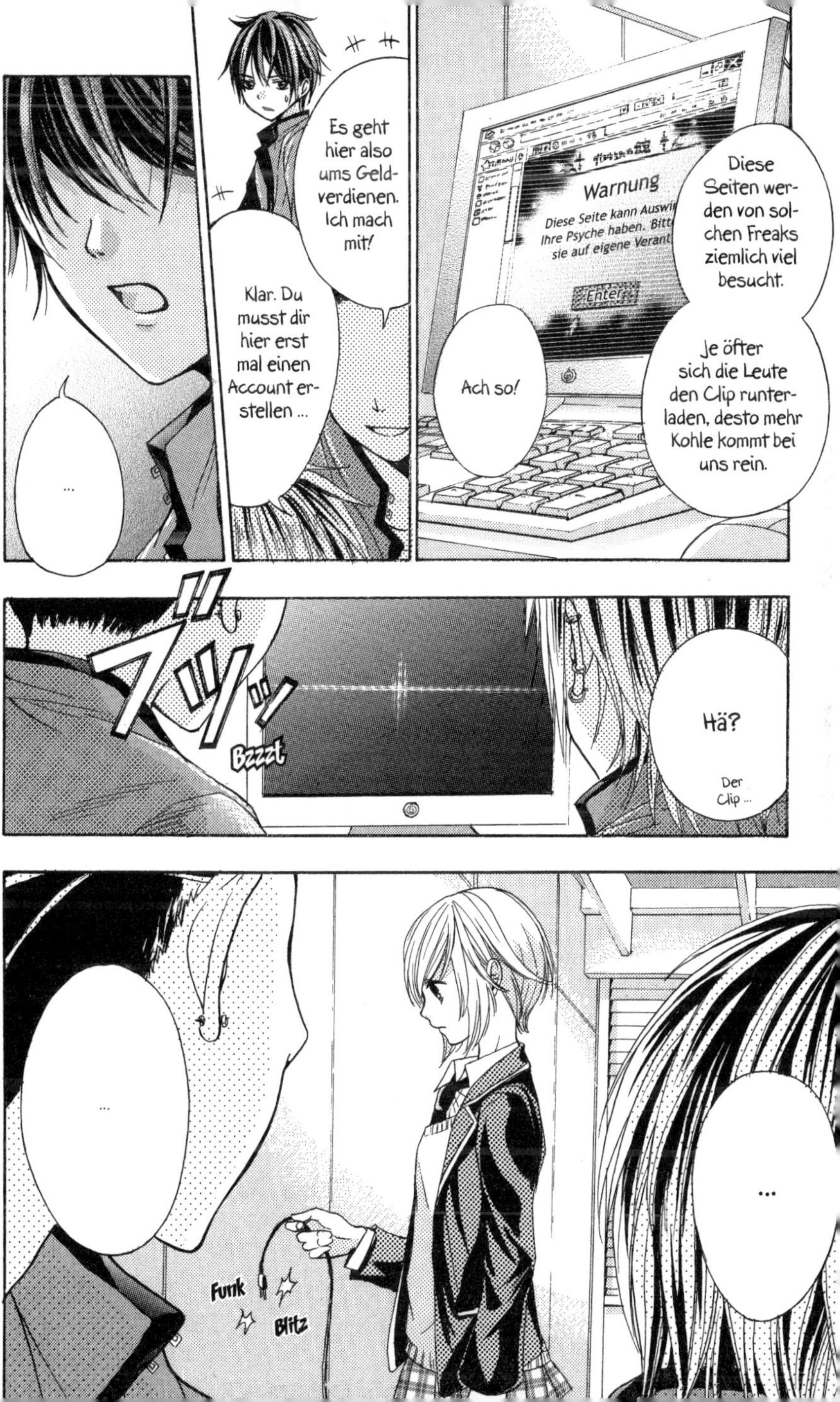

Warnung
Enter
Diese Seiten werden von solchen Freaks ziemlich viel besucht.
Je öfter sich die Leute den Clip runterladen, desto mehr Kohle kommt bei uns rein.
Ach so!
Es geht hier also ums Geldverdienen. Ich mach mit!
Klar. Du musst dir hier erst mal einen Account erstellen ...
...
Hä?
Der Clip ...
Bzzzt
...
...
Funk
Blitz

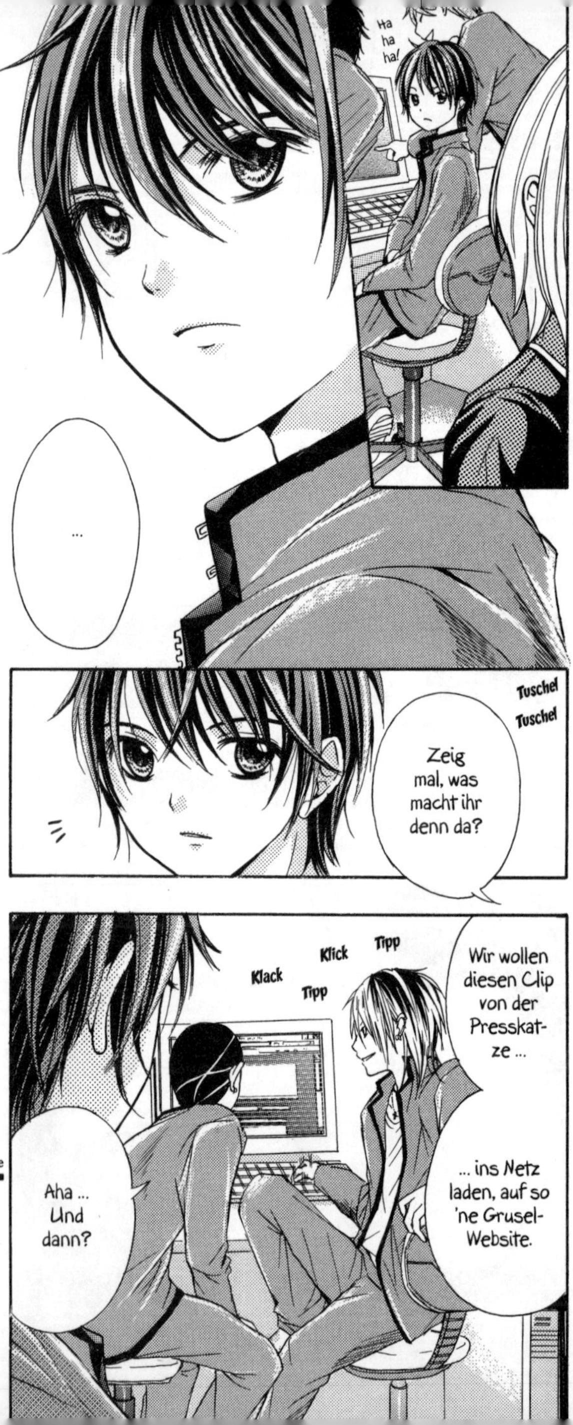

Der Tag, an dem ich weinte

REC

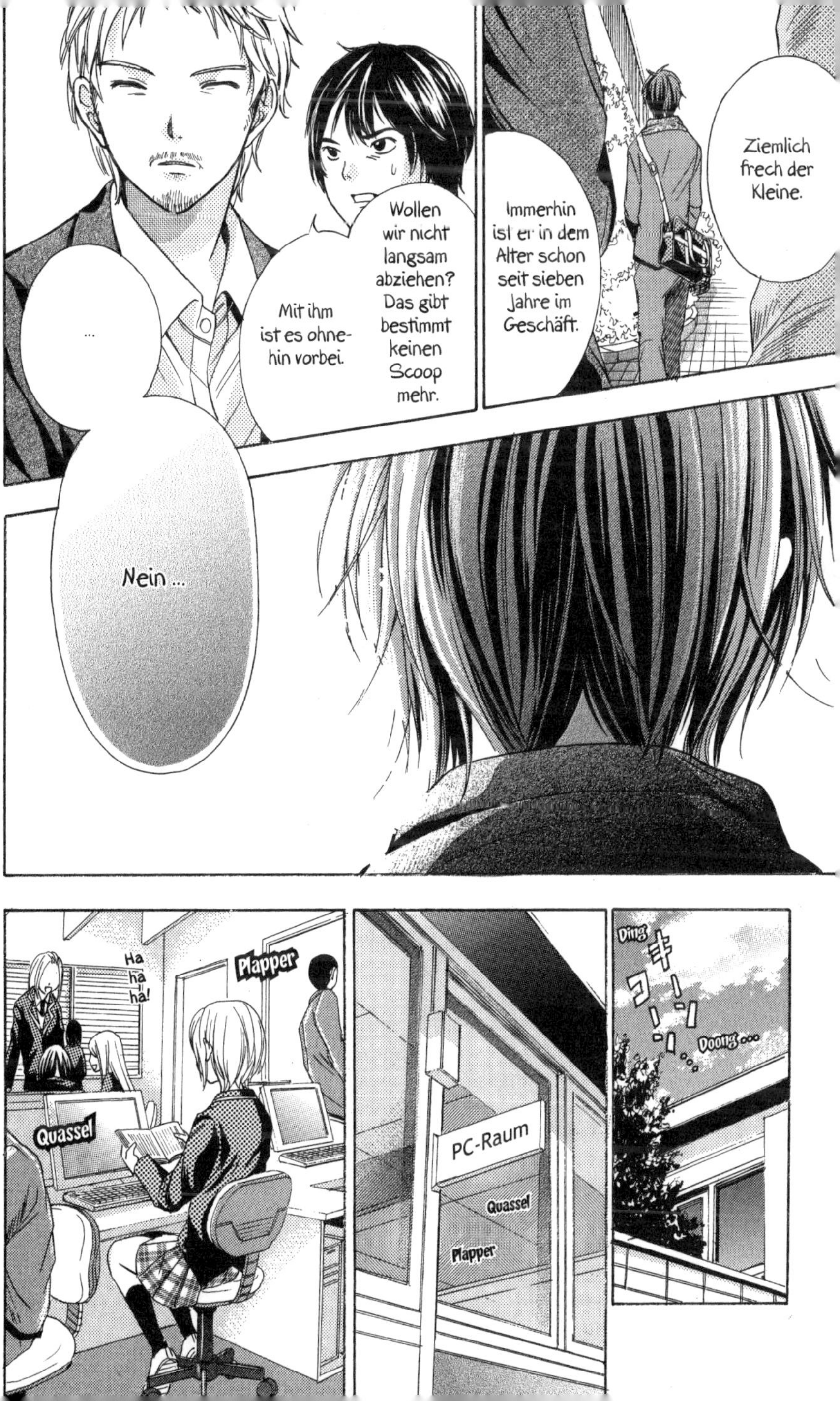
Ziemlich frech der Kleine.
Immerhin ist er in dem Alter schon seit sieben Jahre im Geschäft.
Wollen wir nicht langsam abziehen? Das gibt bestimmt keinen Scoop mehr.
Mit ihm ist es ohnehin vorbei.
...
Nein ...
Ding
Doong...
PC-Raum
Quassel
Plapper
Plapper
Ha ha ha!
Quassel

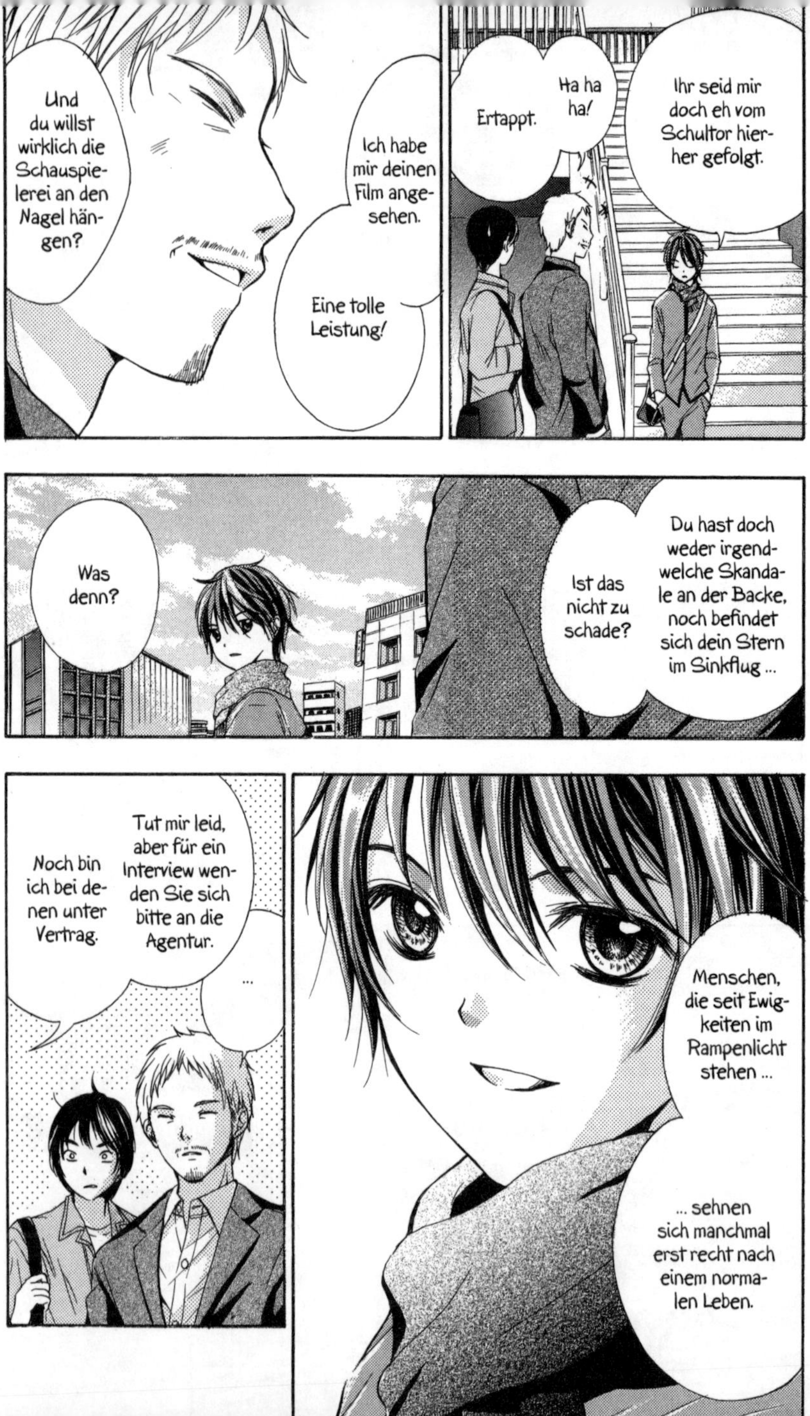
Ihr seid mir doch eh vom Schultor hierher gefolgt.
Ha ha ha!
Ertappt.
Ich habe mir deinen Film angesehen.
Eine tolle Leistung!
Und du willst wirklich die Schauspielerei an den Nagel hängen?
Du hast doch weder irgendwelche Skandale an der Backe, noch befindet sich dein Stern im Sinkflug ...
Ist das nicht zu schade?
Was denn?
Menschen, die seit Ewigkeiten im Rampenlicht stehen ...
... sehnen sich manchmal erst recht nach einem normalen Leben.
...
Tut mir leid, aber für ein Interview wenden Sie sich bitte an die Agentur.
Noch bin ich bei denen unter Vertrag.

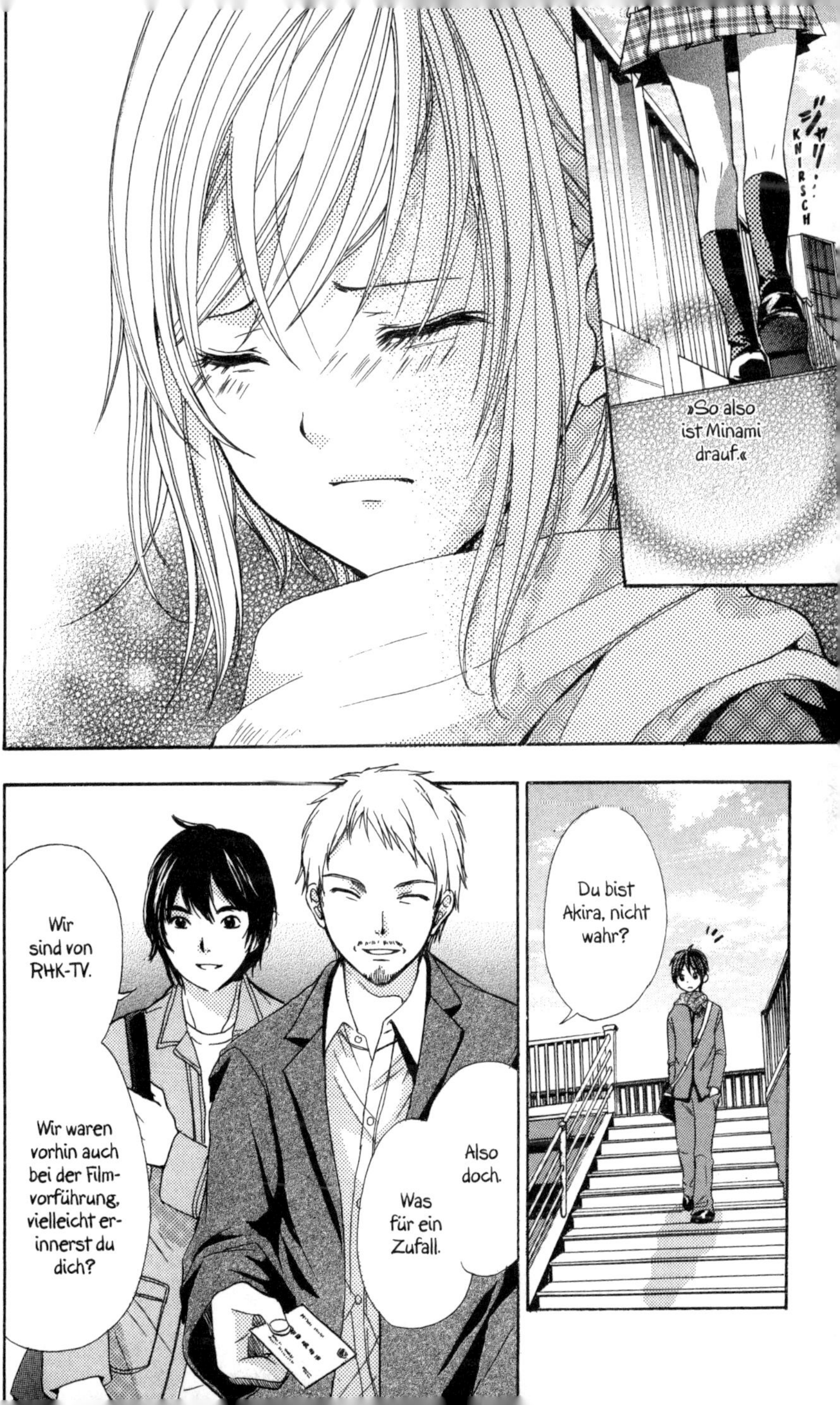
KNIRSCH
»So also ist Minami drauf.«
Du bist Akira, nicht wahr?
Also doch.
Was für ein Zufall.
Wir sind von RHK-TV.
Wir waren vorhin auch bei der Filmvorführung, vielleicht erinnerst du dich?

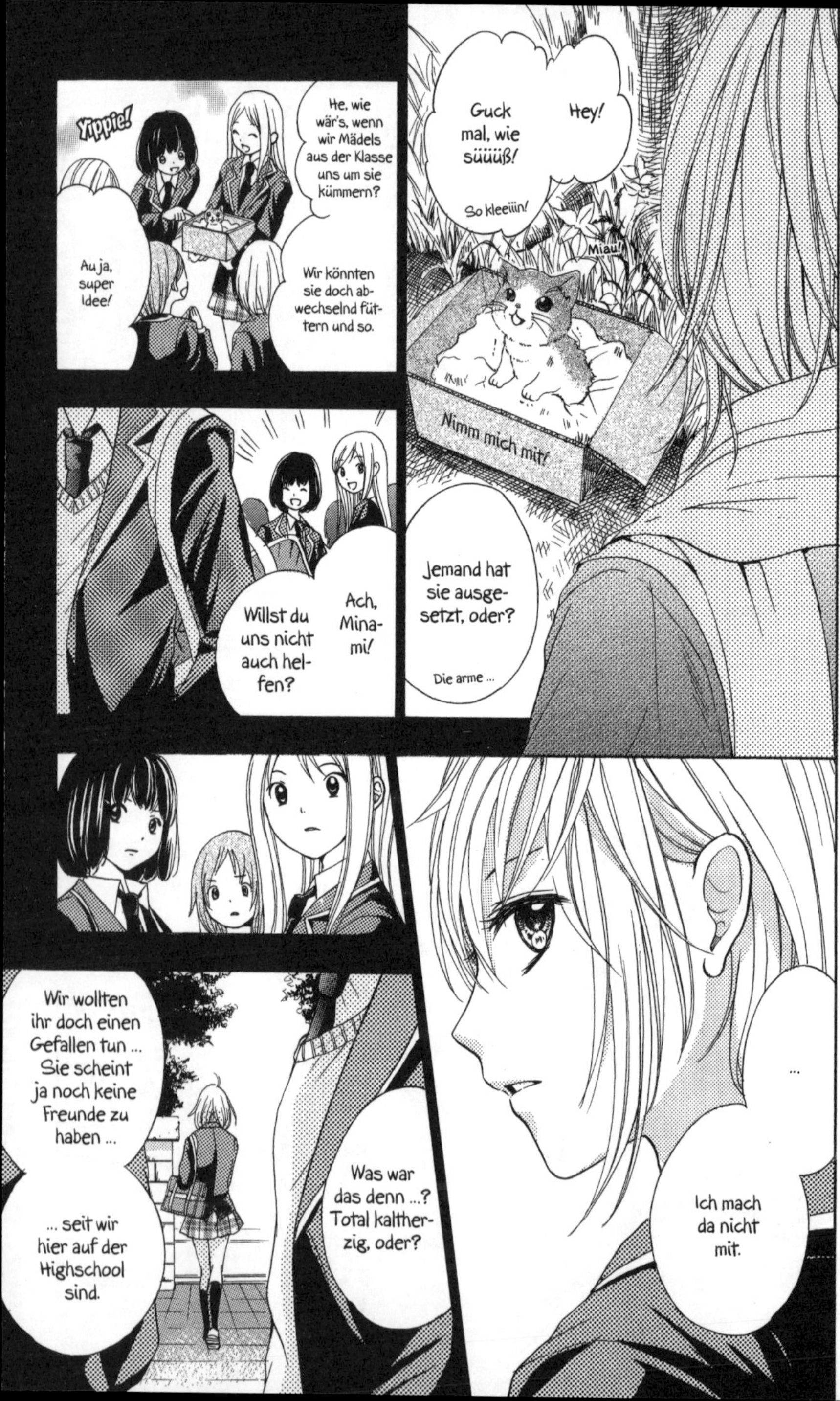
Hey!
Guck mal, wie süüüß!
So kleeiiin!
Miau!
Nimm mich mit!
Jemand hat sie ausgesetzt, oder?
Die arme ...
He, wie wär's, wenn wir Mädels aus der Klasse uns um sie kümmern?
Yippie!
Wir könnten sie doch abwechselnd füttern und so.
Au ja, super Idee!
Ach, Minami!
Willst du uns nicht auch helfen?
...
Ich mach da nicht mit.
Was war das denn ...? Total kaltherzig, oder?
Wir wollten ihr doch einen Gefallen tun ... Sie scheint ja noch keine Freunde zu haben ...
... seit wir hier auf der Highschool sind.

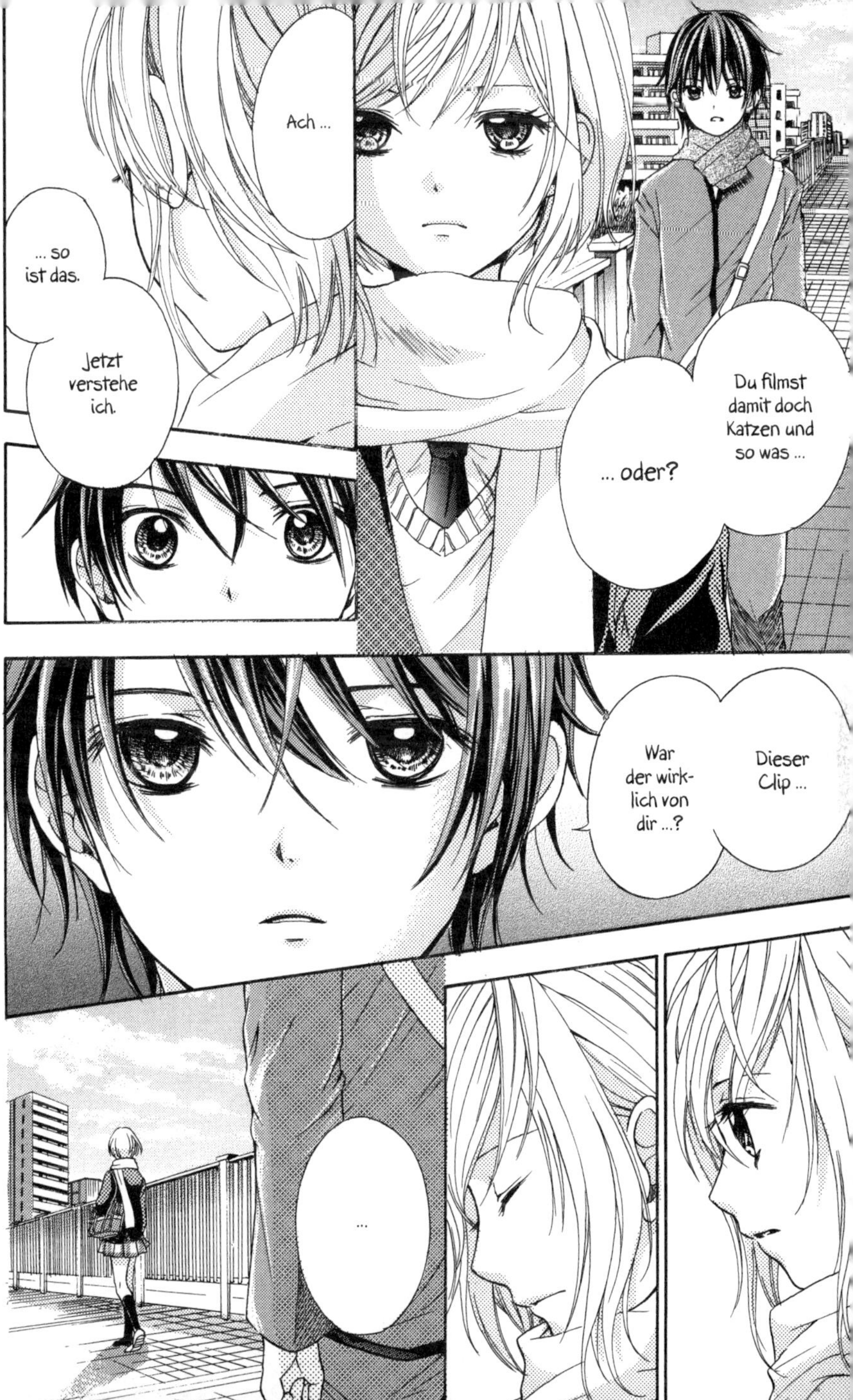
Du filmst damit doch Katzen und so was ...
... oder?
Ach ...
... so ist das.
Jetzt verstehe ich.
Dieser Clip ...
War der wirklich von dir ...?
...

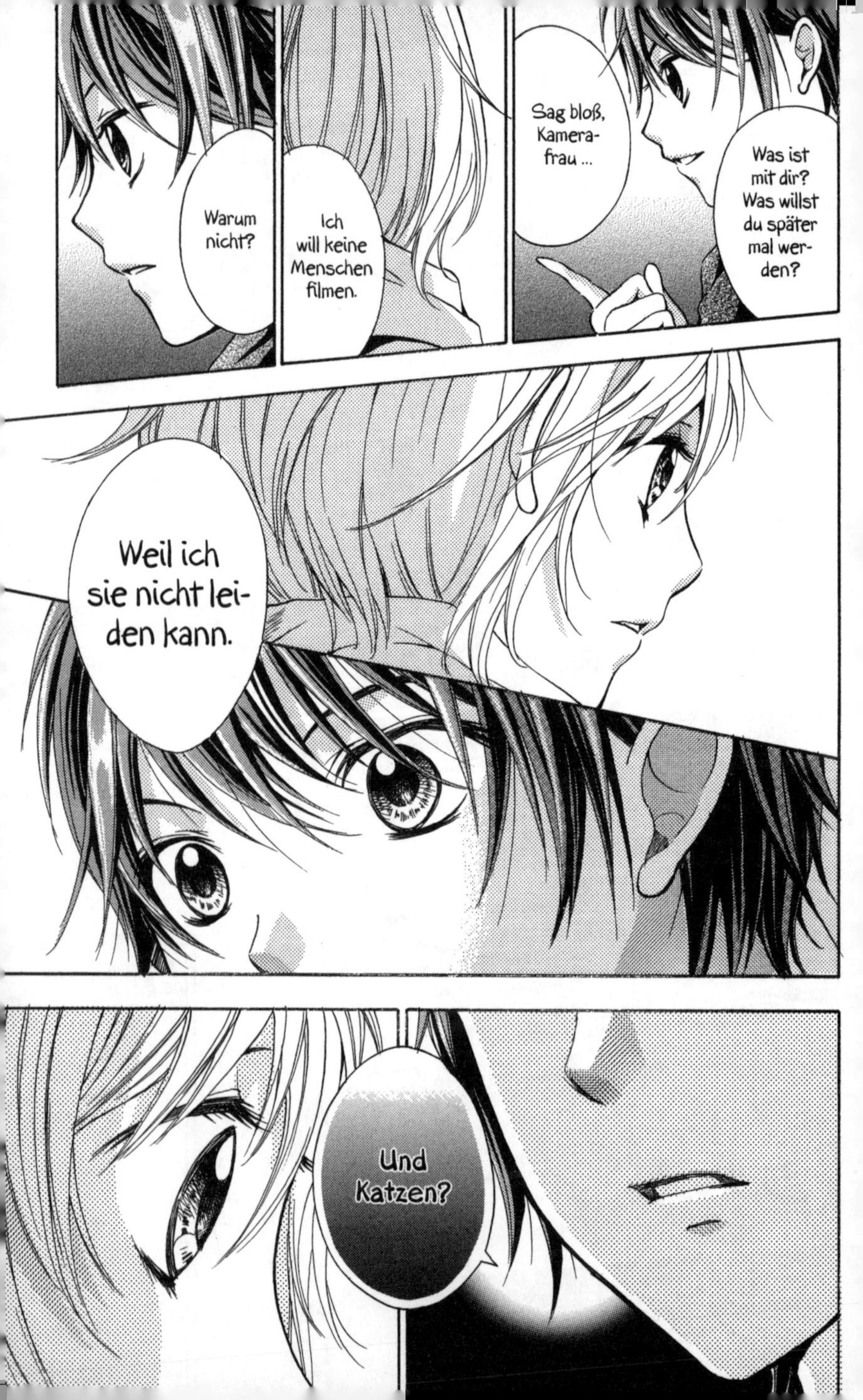
Was ist mit dir? Was willst du später mal werden?
Sag bloß, Kamerafrau ...
Ich will keine Menschen filmen.
Warum nicht?
Weil ich sie nicht leiden kann.
Und Katzen?

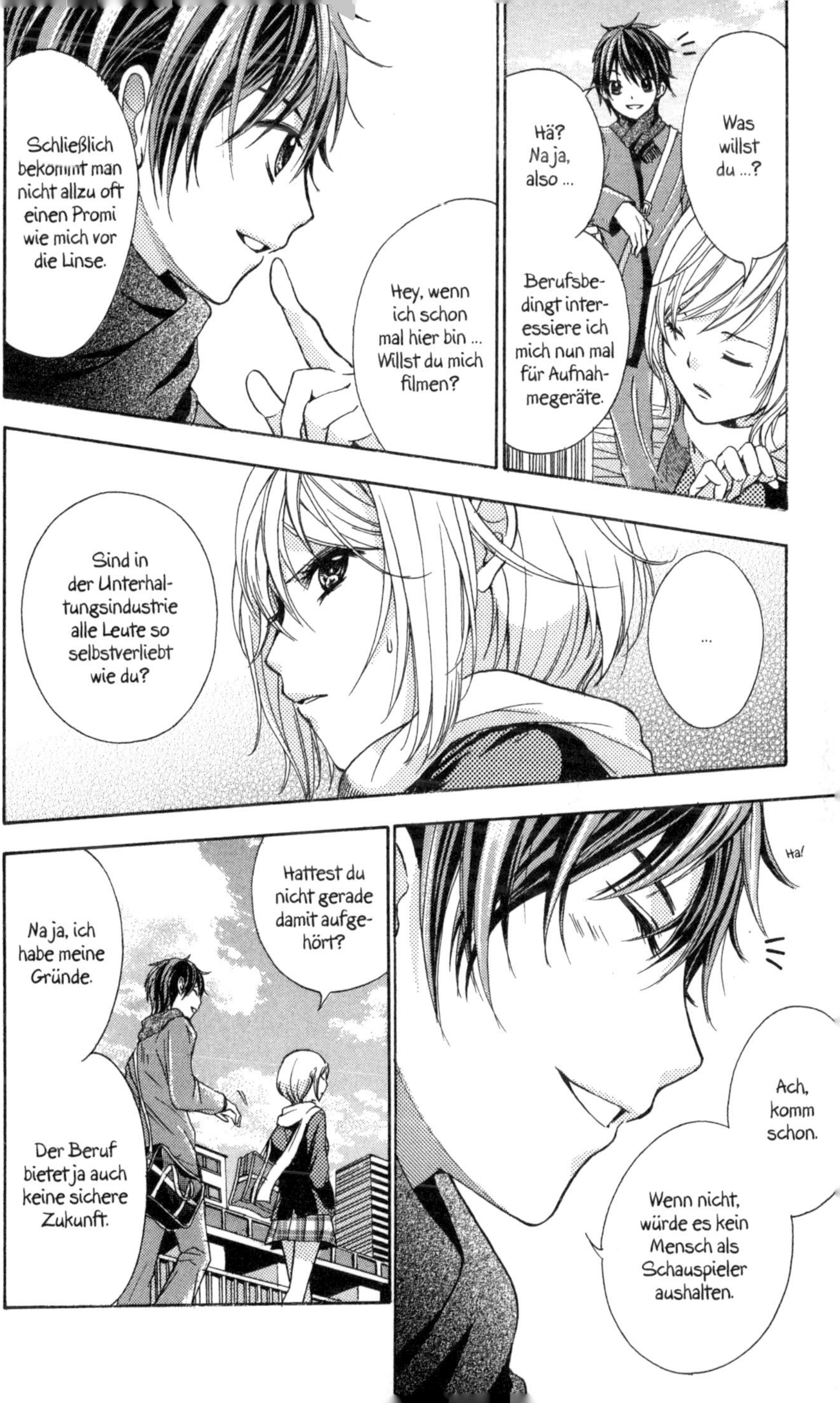
Was willst du ...?
Hä? Na ja, also ...
Berufsbedingt interessiere ich mich nun mal für Aufnahmegeräte.
Hey, wenn ich schon mal hier bin ... Willst du mich filmen?
Schließlich bekommt man nicht allzu oft einen Promi wie mich vor die Linse.
...
Sind in der Unterhaltungsindustrie alle Leute so selbstverliebt wie du?
Ha!
Ach, komm schon.
Wenn nicht, würde es kein Mensch als Schauspieler aushalten.
Hattest du nicht gerade damit aufgehört?
Na ja, ich habe meine Gründe.
Der Beruf bietet ja auch keine sichere Zukunft.

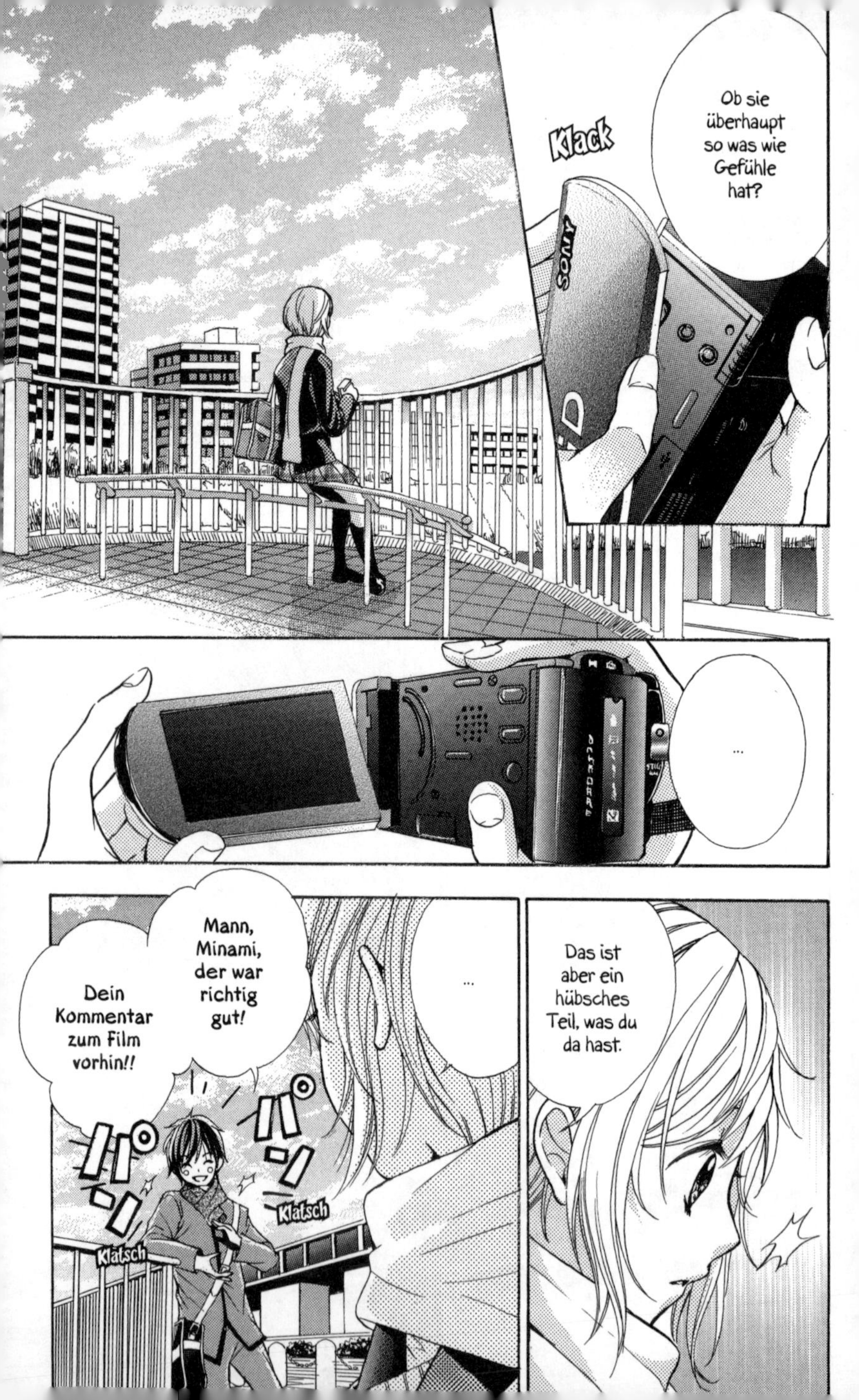
Ob sie überhaupt so was wie Gefühle hat?
Klack
...
Das ist aber ein hübsches Teil, was du da hast.
...
Mann, Minami, der war richtig gut!
Dein Kommentar zum Film vorhin!!
Klatsch
Klatsch

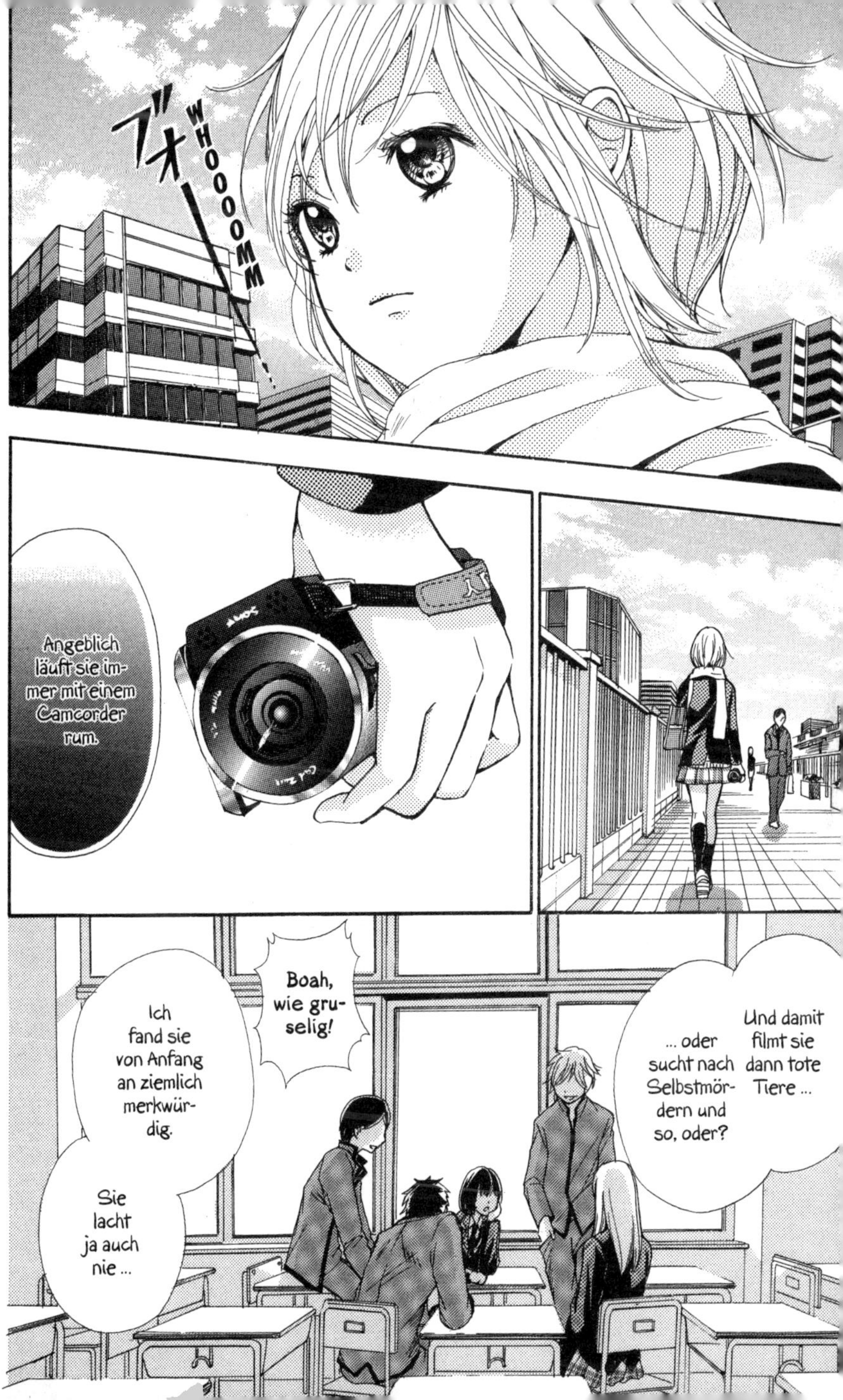
ブオ
WHOOOOOMM
Angeblich läuft sie immer mit einem Camcorder rum.
Und damit filmt sie dann tote Tiere ...
... oder sucht nach Selbstmördern und so, oder?
Boah, wie gruselig!
Ich fand sie von Anfang an ziemlich merkwürdig.
Sie lacht ja auch nie ...

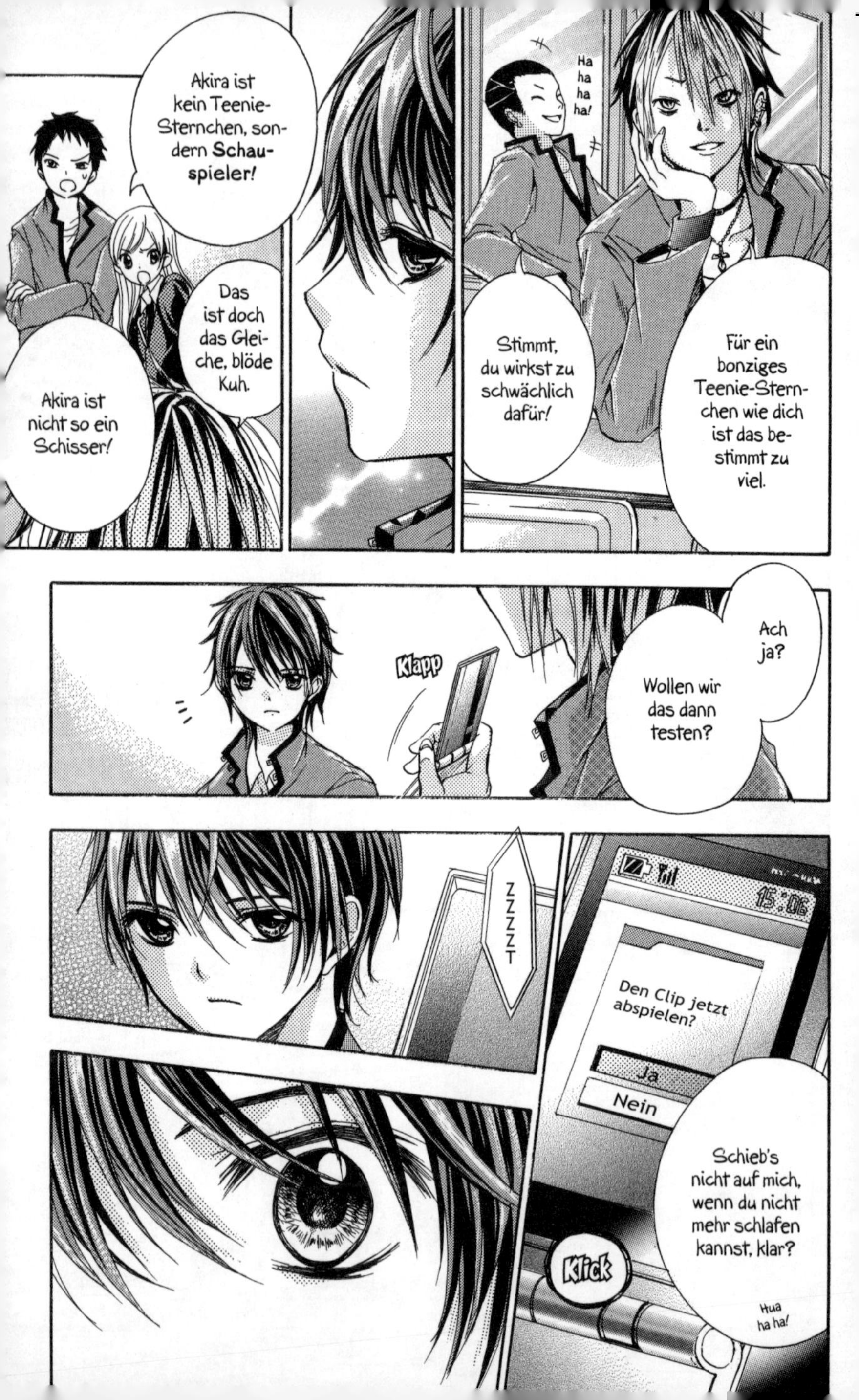
Für ein bonziges Teenie-Sternchen wie dich ist das bestimmt zu viel.
Ha ha ha ha!
Stimmt, du wirkst zu schwächlich dafür!
Akira ist kein Teenie-Sternchen, sondern **Schauspieler!**
Das ist doch das Gleiche, blöde Kuh.
Akira ist nicht so ein Schisser!
Ach ja?
Wollen wir das dann testen?
Klapp
15:06
ZZZZT
Den Clip jetzt abspielen?
Ja
Nein
Schieb's nicht auf mich, wenn du nicht mehr schlafen kannst, klar?
Hua ha ha!
Klick

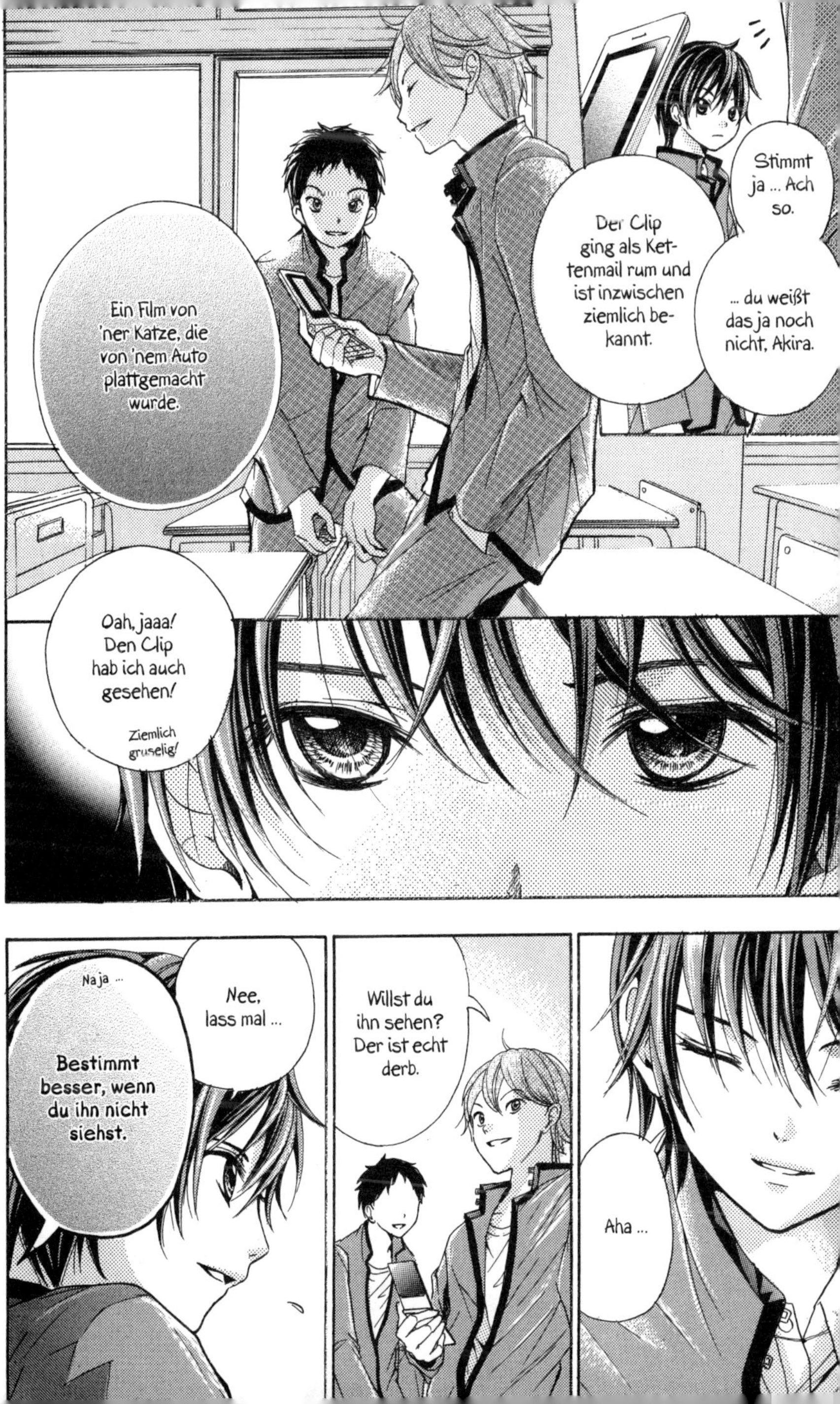

Stimmt ja ... Ach so.
... du weißt das ja noch nicht, Akira.
Der Clip ging als Kettenmail rum und ist inzwischen ziemlich bekannt.
Ein Film von 'ner Katze, die von 'nem Auto plattgemacht wurde.
Oah, jaaa! Den Clip hab ich auch gesehen!
Ziemlich gruselig!
Aha ...
Willst du ihn sehen? Der ist echt derb.
Nee, lass mal ...
Na ja ...
Bestimmt besser, wenn du ihn nicht siehst.

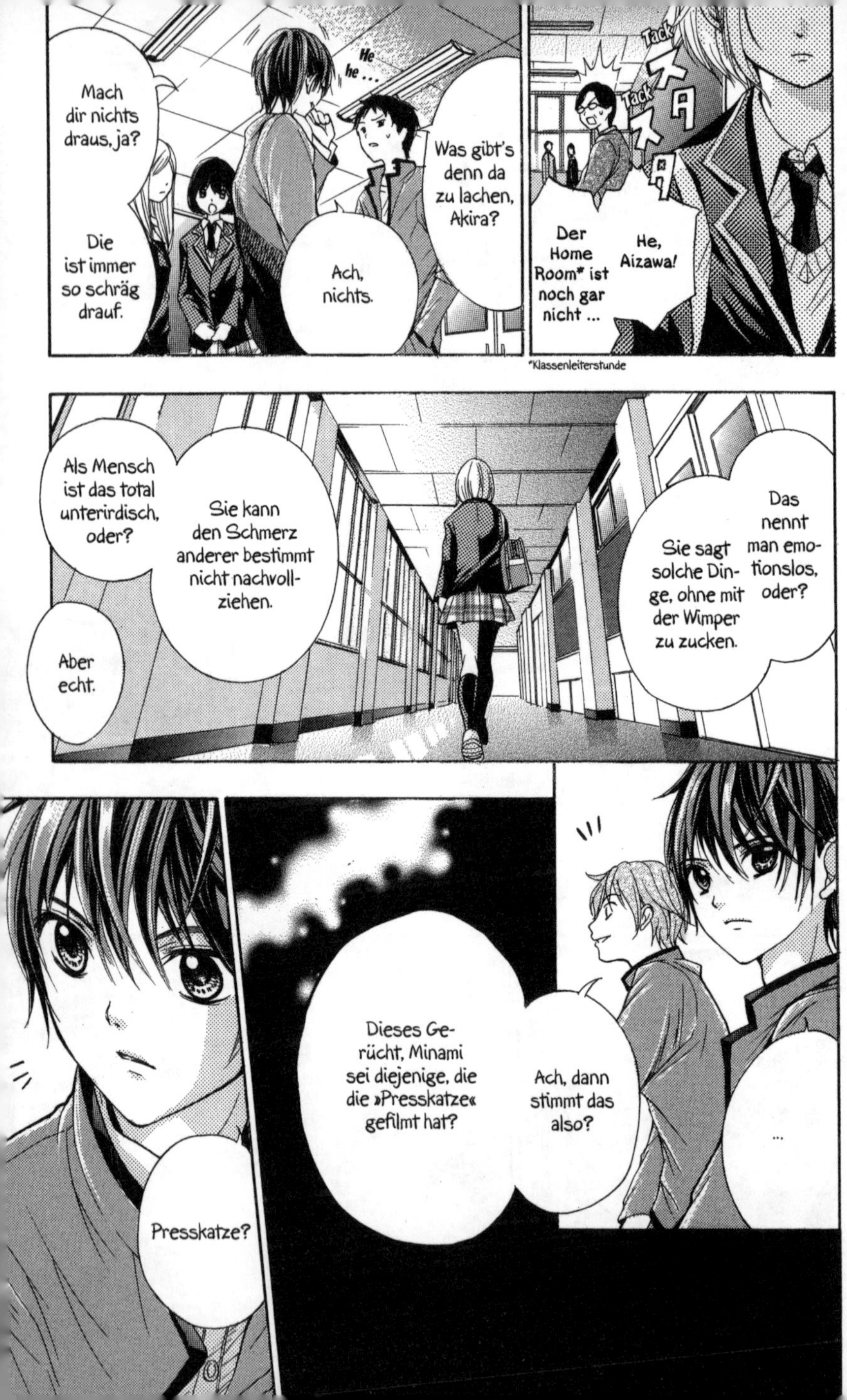
He
he …
Was gibt's denn da zu lachen, Akira?
Ach, nichts.
Mach dir nichts draus, ja?
Die ist immer so schräg drauf.
Tack
Tack
He, Aizawa!
Der Home Room* ist noch gar nicht …
*Klassenleiterstunde
Das nennt man emotionslos, oder?
Sie sagt solche Dinge, ohne mit der Wimper zu zucken.
Sie kann den Schmerz anderer bestimmt nicht nachvollziehen.
Als Mensch ist das total unterirdisch, oder?
Aber echt.
…
Ach, dann stimmt das also?
Dieses Gerücht, Minami sei diejenige, die die »Presskatze« gefilmt hat?
Presskatze?

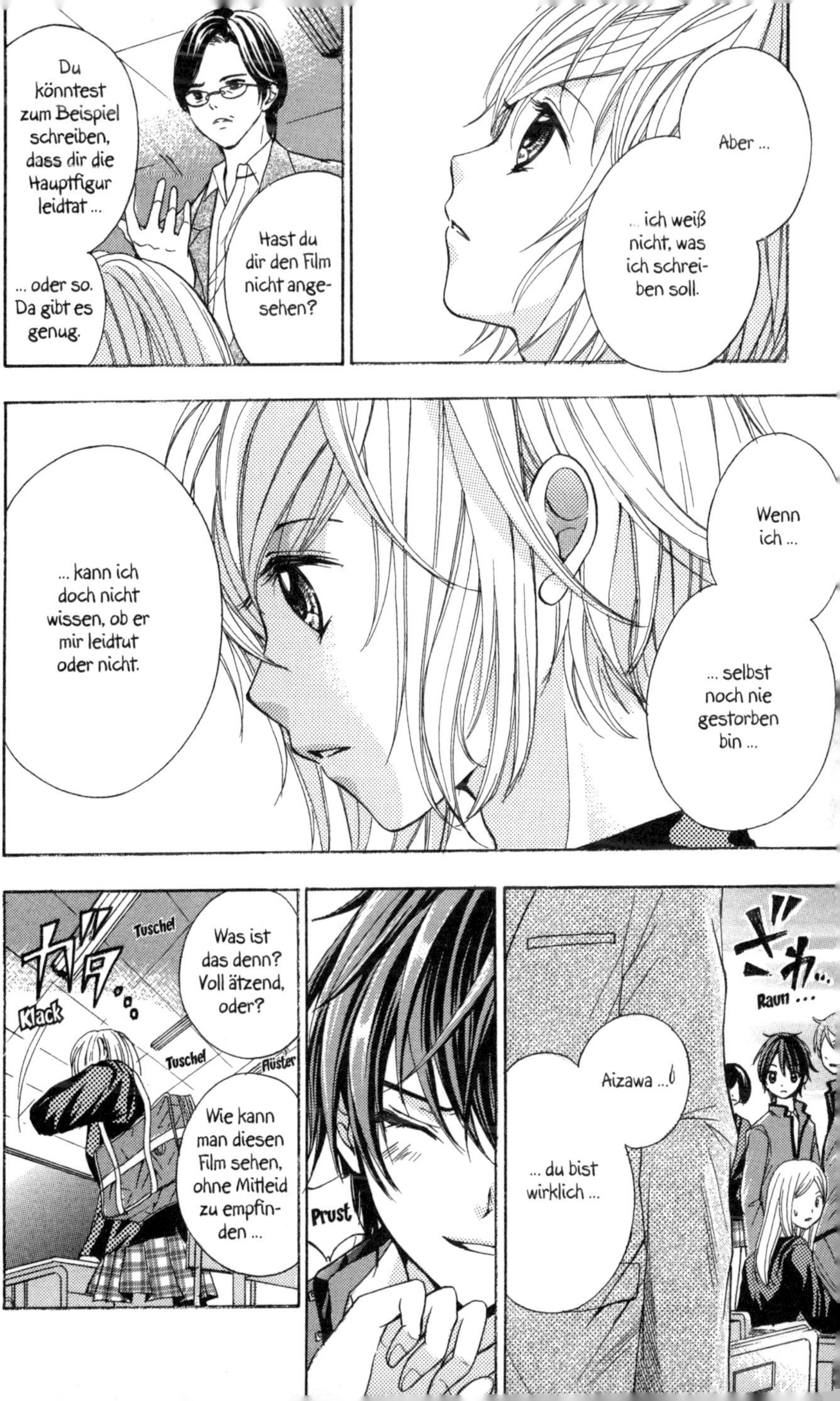
Aber ...
... ich weiß nicht, was ich schreiben soll.
Hast du dir den Film nicht angesehen?
Du könntest zum Beispiel schreiben, dass dir die Hauptfigur leidtat ...
... oder so. Da gibt es genug.
Wenn ich ...
... selbst noch nie gestorben bin ...
... kann ich doch nicht wissen, ob er mir leidtut oder nicht.
Raun ...
Aizawa ...
... du bist wirklich ...
Prust
Tuschel
Was ist das denn? Voll ätzend, oder?
Tuschel
Flüster
Wie kann man diesen Film sehen, ohne Mitleid zu empfinden ...
Klack

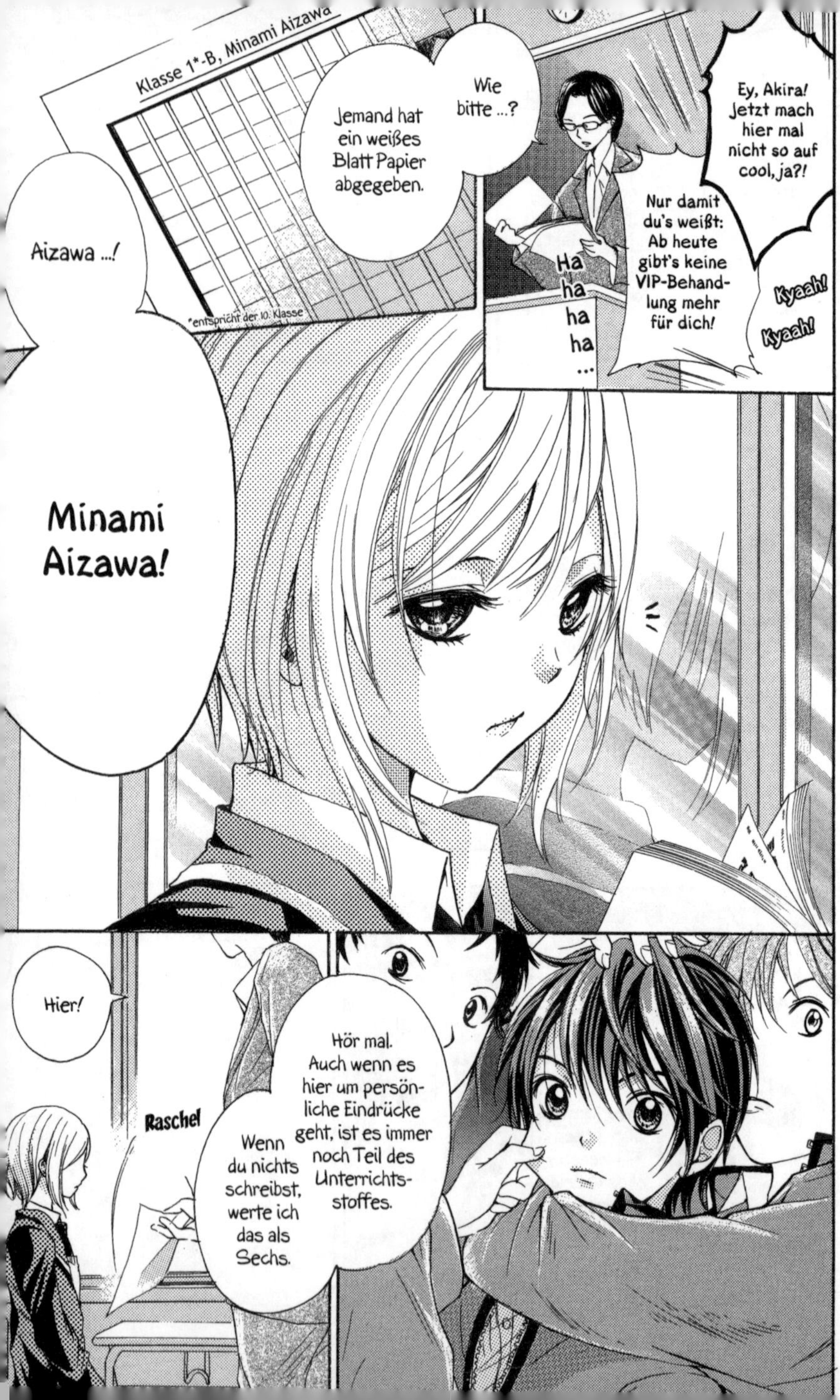
Ey, Akira! Jetzt mach hier mal nicht so auf cool, ja?!
Nur damit du's weißt: Ab heute gibt's keine VIP-Behandlung mehr für dich!
Kyaah!
Kyaah!
Ha ha ha ha ...
Wie bitte ...?
Jemand hat ein weißes Blatt Papier abgegeben.
Klasse 1*-B, Minami Aizawa
*entspricht der 10. Klasse
Aizawa ...!
Minami Aizawa!
Hier!
Raschel
Hör mal. Auch wenn es hier um persönliche Eindrücke geht, ist es immer noch Teil des Unterrichtsstoffes.
Wenn du nichts schreibst, werte ich das als Sechs.

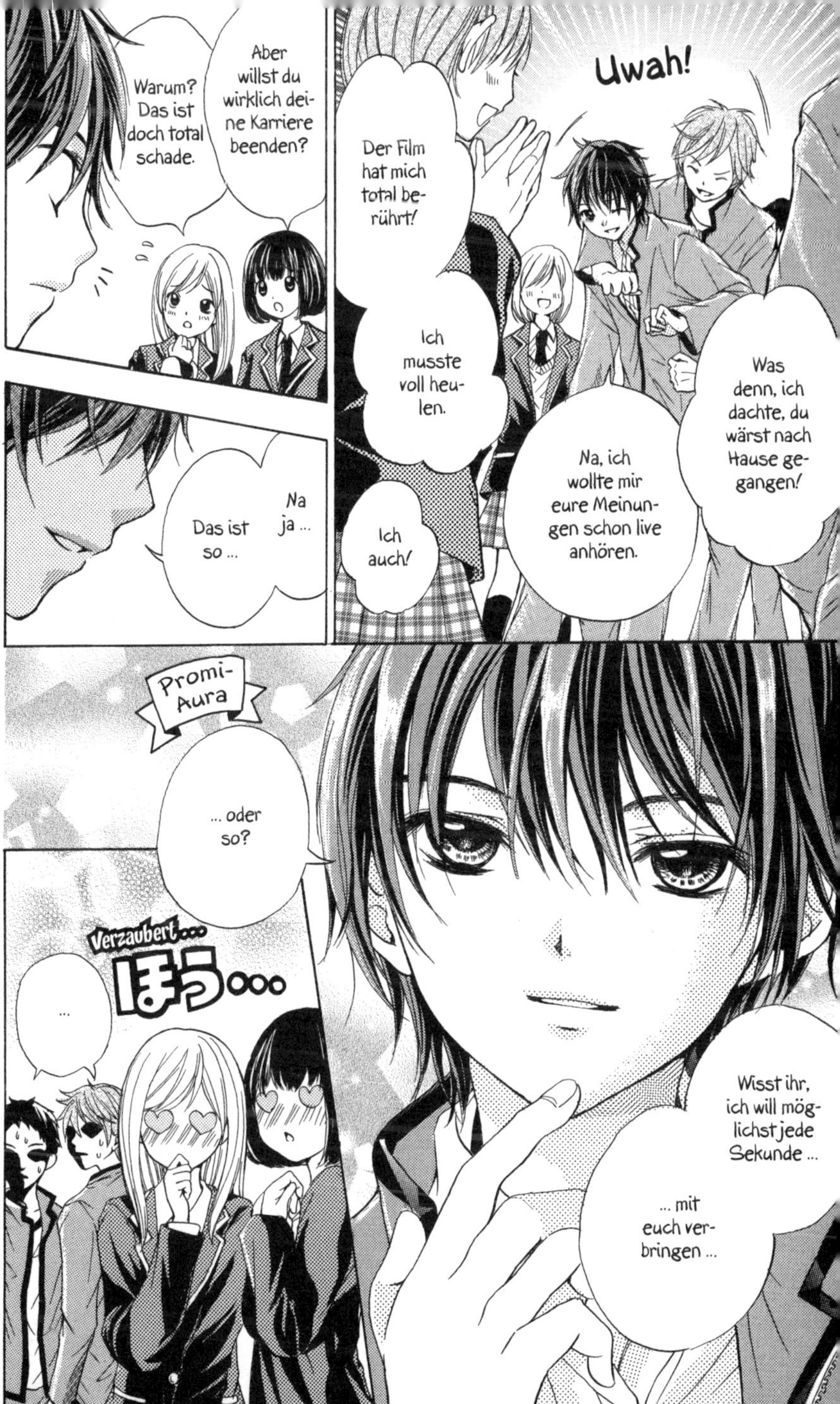
Uwah!
Der Film hat mich total berührt!
Ich musste voll heulen.
Was denn, ich dachte, du wärst nach Hause gegangen!
Na, ich wollte mir eure Meinungen schon live anhören.
Ich auch!
Aber willst du wirklich deine Karriere beenden?
Warum? Das ist doch total schade.
Na ja ...
Das ist so ...
Wisst ihr, ich will möglichst jede Sekunde ...
... mit euch verbringen ...
... oder so?
Promi-Aura
Verzaubert...
ほう...
...

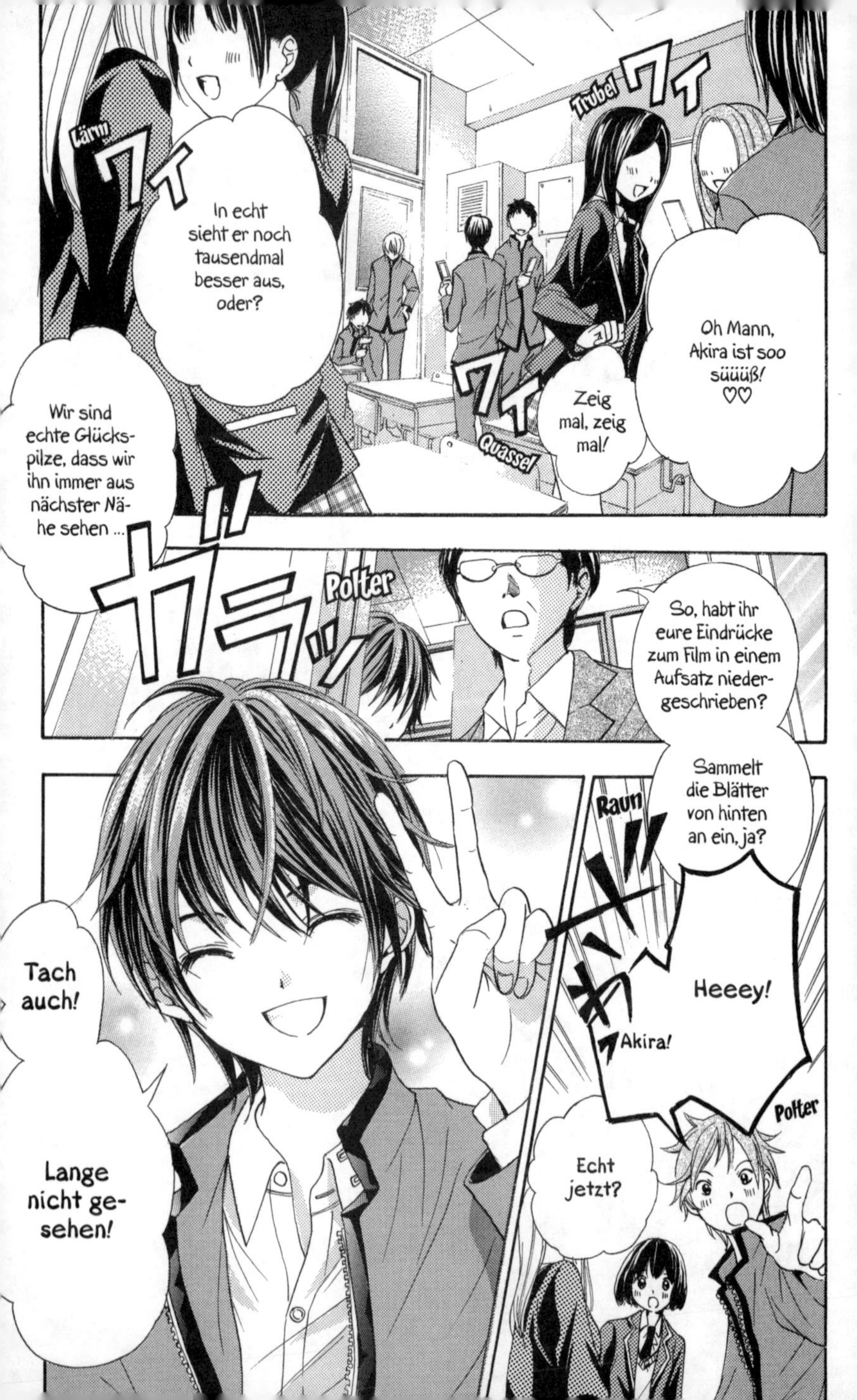
Oh Mann, Akira ist soo süüüß! ♡♡
Trubel
Zeig mal, zeig mal!
Quassel
In echt sieht er noch tausendmal besser aus, oder?
Lärm
Wir sind echte Glückspilze, dass wir ihn immer aus nächster Nähe sehen ...
So, habt ihr eure Eindrücke zum Film in einem Aufsatz niedergeschrieben?
Polter
Sammelt die Blätter von hinten an ein, ja?
Raun
Heeey!
Akira!
Polter
Echt jetzt?
Tach auch!
Lange nicht gesehen!

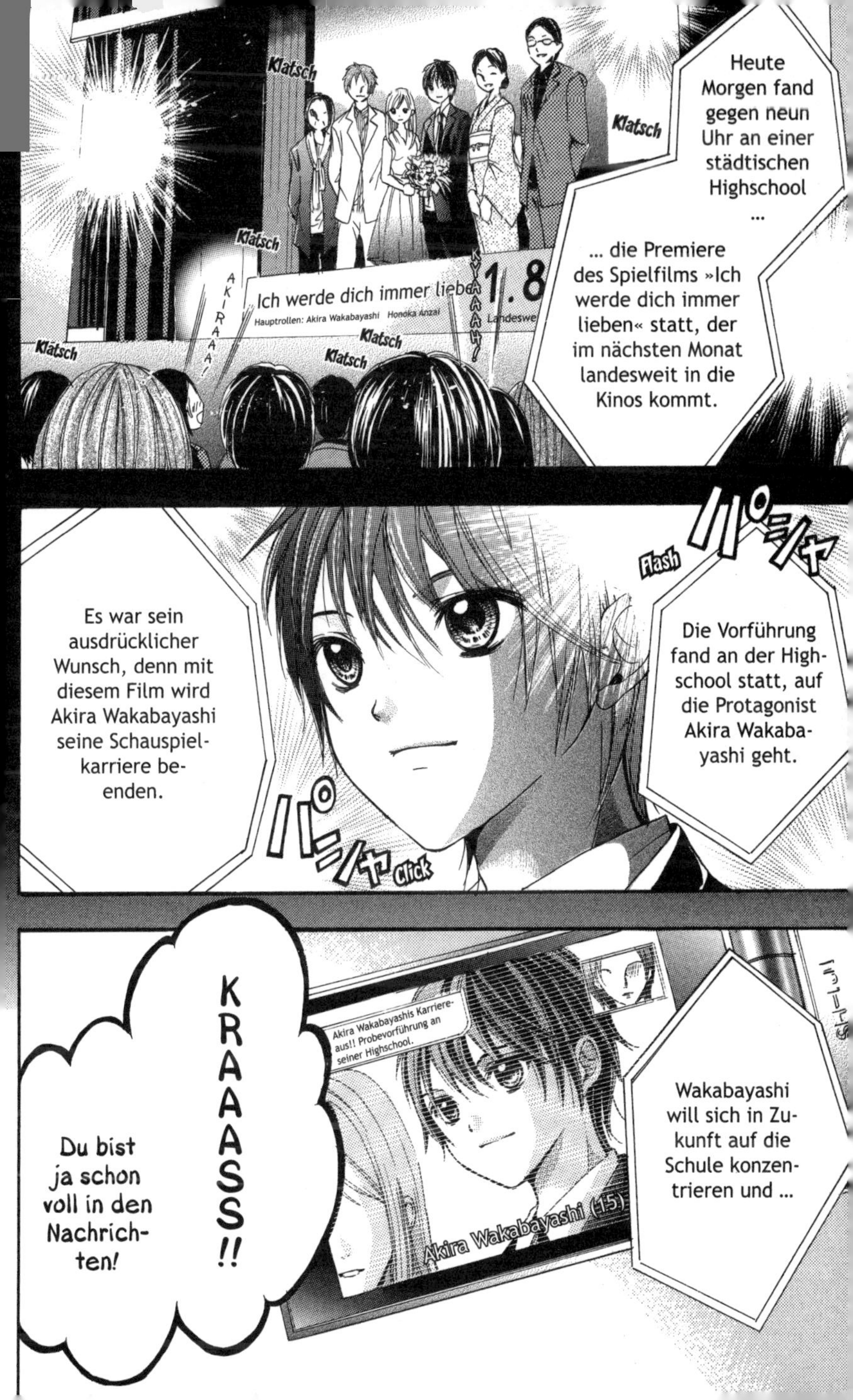
Heute Morgen fand gegen neun Uhr an einer städtischen Highschool ...
... die Premiere des Spielfilms »Ich werde dich immer lieben« statt, der im nächsten Monat landesweit in die Kinos kommt.
Klatsch
Klatsch
Klatsch
KYAAAAAH!
AKIRAAAA!
Ich werde dich immer liebe
Hauptrollen: Akira Wakabayashi Honoka Anzai
1.8
Landeswe
Klatsch
Klatsch
Klatsch
Flash
Die Vorführung fand an der Highschool statt, auf die Protagonist Akira Wakabayashi geht.
Es war sein ausdrücklicher Wunsch, denn mit diesem Film wird Akira Wakabayashi seine Schauspielkarriere beenden.
Click
Wakabayashi will sich in Zukunft auf die Schule konzentrieren und ...
Akira Wakabayashis Karriere-aus!! Probevorführung an seiner Highschool.
Akira Wakabayashi (15)
KRAAAASS!!
Du bist ja schon voll in den Nachrichten!

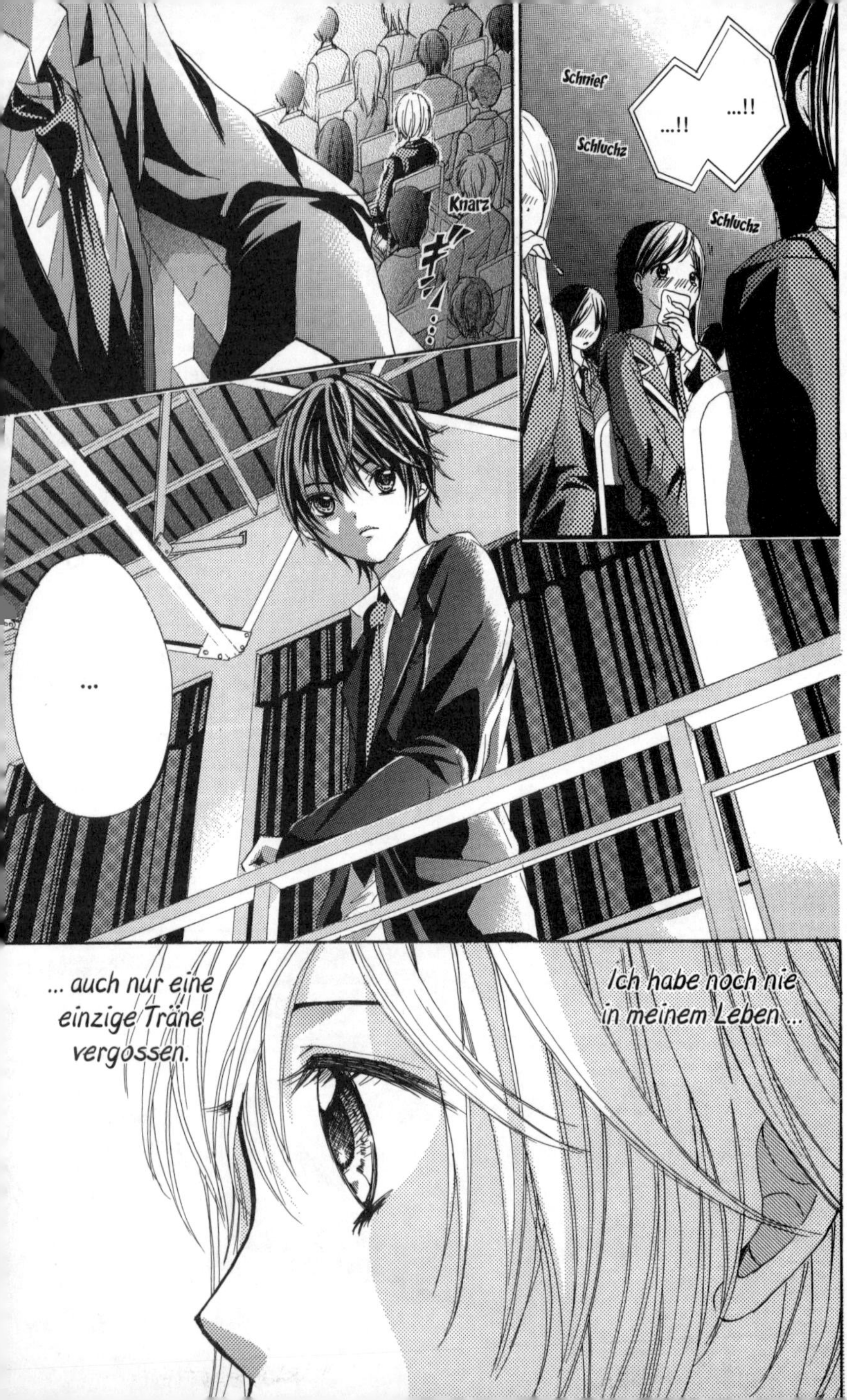
Schnief
Schluchz
...!!
...!!
Schluchz
Knarz
...
Ich habe noch nie in meinem Leben ...
... auch nur eine einzige Träne vergossen.

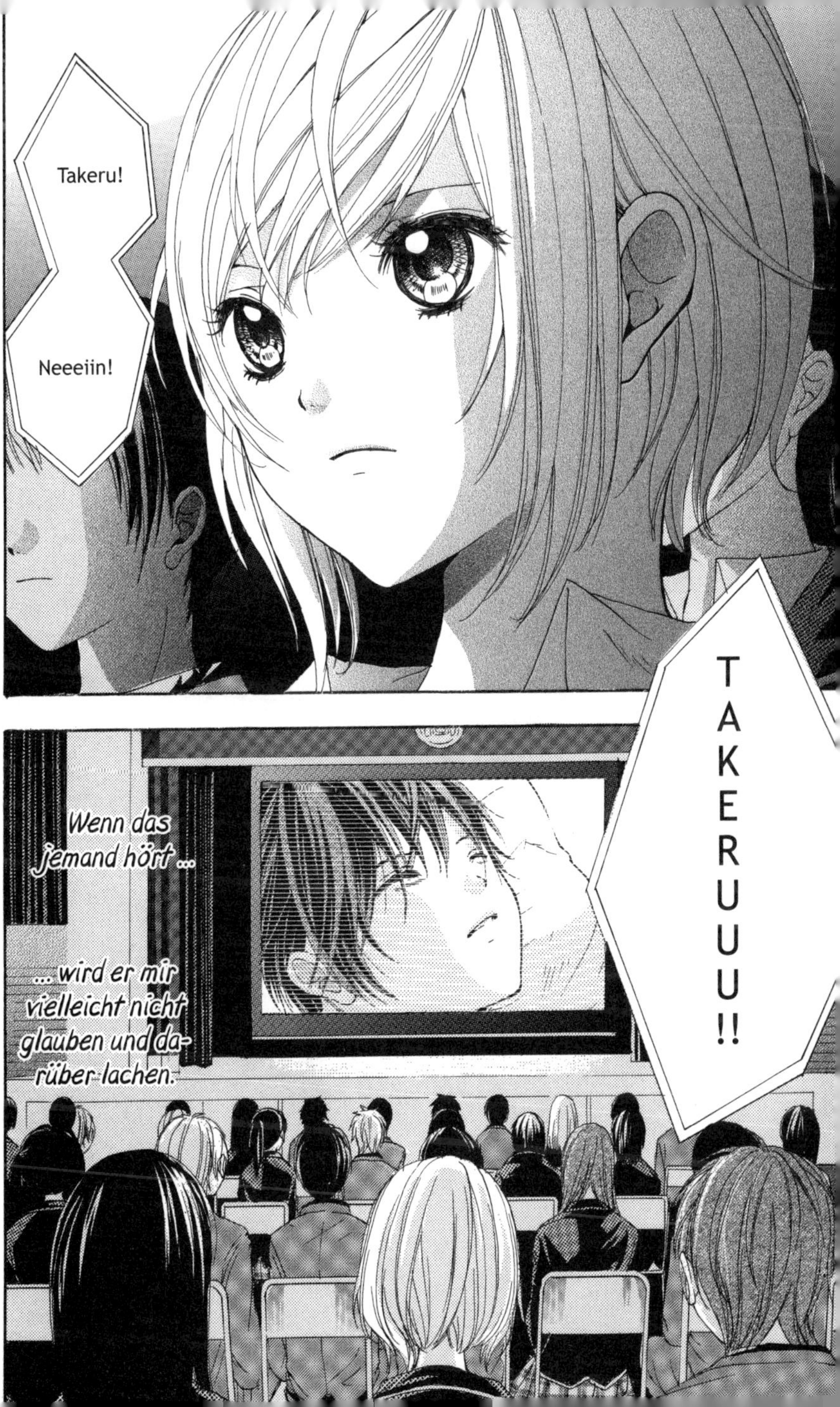
Takeru!
Neeeiin!
TAKERUUUU!!
Wenn das jemand hört ...
... wird er mir vielleicht nicht glauben und darüber lachen.

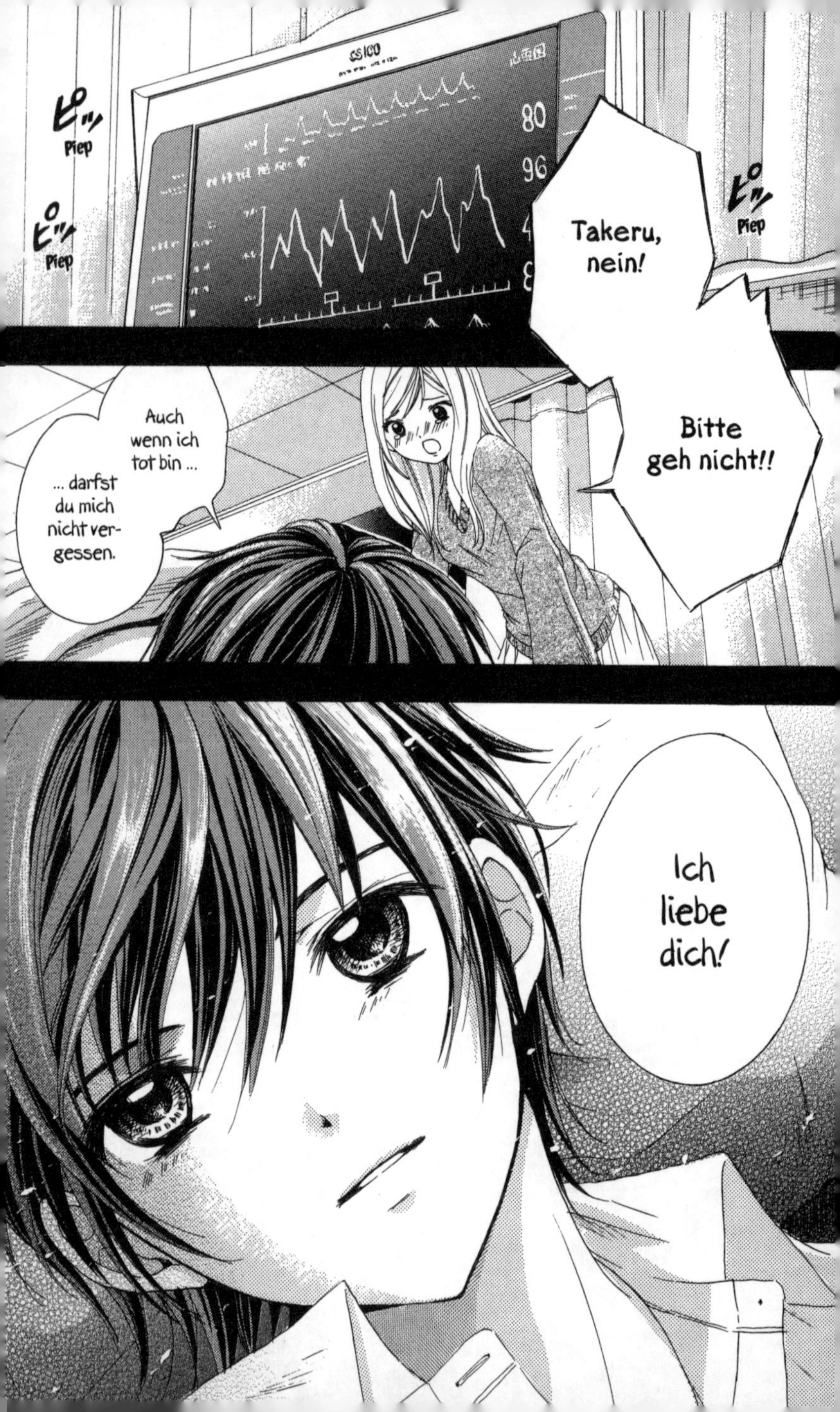
ピッ
Piep
ピッ
Piep
ピッ
Piep
Takeru, nein!
Bitte geh nicht!!
Auch wenn ich tot bin ...
... darfst du mich nicht vergessen.
Ich liebe dich!

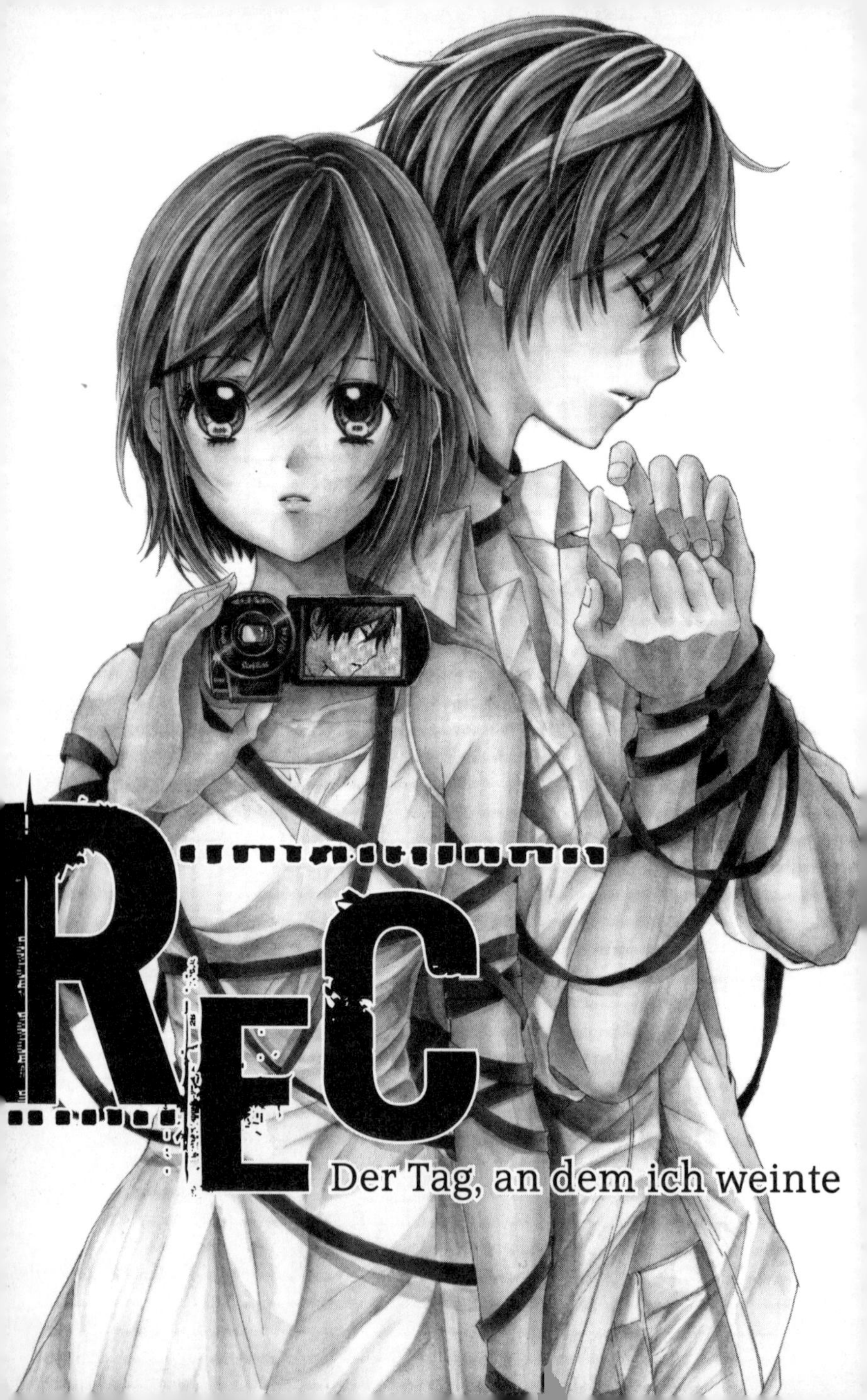
REC
Der Tag, an dem ich weinte

Der Tag, an dem ich weinte

REC

REC

Der Tag, an dem ich weinte

AOI MAKINO

TOKYOPOP®

TOKYOPOP GmbH
Hamburg

TOKYOPOP
3. Auflage, 2017
Deutsche Ausgabe/German Edition

Aus dem Japanischen von Rosa Vollmer
Rechtschreibung gemäß DUDEN, 25. Auflage

Redaktion: Elke Benesch
Lettering: Brilliant IT Enabling Services
Herstellung: Rita Geers
Druck und buchbinderische Verarbeitung:
CPI – Clausen & Bosse GmbH, Leck
Printed in Germany

ISBN 978-3-8420-0439-9

www.tokyopop.de

REC

Der Tag, an dem ich weinte

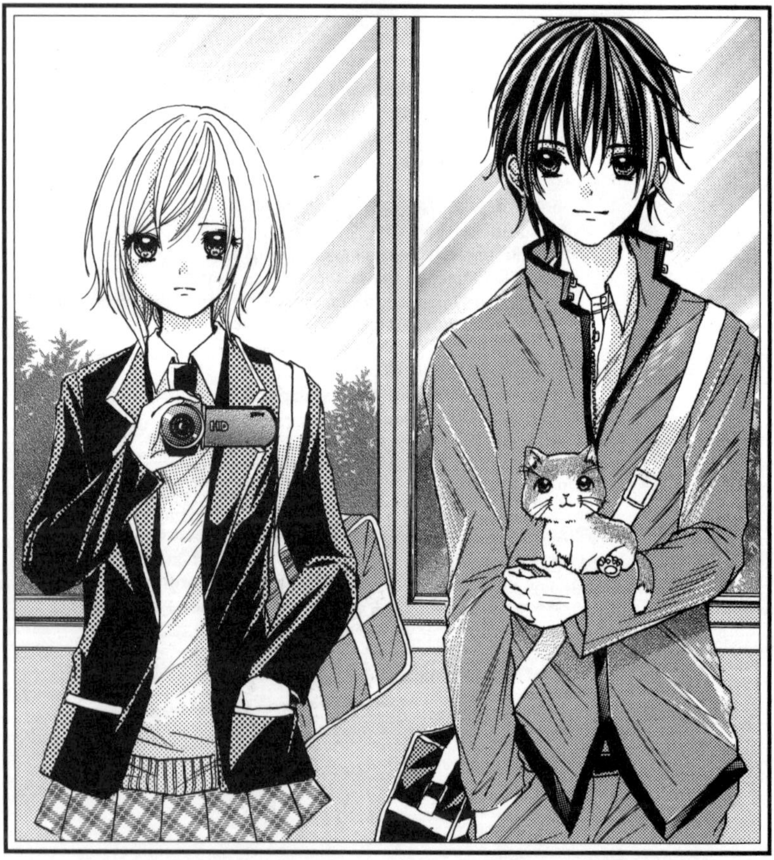

AOI MAKINO

Land klein und die Bevölkerung umweltbewusst ist. Mit Unterstützung der Regierung baute Better Place 1800 Tankstellen und nahm seine Geschäfte auf. Das Unternehmen hoffte, dass eine kritische Menge von Autofahrern auf Elektroautos umsteigen würden, doch es war schwer, die Trägheit der Masse zu überwinden: Trotz aller Werbung waren die Kunden zum Wechsel nicht bereit. Better Place konnte nicht genug Autos verkaufen, um seine Tankstellen zu unterhalten. Sechs Jahre nach seinem triumphalen Beginn war das Unternehmen bankrott.

Wir leben in einer ständigen Spannung zwischen dem Vorhersehbaren und dem Überraschenden. Wenn wir uns zu sehr an das Vertraute halten, wird dies schnell langweilig, aber wenn wir es zu weit hinter uns lassen, erreichen wir vielleicht niemanden mehr. Die goldene Mitte zwischen Alt und Neu verschiebt sich dauernd und ist schwer zu finden. Zahllose Ideen sind auf dem Müllhaufen der Geschichte gelandet, weil sie dieses Ziel verfehlt haben. Bei der Einführung von Windows 8 wurde Microsoft kritisiert, weil das neue Betriebssystem zu weit ging; die Reaktionen fielen derart feindselig aus, dass die Entwickler entlassen wurden. Die neuen Versionen des Betriebssystems von Apple wurden dagegen kritisiert, weil sie nicht weit genug gingen. Um es mit Joyce Carol Oates zu sagen: Es ist immer ein Experiment.

Geschmäcker ändern sich ständig, aber selten in gleichmäßigen Schritten. Manchmal verändern sie sich im Schneckengang und dann wieder in Sprüngen. Auch die Richtung der Entwicklung ist unberechenbar. Daher blieb Esperanto ein Traum, und Blockbuster ist längst vergessen. Es ist schwer zu sagen, welcher Neustart ans Ziel kommt.

DIE SUCHE NACH DER UNIVERSELLEN SCHÖNHEIT

Wir sind alle Menschen. Könnte es also bei allen kulturellen Unwägbarkeiten nicht so etwas geben wie ein universelles Schönheitsideal, das an allen Orten und zu allen Zeiten Gültigkeit hat? Könnte es nicht unveränderliche menschliche Eigenschaften geben, die unsere kreativen Entscheidungen bestimmen, eine zeitlose Melodie, die unseren alltäglichen Improvisationen zugrunde liegt? Die Suche nach diesen allge-